民国总统档案

杨雪舞 著

人民日报出版社

图书在版编目(CIP)数据

民国总统档案 / 杨雪舞 著. —北京：人民日报出版社，2011.8
ISBN 978-7-5115-0541-5

Ⅰ.①民… Ⅱ.①杨… Ⅲ.①总统–列传–中国–民国
Ⅳ.①K827=6

中国版本图书馆 CIP 数据核字(2011)第 136801 号

书　　名：	民国总统档案
作　　者：	杨雪舞
出 版 人：	董　伟
责任编辑：	朱　岩
封面设计：	段　芳
版式设计：	李艳春

出版发行　人民日报出版社
社　　址：北京金台西路 2 号
邮政编码：100733
发行热线：(010) 65369527　65369512　65369509　65369510
邮购热线：(010) 65369530
编辑热线：(010) 65369523
网　　址：www.peopledailypress.com
经　　销：新华书店
印　　刷：北京晨旭印刷厂

开　　本：	1/16
字　　数：	280 千字
印　　张：	24.5
印　　次：	2011 年 8 月第 1 版　　2011 年 8 月　第 1 次印刷

书　　号：ISBN 978-7-5115-0541-5
定　　价：46.00 元

卷 首 语

现在，人人都知道要以人为本，并坚信理应如此。可是，在中国过去的历史中，一直都是以皇帝为本的。整个的国家，都是帝王一人的庄园；所有的臣民，都是皇帝的奴隶。正所谓"普天之下，莫非王土，率土之滨，莫非王臣"

皇帝独居普天下之尊位，何其显赫、何其尊贵，又何其炙手可热！

于是乎，从秦王政一统天下自封为第一位皇帝后，中国2132年的历史，就只上演两幕戏：一幕是夺取皇位，一幕是捍卫皇位。

皇帝是弱肉强食的产物、是贪婪自私的代名词，帝制是一人奴役天下所有人的荒唐制度、与残暴专制是一个意思。令人心痛的是：我们的先祖，竟在这个皇帝制度下生活了整整2132年。

皇帝终于被赶下台！帝制倒底还是终结了！

那么，皇帝是怎么被赶下台的？这帝制的终结者又是谁？终结帝制之后，在短短的38年中，为什么会有8个人先后登上大总统的宝座？他们都是些什么人？是如何登上宝座，又是怎么下来的，这期间，都发生了些什么事情？等等这些，如要一一说得明白，还需从这么一个人说起。

这个人，是中国史上最后一个皇帝被赶下台后的第一任大总统。作为三民主义的倡导者、中国国民党创始人、中国国民党总理，他被中国国民党称为国父；作为首举彻底反封建的旗帜，开启共和终结帝制"革命的旗帜"，他被中国共产党称为"革命的先行者"、"中共的老师"。

他，就是帝制的终结者——孙中山！

民国总统档案

简　介

　　中国的皇帝制，沿袭了2132年，其间一共出现了408位皇帝。你方唱罢我登场，战火迭起、热热闹闹，却"向来没有为平等自由起过战争。几千年来历史上的战争，都是大家要争皇帝。"

　　中国终于出了一个只想推翻皇帝而不做皇帝的人——这就是孙中山。他领导的辛亥革命推翻了满清王朝，在革命人的推举下做了中国史上的第一任民国大总统。

　　然而，手握重兵的袁世凯，一面以武力压迫革命军以要挟孙中山；一面借革命军胁迫清帝退位。为了让国家统一，孙中山让出民国大总统的位子给袁世凯。

　　当了大总统的袁世凯，到后来却又突然觉得建立共和国并不怎么好，还想继续搞封建帝制。在一片讨伐声中，当了三个多月"皇帝"的袁世凯死了，开国三杰之一黎元洪继任大总统。

　　张勋复辟，黎元洪逃入外国使馆。冯国璋以副总统代理大总统，通电讨伐张勋……

　　如此这般，接下来的还有北洋三杰之一冯国璋、袁世凯盟兄弟徐世昌、虎威将军曹锟、国民党总裁蒋介石、桂系军阀首领李宗仁共八位，在这民国短短的三十八年中，他们都先后做过民国大总统。

　　他们走马灯似地更换着，征战不停地进行着，国家四分五裂，人民水深火热。清朝皇帝推翻了，留下多如牛毛的大小军阀，他们都想自立为王，每一根"牛毛",都意味着一个皇帝梦,这是2132年皇帝历史留给他们的、丑陋而疯狂的梦。

　　本书遵循真实的原则,从民国时期的八大总统的第一位入笔,将他们一个个的人生经历放在那段特殊的历史背景下凸显出来,让总统们一个个都栩栩如生地再活一回,牢牢地留在我们的记忆中,让我们在感慨昨天的同时,对今天更多一些了解和更深一点认识。

目 录

卷首语 ················· 1
简 介 ················· 1

第一章 帝制终结者孙中山

小档案 ················· 2
简 历 ················· 4
职业的考虑 ·············· 8
不为良相当为良医 ··········· 15
借医术为入世之谋 ··········· 20
从文谏到起义 ············· 27
伦敦蒙难 ··············· 34
愈挫愈奋 ··············· 40
临时大总统 ·············· 45
会晤袁世凯 ·············· 51
最后的遗言 ·············· 55
历史评说 ··············· 63

第二章 一代枭雄袁世凯

小档案	66
简　历	69
坐镇朝鲜	71
创立新军	77
尴尬的决策	84
实力派领袖	89
掌控大清命运	94
当上临时大总统	100
称帝前后	104
历史评说	112

第三章 位高权轻的黎元洪

小档案	114
简　历	115
大难不死	117
声誉在军中鹊起	123
被请去主持革命大计	129
"民国三杰"的老二	135
就任中华民国大总统	142
天津病逝	149
历史评说	156

第四章　做和平梦的冯国璋

小档案	158
简　历	160
靠学问跻身政界要人	162
一枝独秀的日子	167
手中有支精悍的军队	172
反感袁世凯	178
公开挑战袁世凯	184
大总统希望落空	188
终于当上大总统	193
下野后归去	197
历史评说	203

第五章　地道知识分子徐世昌

小档案	206
简　历	207
协助袁世凯操练新军	209
熬到了官运亨通的日子	214
逢凶化吉入内阁	221
激流勇退离京闲居	227
两辞"相国"归家	232
任大总统前后	238
历史评说	245

第六章 只想讨人喜欢的曹锟

小档案	248
简　历	249
掌控新军精锐之师	251
回到了天津老家	256
击溃张勋的辫子军	262
成为直系领袖	268
如愿以偿当上大总统	275
被囚禁了一年半	282
历史评说	289

第七章 众说纷纭的蒋介石

小档案	293
简　历	294
结识陈其美	296
获得孙中山器重	301
走上国民党权力枢纽	307
为独裁统治而战	311
国共合作八年抗战	316
发动内战败退台湾	322
坚持一个中国	328
历史评说	334

第八章 "末代总统"李宗仁

小档案	337
简 历	338
与蒋介石成把兄弟	342
被蒋介石开除免职	348
与陈济棠联合反蒋	353
任蒋介石汉中行营主任	358
当选副总统	363
代理总统前后事	368
历史评说	375

民国总统档案

第一章
帝制终结者孙中山

他,本是个贫苦农家的孩子,结果却成了中国史上最后一个皇帝被赶下台后的第一任大总统。

作为三民主义的倡导者、中国国民党创始人、中国国民党总理,他被中国国民党称为国父;作为首举彻底反封建的旗帜,开启共和终结帝制"革命的旗帜",他被中国共产党称为"革命的先行者"、"中共的老师";而学者们则普遍认为,孙中山"起共和而终帝制"的千古奇功,将功载千秋,万古流芳,他"思想的若干个部分,现在还可以为我们的国家建设提供非常有益的思想资料。"

穷其一生,他只为一件事而努力奋斗,这就是:起共和而终帝制,振兴我中华。

小 档 案

姓名字号：原名孙文，字德明，号日新、逸仙，化名"中山樵"

籍　　贯：珠江口西岸的香山县（今中山市）翠亨村

生卒年月：1866年11月12日—1925年3月12日

最高官职：中华民国临时大总统、非常大总统

家　　族：祖父——孙敬贤（1789年—1850年）

　　　　　祖母——黄氏（1792年—1869年）

　　　　　父亲——孙达成（1812年—1888年）

　　　　　母亲——杨氏（1852年—1910年）

兄弟姊妹：长兄——孙德彰

　　　　　姊——孙妙茜

　　　　　妹——孙秋绮

　　　　　另有一兄——孙德佑（五岁早夭）

　　　　　另有一姐——孙金星（亦早夭）

妻　　妾：原配夫人——卢慕贞（1867年—1952年）

　　　　　日籍姨太——大月熏

　　　　　妾——陈粹芬

　　　　　爱妻——宋庆龄（1893年—1981年）

儿　　女：长子——孙科（1891年10月20日—1973年9月20日）

　　　　　长女——孙延

　　　　　次女——孙婉（1896年11月12日—1979年6月3日）

　　　　　日本籍长女——宫川富美子（与大月熏所生）（1906年生）

孙子孙女：长孙——孙治平（1913年生）

次孙——孙治强（1915年生）

长孙女——孙穗英（1922年生）

次孙女——孙穗华（1925年生）

三孙女——孙穗芳（1935年生）

四孙女——孙穗芬（1936年生）

外孙——王弘之（孙婉与王伯秋之子）

    戴永丰（孙婉与戴恩赛之子）

    宫川东壹（宫川富美子之子）

外孙女——王蕙（孙婉与王伯秋之女）

     戴成功（孙婉与戴恩赛之女）

简 历

1866年（清同治五年）11月12日诞生于广东省香山县翠亨村。

1872年（清同治十一年），六岁开始参加劳动。

1876年（清光绪二年）十岁，入村子里的私塾读书。课余时间里参加打禾、插秧、除草等劳动。

1878年（清光绪四年）十二岁，至其兄孙眉在茂宜岛前荷蕾所开设的商店里协助店务。

1879年（清光绪五年）十三岁，入檀香山英国基督教监理会主办的意奥兰尼学校读书。

1882年（清光绪八年）十六岁，在意奥兰尼学校毕业。秋，入奥阿厚书院（高级中学）读书。

1884年（清光绪十年）十八岁，入皇仁书院读书。

1885年（清光绪十一年）十九岁，5月26日，在翠亨村与卢慕贞结婚。

1886年（清光绪十二年）二十岁，在皇仁书院毕业，入美国基督教长老会所开办的广州博济医院附设华南医学堂读书。

1888年（清光绪十四年）二十二岁，3月24日，父亲孙达成病逝。

1890年（清光绪十六年）二十四岁，曾致书香山县退职官僚郑藻如，与陈少白、尤列、杨鹤龄三人被人视为大逆不道，称为"四大寇"。

1892年（清光绪十八年）二十六岁，12月，在澳门开设中西药局。

1893年（清光绪十九年）二十七岁，冬，与陆皓东、郑士良等八人集会于抗风轩，提议创设兴中会，以"驱除鞑虏，恢复中华"为宗旨。

1894年（清光绪二十年）二十八岁，6月，上书李鸿章"。11月24日，在檀香山创立中国第一个主张资产阶级革命的小团体"兴中会"。

1895年（清光绪二十一年）二十九岁，回国策划武装起义，打算以突击的方式占领广州。10月26日至28日，广州起义被香港英国当局察知，乘轮船逃出广州至唐家湾，改乘轿子到澳门。

1896年（清光绪二十二年）三十岁，10月11日，被清朝驻英国使馆人员绑架，囚禁于使馆中，准备偷运回国杀害。10月18日，在英国老师康德黎及多人的营救下，终于获救，被释放。

1899年（清光绪二十五年）三十三岁，11月，兴中会邀哥老会、三合会各会首领在香港集会，议定三会结成一个大团体，被公推为总会长。

1900年（清光绪二十六年）三十四岁，春夏之交，在广东策划起义。失败后在日本苦心攻读军事著作。

1903年（清光绪二十九年）三十七岁，8月，在东京青山练兵场附近秘密创办革命军事学校，宣布实行"驱除鞑虏、恢复中华、创立民国、平均地权"的革命宗旨。

1904年（清光绪三十年）三十八岁，5月，在美国旧金山华侨中进行革命活动，鼓吹反清革命。

1905年（清光绪三十一年）三十九岁，7月30日，孙中山主张各团体联合，最终将名称定为"中国同盟会"，被推为同盟会总会长。

1908年（清光绪三十四年）四十二岁，2月，被清政府悬赏十万赏银捉拿。4月30日，要求黄明堂、王和顺等从镇南关将起义队伍带到云南，发动河口起义。5月5日，发电报委任黄兴为云南国民军总司令，命黄兴赴前线督师。

1910年7月19日，孙中山母杨氏病逝于香港。

1911年（清宣统三年）四十五岁，4月27日，广州起义失败。10月10日，武昌起义爆发。12月29日，被南京十七省代表会议选举为中华民国临时大总统。

1912年（民国元年）四十六岁，1月1日宣誓就任中华民国临时大总统。1月15日，致电南方议和代表伍廷芳，表示：只要清帝退位，宣布共和，则临时政府决不食言，我立即宣布解职，让首功于袁氏（指袁世凯）。2月12日，清帝溥仪宣告退位。2月13日，向临时参议院辞临时大总统职，并推荐袁世凯代任。

1913年（民国二年）四十七岁，3月20日，袁世凯指使暴徒枪杀宋教仁于上海车站。4月26日，与黄兴联名通电，呼吁各界人士负起责任来，要对杀害宋教仁案的凶手予以严办。

1914年（民国三年）四十八岁，6月22日，中华革命党在东京召开第一次代表大会，被选举为总理。

1915年（民国四年）四十九岁，10月25日，与宋庆龄在东京结婚。年底，孙中山发函海外各埠洪门，促其各自改组为中华革命党支部。

1916年（民国五年）五十岁，1月6月袁世凯公开称帝。5月9日，在上海发表二次讨袁宣言，7月25日，指示中华革命党通告国内外各分支部。袁世凯已死，黎元洪大总统。3月30日，中华革命党改用中国国民党名称，向党员发出通告。

1918年（民国七年）五十二岁，1月1日，发出大元帅令，勉励全国军民在新的一年里，奋发前进，勘定内乱，恢复和平。夏天，电贺列宁和苏维埃政府，表示愿意使中俄两党团结起来共同斗争。

1919年（民国八年）五十三岁，1月9日，被军政府推选为出席巴黎和会的代表。2月7日，拒绝出任巴黎和会代表的职务，并给广州谢持去电报，告诉他自己拒绝出任和会代表的原因。5月28日，在上海发表《护法宣言》，指出要想和平救国，只有恢复国会完，全自由行使职权的一条路。10月10日，中华革命党正式改组为中国国民党。并公布了规章，要以巩固共和、实现三民主义为宗旨。

1920年（民国九年）五十四岁，11月28日，经香港抵达广州，在广东省署宴会上发表讲话，指出国家统一的方法是实行民治。并大力赞许俄国的革命方法。

1921年（民国十年）五十五岁，3月6日，在中国国民党本部特设办事处发表演讲，论述三民主义的内容。5月5日，就任非常大总统。

1922年（民国十一年）五十六岁，2月3日，以大元帅名义发动员令。8月23日，与李大钊到多次交谈。8月下旬，会见苏俄全权大使越飞。9月4日，在上海召开改进国民党会议。

1923年（民国十二年）五十七岁，1月1日，发表《中国国民党宣言》。1月2日，公布《中国国民党党纲》，次日又公布《中国国民党总章》。2月21日，就任大元帅职。12月8日，在大元帅府召开会议，决定积极筹备北伐。

1924年（民国十三年）五十八岁1月4日，在大本营召开重要会议，决定成立中华建国政府，出师北伐。1月20日，以总理身份担任中国国民党主席。1月23日，接受了共产党提出的反帝、反封建的主张，决定了联俄、联共、扶助农工的三大政策。2月6日，设立黄埔军校筹备处于广州南堤。5月2日，任命蒋介石为黄埔军校校长。11月2日，接受冯玉祥北上主持国事的邀请北上。12月31日，带病由天津入北京。

1925年（民国十四年）五十九岁1月1日，因肝病加重。3月11日，在三份遗嘱上签字。3月12日，上午9时30分在北京逝世，终年五十九岁。

职业的考虑

北京的三月,阳光已然没了夏日的炙热,一种温馨的暖和,连同微风中残存的丝丝凉意,令人感到分外的舒心。

这本该是个最宜出游、古人称之为"踏青"的季节。可是今天,因为一个伟人的离去,北京人全然没有了这份心情,一个个心里沉甸甸的,巨大的悲哀让人只是流泪、只想大哭一场,扯开嗓门大喊一声:

苍天大老爷啊,为什么要让我们的领袖这么早就离去!

可他还是走了,因为肝癌不治,孙中山于1925年3月12日9时30分逝世于北京,终年59岁。

国旗滑下来一半,酒楼停止宴会,市民停业七天、在职人员则停工一个月、各机关用蓝印一月、兵士及各机关职员缠黑纱一月。

仅在北京,签名吊唁的就高达74万多人,而直接参加送殡的,也有30余万人;在南京、广州、上海、香山(今中山市)等地,群众们也都举行了隆重的追悼大会,深切悼念这位中国革命的伟大领袖;在日本、东南亚、美洲、欧洲许多地方,华侨和国际友人,也纷纷举行追悼会,来追念孙中山为中国革命立下的丰功伟绩。

伟大的中国共产党创始人之一李大钊,在他敬献的长挽联上写道:

"广东是现代思潮汇注之区,自明季迄于今兹,汉种子遗,外邦通市,乃至太平崛起,类皆孕育萌兴于斯乡;先生挺生其间,砥柱于革命中流,启后承先,涤新淘旧,扬民族大义,决将再造乾坤;四十余年,殚心瘁力,誓以青天白日,满地红旗,唤起自由独立之精神,要为人间留正气。"(上联)

"中华为世界列强竞争所在,由泰西以至日本,政治掠取,经济侵凌,甚至共管阴谋,争思奴隶牛马尔家国;吾党适丁此会,丧失我建国山斗,云凄海咽,地黯天愁,问继起何人,毅然重整旗鼓;亿兆有众,惟工与农,须

本三民五权，群策群"力，遵依牺牲奋斗诸遗训，成厥大业慰英灵。"（下联）

1866年11月12日，孙中山出生于中国广东省香山县翠亨村一户贫苦的农民家中，他学名一个"文"字，字德明，因1895年避难日本时曾化名中山樵，中华民国成立后被称为中山先生。1925年4月2日，孙中山走完了他59年的人生之路，安息于北京西山碧云寺内石塔中。

1929年6月1日，北伐成功后，根据他生前遗愿，将陵墓永久迁于南京紫金山中山陵永久安葬。

1940年3月21日，中国国民党中央常务委员会第143次会议通过决议："尊称本党总理（孙中山）为国父，以表尊崇。"。

1941年5月29日，汪精卫政府的中央政治委员会第49次会议通过尊称孙中山为"中华民国国父"的议案。

中国共产党和人民政府，一直尊称孙中山是"中共的老师"和"革命的旗帜"，在正式的场合或文书上提及孙中山时，通常使用的称号是"革命的先行者"；在民间，一些人还是沿袭民国时代称孙中山先生为"国父"。

今天，孙中山逝世已经有85年了，一直以来，每逢他的诞辰和忌辰，不同的党派、政府，广大的民众，都要举行各种形式的活动，来悼念这位让人崇敬的民族英雄。

孙中山究竟是个什么人，又做了什么事，竟然这么地受到众人的敬仰和爱戴？！

一个人是什么样的人，往往是由他做了什么样的事来评判的；一个人能做出什么样的事，又常常是由他从事于什么样的职业来决定的。

1886年，在皇仁书院学习了一年多、已经20岁的孙中山，开始非常认真地考虑自己今后将要从事的职业。

皇仁书院座落在歌赋街中，是香港最早的官立中学，学生来自世界不同的地方，主要研究中国经典。该校办学宗旨最后有这么一句话："藉此让学生在人生各方面都有成就感和能成为明日的领袖。"

这话听起来很雷人，没想到后来竟成了现实。孙中山、廖仲恺、唐绍仪、霍英东、何鸿燊、何东，等等，一大批军界、政界、商界的领袖人物，都从这里脱颖而出。

这时的孙中山，对于自己一生将要从事的职业，除了不曾想到当领袖，其它的倒是想过很多。

早在少年时，在美国学习的孙中山曾冒出一个要当传教士的想法。

年幼的孙文跟在姐姐孙妙茜的身后，不是到村后的金槟榔山砍柴刈草，就是到湾湾的兰溪河边挖野菜、挑猪草。他活泼好动，有空就去放风筝、跳田鸡、踢毽子，还常常爬到参天大树上去掏鸟窝里的鸟蛋，捕捉小鸟。

除了这些，泅水最是孙文的拿手本领。双手合起跳入水中，如一只青蛙，一个猛子能扎出好几丈。这还不算，他还跟着外祖父杨胜辉驾船出海，在波涛汹涌的大海里捞取海货。

翠亨村有一位太平天国的老兵，名叫冯爽观。他见多识广，经历过无数次的血腥战斗，能讲许多太平天国的故事。这些故事，使得少年孙文喜欢上了洪秀全，玩起了打仗的游戏。他常拉着学伴，跑到邻村的三合会秘密武馆去看练武。回到家里，便找来木棍做成刀枪，回忆着武师们的招式，飞拳走脚地苦练起来。

直到1879年6月的一天，一个令人振奋的消息传来，在美国檀香山（夏威夷）打拼富起来的哥哥，让孙中山到美国去接受教育。孙中山虽然舍不得故乡的父老乡亲，特别是那些玩伴，可他更渴望出去见一见大世面。于是，13岁的孙中山便随着母亲坐上了一艘名叫"格寺诺克"号的大轮船。

无边的海洋，连天接地的浩瀚中，海风呼呼地嘶叫，惊涛拍浪地翻滚，这艘英国造的两千吨级庞然大物，因为有着坚硬的铁壳，却胜似闲庭信步般地乘风破浪。这一切，都强烈地震撼着13岁少年孙中山的心。

"十三岁随母往夏威仁岛，始见轮舟之奇，沧海之阔，自是有慕西学之心，穷天地之想。" 1896年，孙中山30岁生日，在写给友人翟理斯的信中这样地回忆他首次离乡出洋的印象。

檀香山是美国第50个州，由一系列大小不等的八个小岛组成，距离中国东海岸约4千余公里，历史上却与远隔重洋的中国南方一隅香山县结下不解的"中国结"。

　　檀香山群岛气候温和、土地肥美，非常适宜种植甘蔗，发展制糖业。从1852年开始，该地人就来广州招工。到了1898年，华工在檀香山群岛的人数已达高到3.7万人（香山人占80%），其中不少经过自己的顽强打拼、吃苦耐劳，像孙中山哥哥孙眉那样成了檀香山华侨巨富。

　　到后来，他们大都对孙中山反清建立民主共和国的革命给予了积极的支持。

　　孙中山经过二十多天的海上航行，到了檀香山，在哥哥的安排下进了当地英国教会开办的意奥兰尼书院，在这所收费很高、用英语授课的小学修读英语、历史、数学、物理、圣经等科目。

　　三年后，1882年8月，16岁的孙中山以优秀的成绩在这所美国的贵族小学毕业，获夏威夷王亲颁英文文法优胜奖。

　　然后，他顺利地进入当地最高学府、美国教会学校奥阿胡学院继续学习。

　　这是美国一所著名的中学，培养了许多世界一流名人，不仅有孙中山，美国的现任总统奥巴马也是从这里出来的。

　　遗憾的是，孙中山在这所学校仅仅学习了不到一年，1883年7月，他便在炎炎的热风中乘坐轮船，回返中国。

　　原因是孙中山在奥阿胡学院求学期间，受到宗教教育的感染，脑海里闪出了当一名传教士的想法。

　　"去为大众布福音，带领众人走过黑暗，为世界的和平安宁而工作，是一件多美的事情。"

　　老师这么对他说，孙中山非常赞同。

　　可哥哥孙眉却不这么认为，他不那么相信传教士工作的意义，不希望自己的弟弟一生去做那样的事情，便毅然终止了他的学业，命他回国。

　　夏威夷港口的海水清蓝，天空中的空气也非常清纯，港口虽然也有许多税吏，但一切都是照章办理，井井有序。孙中山站在甲板上，把这一切都看在眼里，随着轮船的长鸣声，思绪转到了故乡。

位于广东珠江三角洲南端的香山县,是广东省西江、北江及东江的出口处。这里西北连接内陆,东南濒临南海,岛屿罗列,与香港隔海相望,是中西文化交汇之处。正是这样的一个地方,为青少年时的孙中山"双眼向洋看世界"提供了条件,也为这里的穷困人家向外谋生提供了便利。

1871年,孙中山的哥哥孙眉刚满17岁,就因家境困难被迫离乡背井,跟随亲戚飘洋过海去到美国的檀香山,开始了千万华侨辛苦的创业生涯。他先在在一家菜园里当雇工,后来又到茂宜岛垦荒,然后是一边从事农牧业一边兼营商业。

孙眉是华侨中的幸运儿,八九年后,他成为当地首富,被尊称为"茂宜王"。

早先因为家里穷,孙中山10岁才进入村塾读书,功课照例是诵读《三字经》、《千字文》、《幼学故事琼林》,以及《论语》四书五经等。他很快就背熟了,便站起来对斯文的王先生说:"请您给我讲讲意思好吗?"

王先生摇摇头,孙中山只好去请教村里的老儒生,直到弄懂意思为止。好在这样的生活,孙中山只过了三年。富起来的哥哥,使少年的孙中山获得了外出求学的机会。结果,却因为他想做传教士,又这么回来啦。

四千多里的海路,二十几天后便到了尽头。

"夏威夷真的很漂亮,可是我的香山县却是更美丽。"孙中山正这么想着,突然听到有人在大声争吵。

"我们已经交税了。"船主理直气壮地说。

"没人说你没交,但我们还要验验货。"

"刚才不是验过了?"

"是验过了,可我们想再验一次。"

船主还要说话,被身旁的一位长者拉住,用英语说:"给他些好处费,就不用再验货了。"

"这些清国税吏。"船主给了"好处费",气愤地说。

"他们就是这样,这些清朝官员,最贪婪的就是税吏。他们肆无忌惮地聚敛财物,每个有一官半职或一些权力的人都能积攒下厚厚的家底,用来买房、买地,或者是开钱庄……"

轮船刚进入中国海域,孙中山就看到这样的事、听到洋人这样的议论中国人,不由得又气又恨,心事重重地踏上了归乡之路。谁知刚刚进村,又听见有税吏在对着村头的张生大声吼叫:

"你今天若不按期交税,就是抗税!抗大清的税,你知道要受到怎样的惩罚!"

"可是我家都已经砸锅卖铁了。"

"这不是我们管的事情,我们只管收税。"

"求你们……"

"别求。你不是还有一闺女吗,听说模样还不错。"税吏摸着下巴,斜斜地瞄着张生,淫淫地笑着。

孙中山见了,上前一把抓住税吏。

"你要怎样?"税吏发怒了。

孙中山扬起拳头，却被张生用力地抓住了。"求求你，别给我惹事了。打了税吏，我们一家人就只有死路一条了。"

孙中山痛苦地放下拳头，从怀里抓出一把钱来，塞在张生手上，转身大步离去。

路边许多人在那儿拜菩萨，连同刚看到横行的税吏，与檀香山的见闻相比，孙中山心中感慨颇多。

可爱的翠亨村，一别就是四年，还是那样的美丽、那样的让人眷恋，却也还是这样的贫穷落后，这样的让人伤心。苛捐杂税仍然那么的多，村民一如继往地保守，私塾教学仍然旧规沿袭，只是强记硬背，很少有象"意奥兰尼书院"那样启迪心智。

"这种现状应该改变，可我又无能为力。"孙中山对自己说："一个人发觉自己无能为力时，就应该去学习。"

于是，孙中山跟父亲商量，他要去香港求学。

1883年11月，17岁的孙中山离开翠亨村，满怀希望地走进香港拔萃男书院。这是基督教圣公会教区所设办的一间学校，用公开考试的方式择优录取男生，为香港培养了许多官商名人，被港民视为名校。

令人感慨的是，作为中国人的孙中山，在这所学校读英文的同时，反过来请香港道济会堂长区凤墀补习中文。严格地说，此时的孙中山英文比中文好，因为在他的求学生崖中真正所听的中文课的还只有私塾的那三年。此时此刻，随着渴望对中国方方面面地深入了解，他选择了补习中文。

区凤墀名逢时，字锡桐，是广东顺德人，基督教华人传教士。他曾出任柏林大学教授数年，长于文学。

孙中山拜他为师后，发奋学习，国文日渐长进。受区凤墀影响，孙中山感到基督救世的宗旨与革命相通，加之他与区凤墀有约在先，"信教重在精神，不墨守成规"，便与陆皓东一同接受了美籍牧师喜嘉理的洗礼，取名"日新"，体现出他去旧迎新，接受新事物的精神。

值得一提的是，孙中山当时由于区凤墀的影响喜欢了基督为众人的牺牲精神，区凤墀后来也由于孙中山的影响而参加了为推翻满清的革命。

在转到拔萃男书院时,孙中山曾想进海军学校,当一名海军,御侮图强。可是,紧接着 1884 年的中法战争,中国海军学校被炮轰击毁,孙中山的愿望无法实现;眼看着列强肆意侵我中华,孙中山转而想进陆军学校,直接参加卫国之战,由于得不到政府的帮助,也只好不了了之;然后他又想做一名法律家,为贫苦大众主持公道,可惜中国当时还没有法律学校,这愿望孙中山也只能作罢。

在拔萃男书院学习了不到半年,孙中山为了更好地学习国文,于第二年 4 月进入皇仁书院。此刻的他,一边学习一边还在不断地在想:

我究竟做什么好呢?做什么才能更好地报效我亲爱的祖国呢?

不为良相当为良医

1886 年秋天,一个迷人的夜晚,孙中山从皇仁书院出来,漫步在歌赋街上。

这是一条充满诗意的小街,古老的橱窗,各种特色的小店,随意挂着的招牌,处处都渗透出一种香港式的怀旧和温馨。孙中山眼睛闪着亮光,随意地浏览着,思绪却回到了一年以前。

那时他刚进皇仁书院不久,也是在这样迷人的夜晚,一个人走出学校,到街上来逛逛。他第一次看到了那么多的伤兵,呻吟在街边墙脚。他们满身的血污,有的断了胳膊,有的折了脚,还有的脑门上被揭去了一块皮……

"惨不忍睹",就算是用上了这四个字,似乎还是不能完全表达当时的情景。

孙中山很快就弄明白了,这些人之所以伤成这样,是拜法国人所赐,也是清政府"关照"的。

1883 年 12 月至 1885 年 4 月,清政府为了在越南的主权,与法国开始了为期一年零四个月的中法战争。

战争开始在越南进行，以后便扩大到中国东南沿海。战争中双方各有胜负，可腐朽昏庸的清政府却在"镇南关大捷"之后是与法国签订了不平等的《中法新约》。

这"新约"不但"承认法国对越南的殖民统治"，还允许法国人"在中越边界开辟商埠"、"在中国投资建筑铁路"，从而不仅让法国达到了侵略越南的目的，还打开了中国西南的门户。

国弱民穷，根源就是大清帝国！

孙中山在心里喊着，仿佛看见了大清皇帝的那张龙椅，禁不住不屑地摇了摇头。对这个大清王朝，随着年龄的增大，视野的开阔，他逐渐失去了起码的信心，有的只是轻蔑。

"只可惜，那些伤兵的血白流了！"想到伤兵，想到那惨不忍睹的一幕，孙中山的眼睛湿润了。他想到了当时看见他们时自己的无可奈何与愤怒。

"如果我是个医生，当时就可以替他们医治伤痛。"

孙中山这么对自己说，又想到了早年家乡的所见：乡民生病了，就去拜神祈福，或者用香炉灰治病；到檀香山读书时，哥哥的农场有一佛堂，患病的中国工人也不去找医生，却跪在关帝像前祈求保佑驱魔除病。

孙中山曾对他们说："你们有病去找医生才对，吃神茶、香炉灰怎能把病治得好呢？"

可当时没有一个人理会这少年人的话，最多只睁开眼来有些诧意地看看他。

好在，那儿还是有一个人与他想法一致，这就是檀香山的杜老师，广东顺德过来办农场的。杜老师非常有学问，屋子里全是书，其中许多是医书。孙中山当时很佩服他，喜欢向他请教一些自己不懂的事，见他家医学书多，就问："你不是医生，为什么有这么多医书。"

"我想学这门学问。"

"为什么呢？"

"医生可以救人苦难，北宋范文正公就说过：'不为良相，当为良医'，我崇拜他，想学做医生。"

孙中山听了，想了一会说："做不了良相再做良医，这不恰当，既然医可以救人苦难，不如就从良医做起。"

孙中山现在想到自己当时说过的这番话，只觉得徒然眼前一亮。既然想投笔从戎不遂，想做法律家不成，我何不转而学医，以救人苦难呢！

尘埃落定，职业的选择有了着落，孙中山长长地舒了口气。他再无意浏览街边的楼宇、招牌、店铺，匆匆地赶回皇仁书院。

半月后，1886年秋，孙中山转入中国的第一所西医教育机构——广州博济医学堂。刚过了一年，1887年9月，孙中山再转入香港大学的前身——香港西医书院。

走进学校刚过一月，孙中山就约请杨鹤龄、尤列、陈少白，去庆祝一下他们四人的相识相知。

为此，孙中山选的是一个很不起眼的小酒店，要了几个炒菜，一瓶便宜的红酒，准备一边吃喝一边闲聊。

孙中山与杨鹤龄自幼相识，俩人过往甚密，直到孙中山去檀香山读书，他俩才分开。1882年，杨鹤龄到广州算学馆求学，与顺德人尤列同窗，不久结成莫逆之交。孙中山转到香港西医书院，结识了同学陈少白。

这样，他们四人因为志同道合，很快结成挚友。其中，尤列年龄最大，1885年生，孙中山次之，杨鹤龄再次（1868年生），陈少白最小（1869年生）。孙中山的这三位挚友，到后来都成了他的最亲密、也是最得力的战友。

杨鹤龄于1895年加入兴中会。1911年后，曾任南京临时政府总统府秘书、孙中山总统府顾问等职，晚年居澳门，1934年8月29日病逝。

陈少白参与成立兴中会和同盟会，任香港同盟会会长。1911年后，曾任广东都督府外交司司长、孙中山总统府顾问等职。1922年以后致力于家乡建设事业。1934年12月23日病逝于北平。

尤列于1895年在香港参加兴中会，先后在国内、日本、南洋等地从事革命活动。辛亥革命后，组织救世军，反对袁世凯称帝。1921年任孙中山护法军政府顾问，此后脱离政界。1936年11月12日在南京病逝。

这是后话。当他们四人刚刚坐下来时，就见一老人怯怯地倚在店门边。

鼓鼓的一对眼珠子在深陷的眼眶中转动着，嘴角渗透着寒碜的馋相。店家见了，走过去吆喝着："快走，别影响我做生意。"

"多少给口饭吃，都饿三天了。"

店家见老人不肯走，伸手就要去推他。孙中山走过去，瞅着老人问："为什么就要乞讨呢？"

"儿子，都怨我那儿子。"

"你儿子怎么啦？"

"他吸鸦片，家里什么都吸光了，连房子也抵给了烟馆。"

孙中山掏出一把铜钱塞给老人，铁青着脸回到餐桌，沉闷良久，长叹一声说："现今天下农桑不振，鸦片危害民众，民不聊生之源啊。可之所以如此，根源的根源又在当今朝廷的腐败。"

"这个朝廷，对外只知一味服软，对内只知尽力盘剥，真不知道该怎么说它。"

"皇上昏庸了，官员腐败了，老百姓只有受苦了。"

"列强也就趁虚而入了。"

……

四个挚友，一人一句，大胆地议论国事，抨击朝廷，使得身边餐桌上的人大惊失色、面面相觑，有害怕受到牵连的，竟惶惶然而离去。四个挚友见了，又是一阵哈哈大笑，言辞更加犀利。

不只在酒店，就是在学校里，他们也照样我行我素，时常说一些"胆大妄为"、"犯上谋乱"的言语，有胆小怕事者惊恐万分，便称他们四人为"四大寇"。孙中山等人听了，只是相视一笑。

"我们是什么寇啊？朝廷的许多做法，才是卖国贼呢？"他们理直气壮地说。

人之不同，确实各如其面。有称孙中山为寇的，却也有欣赏孙中山的。这个人，竟然还是香港西医书院的创始人何启。

何启生于1858年，是广东南海人，皇仁书院毕业后，曾留学英国，1887年为纪念英国亡妻，创办香港雅丽氏医院，并附设西医学院。他听到了有关孙中山的议论，让人请来孙中山。

"听说你非常爱国，你自己是怎么看的？"

孙中山还以为此番前来定会遭到一顿训斥，何启竟然是用这样的话来作开场白。

"我非常爱我的国家，我做梦都希望她强盛，如果能为她的强盛做一些事，我死不足惜。"

何启听了，脸上没一点表情，静静地看着眼前这位比自己小八岁的年青人，沉思了一会又问："你既然非常爱国，决定学医，为何选择西医而不选择中医呢？"

"中医源远流长，是我国文化精华之一，几千年来为中华民族所信仰，只是近年来我亲眼看到西医解决了困扰国人多时的鼠疫等问题，不由不对西医心存信慕。"说到这儿，孙中山停下话来，眼望着何启。

"就这个理由？"

"还有，因为西医解决了中医解决不了的问题，这使我纳闷不解，也就钻研了一些有关方面的书籍，这才发现，中医有个显而易见的弊病。"

"哦，说说看。"

"中医理论，原于道教，理论基础自于阴阳八卦，没有物质基础作为理论支撑，又因为中医是产生在科学诞生之前，没有科学的研究方法和理论归纳能力，也没有统计学论证。"

"说得好！"

"还有就是，巫师常常与中医师合二为一，使一些医师变得亦医亦巫，让人莫明其妙。"

"说得真是太好了！那么，你对西医有什么看法呢？"

"西医发展时间到现在虽然还只有100多年的历史，可人体解剖学的成果却积累奠定了现代医学的形态学基础，人体物质世界的奥秘逐渐被发现和探索，这样就容易找到病源，使治疗起来有很强的针对性，效果自然就更明显一些。"

何启听了，击掌称赞，满脸的兴奋。

何启很早就接触了西方国家的政治与科学，深感清朝政治腐败、经济落后，主张学习西方的科学技术，大力改革、推行新政。早在一八七二年，他就与人创办了《华字日报》、《篁日报》等报纸，向人们报道世界大事。他本人，也发表了《中国之改革新政论议》、《中国改革之进步论》等有关革新、救国的论述。

正因为如此，从此以后，他既是孙中山的老师，更是孙中山的同志和大力支持者。何启后来不仅掩护了兴中会在香港设立的据点，还直接参与了孙中山筹划的广州起义，并担任革命军的发言人。

1911年11月武昌起义成功，孙中山邀请何启返广东，任广东省都督胡汉民的总顾问。孙中山特别嘱咐胡汉民，凡外交事务，一定要请教何启。

这是后话。得到何启的支持，孙中山对自己更有信心，从此便"以学堂为鼓吹之地，"常与志趣相投的同学议论时政，倡言"改良社会"、"无敬朝廷"。另一方面，他更加勤奋地学习深入地思考，除了医学知识，对欧美的政治、历史、经济、农业乃至天文、地理，一一努力去涉猎。

这段时期，孙中山非常信服达尔文的进化论，还很喜欢阅读法国大革命史的有关书籍。由于他博学多识，甚至被同学们喻为"通天晓"。

1892年7月，26岁的孙中山参加香港西医书院的毕业考试，在12门课程中，他的成绩有10门为"优等"，有两门为"及格"，属"最优异"的成绩，因而以首届毕业生中第一名的成绩毕业，并获当时香港总督威廉·罗便臣亲自颁奖。

还值得一提的是：在孙中山还没有在西医书院毕业时，就已经被人称为良医，高超的医术在澳门广为流传。

借医术为入世之谋

烈日炎炎的夏日，怀揣着香港西医书院毕业证和香港总督威廉·罗便臣亲自颁发奖状的孙中山,要回乡下去看看,路过澳门时,却恋恋不舍,漫步在圣保禄教堂的遗址上。

孙中山知道,圣保禄教堂始建于1602年,由意大利籍耶稣会会士斯皮诺拉神父设计,整个工程直到1640年间才完全竣工,是一座世界闻名的教堂。只因为1835年的一场大火,直烧得就剩下教堂正面的前壁和堂前的石阶。因教堂前壁形似中国传统牌坊,本地人便称为大三巴牌坊。

孙中山拾级而上,来到牌坊前面,伸出手去触摸到那用麻石砌成的大三巴前壁。

近两天来,孙中山一颗高贵的心一直有点儿烦,有点儿恼。当他的手触到石牌时,仿佛有一种来自久远、神圣的祥霭在温润他的心,驱散他心中的烦恼。

"我对这举世闻名的圣保禄教堂应该有足够的尊重,就象对自己也应该有足够的尊重一样,我不该为一点小事受挫就生气。"

孙中山这么想着,目光欣赏地注视着石牌上的花纹。他感到有些放松,手仍然虔诚地、极有涵养地一来一回地轻抚着石牌。

他刚说到的一点小事,指的其实是他香港西医学堂毕业后失去的首个工作机遇。

根据孙中山在香港西医学堂学业上突出的表现,他的恩师、英人康德黎请求港督威廉·罗便臣推荐他赴京任职。威廉·罗便臣接受了康德黎的请求,至函英帝国驻北京公使,希望英公使能把孙中山推荐给北洋大臣李鸿章。英帝国驻北京公使采纳了港督的意见,极负责地将孙中山推荐给李鸿章。

看过公使的推荐信和孙中山的有关资料,李鸿章接纳了孙中山,授予孙中山"钦命五品军牌"、每月俸暂为50元,"可以至京候缺"。

从小到大,一直以来,孙中山都在勤苦地学习,无论学习什么,目的都是济世救民。如今,西医学院刚刚毕业,就能获名臣李鸿章推荐,得月薪五十元的"钦命五品军牌"之职,这无疑是报效国家的良好机遇。

更何况,李鸿章是香港西医书院名誉赞助人,深受孙中山恩师康德黎盛赞,就在1892年孙中山的毕业典礼上,他还聆听了康德黎盛赞李鸿章"信仰科学"、为"中国之俾斯麦"的演说，心里对李鸿章充满好感，只想能跟着这位"中国之俾斯麦"，干一番强盛自己国家的大事来。

孙中山满怀美好愿望，兴匆匆地到广州去办理赴京手续。接待孙中山的，是李鸿章的哥哥，担任两广总督的李瀚章。

这李瀚章，从1889年8月8日奉旨接替张之洞两广总督的官职，作为广东、广西两省之最高统治者，清王朝的封疆大吏，可能是在官场上混得太久，看多了一些丑恶的事情，办起事来颇为刁钻。他见孙中山持了哥哥李鸿章的信函来，不仅不好好款待，反而百般刁难，不停地问这问那，抖露出许多不信任不说，最后还要孙中山填写三代履历。

孙中山父亲孙达成，早年在澳门闹市内著名的板樟堂街开一间鞋铺，当鞋匠十多年，积累了为结婚用的"老婆本"，三十多岁才回家乡翠亨结婚。

这些，又有什么呢？就是中国的皇帝，其中还有要饭的。一个人的出生不能说明什么，问题是我来为朝廷做事，与我三代何干？更何况，一脸的不信任，仿佛手上他哥哥李鸿章，还有恩师康德黎，以及港督罗便臣这些人主动为我亲笔写的推荐信，都是我用不正当手段换来的。

孙中山这么想着，又气又恼。他一甩袖子，扭头走出两广总督府，放弃了赴京任职的美差。

他人推荐的工作没法做了，自己可以做一份自己热爱的；直接报效国家的机会丧失了，还可以间接地报效国家。

"不为良相再做良医"吗！孙中山想到这里，不由自嘲地笑了笑，在心里问自己：怎么，我怎么走回到檀香山杜老师走的路上来了？

他笑着摇摇头，抬起来，望了望牌坊上湛兰的天空，心里有了主意。

大约过了半小时，孙中山已经出现在镜湖马路上。就在这条路的南端，有一所镜湖医院，在他还在香港西医书院读书时，这家医院的董事曹子基、何穗田就曾热情地邀请他到这里来行医。

镜湖医院，1871年时由澳门华人创办，是当年南中国颇具规模的中医院，不仅设备完善，而且管理机制十分先进，遗憾的是当时还没有兼设西医。

就在孙中山于香港西医学院毕业的前一年暑假，回乡时露过澳门，偶听人说有一病人肾囊大如斗，久病不治，已然快要毙命。

当时说者无意，听者却有心。孙中山一听有病人要死，即动了恻隐之心，追问病人住址。赶到那里，却正是镜湖医院。

孙中山看过病人，又问过病情，声言说："我可以治！"

这言语一出，不啻是一个震天的惊雷。堂堂的镜湖医院，一流名医不多也有七八人，大家诊治了那么久，病情都不曾见好转，你一个学生，怎么就敢出此狂言。更要命的是，这病人是谁？正是澳门大绅士、镜湖医院董事曹子基的亲戚。

虽然孙中山敢口出狂言，却没人能做得了这主。孙中山看着病人痛苦，像是自己难受一样，心里着急，两眼一瞪大声催促说："快去找能主事的人来！"

于是便有人匆匆跑去找来曹子基。这位澳门著名的绅士看看孙中山，又看看自己生病的亲戚，良久，一挥衣袖说："就让他替你诊治吧。"

奇迹出现了。孙中山先用银针刺出病人大如斗肾囊里的水，然后再进行手术。他一双神奇的手，竟从病人的体内取出一个大如鸡卵，重一两七钱的结石。

现如今，这种事已是不足为奇，可在当时，去实属罕见，直惊喜得老绅士曹子基对孙中山翘起大姆指，真诚地对孙中山发出邀请说："西医利害，我信了。你毕业以后，就上我这儿来。"

孙中山当时没有答应，也没有不答应，只是挥挥手就赶回乡下去了。现在，孙中山回来了，他挺着胸膛，一步一步地朝镜湖医院走去。

澳门开埠几百年，长期华洋混集，中西文化融汇，彰显"两先"之新兆，既得风气之先，亦敢领风气之先。至于镜湖医院，更是有作为、有创意的组织，能给予西医西药发展以良好机遇。

我要抓住澳门这"两先"的机遇，在镜湖医院这个平台上，在华人社会中竭力提倡西医，宣传科学，强壮我国民身体，为国家的强大出一份力。

孙中山抱了这样的想法，1892年9月，正式走进澳门镜湖医院行医，成为澳门有史以来首位华人西医。从此，与这座小城结下不解之缘。

镜湖医院办院宗旨是"赠医施药、为民解困、兴学育才"，这些正合孙中山的口味，他不但身体力行，还又推出"自愿赠医"、"药局赠药"的办法。在《中西日报》上，孙中山公开声明："每日10点至12点钟在局赠诊，不受分文，以惠贫乏"。

除此之外，他还始终不忘医人之心，在行医过程中，帮助乡民破除迷信。

这天，孙中山进镜湖医院还不到半年，听到翠亨村民陆檀生的妻子难产，痛了一天一夜，都没有分娩，村里有名的接生婆，竟然吓得满脸是泪。孙中山知道后，立马急行30里路，赶到陆家。

让一个男人来接生，当地人认为主家会倒大霉，便百般阻拦。

"再不让我为她接生，你家女人就要死，这世界上，还有比死人更倒霉的事吗？"孙中山诚恳地开导他们。

结果，没人阻拦了，孙中山为产妇施行手术，最后用钳子夹住婴儿额角，把婴儿拖了出来。母子平安，合家欢喜。

这之后不久，孙中山又医好一个患痔疮二十余年、求医各地未能医治、名叫魏恒的人，还有一个十数年的肝风、两个数十年的脑患和两个六十多岁咯血的人，他们一一都在孙中山的医治下恢复了健康。

为此，1893年，澳门的《镜海丛报》以"镜湖耀彩"专栏，登载了孙中山一连治愈的六个病例，盛赞他医术高明，说："数月病源，一朝顿失。复荷先生济世为怀，轻财重义，药金不受，礼物仍辞。"

澳门知名人士卢焯之、陈席儒、吴节微、宋子衡、何穗田、曹子基等还联名在报章上两次刊登《春满镜湖》广告，介绍孙中山行医情况，以及他高尚医德。

一时间，孙中山的医名鹊起，精湛的医术为众多澳门人所折服。人们都称赞他的举动为"悬壶济世，贫苦受益"，求医者因此接踵而至，就诊者户限为穿。

然而，由于孙中山经常义诊或免收药费，尽管求医者络绎不绝，门庭若市，孙中山医馆仍然收不敷支。

孙中山不以此为意，除了行医医人的病，还非常地挂念着自己的国家，思谋着如何来医好这个千疮百孔腐败的清王朝。

当时香山的前辈中，有两位著名的"改良主义者"，一位叫郑藻如，一位叫郑观应。郑藻如是香山濠头乡人，官至大清朝内阁侍读学士、鸿胪寺卿等，还出任过驻美国、秘鲁等国公使。早在1890年，孙中山还在读书，就上书郑藻如，提出学习西文先进科技，立法禁止鸦片、办学育才等建设家乡的主张。

郑观应可是个了不得的人，他虽为工商巨子，却一刻也不曾停止对中国命运思考。此刻的他，正隐居在澳门写他的《盛世危言》。

在这本书中，他提出设议院，实行君主立宪，指出国弱民穷的根源在于专制政治，并首次提出"兵战"不如"商战"的观点。

《盛世危言》刊出后，人们更是竞相传阅，被时人称为"医国之灵枢金匮"。

1895年光绪皇帝看到此书，命印刷2000部，分发给大臣阅读。

几十年后，美国著名的学者R·特里尔在他写的《毛泽东传》中也说：

"一本倡导改良呼吁技术进步的书——《盛世危言》，使毛泽东形成了这样的思想，为了拯救自己的文明，中国必须借鉴西方的东西。这本书的作者是一位具有改良思想的买办。他使毛泽东产生了这样的考虑，为了中国的命运，他应该走出韶山，去学习更多的知识。"

郑观应的《盛世危言》，是在他更早写出的《易言》基础上完成的。此刻的孙中山，已经看过郑观应的《易言》和另一部《救世揭要》，对郑观应很是敬佩，便常会去他那里走动，与他谈论一些救世的想法。

"努力学习西方先进技术，以自强之道战胜列强，这是医治眼下中国的根本。"郑观应沉思着说，见孙中山领悟地点着头，便非常高兴地接着讲道：

"要国强，必须重视西学，发展教育，注重掌握西方天文、地理、人学的新式人才的培养。按古今中外各国立教养之规，奏富强之效，厚本首在学校，艺院日多，书物日备，制造日广，国势日强。"

"现在，西方列强侵略中国的目的是要把中国变成他们的'取材之地、牟利之场'，遂采用'兵战'和'商战'两种手段来对付我们。依我之见，商战比兵战的手法更为隐密，危害更大，所谓'兵之并吞祸人易觉，商之掷可敝国无形'。所以我认为，'彼既以商来，我亦当以商往'，'我之商一日不兴，由彼之贪谋亦一日不辍'。为此，我们'欲制西人以自强，莫如振兴商务'。"

郑观应与孙中山，两人虽然相差24岁，却是一见如故，很快成了忘年之交，老的侃侃而谈，少的心领神会地聆听。每次离开郑家大宅，孙中山心里都有不少感慨。

孙中山医院生意日隆，引起当地葡萄牙籍医生的嫉妒。当时澳门法律，在澳门的西医，只能凭葡萄牙医科毕业证书请领行医执照，一些葡籍医生抓住这点，状告孙中山。

无奈的孙中山，只好去广州行医。他在镜湖创立的中西药局，却维持营业了多年，并成为革命党人在澳门活动的据点之一。这是后话。

孙中山到了广州之后，以合股的方式在沙基开设东西药局，不到半年，便名扬羊城，成为知名的医师。孙中山却一点也不以此自满，反而常是忧心重重的，因为在行医的过程中，他已经深深地感到：

"医术救人，所济有限"。

现今的中国人，不是因为身体有病，而是因为缺乏精神，才会被列强侵略和压榨。中国古代的兴衰和鸦片战争中国战败的历史教训，不是早已说明：

"国人必须要有坚决和顽强的革命意志，才以救亡图存。我既然明白了这一点，该怎么做呢？

唐代药王孙思邈说得好：'上医医国，中医医人，下医医病'。

对，我不应该局限于医病，应该做一个关心民众疾苦、扶危济难，发挥更大价值'医国'的'上医'。

既然这样，我从今往后就借医术为入世之谋，救国救民、为争取国家的自由平等奋斗。"

把这个人生的目标想清楚了，孙中山心中欢畅，脸上露出淡定地笑容，抬眼眺望湛兰的天宇。

从文谏到起义

1894年元月的一天，孙中山摆脱繁忙的医务工作，悄悄然地回到久违了的翠亨村。这一回，他一反以往，不去向农民宣传选种施肥、改良土壤，或是兴修水利、改革乡政。

一直以来，他曾经在家乡不懈努力地做过这样的事情，希把家乡改造成一个富足安宁的地方，然后把在家乡这块"试验园"取得的经验向全国推广。可是，他碰壁了，这个办法根本行不通。

"是我的力量太小了，如果有朝廷大员能这么做，这事肯定有希望。"孙中山这么想着，自然地想起了李鸿章。

两年前，因替朝廷工作的事，虽因李鸿章弟弟的刁难而没有结果，但此时孙中山对李鸿章还是抱有好感、充满希望。

孙中山这次回到翠亨村，父母哥嫂都发觉他有些奇怪，他不再像往常那样田间地头，走邻访友，而是连大门都懒得走出一步，一天到晚都把自己关在一间书房里。

就在这间书房里，孙中山思考着、书写着，写了整整十三天，写了又改，改了又写，终于写成了一封给李鸿章的信。这封信虽然只有八千余字，却把他治国的四大主张都表达的淋漓尽致。信中写道："人能尽其才，地能尽其利，物能尽其用，货能畅其流。""此四事者，乃富强之大径，治国之大本。"

写完之后望着誊写得清楚整洁的书信，孙中山长长地舒了口气。他匆匆赶回广州，给陈少白阅读修改。

陈少白出生于江门市郊外海镇南华里一个基督教牧师家庭，天资聪敏，

勤奋好学,习字、念书、文章均是同窗中的佼佼者。

到这年六月,孙中山处理完成堆的医务事情,带了这封被后来史学家称之为《上李鸿章书》的信,与陆浩东就要北上天津。

陆皓东为人聪明沉勇、真挚、诚恳、能书善画,是孙中山幼年的同学,常与孙中山谈论倾覆朝廷情事。他与孙中山情义溶洽,风雨同床,起居相共。

1895年中旬,陆皓东为掩护革命党人,不幸被捕。在狱中,他遭受严刑逼供,宁死不屈,当庭奋笔疾书,痛斥清政府腐败、投降卖国:

"今事虽不成,此心甚慰,但一我可杀,而继我而起者,不可尽杀!"

这年11月7日,陆皓东英勇就义,被孙中山称誉为"中国有史以来,为共和革命而牺牲的第一人"。

这时的郑观应,正退隐澳门,将全幅精力用于修订重写他的《易言》。孙中山闻知后,在北上天津之前,带了《上李鸿章书》,与陆皓东先赶去郑府,请郑观应赐教。

郑观应看过《上李鸿章书》,大加赞赏,当即写信给洋务派著名人物盛宣怀，请他务必将孙中山推荐给李鸿章。

除此之外，郑观应还把孙中山介绍给当时正在自己府上的维新派人物王韬。王韬看过《上李鸿章书》，也十分欣赏，不但为这封书信修改润饰了几句，还又给自己的朋友、在李鸿章身边管文案的罗丰绿写了介绍信，推荐孙中山。

孙中山因为这两封推荐信，很快把《上李鸿章书》转到了李鸿章手里。办完了这事，孙中山心里非常高兴，回到广州的医药局，一边替人治病，一边满怀希望地等待着。

他哪里知道，此时中日战争尽管爆发在即，清朝统治者却照旧挪用巨额海军军费大修颐和园。朝廷主流如此，李鸿章也没法去顾什么"富强之大径，治国之大本"啦！

在孙中山焦急的等待中，日子像一串念珠，一天天滑过去。直到四个月之后，孙中山终于明白：李鸿章是不可能采纳自己的主张，加之在这期间孙中山又亲眼目睹了甲午中日战争中国的惨败，就更加地愤怒了。

"我对清朝政府，不能再抱什么幻想，靠它来振救中国，根本就是不可能！要使中国富强昌盛，首先就是要推翻这腐败的清政府。"孙中山这么想着，毅然放下手中的医务，来到上海，从这里乘船经日本前往檀香山。

在茂宜岛上，已经成了檀香山巨富、被称为茂宜王的哥哥孙眉看到风尘仆仆赶来的弟弟面色凝重，便开口问道："出了什么事吗？"

孙中山点点头，向哥哥叙述自己给李鸿章的信，说自己对中日甲午战争、对朝廷的看法。

"我上书李鸿章，还指望能依靠这位大清朝元辅重臣来'倡行新政'、进行某种自上而下的社会改革之举。谁知道……现在，我对朝廷已经完全失望。有这样的朝廷在，只会使中国走向更加的衰弱。"

"那么，你准备怎么做呢？"

"既然和平方法无可复施，现今之策，不得不稍易以强迫，以倾覆而复更之。"

哥哥的两眼瞪得更大，声音低沉："你想做什么？"

"我只想要让中国富强,要达到这个目的,首先就要推翻这个腐败的清王朝。"

"推翻清王朝!"向来大胆的孙眉睁大眼睛望着弟弟,良久轻轻地说:"这可不是出来打拼、发什么大财、做什么巨富那么容易的事情。"

"我知道……"

"尽管我也知道,你向来不在意钱财,不希望做什么巨富,可是你现在医术与医德都饮誉社会,而且上有父母,下有妻儿,收入又这么丰厚,居室也非常安乐,生活悠闲自在的,为什么还要去做那些充满风险、随时都可能被杀头的事情呢?"

"可是,做人最大的事情不就是要爱国么?"

"是啊,是这样……"

"更何况,如今天下大势,浩浩荡荡,顺之者昌,逆之者亡。清王朝从头到脚都腐烂了,只要唤起民众,大家一心就可以推翻他。"

"你说得还是有一定道理。看来,我的弟弟真搞起政治来了。"

"政治不知别人怎么理解,我的看法是:政就是众人的事,治就是管理。"

"照你这么说,管理众人的事就是政治。"

"我想就是这样,更简单点政治就是要治人。从某方面说,跟医生差不多,只是医生只治病人,政治要治所有的人。"

"这么看来,你对自己要做的事已然深思熟虑,我虽然没有很深入地考虑过这些事情,但认为你说的很对,特别是做人最大的事情要爱国这句话。这样吧,我在这里表个态,我支持你要做的事,我一定划出一部分财产来给你做推翻清王朝的经费。只是这事前途艰险,希望弟弟小心谨慎从事。"

"感谢哥哥!"孙中山含着热泪说。

在以后的日子里,哥哥孙眉不但带头支持弟弟推翻朝廷,接下来几天,还一直都在写信给各埠亲友,希望他们支持孙中山。只是华侨中听到"推翻朝廷"四个字,懦懦然避开的人很多。

1894年11月24日,孙中山在檀香山正埠银行经理何宽的家里,召开了兴中会的成立大会。

经过一个多月的奔走呼号，虽然大部分人对"推翻朝廷"的事诚惶诚恐，但还是有二十多名关心国家命运的汉子坚决拥护孙中山的主张，这其中有何宽、杨着昆、程蔚南、钟工宇、陆灿、陈南、刘寿、刘卓、卓海等。他们的名字，都因这次成立大会而响亮地留在中国革命的史册中。

"中国积弱，非一日矣！上则因循苟且，粉饰虚张；下则蒙昧无知，鲜能远虑。近之辱国丧师，蕲番压境，堂堂华夏不齿于邻邦，文物冠裳被轻于异族。有志之士，能无抚膺！夫以四百兆苍生之众，数万里土地之饶，固可发奋为雄，无敌于天下。乃以庸奴误国，荼毒苍生，一蹶不兴，如斯之极。方今强邻环列，虎视鹰瞵，久垂涎于中华五金之富，物产之饶，蚕食鲸吞，已效尤于接踵；瓜分豆剖，实堪虑于目前。有心人不禁大声疾呼，亟拯斯民于水火，切扶大厦之将倾……"

孙中山慷慨激昂，用他那颇有磁性的声音宣读着他草拟的《兴中会章程》。在一阵掌声中，大家一致通过这个章程，推举孙中山为大会主席、兴中会领袖。

他们当中或许没有人会想到，他们在这个《章程》中提出的一句话，在几十年后的中国，还是有志之士共同呐喊的口号，这就是：

"振兴中华！"

《兴中会章程》第九条明确指出："是会之设，专为振兴中华，维持国体……"

在众人情绪高昂中，孙中山高举右手，引领大家宣誓："联盟人某省某县人某某。驱除鞑虏，恢复中国，创立合众政府。倘有二心，神明鉴察！"

《兴中会章程》斥责了清王朝昏庸误国，招致严重的民族危机，申述了该组织要以"振兴中华、挽救中局"为宗旨。

兴中会的成立，意味着中国资产阶级民主革命的开始，标致着中国资产阶级民主革命进入了新的历史时期。

为此，兴中会的组织者和领导者孙中山，从此成为中国民主革命的倡导者和先行者。

毛泽东说:"中国反帝反封建的资产阶级民主革命,正规地来说,是从孙中山先生开始的。"

兴中会创立这年,孙中山28岁,是一位风华正茂的青年!

孙中山成立兴中会以后,尽管有孙眉、杨耆昆等檀香山富有华侨的支持,但要做这么件翻天覆地的事情,还是感到经费异常紧张,于是决定动身到美洲去,到那儿去发动更多的华侨来投身推翻清王朝的革命。可就在这时候,孙中山接到宋耀如的一封来信。

这个宋耀如,就是民国时期赫赫有名的"宋氏家族第一人",他以自己的远见卓识和鲜明个性,熏陶和培养了民国第一的"宋氏三姐妹",以及宋子文、宋子良、宋子安三兄弟。

宋耀如是在郑观应家里与孙中山相识的,俩人一见如故,"屡作终夕谈",很快成了挚友。宋耀如不仅热心传教办实业,也向往推翻清王朝的革命并喜欢结交革命志士,因欣赏孙中山的《上李鸿章书》,还通过一番努力将这封信改成短论形式,在《万国公报》第九、第十号上予以发表。

也正是从这以后,孙中山成了宋耀如家的常客。在宋家,年方28岁的孙中山不仅看到刚刚5岁的宋霭龄,也看到了正牙牙学语的宋庆龄。可当时谁也不会想到,这个孙中山曾经抱过的的小女孩,21年后会成为他的妻子。这是后话。

孙中山打开宋耀如的信,只见上面写着:"目前国内情况很糟,中日间正在开战,战争已从海上打到陆上,随着战争深入发展,中方各战线频频告急,对此朝廷却手足无措,竟又还在热衷于庆贺慈禧60寿辰。在此国家危难情况下,盼先生速回国,以指导国内的革命……"

孙中山读了这段话,立即打消前往美洲活动的念头,起身回国。

1895年1月,孙中山回到香港。陆皓东、郑士良、陈少白、邓荫南等人前来码头迎接。经过一番商量,他们立刻赶往广州,在双门底王家祠云冈别墅成立了兴中会广州分会。

在商量下一步行动时,孙子山认为:"因为义和团风暴和八国联军入侵的冲击,清王朝统治壁垒一定会发生破裂,而李鸿章作为汉族大员、总督远离京畿的两广，或许有可能独树一帜。清朝虽然颓败，可还是个庞然大物，而我们兴中会，刚刚草创，经费、人才、兵械诸方面都明显短缺，如果能联合包括李鸿章在内的各种社会力量来共同奋斗，革命一定更有保障。"

可就在孙中山把这看法说出来时，传来了中日甲午战争中国战败的消息。一时之间，国内群情激愤。

3月16日，孙中山决定趁此时机在广州发动起义。他请陆皓东设计了一面青天白日图案旗子，用为这次起义的军旗。

就在孙中山领导他的兴中会成员紧锣密鼓地准备起义时，4月17日，又传来清政府的全权代表李鸿章与日本外相伊藤博文签定了卖国的《马关条约》。

一石激起千层浪，全国上下都沸腾了，康有为在北京发动参加科举考试的1300位举人，发起了"公车上书"之举，引起清廷震惊。

孙中山更是热血沸腾，大声地宣布：我相信，用革命暴力推翻清政府统治的时机已经到来！

10月10日，他与陈少白、郑士良、杨衢云等七八人在香港总部开会，会上孙中山被众人推举为起义总指挥。

孙中山即刻当众宣布了他思考了很久的大胆的起义计划：

"我决定以珠江三角洲地区、香港、潮汕及北江一带的会党和绿林为基本队伍，利用重阳节群众成群结队回乡扫墓的时机，由杨衢云带领3000人到广州，分头进攻各重要衙署，一举攻下广州。然后以广东为革命根据地，挥师北上，直捣北京！"

孙中山的起义计划得到了众人的一致同意，可是到了重阳节（10月26日）那天早上，杨衢云突然致电孙中山说：

"货（即指人）不能来"。

原定由杨衢云带领的3000人来不了广州，是因为起义计划泄露。孙中山见情况如此，为减少不必要的牺牲，立即回电杨衢云："货不要来，以待后命"。

一切安排就绪，陈少白、孙中山等人先后离开广州。

此次起义，由于泄密而以失败告终，陆皓东、朱贵全、丘四 40 多人被捕，随后都被杀害。

1895 年广州起义，是孙中山领导的第一次武装反清起义，虽然因为泄密流产了，却是孙中山领导武装斗争的起点。

伦敦蒙难

1895 年最后的第三天，孙中山再次来到檀香山哥哥孙眉的家里。一进屋，他的双眼就四处张望。哥哥懂得他的心情，望着弟弟对里屋点点头。孙中山慌忙走进里屋，看到母亲、妻子和一对儿女，一时间脸上露出放心的笑，过去亲了亲儿女，便邀哥哥到后院去谈谈。

早在 1884 年，孙中山刚满 18 岁时，便在父母的操办下娶了香山县里商人卢耀显的女儿卢慕贞，此时已有了儿子孙科（1891 年生）和女儿孙娫（1895 年生）。

孙中山在知道起义的秘密泄露后，即刻通知了有关同志和自己的亲人迅速转移，自己也即经香山唐家湾秘密转到澳门，在葡萄牙籍友人飞南第的帮助下抵达香港。

本来，孙中山打算留在香港继续领导革命，可当时的英殖民地香港政府已答应清政府，五年内禁止孙中山等人进入香港。

情况如此，孙中山只好与陈少白、郑士良东渡日本神户。在日本活动了两个月，于 1895 年 11 月中旬在横滨成立了兴中会分会。又过一个月，孙中山从横滨转赴檀香山。临行前，他果断地剪掉辫子，改穿西装，以表示与清朝决断。

听了孙中山的介绍，孙眉沉思良久，然后望着西装革履的弟弟，轻轻地问道："今后该怎么办？"

"总结这次起义失败的原因，虽然有许多方面，但势单力薄是最主要的。

所以我认为，要推翻清王朝，当务之急是联合更多的华侨，壮大革命的力量。为此，我要到美国、英国华人聚集的旧金山、芝加哥、纽约、伦敦去，宣传革命，联络华侨。"

因为兴中会有诸多的事情要处理，孙中山在檀香山滞留了半年，直到1896年6月，才抽出身来，赶赴旧金山、芝加哥和纽约等地。三个月后，孙中山乘"麦竭斯的"号轮船东行，来到英国利物浦，10月1日抵达英国伦敦。

早在清廷得知广州起义的消息时，就已经下令悬赏捉拿孙中山等起义志士，传谕两广总督务必揖拿孙中山。为此，孙中山以后的行踪，都在清廷的追踪之下，只是每每都被孙中山机敏地避过，所以一直未遭毒手。

孙中山的恩师康德黎，这时已回到了伦敦居住。在他从中国回归英国的途中，碰巧遇上了由日本赶赴檀香山的孙中山。师生依依惜别时，康德黎给孙中山留下了自己在伦敦的住址。孙中山此次一到伦敦，就立即找到康德黎寓所。

师生在欢乐中重逢，孙中山受到康德黎夫妇殷勤款待，安排孙中山住在离他们寓所不远的葛兰旅馆。

为了联络更多的人来支持推翻清王朝的革命，孙中山每天早出晚归，拜访友人，会见友人的友人。这其中，就包括了孟生这样的朋友和一位香山籍的老乡邓廷铿。

在到达伦敦的第十天，1896年10月11日，正是一个星期日，孙中山一早便出门，他要去康德黎家，看望他们夫妇，然后随他们到教堂去祈祷。

这是一个大风肆掠的早上，孙中山从葛兰旅馆出来，一阵风撩起他大衣的一角，他紧了紧大衣，匆匆地朝康德黎家走去，刚拐过一个弯，便见到了老乡邓廷铿。

"这么早，急着要上哪里去？"邓廷铿像是很随便地问道。

"是你啊，我这是去看我的一位老师。"

"我有件事情想告诉你。"邓廷铿说，故作神密地四处看看。

孙中山靠近他，轻声地问："你是不是联络到同志了。"

"是的，我昨天遇到了几个人，都是很爱国的华侨，你能不能跟我到我那里去，我……"

"行，我们走吧。"

孙中山打断邓廷铿的话，示意他在前面带路。

走过一条街再向右拐进去不远，邓廷铿领着孙中山走进一所房子。刚进大门，孙中山立刻感到情况不对，停下来正要发问，大门已被关上。从侧面冲出来几个留着长辫的大汉，一拥而上把孙中山按住。

原来，清廷驻英公使龚照瑗通过英国人马格里知道了孙中山在伦敦的下落，便逮住了孙中山的同乡邓廷铿，威逼他来诱捕了孙中山。

几个留长辫的大汉麻利地将孙中山捆绑起来，囚禁在使馆三楼的一间斗室里。第二天，龚照瑗来见孙中山，第一句话就问："你为什么要造反？"

"朝廷这么腐败了，不推翻它，国家能立于世吗？"孙中山反问他。

"我知道你有你的理由，可是你一定也知道造反的后果。"

"当然知道。"

"怕吗？"

"只有高兴。"

"高兴？"

"难道不是，造反之后，腐败的朝廷被推翻了，国家就会强大起来，你难道不希望自己的国家强大？"

龚照瑗听了，气得七窍生烟。看着孙中山神逸气定的样子，大声地问道："难道你不爱惜自己的生命吗？"

"爱惜，非常地爱惜。"

"如果是这样，事情就好办了。"龚照瑗的脸色露出奸笑："你只要把你们那个组织的名单写出来，我可以保住你的命。"

"你认为我可能这么做吗？"孙中山说着，哈哈地大笑起来。

笑声里充满自信和豪迈，惊得目瞪口呆的龚照瑗在笑声中一摆脑袋，走出囚室。

死虽不足惧，可革命还刚刚开始，只有不死，才可以继续去推翻那腐朽的朝廷。这念头在脑海里荡过，孙中山开始寻找脱身之计。

斗室很小，周围都是坚硬的墙壁，自己手无寸铁，根本不可能有所作为。窗户倒是有一个，虽然外面就是大街，但有铁栅护着，也不可能出去。孙中山想了想，有了一个办法。

"我现被禁于中国使馆中，使馆必定将我递解回华，处以死刑……如不急起营救，必将罹难。"孙中山将纸条写好，裹了一块银元，掷在街上。

裹在纸条里的银元在石头路上蹦了几蹦，就静静地躺在那儿。孙中山眼睛一眨也不眨地望着。很快走来一个大汉、一个留长辫子的大汉，从地上拾起纸条裹着的银元，得意地对铁窗里的孙中山看了看。

龚照瑗发觉孙中山企图向外传递消息的事后，将孙中山移到了另一间斗室。这里虽然也有铁窗，但铁窗的外面就是走廊。这时，龚照瑗早把抓住孙中山的消息，以及孙中山不可能出卖兴中会的事密报了清廷，并收到清廷的密令：

想方设法，尽快将孙中山押回国内当众处死！

龚照瑗得此密令，刚找到押运孙中山的船只，需要7000英镑，是一艘2000吨的轮船。他正抓紧时间办手续，准备把孙中山装入一只特制的木箱内秘密运回国内。

此时的孙中山，虽不知道这些细节，但心里非常清楚：朝廷一定要把他押运回国，公开处斩以达杀一儆百的效应。第一次传递消息失败，他并不气馁，沉下心来望着窗外继续想办法。

清洁工人柯尔正在走廊里非常认真地清扫垃圾。一个办事人员走过，在掏出香烟的时候一张大面额的钞票飘飘然掉了下来。他丝毫也没有察觉，步伐依旧不紧不慢地往有走。

"先生，你掉东西了。"清洁工柯尔拾起这张足足要抵他一个月薪金的钞票唤道。

那办事员回过头来，弄清楚是怎么回事，对柯尔连声称谢，接过钞票离去。

铁窗里的孙中山把这一切看得清清楚楚，他只觉得自己眼前一亮。不爱占他人便宜的人，一般都是有正义感的人。这样的人，很可能会帮我。孙中山脑海里冒出这样的想法，待柯尔回过身来时，便冲着他点点头。柯尔见了先是一愣，然后也礼貌地对孙中山点点头。

"先生，你知道中国的皇帝吗？"孙中山轻轻地问他。

柯尔摇摇头。

"中国现在实际上的皇帝，是个女人……"

孙中山用他那颇有磁性的声音，给这位大清国驻英国使馆的清洁工柯尔讲慈禧太后，讲她如何在日本军舰已经在向中国开炮时还挪用中国海军的军用款修建她那豪华的宫殿，讲自己对这事的言行，讲自己这次被送回国会受到的惩罚……

最后，柯尔动心了，轻轻地问道："先生，我能够帮你吗？"

"能。"

"该怎么帮你呢？"

"你只要把一封信交给住在前面不远的康德黎先生手上就行了。"

"康德黎，就是那一位刚从中国归来不久的先生？"

"对，就是他，他是我的恩师。你知道他，我非常高兴。"

"这事我愿意帮你，快把信给我。"

"我这就写信，你先去清扫那边，回头过来取信。"

柯尔点点头离去。

孙中山重新给康德黎写了一封信，内容跟昨天裹着银元扔出去的差不多，只是在信后又添了项内容：看信后请照应这个送信的人，他叫柯尔，因为我，他很可能失业，请一定照应好他。

1896年6月17日深夜，康德黎已经入睡，被一阵敲门声惊醒："这么晚了，会是谁呢？"康德黎自言自语，起身去把门打开，一个陌生的青年站在他面前，正困惑时，柯尔递来孙中山给他的信。

康德黎把信看过之后，立即说："柯尔，你做了一件好事，我为你感到高兴。明天，明天请你务必来我家一趟，现在我要去为他办些事情。"

康德黎说完，连夜赶到苏格兰场警署，请当地警官干预此事。回到家里，靠在沙发上迷糊了一下养养精神，看天色已亮，即刻去找到孙中山在香港就认识的英籍朋友孟生。

康德黎向孟生讲明了孙中山此时的处境，俩人商量几句，救人如救火，赶紧去到外交部，报告孙中山在伦敦被绑架的事情。看到外交部官员对此事冷漠的样子，俩人知道他们不会出手救孙中山，于是赶紧又到清朝驻英国大使馆去当面交涉，却遭到了更加冷漠的对待。

"怎么办，我们就眼睁睁地看着孙文被运回他的国家，让他们的政府杀死？"康德黎心急如焚，在屋子里走来走去。

"目前，我们需要些时间。"

"对，我们可以想办法，争取一点时间。"康德黎冷静下来，思考着："这样，我们再去告诉清使馆，说他们囚禁孙文的事伦敦上下都知道了，英国政府和伦敦警署将出面干涉。"

"这是个好办法，他们会因此有所顾及，减缓运送孙文回国的步伐。"

"我们走吧。"

康德黎提议，俩人匆匆地走出门去。在车上，孟生小声地说："这事，我们要做成真的。"

康德黎转过头来，问询地望着孟生。

"我们还要去报社对记者讲述这件事情，让他们把孙文被绑架的事情披露出来。"

"对，我们还要派几个人，守候在清使馆外，随时监视他们的行动。"

两个英国人，为了援救一个中国的革命者，紧张地忙碌起来。

1896年10月22日，英国《环球报》以"惊人消息！"为题，披露了中国革命家孙中山在伦敦被绑架的事件。文章见报后，多家报纸记者纷纷前来采访康德黎，然后相继在自己的报纸上予以报道。

当天，上千同情中国革命的伦敦市民，涌向清使馆，抗议清廷的非法绑架。

第二天，1896年10月23日，孙中山在热情的伦敦市民欢呼声中，走出清使馆，恢复了自由。

愈挫愈奋

1900年8月28日深夜,一艘从日本驶来的客轮,经过三天的航行,悄悄然抵达了上海。孙中山与容闳正要上岸,郑士良和史坚如赶来船上拦住孙中山。

"因为唐才常的自立军起义失败,张之洞、刘坤一等正严令各地揖拿新党,如今港口到处都是密探。会长如果上岸,危险太大。"郑士良说。

"可是,我已与刘先生约好明天见面,更何况此事对革命关系重大。这个险,再大我也得冒一下。"

听到孙中山这么说,郑士良沉默了。

孙中山对他点点头,挺胸塔腰地从他身边走过去。眼看就要下船,郑士良想到了一个办法,追上去拦住孙中山说:"看这样行不行?这艘轮船不是要一个礼拜后才回日本吗?我们去请刘学询,让他上船来跟您谈。"

听了郑士良的话,孙中山还在犹豫,容闳开口了,说:"孙文,我看就这样嘛。革命这事,本来就充满风险,能避还是避一避好。"

容闳,1828年11月17日出生于香山南屏村,是中国近代史上首位留学美国的学生。他以唐才常"中国国会"会长的身份,参与了1900年8月9日唐才常自立军起义,因清政府通缉辗转流亡美国,在与国内各派改革力量联系中很快趋向于孙中山所进行的推翻满清的革命活动。此次与孙中山一道来上海,就是要协助孙中山一起说服刘学询策划李鸿章与孙中山合作。

听了容闳的话,孙中山点头同意。

第二日中午,刘学询来到客轮上。

刘学询是个腰缠万贯的富翁,他一心只想反清复明,自己来做皇帝,与孙中山倡导的民主共和虽然南辕北辙,可在推翻清王朝这一点上却是一致的。

因为他曾做过李鸿章的幕僚，与李鸿章关系密切，俩人又是老乡，更想从中斡旋，使李鸿章联合孙中山，在两广独立，进而建立国家。

孙中山对李鸿章虽然屡屡失望，也知道刘学询是想借他的手来复兴明朝，李鸿章是借他的手来保住自己的实力。然而，他们的前提也是要推翻清王朝。就因为有了这一致的目标，孙中山想利用他们一下，以便更快一些结束帝制，建立民主国家。

基于这想法，孙中山这才来上海与刘学询会面，没想到只能在船上谈。俩人谈了整整一个下午，商量好了全部具体事宜。

"我现在就去准备，只要李鸿章宣布两广独立，我兴中会海内外所有力量一定全力支持，并尽快为他争取到美英日等国的承认。"临别时，孙中山庄重地承诺。

遗憾的是，老谋深算的李鸿章，虽有意独立，可在此之前已收到清廷让他北上去任"议和大臣"的电令。李鸿章权衡再三，决定还是不忙"造反"，先去赴任，将大权揽回自己手中再说。

刘学询看着"两广独立"计划付之东流，便想通过香港港督卜力的关系扣留李鸿章，使他延误北上，违背圣旨，最后不得不反清。

可是，正当港督卜力一切安排就绪，准备对李鸿章下手时，却收到了国内大臣张伯伦从伦敦发来"不准扣留李鸿章"的电报。

一切功亏一篑，刘学询从此心灰意冷，跑回杭州去建他的私家别墅。这耗资巨大的别墅，就是近百年后、如今还全国有名的"杭州西湖宾馆"。

孙中山与刘学询会谈之后，即与容闳等离开上海。得知李鸿章北上去做"议和大臣"，孙中山只是微微一笑：

"去吧，让他去吧。现在北方义和团运动已全面展开，八国联军正在武装入侵中国，我们不能坐等民主共和的到来，而是应该有坚决的行动，应该再次举行武装起义了。"

孙中山这个想法坚定下来后，于1900年9月25日，与偕内田良平、山田良政赶赴台湾，争取日本的支持，购置一些先进的军械。

"我们大日本帝国，对先生您的起义表示支持。"当时的台湾总督，儿玉源太郎故作热情地对孙中山说。

因为他刚接到日本政府的指示：趁中国大乱之机将自己的势力范围从台湾扩大到福建和东南沿海。

孙中山当时一心想推翻清王朝，对日本政府的阴谋认识不够，他将从日本手上购到准备用于起义的大量军械放在台湾，只想待一切准备就绪，再运到广州去。

此事办妥后，孙中山亲自率领部分兴中会会员，于1900年10月初赶到香港，部署起义。因香港当局阻止，孙中山又无法登岸，结果还是只能在船上开会。

"此次起义，是我们以武装革命手段，来实现民主共和国理想的又一次尝试。根据以往的经验，我们的失败主要是势单力薄，这一次，我们尽了全力来谋求更多的支持，采取依靠会党和外援的做法。在军械方面，我们得到了日本人的支持，从他们手上购到了精良的武器；在资金方面，除了我们兴中会会员及爱国侨胞的倾力支持，还有许多跟我们的主张不很一致的人，也给予了支持，譬如刘学询先生，就支持了百万以上……

"我们的目的是：驱除鞑虏，恢复中国，创立合众政府。我们坚决地选择了武装夺取政权的正确道路来达到我们的目的。因为只有这样，别无他法。起义的地点，我们确定在广州和惠州，广州为正军，惠州作为旁军作策应。为什么要选择这两个地方，因为这两个地方容易聚集我们的人，更便于接济……"

这里值得说明的是，在当时，兴中会从领导到会员现在有籍可考的有286人，他们差不多都是广东人。依此看来，孙中山对起义地点的选择，是很正确的。

"现在我宣布：派史坚如到广州去，负责广州起义；派郑士良到惠州去，负责惠州的起义。"

随着孙中山的宣布，在热烈的掌声中，史坚如和郑士良站起身来向大家点头。

史坚如，是民族英雄史可法的后裔，自幼喜读史书，尤好研究古今成败的原因和中外兵家战略,他崇拜英雄豪杰,忧国怜民,嫉恶如仇。1898年"戊戌政变"发生后,他大骂西太后那拉氏"可杀也!"1899年11月,他加入兴中会,"誓以身殉革命"。孙中山对他非常器重,不久令他回国,联络长江一带的会党。

郑士良,少有大志,跟随乡中父老习武,结识不少会党人物。1886年入博济医院学医,与孙中山同学,对孙中山的革命主张十分折服。他既是兴中会会员,又是会党的领袖,得到孙中山的命令后,即刻赶往惠州,准备起义有关事宜。

谁知道,郑士良准备工作正在进行,军械都还没有运到,清廷却已经分水陆两路,由提督何长清和邓万林率兵前来合围。孙中山知道又是泄密让清廷得到风声,立即电告郑士良:率义军突出合围,一到厦门,便有军械接济。

1900年6日晚,起义军夜袭清军,初战告捷。10月15日,起义军进攻平山、龙冈,再次告捷。10月17日,起义军与清军在永湖遭遇,以少胜多,邓万林中枪堕马,狼狈逃命,起义军第三仗告捷。10月20日,起义军又在崩冈第四仗告捷。

就凭手中简陋的武器,起义军多次战胜前来合围的清军,部队已由起义开始的八千人发展到二万余人。清军的合围,眼看就成为泡影,可就在这时候,义军已近弹尽粮绝。对这种情况,孙中山事先已经料到,下令急调台湾储存的军械,运往战地。

孙中山万万没有想到,此时的日本政府,突然改变了策略,决定不支持孙中山的革命,禁止武器运出台湾。万般无奈的孙中山,只好给郑士良下达命令:自行决定进退,尽全力保存实力。

此时的郑士良和他的义军,因为接连的胜利,斗志高昂,接了孙中山的命令,立即渡海返回三洲田,准备尽售家产,以充军费,然后会合新安、虎门的义军,再攻广州。

然而,因为战乱,没人购他的房产。没有了军费,郑士良心力交瘁,形神锐减,半夜辄起,仰天叹息。结果终因弹绝粮尽,挡不住清兵的合围,只好临时解散部队,化整为零,分头突围。

郑士良只身一人，逃回香港。

史坚如到了广州不久，正在准备，惠州起义爆发。为减轻惠州起义军的压力，史坚如决定炸死清朝置理两广总督德寿，来策应惠州起义。他组织人挖一条地道通往德寿的住处，然后将用变卖家产所得的3000元钱购买的200磅炸药放入地道。10月28日这天，史坚如亲自点燃导火线。

结果，德寿未被炸死。29日，史坚如在去香港途中被捕。

南海县令裴景福软硬兼施，先是封官许愿，而后是严刑拷打。史坚如"惟怒目不答，傲睨自若"。1900年11月9日，史坚如在广州天宇码头英勇就义，时年21岁。

辛亥革命胜利后，孙中山先生亲自募捐为史坚如修建纪念碑，表彰他是继陆皓东之后，"为共和殉难之第二健将"，"浩气英风，实足为后死者模范"。日本革命友人官崎寅藏，则盛赞史坚如为"中国革命之天使"！

继1900年10月8日孙中山领导的惠州起义之后，孙中山还组织领导了：

1907年5月的潮州黄冈起义；

1907年7月6日的安庆起义；

1907年9月的七女湖起义；

1907年12月的镇南关起义；

1907年9月的防城起义；

1908年3月27日钦州、廉州起义；

1908年4月的河口起义；

1910年2月的广州新军起义；

1911年4月的黄花岗起义。

加上1895年的广州起义，在短短的十五年中，孙中山组织领导的起义共计高达十一次之多。孙中山为了起共和而终帝制，他奋斗一身，"愈挫愈奋"。

到1905年8月，孙中山的"兴中会"与黄兴宋教仁的"华兴会"、蔡元培吴敬恒的"爱国学社"、张继的"青年会"等联盟，在日本东京成立"中国同盟会"。

大家致推举孙中山为同盟会总理。

孙中山在同盟会的会刊《民报》的发刊词中首次提出"三民主义",即"民族、民权、民生"。继而,他编定"同盟会革命方略",正式宣示进行国民革命,力图创立"中华民国",并定下"军法之治、约法之治、宪法之治"三程序。

在以后的革命实践进程中,三民主义的内容虽然有所补充和更改,但基本框架没什么变化。

公允地说,三民主义理论,在当初的一段时间里,是社会先进的、有战斗力的一种思想。孙中山在他的遗嘱中这样写道:

"余致力国民革命凡四十年,其目的在求中国之自由平等"。

为此目的,孙中山清楚自己所面临的任务远远超出民族主义的范畴:政治制度的重建,经济体系的创立,以及国民素质的培养,都是刻不容缓的。

孙中山坚信只有这样:才能振兴中华,使中国平等地立于世界民族之林。

临时大总统

秋天,是收获的季节。1911年的秋天,孙中山在美国科罗拉多州收获颇丰。许多在这里的爱国华侨,纷纷慷慨解囊,把自在国外打拼赚到的钱交给孙中山,希望能早一天看到中国没了皇帝。

孙中山知道,这秋日的收获,是与春时的努力分不开的。就在这1911年的春天,他经过长期准备,筹到了加拿大最后一笔款,即刻命令同盟会所有力量,支持黄兴、赵声、喻培伦、陈炯明等,在广州发动起义。

1911年4月27日下午5时30分,黄兴亲率敢死队120余人,冲入督署,击毙卫队管带。可终因敌我力量悬殊,在敌人的反扑中起义失败。86位死难烈士,被曝尸街头。

孙中山闻言后,悲从中来,肃然地说:"碧血横飞、浩气四塞,草木为之含悲,风云因而变色。"

悲痛之后，孙中山评说春天的起义："斯役之价值，直可惊天地，泣鬼神。"

此刻的孙中山，凭着他多年的革命经验判断说："这次黄花岗起义虽败，全国的革命高潮即将到来。"

孙中山的判断是正确的，就在他在带着科罗拉多州丰厚的收获赶赴檀香山的途中，收到黄兴从香港发来的一封密电。

"武昌新军将起义，请速汇款。"

因密码不带在身边，待孙中山将这份电文译出时，已经是第二天下午了。

"此次武昌起义，一定会迅速得到全国各省的响应，推翻清王朝统治，定是此次起义了。"

孙中山正高兴地预言，又收到黄兴的第二封密电。

"起义成功，武汉三镇已于10月10日被我革命军占领，请速回国。"

孙中山万分欣喜中有些儿意外，他很快冷静下来，支频凝目地沉思着。革命取得胜利，当务之急务必要解决外交问题。孙中山这么想着，给黄兴发了回电，立即赶赴英国。

止绝清廷一切借款，制止日本援助清廷，取消各处英属政府的放逐令。孙中山提出的这三条，因为武昌起义的胜利，很快得到英国政府的应允。

于是，孙中山赶去英国银行，谈妥了革命政府借款的有关事宜，这才取道法国，东归香港。

1911年12月21日，胡汉民、陈少白、廖仲恺等到香港迎接孙中山。

"先谈谈情况，我很想全面了解一下起义后的情况。"孙中山望着他们，开门见山地说。

"他已被推举为广东都督。"陈少白指着胡汉民说。

孙中山对胡汉民点点头表示祝贺，然后把鼓励的目光望着他们，希望他们多介绍一些情况。

"目前，武昌已成立湖北军政府，武昌的起义得到广泛响应，全国已有很多省份相继宣布脱离清政府，拥护共和。"

"清王朝的统治,已经陷于土崩瓦解中。"

陈少白和廖仲恺,一人一句,简单地介绍了起义后的情后,胡汉民望着孙中山说:"我恳请先生留在广州,领导革命。"

孙中山微笑着,轻轻地摇了摇头,仿佛是自言自语地说:"当务之急,是应该尽快建立民主共和国。"

"还是先生高瞻远瞩。"

孙中山还是微笑着,点头谢过胡汉民的恭维,用一种欢快的声音说:"我们马上到上海去,同时要向全国各省区发出邀请,请大家都到上海去,成立我们的民主共和国,选出我们共和国的大总统。"

1911年12月25日,孙中山与胡汉民等到达上海,各省代表届时也陆续到达。29日,17省代表在上海召开会议,成立临时政府,孙中山以其不屈的革命精神和崇高的威望,被起义的各省代表推举为临时大总统。

1912年1月1日,中华民国临时政府在南京成立,被推举为临时大总统的孙中山,向世人发表了他的宣言:

"中华民国缔造之始,而文以不德,膺临时大总统之任,夙夜戒惧,虑无以副国民之望……国家之本在于人民,合汉、满、蒙、回、藏诸地为一国,即合汉、满、蒙、回、藏诸族为一人,是曰民族之统一。"

"武汉首义,十数行省先后独立,所谓独立,对于清廷为脱离,对于各省为联合,蒙古、西藏意亦同此,行动既一,决无歧趋,枢机成于中央,斯经纬周于四至,是曰领土之统一。"

"血钟一鸣,义旗四起,拥甲带戈之士遍于十余行省,虽编制或不一,号令或不齐,而目的所在则无不同,由共同之目的以为共同之行动,整齐划一,夫岂其难,是曰军政之统一。"

"国家幅员辽阔,各省自有其风气所宜,前此,清廷强以中央集权之法行之,遂其伪立宪之术;今者各省联合互谋自治,此后行政,期于中央政府与各省之关系,调剂得宜,大纲既挈,条目自举,是曰内治之统一。"

"满清时代藉立宪之名,行敛财之实,杂捐苛细,民不聊生,此后国家经费取给于民，必期合于理财学理，而尤在改良社会经济组织，使人民知有生之乐，是曰财政之统一。"

"以上数者，为政务之方针，持此进行，庶无大过。"

……

紧接着，孙中山又颁布了他亲笔撰写的《中华民国临时约法》：

(1) 中华民国由中华人民组织之……主权属于国民全体……领土为二十二行省、内外蒙古、西藏、青海……以参议院、临时大总统、国务员、法院行使其统治权。

(2) 中华民国人民一律平等，无种族、阶级、宗教之区别……人民享有人身、居住、财产、言论、出版、集会、结社、通信和信教的自由；人民有请愿、诉讼、考试、选举及被选举等权利。同时规定，人民有纳税、服役等义务。

(3) 在政府的组织形式上实行"三权分立"的原则。全国的立法权属于临时参议院，参议院有权议决一切法律、预算、决算、税法、币制及度量衡准则，募集公债，选举产生临时大总统、副总统，弹劾大总统和国务员，对临时大总统行使的重要权力，具有同意权和最后决定权。

这个《中华民国临时约法》，分总纲、人民、参议院、临时大总统副总统、国务员、法院、附则等七章，共五十六条，体现了资产阶级民主共和国的国家制度和民主主义精神，否定了集大权于一身的封建君主专制制度。此外，还规定了"人民有保有财产及营业之自由"。体现了发展资本主义经济的要求，是辛亥革命胜利的重要成果。

一个崭新的共和国虽然成立起来了，可她却面临着一个随时可能被击垮的危险。

一方面，清政府并没有彻底倒台，清朝北洋大臣袁世凯仍然手握重兵，严重威胁着新生共和国政权；另方面，当时大部分宣布起义脱离清政府的省份，主要的军事力量是各地的团练和新军，甚至有些是帮会的成员，无论在武器装备还是士兵的素质上，都无法与北洋军阀抗衡。

孙中山在大总统府里，一连三天接到无数次革命军被北洋军阀打败的消息。这种状况的出现是他早已预料到的，因此并不慌张，只是冷静地思考。

"我们应该跟袁世凯谈一谈。"孙中山说。

"我们要推翻他，他要镇压我们。这种情况，能谈吗？"陈少白有些担心。

孙中山还是那样的微笑着，摇了摇头："我们要推翻的是清王朝，不是袁世凯。"

陈少白似乎有些明白，瞪大眼睛望着孙中山。

"如果让他当总统，他一定可以帮助我们推翻清王朝。"

"让他当总统？"胡汉民的眼睛睁大了："我们不是白干了？"

"怎么会是白干，我们革命，就是要推翻清王朝，又不是想自己做大官，只是要为我中华做成这件大事情。"

"可是，他做了大总统，会不会又搞他那一套？"廖仲恺担心地问。

"清王朝推翻了，帝制结束了，民主会慢慢地深入人心，从长远的角度来看，谁还搞专制的帝制，一定不得民心，迟早要垮台。"

"是倒是这样，可袁世凯这个人。"

"我们可以提出条件，对他加以限制。更主要的是，目前除此一策，再无良策。"

"是啊，新军若被北洋军阀彻底打垮，将只会又是清王朝的天下。"陈少白叹口气说。

"这么看来，你们是同意我的意见了。"孙中山高兴地说："现在，我们来商量一下与袁世凯谈判的内容。"

"大总统一定早想好了。"陈少白望着孙中山，笑着说。

"我是想好了。"

"请说出来。"

"就两句话。"孙中山也微笑着说："只要袁世凯宣布赞成共和，迫使清帝退位，我孙中山就让出临时大总统的职位给袁世凯。"

袁世凯得到孙中山的承诺后，立即掉过头去，用他的北洋军队胁迫清廷退出政治舞台。

1912年2月2日，清廷隆裕皇太后及摄政王载沣在袁世凯的枪口和优厚条件的允诺下，被迫宣布清宣统皇帝退位。

2月13日，袁世凯致电南京政府宣布共和。

接到袁世凯的电文，孙中山肃然地说："皇帝的统治，再也无法维持，中国二千多年的帝制，总算是彻底终结了。"

"你准备怎么办？"廖仲恺问。

"马上向临时参议院辞职，推荐袁世凯继任临时大总统。"

"就这么轻易地……"

"只能这样。"孙中山打断廖仲恺的话说："不过，我要给袁世凯提出三个条件：第一，定都南京；第二，袁世凯必须到南京任职；第三，袁世凯必须遵守《临时约法》以及南京临时政府颁布的一切法令。"

"对，这三条提得好。这样就可以将袁世凯调离他的老巢京津，用我们制定的约法和其它民主制度对他加以限制。"

"是啊，我正是这么想的。"

"只不过，这袁世凯不知是不是会这么去做。"

"他只能这么去做，民主的意识已经深入人心，他袁世凯如果不顺民应民主的潮流，只会自取灭亡。"孙中山坚定地说。

孙中山费尽心血地试图来办好这件大事，让中国走向共和，让袁世凯当好共和国的大总统，却没想到，袁世凯却有自己的想法。

当孙中山派出蔡元培、汪精卫、宋教仁、魏宸组、刘冠雄、钮永建等专使到北京迎接袁世凯南下就职时，袁世凯却不肯动窝。他一边拖着，一边指示亲信曹锟等在北京、天津、保定等地制造假"兵变"。

"出现这种事情，我怎么能离开？"袁世凯对孙中山派出的专使说。

蔡元培等无奈，只好两手空空地离开北京。

临时参议院也无奈，只好在1912年3月6日，同意袁世凯在北京就大总统职。

1912年3月10日，得意洋洋的袁世凯在北京宣誓就任临时大总统。3月13日，临时大总统袁世凯任命唐绍仪为国务总理。3月25日，国务总理唐绍仪抵南京组织新内阁，接收临时政府。

接下来的日子，孙中山只能苦心孤诣地协助袁世凯依了民主的程序选任、就职、组织内阁等一系列事情，特别是督促袁世凯向国民宣誓，这件在孙中山看来的大事。

为了向袁世凯表示自己的诚心，1912年4月1日，孙中山亲自来到参议院，庄严地宣布自己正式解除临时大总统的职位。

4月2日，临时参议院又只好同意临时政府迁往北京。

就这样，辛亥革命成果落到了手握重兵的袁世凯手中，中国开始进入了北洋军阀的统治时期。

不过，孙中山的17年奋斗，终于结束了二千多年的封建统治；建立起来的资产阶级民主共和国，开始使民主进入中国人心中，其功绩，是永恒而伟大的。

会晤袁世凯

南京的春天，垂柳吐出新芽，嫩嫩黄黄的，随着风儿，轻轻地柔柔地摇摆；娇艳的梅花，俏含枝头，在皑皑的白雪中，热情地欢呼着春天的到来。南京同盟会的会员们，正在他昔日的总统府，为孙中山举行谁也不想举行的饯别会。大家的脸色凝重，似乎都不是很高兴。孙中山看在眼里，对身旁的宋霭龄看了一眼。

聪慧的宋霭龄，立即给孙中山满上一杯。孙中山端起酒来，对大家环视一遍，微笑着说："来，我们干杯！"说罢带头一饮而尽。

会员们虽然都喝了酒，却一个个还是高兴不起来。孙中山革命十多年，到头来却把大总统的位置让给了袁世凯，谁能心里高兴？

"现如今，我虽然辞去大总统职位，但解职并不是不理事。我们之所以起来革命，就是要推翻帝制，建立民主共和国，实现三民主义。现在，民族主义革命已经成功,民权主义姑且就交给袁世凯去尝试。我要投身到民生的事业中去,只有大家都在各自的岗位上努力,到时候三民主义才可以顺利得到实现。"

饯别会完毕后,孙中山离开南京,开始南行,去周游各省,宣传民生主义。1912年4月24日至6月18日,孙中山三次从广州往返香港,会见各界人士,发表自己的看法:

"1825年,英帝国建成世界上第一条公用铁路——斯托克顿至达林顿铁路。紧接着,美国、法国、比利时、加拿大,还有德国和意大利等国,都相继修建了他们自己国内的铁路。而我们亚洲,相对落后,铁路修建也就晚了一些。其中最先修铁路的是日本,其次是印度,再次才是我们中国。中国的自办铁路,比世界上最早建成的那一批铁路要晚半个世纪左右。从现在世界各国过来的经济发展看,一个国家的铁路越多,这个国家就一定越强大富有。"

"正因为如此,所以我认为,要使我们国家强大,一定要从修建自己的铁路开始。"

"我也知道,就目前我们中国的经济状况,很难拿出足够的资金来修建我们的铁路。这是个困难,但可以想办法解决。我们完全可以用借外债的方式来发展我们的经济,振兴我们的实业。当然,这得有个前提,就是决不允许外国干涉我们的财政。"

孙中山一路走一路宣传自己的民主主张,宣传自己发展实业以富国强民的看法。

1912年6月15日,孙中山离开广州,经过香港,在22日到达上海。接见记者时,孙中山指出:修建铁路,是"发展中国财源第一要策"。

到7月22日,孙中山在上海中华民国铁道协会欢迎大会的演讲时又强调:"今日之世界,非铁道无以立国";"国家之强弱,以铁道之多寡为衡";"然中国建筑铁路实无此项财源,其势非仰外债不可,则借债问题又不可不研究。"

就在孙中山忙碌于自己的民生工作时,突然接到了袁世凯的邀请书,请他这位下野的前大总统和黄兴前去北京晤谈,共商国家大计。

为表诚意,袁世凯还特意派了他得力的亲信程克和张昉为专使,并命令海军派出"海琛"号巡洋舰到上海护航,专为迎接孙中山与黄兴。

原来,袁世凯坐上了临时大总统的位置后,政局一直并不稳定,尤其是从7月以来,北京的政局更是屡现危机。为调停党争稳定政局,袁世凯思之再三认为,只有利用孙中山和黄兴的威望,才可以渡过当时的危机。因为如此,袁世凯这才十分恭敬地邀请孙中山北上。

对于是否应袁世凯的邀请北上,同盟会中产生了分歧,一派认为这次北上会谈是英雄相见、巨头相会,能起到稳定政局的作用,对民国未来的发展有好处,支持孙中山、黄兴北上;另一派认为这是袁世凯设下的圈套,想借此羁索孙中山与黄兴,提出革命领袖不应该深入虎狼之地的看法。

孙中山听了大家的意见后说:"无论如何,我也不可失信于袁总统。别人都说袁世凯不可靠,我倒也试试自己的眼光"。

8月18日下午,在袁世凯派来的两位专使张昉与程克的陪同下,孙中山与夫人卢慕贞、秘书宋霭龄及魏宸组、居正等10余人登上轮"平安"号轮船。

黄兴这次没有同去,是孙中山和同盟会领导商议后决定的,目的是以防万一,不要让袁世凯有机会同时将两大革命领袖一网打尽。

8月22日下午,"平安"号轮船抵达天津。袁世凯派出自己专用的金漆朱轮马车,前往火车站迎接孙中山。一路上,万人空巷,北京市民都争相前来一睹这位名声震耳的革命领袖。

孙中山到北京后的第三天,举行了国民党成立大会,将同盟会与统一共和党、国民共进会、国民公党合并,组为"国民党",被选为理事长。孙中山却以"决不愿居政界,惟愿作自由国民"为理由谢绝,并委任宋教仁为代理理事长,自己出任中国铁路总公司总理,设总部于上海。

28日,袁世凯为迎接孙中山在总统府举行盛大宴会,并邀请了各部总长、参议院议长、在京的高级将领及其各界名流和满蒙王公作陪。当孙中山快要到铁狮子胡同总统官邸的时候,袁世凯亲自来到厅下,迎接孙中山。

席间，袁世凯在欢迎辞中说："孙先生游历海外二十余年，此次来北京与我商议国家大计，各项政见初见端倪，大大有助于民国前途。孙先生这次来京，与我相谈极其诚恳，可见之前的谣传全是误会。民国由此更加巩固，此最可欢迎之事。"

孙中山是个性情中人，听了之后也站起来说："今日承大总统特开宴会，备极嘉许，实在感谢。大总统富于政治经验，善于练兵，如今担任国事，实在值得国人庆贺。"

袁世凯听后，站起来拼命鼓掌，然后带头高呼："中山先生万岁。"

听到袁世凯那嘶哑的喊声，他的那些部长、总长、议长和高级将领们都为之一愣，袁世凯看他们一眼，又一次高呼："中山先生万岁！"

"中山先生万岁！"袁世凯的手下们象是大梦初醒，都跟着呼喊起来。

情况如此，孙中山无奈地一笑，只好回应道："袁大总统万岁！中华民国万岁！五大民族万岁！"

在晚宴上，袁世凯为孙中山亲自执盏，可谓是殷勤备至。席间俩人相谈，孙中山越谈越高兴，感到袁世凯对时局的看法和见识，竟与自己很相似。

"袁公任大总统十年，练兵百万；我则经营铁路，延伸二十万里。到那时，我们民国难道还能不富强吗？"孙中山高兴地说。

袁世凯听后，脸笑得象个肉球，眯细了眼瞅着孙中山连连点头。

在袁世凯的盛情款待，特别是一番对共和绝对忠诚的表态下，孙中山对袁世凯终于改变了许多原本的不好看法。到9月初，孙中山致电黄兴，说袁世凯"可与为善，绝无不忠民国之意"，敦促黄兴早日赴京，以消除外界的各种谣传，尽快促进南北统一。

9月6日，黄兴与陈其美、李书诚等人离开上海，前往北京。

9月9日，黄兴一行还在赶往北京的途中，袁世凯又宣布授予黄兴陆军上将的军衔。一同授衔的，还有袁世凯最信任的段祺瑞和黎元洪二人。

也就在这一天，袁世凯发布命令：特授孙中山"筹划全国铁路全权、组织铁路总公司"，着令交通部每月拨给办公费3万元，孙中山拥有一切行政用人之权，政府概不干涉。

9月11日，黄兴一行抵达北京，袁世凯给予了黄兴与孙中山同样的接待规格。

孙中山在京一月，与袁世凯先后晤谈13次，每次都从下午4时谈到半夜。袁世凯的"谦恭"，终于得到了孙中山的信任，至使孙中山认为：

"今日之中国，惟有交项城（袁世凯）治理"，并作出"十年以内，大总统非公莫属"的保证。

不但孙中山，此时的黄兴也认为：袁世凯为"今日中国第一人物"。

这就是孙中山与袁世凯的第一次会面，也是唯一一次的会面。不久，在袁世凯暗杀宋教仁而后又称帝，孙中山则毅然领导"二次革命"，旗帜鲜明地反对袁世凯。

最后的遗言

9月的横滨，空气中有一种馨人的香味，扑鼻的甜爽让人直想深深地吸几口气。宋庆龄心里充满欢乐，跟着父亲宋耀如和姐姐宋霭龄，前去孙中山在日本的寓所。

1908年，宋庆龄15岁，带着妹妹宋美龄去美国留学；5年后，1913年她获得了佐治亚洲威斯瑞安女子学院文学学士学位。当她坐上了归国的远洋轮船，刚到加利福尼亚时，收到父亲的一封电报。

"庆龄，速来日本横滨！"

孙中山与袁世凯在北京见面后，便倾力来发展中国的实业。

"在十年内，我要在中国修建20万里的铁路。"孙中山给自己定下了十年的奋斗目标，立马到各省去实地考察。

不久，1913年3月，由同盟会改组成的国民党代理理事长宋教仁被暗杀，结果查出袁世凯是指使人。孙中山只好暂时放下为谋民生、发展中国实业的事，振臂高呼，号召南方各省起兵武力讨伐袁世凯（史称"二次革命"）。

可是，此时的袁世凯羽翼早已丰满，兵强马壮，很快镇压了各路革命军。二次革命失败，孙中山遭到袁世凯通缉，只好赶赴日本寻求支持，再图发展。

宋耀如一直都是孙中山革命最坚定的追随者，孙中山"二次革命"失败流亡日本，他也跟着到了日本。

孙中山第一次在宋家见到宋庆龄时，她还只有一岁。二十年过去，原本一张稚嫩的小脸已然是花样的美丽千般的妩媚，再辅之以高雅的仪态、灵慧的神情和一种独有高贵的风韵，致使孙中山第一眼看到，就为之心头一颤，原本有些冰冷的心，也勃勃然热腾起来。

孙中山到了日本后，很快在日本建立起中华革命党，两次发表讨伐袁世凯的宣言。基于原本组织有些涣散的状况，这时的孙中山要求党员要按手摸宣誓，对他绝对效忠。这要求遭到一部分国民党人的反对，一些原来在同盟会中重量级人物如黄兴、李烈钧、柏文蔚、谭人凤等都表示异议，甚至离他而去。

孙中山的心感到有些冷，却因宋庆龄的出现，一下子就腾腾地热呼起来。

而宋庆龄呢，由于父亲的影响，一直就很仰慕孙中山，她到横滨不久给老师的信中写道："我也很自豪地带了一封致他（孙中山）的私信。"这时的孙中山，已是她心中非常敬仰的人物。

事也凑巧，就在宋庆龄到横滨后不久，1914 年 9 月，姐姐宋霭龄要回上海与孙祥熙结婚。于是，宋庆龄替代了姐姐，做了孙中山的秘书。

"我当时还不是爱他，而是出于敬仰。我偷跑出去协助他的工作，是发自一个少女浪漫的念头——但这是一个好念头。我想为拯救中国出力，而孙博士是一位能够拯救中国的人，所以，我想帮助他。"宋庆龄后来对这时的自己回忆说。

在她给留在美国的妹妹宋美龄的信中，更是坦率地陈叙了自己工作的愉快和对孙中山的情感："我从来没有这样快活过。我想，这类事是我从小姑娘的时候就想做的。我真的接近了革命运动的中心……我能帮中国，我也能帮助孙博士，他需要我。"

爱情让孙中山变得年青，他用另一种方式来开展他对所爱女人的追求。经常地送她一些中国文学方面的书籍，把一些有关当代政治方面的英文书放在她的书桌上，鼓励她的工作，同时也关心她的学习和生活。

有一天，孙中山从宋庆龄的目光中读到了一种女人的爱恋时，便不失时机地向她求婚。

结果，羞涩中不乏欣喜的宋庆龄果然答应了。可就在这时候，母亲病了，宋庆龄要陪母亲回国看病。

孙中山送她们母女到港口，回来后竟然出现了有生以来第一次茶饭不思的现象。他把打开了的书放在面前，目光却凝视着远处，满眼都是宋庆龄的仪态和神情。

"您是不是患了相思病？"经验丰富的房东梅屋夫人看出来了，担心地问孙中山。

"是的，我忘不了庆龄，遇到她以后，我感到有生以来第一次遇到了爱，知道了恋爱的苦乐。"

"可是，你只比她父亲小三岁，你们俩年龄相差太大，结婚是会要折寿的。"

"是吗？就算是这样，如果能与她结婚，我即使是第二天死去也不后悔。"

梅屋夫人听了孙中山的话，眼睛湿润了。一个女人，一生能遇到这样爱她的男人，是幸福的！她在心里说。

这时的孙中山，在思念宋庆龄的同时，一种担心涌上心头："她的父亲，会不会接受我呢？"

于是，孙中山给宋耀如写信，一封非常委婉含蓄的信，他想试探一下宋耀如对他与宋庆龄爱情的看法。

"如果，你最心爱的女儿，爱上一位她父亲的同辈，而且是已经结婚生子的人，不知你的看法如何？"

"首先，我相信自己的女儿不会这么做，她耻于和妾谈话，怎么会想让自己成为这样的人。您知道，在热海的时候，她甚至从未和张静江的二房说过话，此外，不论是谁，我们不允许女儿和一个已有家室的人结婚。对于我们来说，好的名声远比荣誉和面子重要。"

看着宋耀如的回信，孙中山倒抽了一口冷气。

然而，反对宋庆龄与孙中山的，不仅仅是宋耀如一个人，更有宋庆龄的母亲。这个善良的基督教女人，含着泪对女儿说："你不能跟他在一起，他是你父亲的同辈，只能做你的叔辈。"

"不，我要跟他，一定要跟他在一起。"

看到女儿这么坚决，做父母的只好将宋庆龄软禁在家里。

最让孙中山痛苦的，不仅是宋庆龄的父母，还有许多是他共患难的战友，诸如胡汉民、朱执信、汪精卫、廖仲恺等人，他们对他与宋庆龄的婚恋，都一致地表示反对。大家纷纷地劝说他："先生，请不要这样！"

"展堂（胡汉民字）、执信！我是同你们商量国家大事的，不是请你们来商量我家庭的私事。我可以告诉你们，我是人，不是神，我有权力追求我的爱，除非庆龄她不爱我，只有这样我才可以放弃。"

在对宋庆龄的爱情方面，孙中山表现得异常执着。让孙中山欣慰的是，这事宋庆龄跟他一样的执着。就在孙中山坚定地回答战友们的话时，在女佣的帮助下，宋庆龄穿着高跟鞋，爬上高高的窗台，然后跳下来逃出，渡海来到日本。

宋庆龄在给弟弟宋子文和妹妹宋美龄的信中坦率地说：

"请你告诉父亲，我仅有的欢乐，只有和孙博士在一起时，才能获得，请他不要为我伤心。"

"我一生最大的快乐，是和孙先生一起为中国而奋斗中获得的，我情愿为他做一切需要我去做的事情，付出一切代价和牺牲！"

这个刚刚长大的女孩，因为爱情，她成熟了，把自己的初恋，与那个大时代下的国家、民族命运联系到了一起。

可怜天下父母心。宋耀如和妻子看着女儿空空的闺房，看着砸开了的后窗，看完女儿留下的一封告别信，他们痛苦不堪。

母亲长声地痛哭，正患着肝病的父亲却还要咬紧牙来劝慰母亲。紧接着，这对慈爱的父母乘上一艘前往日本的轮船。

他们还想着要赶上女儿，劝她回来。可他们一直追到日本，还是追不上女儿。万般无奈下，他们甚至去了日本政府。

"我请求贵政府，出面阻止我女儿与孙文在一起。因为她还没有成年，是被迫成亲的。"

日本政府派人去了解了情况，回答说：你女儿已经21岁，亲口说愿意嫁给孙博士，我们政府不能干预。

宋耀如已经毫无办法了，他对着苍天凝视很久，长长地叹一口气，独自一人去找孙中山。

"我要见抢走我女儿的总理！"站在孙中山的公寓前，宋耀如怒气冲冲地说。

这时大家都劝孙中山躲起来，可孙中山根本不听："我必须去见他，告诉他庆龄在我这儿不会受半点委屈。"

当孙中山出现在大门口时，宋耀如久久地望着他。孙中山开口劝他进屋，怒发冲冠的宋耀如却倏地就双膝跪下了。

孙中山大吃一惊，想去扶他，只听宋耀如说："我的不懂规矩的女儿，从此就拜托你了，请千万多关照！"

完了，宋耀如连磕三个响头，起身挣扎着蹒跚地离去。

孙中山望着这位战友，眼圈红了。

后来，在宋庆龄快80岁的时候，在给老友爱泼斯坦的信中提到了这段往事：

"我的父母看了我留下的告别信后，就乘一班轮船赶到日本，想劝我离开丈夫，跟他们回去……我母亲哭着，正患肝病的父亲劝她，然后自己跑去向日本政府请求，说我尚未成年，是被迫成亲的！当然，日本政府不能干预……尽管我非常可怜我的父母——我也伤心地哭了，但我拒绝离开我的丈夫……我爱父亲，也爱孙文，今天想起来还难过，心中十分沉痛。"

宋耀如夫妇阻婚未成，不久便让人给送来一套古家具和百子绸缎，作为宋庆龄的嫁妆。更难能可贵的是：见多识广、通情达理的宋耀如很快与女儿、女婿和解，一如既往地支持孙中山的革命事业。

袁世凯镇压了"二次革命"后，于10月6日出任民国第一任正式大总统，11月4日，他又以"叛乱"罪名下令解散国民党，驱逐国会内国民党籍议员。由于人数不足，国会无法运作，不久即被解散。

变成专制总统的袁世凯，到1915年，竟然冒天下之大不违做起了皇帝，称为洪宪帝政。由于蔡锷等人反对，袁世凯在蔡锷发动的"护国战争"中被迫摘下皇帝的帽子，并于1916年6月6日死去。他分化了的北洋军阀，仍然掌握统治大权，继续实行独裁。

为维护临时约法，恢复国会，联合西南军阀共同反对北洋军阀的独裁统治，孙中山回到中国，领导掀起了"护法战争"，组织护法政府并就职为"大元帅"。

因为实力有限，西南军阀又各打自己的算盘，在与操纵中央政府的直系军阀勾结后，便处处排挤孙中山。孙中山愤然辞职，在挫折和失败后，从俄国的十月社会主义革命和五四爱国运动中看到了新的希望。

1919年，孙中山改组中华革命党为中国国民党，担任总理；1920年，应成功击退盘踞广州一带桂、滇两系的陈炯明邀请重回广州。

1921年，广州非常国会取消军政府，选孙中山为大总统（习惯上称为非常大总统），开始第二次护法运动。

由于与主张"暂缓军事、联省自治"的陈炯明产生激烈冲突，1922年6月，孙中山的总统府遭到陈炯明炮击，被迫回上海。

这时候，绝望中的孙中山遇到了共产党。从1922年8月起，中国共产党派人多次同他会见，苏俄特使越飞多次同他会谈，使孙中山真诚地接受国际工人阶级和中国工人阶级的帮助，开始了他一生中伟大的转变。

1922年9月，孙中山着手改组中国国民党。1923年，孙中山第三次在广州建立政权，成立陆海军大元帅大本营，复任大元帅。

1924年1月，孙中山在中国国民党第壹次全国代表大会上，宣布实行"联俄、联共、扶助农工"三大政策，接受中国共产党和苏俄共产党帮助，改组国民党。并于3月组建黄埔军校，任命蒋介石为校长。

1924年10月23日，冯玉祥在北京发动北京政变，推倒大总统曹锟，邀孙中山北上共襄国事。此时，孙中山健康已急转直下，但为了国家的前途，他毅然北上。

孙中山抵京入住北京饭店后，1925年1月即开始病发。1月26日，被确诊为肝癌，在协和医院接受手术。

1925年2月18日，他移至行馆接受中医治疗，3月11日，自知不起，临终时由夫人宋庆龄扶腕，在汪兆铭所代笔的《总理遗训》《致苏联政府书》及亲笔书写的《家事遗书》上签下了他孙中山的名字。

政治遗书："余致力国民革命，凡四十年，其目的在求中国之自由平等。积四十年之经验，深知欲达到此目的，必须唤起民众，及联合世界上以平等待我之民族，共同奋斗。现在革命尚未成功。凡我同志，务须依照余所著《建国方略》、《建国大纲》、《三民主义》及《第壹次全国代表大会宣言》，继续努力，以求贯彻。最近主张召开国民会议及废除不平等条约，尤须于最短期间，促其实现。是所嘱！"

致苏联遗书："苏维埃社会主义共和国大联合中央执行委员会亲爱的同志：我在此身患不治之症。我的心念，此时转向于妳们，转向于我党及我国的将来。妳们是自由的共和国大联合之首领，此自由的共和国大联合，是不朽的列宁遗产与被压迫民族的世界之真遗产。帝国主义下的难民，将藉此以保卫其自由，从以古代奴役战争偏私为基础之国际制度中谋解放。我遗下的是国民党，我希望国民党在完成其由帝国主义制度解放中国及其它被侵略国之历史的工作中，与妳们合力共作。命运使我必须放下我未竟之业，移交于彼谨守国民党主义与教训而组织我真正同志之人。故我已嘱咐国民党进行民族革命运动之工作，中国可免帝国主义加诸中国的半殖民地状况之羁缚。为达到此项目的起见，我已命国民党长此继续与妳们提携。我深信妳们政府亦必继续前此予我国之援助。亲爱的同志！当此与妳们诀别之际，我愿表示我热烈的希望，希望不久即将破晓，斯时苏联以良友及盟国而欢迎强盛独立之中国，两国在争为世界被压迫民族自由之大战中，携手并进以取得胜利。谨以兄弟之谊祝妳们平安！"

家事遗书："余国尽瘁国事，不治家产。其所遗之书籍、衣物、住宅等,一切均付吾妻宋庆龄,以为纪念。余之儿女,已长成,能自立、望各自爱,以继余志。此嘱!"

最后,孙中山断断续续又说出了七个字的国事遗言:

"和平……奋斗……救中国!"

历史评说

孙中山之所以能同时被国民党称为"国父",被共产党称为"革命先行者",时至今日还受到全世界华人的共同尊重,主要因为他有三大功劳。

第一,他建立了三民主义的思想体系。

所谓三民主义,指的是民族,民权,民生。孙中山的思想,在五四运动以前,是中国最先进的思想体系,也是中国民族革命的一个指导纲领。这个思想体系是孙中山创建的,这是他的一大功劳。

第二,他领导的辛亥革命,推翻了帝制,结束了中国两千多年的皇帝统制,实现了国家政治体制的大变革,使当时中国所建立的中华民国,为亚洲的第一个共和国。

第三,他成功地改组了国民党,实行了国共合作。因为孙中山联合共产党和苏联的政策,允许共产党党员以个人身份加入国民党,而且孙中山把苏联的鲍罗廷聘请为顾问,把苏联的布尔什维克的一套组织制度带到国民党来,对国民党进行改组,不仅大大地加强了国民党的战斗力,也为后来1926到1927年的北伐战争打下了一个基础。完全可以这么说,如果没有孙中山对国民党的改组,就没有后来的统一北伐,中国军阀混战的局面就会延长更久。

值得特别一提的是:古今中外历史上的许多伟大人物,大多是有功有过的。这对孙中山来说,却是个另外。综观孙中山的一生,他确实没有什么过,没有做过什么让中华民族受到很大损失或者蒙受很大灾难的事情,他是历史上很少有大功但是没有大过的人物。那么,孙中山究竟是个什么样的人呢?

第一，他是个伟大的爱国主义者。我们现在有一个口号，叫做"振兴中华！"这个口号我们现在喊起来很带劲，似乎今天就该喊这个口号。然而，熟悉历史的人都知道：早在1894年，孙中山在檀香山创立一个团体，叫兴中会。"振兴中华"这个口号，就是孙中山在兴中会章程中提出来的。可见，这个口号对于中华民族鼓舞的长远性。

第二，他是一个彻底的民族主义者。毛泽东曾经给孙中山送了一顶桂冠——民族革命的先行者。事实上也是这样，就是搞民族革命，孙中山是走在中国共产党前面的。

第三，他是不屈不挠、与时俱进的革命家。孙中山一生经历了许多困难，但是他始终不屈不挠，而且能够跟着时代前进。

第四，他是中国早期社会主义思想的一个宣传家。在中国，孙中山是最早宣传社会主义的人。早在1903年，孙中山就宣称社会主义是他每时每刻追求的目标。

最后值得强调的是：直到今天，孙中山的思想也没有过时，他思想的若干个部分，一直到现在还可以为我们的社会主义建设提供非常有益的思想资料。

第二章
一代枭雄袁世凯

　　他是一个中国近代史上最引人注目、最让人争议、说起来最为尴尬的人物。有人因为他编练新军、倡导变法、提议废除科举制度、逼迫清帝退位等维新活动,大胆地称赞他为"改革派人物中的第一人"、"中华民国之第一华盛顿";也有人因为他戊戌告密、镇压革命、复辟帝制、出卖国权而指斥他是背信弃义、寡廉鲜耻的"叛徒"、"窃国大盗"、"卖国贼"。从某方面来说,政治的心胸只能是狭窄的,为了谋求整体的利益,政治常常会淡化甚至排斥道德,选择不顾真实而去歪曲事实。要客观地评价一个历史人物,首先是要充分发掘史料,道德而真实地澄清史实。我在这里能做到吗?我想我只能尽力而为,评说得由读者。

小 档 案

姓名字号：姓袁，名世凯，字慰亭（又作慰庭），号容庵

籍　　贯：河南省项城市王明口镇袁寨

生卒年月：1859年9月16日—1916年6月6日

最高官职：中华民国大总统、"洪宪皇帝"（自封）

家　　世：高祖父——袁九芝（私塾先生）

　　　　　曾祖父——袁耀东（秀才）

　　　　　祖父——袁树三（陈留县署理训导，相当于县教育局局长）

　　　　　叔祖父——袁甲三（漕运总督兼江南河道总督，官居一品）

　　　　　父亲——袁保中（项城团练首领）

　　　　　叔叔——袁保庆（袁世凯养父）

　　　　　堂叔——袁保恒（吏部侍郎、刑部侍郎）

　　　　　堂叔——袁保龄（旅顺港坞工程总办）

　　　　　兄——袁世昌、袁世敦、袁世廉

　　　　　弟——袁世辅、袁世彤

妻　　妾：元配于氏

　　　　　大姨太太沈氏

　　　　　二姨太太李氏

　　　　　三姨太太金氏

　　　　　四姨太太吴氏

　　　　　五姨太太杨氏

　　　　　六姨太太叶氏

　　　　　　七姨太太张氏

　　　　　　八姨太太郭氏

　　　　　　九姨太太刘氏

儿　　女：长子克定

　　　　　　次子克文

　　　　　　三子克良

　　　　　　四子克端

　　　　　　五子克权

　　　　　　六子克桓

　　　　　　七子克齐

　　　　　　八子克轸

　　　　　　九子克久

　　　　　　十子克坚

　　　　　　十一子克安

　　　　　　十二子克度

　　　　　　十三子克相

　　　　　　十四子克捷

　　　　　　十五子克和

　　　　　　十六子克藩

　　　　　　十七子克友

　　　　　　长女伯祯

　　　　　　次女仲祯

　　　　　　三女叔祯

　　　　　　四女（早亡）

　　　　　　五女季祯

　　　　　　六女篆祯

　　　　　　七女复祯

　　　　　　八女（早亡）

九女福祯

十女思祯

十一女奇祯

十二女瑞祯

十三女仪祯

十四女怗祯

十五女（早亡）

袁世凯一妻九妾，共生了17个儿子，15个女儿；17个儿子又生了22个孙子，25个孙女，儿孙总计79人。

简　历

1859年9月16日（咸丰九年），生于河南省项城市王明口镇袁寨一个世代官宦的大家族，父祖辈多为清朝显贵，权重一方。

1876年（光绪二年），乡试未中。

1879年（光绪五年），乡试未中。

1881年（光绪七年），至山东登州投靠保庆的结拜兄弟吴长庆，任"庆军"营务处会办。

1882年（光绪八年），跟随吴长庆的部队东渡朝鲜，以"通商大臣暨朝鲜总督"身份驻藩属国朝鲜，协助朝鲜训练新军并控制税务，为朝鲜国王所看重，得清政府奖叙五品同知衔。

1884年（光绪十年），指挥清军击退日军，由李鸿章奏举，任驻汉城清军"总理营务处，会办朝鲜防务"。

1894年（光绪二十年），随军撤退天津。

1895年（光绪二十一年），扩练驻天津小站的定武军，更名为"新建陆军"，奠定了袁世凯一生事业的基础。

1897年（光绪二十三年），擢直隶（今河北）按察使，主持练兵。

1898年（光绪二十四年），告密给慈禧，升任工部右侍郎。

1899年（光绪二十五年），出任山东巡抚，维持治下稳定，加入东南互保。

1901年（光绪二十七年），创建山东大学堂，继李鸿章署理直隶总督兼北洋大臣。

1902年（光绪二十八年），实授北洋大臣，兼任政务处参预政务大臣和练兵大臣，在保定编练北洋常备军（简称北洋军）。

1903年（光绪二十九年），任清政府在北京设立练兵处会办大臣，掌握实权。

1905年（光绪三十一年），与张之洞一道参与废除科举制度，将北洋六镇编练成军，控制其中五镇。5月13日奏请筹款自造京张铁路，15日派陈昭常、詹天佑为京张铁路总办，10月开工。7月，在天津开办了无线电训练班，聘请意大利人葛拉斯为教师，10月在直隶省河间秋操，首次用电报、电话进行联络。

1906年（光绪三十二年），10月13日《立宪钢要》。

1907年（光绪三十三年），调任军机大臣。倡导的第一支中国警察队伍于天津成立。开中国首次地方选举先河，在天津进行市政官员民主自治选举。

1908年（光绪三十四年），称疾返回河南，隐居辉县、安阳，韬光养晦，伺机复出。

1911年（宣统三年）11月1日，清廷宣布解散皇族内阁，被任命为内阁总理大臣。

1912年（中华民国元年）1月25日，通电支持共和。2月15日，被南京参议院正式选举为临时大总统，3月10日于北京就职。9月20日，颁布《整饬伦常令》，下令"尊崇伦常"，他说："中华立国，以孝悌忠信礼义廉耻为人道之大经。"力图恢复已经中断两百多年的传统汉文化。

1913年（中华民国二年），镇压二次革命，10月6日，国会选举袁世凯为第一任大总统。制订了《国会组织法》、《公务员奖惩条例》和《文官考试法》。

1914年（中华民国三年）1月，下令解散国会，5月推出新的《中华民国约法》，改内阁制为总统制。

1915年（中华民国四年）1月，袁世凯以大总统令公布《颁定教育要旨》，公布《权度法施行细则》，5月，接受了干涉中国内政的"二十一条"中部分条款，11月，颁布《著作权法》，12月初，宣布恢复中国的君主制。与中、俄、蒙签订《恰克图协约》，迫使外蒙古分裂势力取消独立，让俄国承认外蒙古为中国领土。

1916年（中华民国五年）1月12日，公布《传染病预防条例》；3月22日，取消帝制，恢复"中华民国"年号，5月下旬忧愤成疾；6月6日，因尿毒症不治而病逝，时年57岁。

坐镇朝鲜

"仅仅天赋的某些巨大优势并不能造就英雄，还要有运气相伴。"法国伟大作家拉罗什夫科说的这话撂在一代枭雄袁世凯身上，是深合适宜的。

袁世凯一生中撞上的第一个大运，奠定他政治生涯基础的，竟然是朝鲜发生的"壬午军乱"。

1882年阴历是壬午年，这年的7月23日，朝鲜京城五营士兵由于连续十三个月没有领到饷米，早已是群情激奋，而盼星星盼月亮来的漕米，又有许多砂糠，于是乎是可忍，孰不可忍了。愤怒的士兵们，汹涌的潮水般涌去与库吏理论。

向来高高在上的库吏，不但没有半句解释，反而是一味地训斥士兵们犯上。当官的霸道过份，士兵们只有犯上了，双方就这么发生了冲突。愚蠢的汉城的当局，习惯地采取了镇压的政策，他们连续地杀害四个为首的士兵。

在一般的情况下，统治者的暴行往往可以得呈。可是这一回，士兵们得到了两方面力量的支持，一方面来自虽早已归政隐居，却仍试图插手政务，一直在觊觎王位的大院君；另一方面是当时的许多对统治者积怨已久的市民，正是在这两方面推波助澜地鼓动下，义愤填膺的士兵们大胆地选择了危险的暴动。

愤怒的士兵和市民一道，像一股汹涌的浪潮，冲进官员们的宅第，把它捣毁；围攻日本公使馆，放火把它烧掉，逮住出逃的日本籍新军教官，当场予以处死。最后，大家夺取武库、开仓放粮，欢庆胜利。

到7月24日，愤怒的军民攻入昌德宫，杀死躲藏在宫中的闵谦镐及大院君的胞兄李最应，然后开始搜寻闵妃，这位朝鲜王朝高宗李熙的王妃，外戚集团的核心人物、朝鲜历史上女性掌权延续的铁女子。

大院君终于借这次军乱得到了实惠，在7月25日，被高宗召入王宫主政,并对暴动的士兵宣布,闵妃已死。

原本掌权的铁女子死去,士兵们安下心来,放下手中的武器,撤出王宫。

事实上,王妃却没有死,而是化妆成宫女,逃到了忠州。她得知大院君入宫主政的消息后,即派人去请求中国和日本出兵朝鲜,帮助她平定暴乱。

于是,吴长庆受直隶总督张树生的推荐,率军前往南阳,打算从这里登陆去帮助朝鲜平定壬午军乱。

吴长庆,字筱轩,1829出生,庐江县沙溪乡沙湖村人,承父袭云骑尉世职。1861年淮军创建,吴长庆以所部500人组成的"庆"字营被编入淮军,是晚清著名淮军将领。

由于吴长庆在镇压太平军和捻军中"战绩尤多",在升任直隶正定镇总兵之后又相继升任浙江提督、广东水师提督等职。到朝鲜壬午军乱这年,他正受命帮办山东海防并节制全省防军,率所部淮军6个营驻登州。

登州离出事的朝鲜半岛路途比较近,加上吴长庆又深得北洋大臣直隶总督张树生的信任并推荐。在清廷反复考量之后,决定采纳张树生的奏折,至使吴长庆得到了这份为国建功立业的美差。

1882年8月17日,吴长庆与丁汝昌一道,共率6营3000多人的兵力,向朝鲜南阳进发。当时,吴长庆的部属中就有:张謇、袁世凯、吴兆有、张光前、周家禄等一批年轻有为的少壮派人物。

袁世凯之所以成了吴长庆的属下,缘自于他的叔叔袁保庆。

1859年9月16日,袁世凯生于河南省项城市王明口镇袁寨一个世代官宦的家族,父辈祖辈多为地方名流。袁世凯的父亲袁保中,只是个地方名绅,他的叔父袁保庆,在甲三军中带兵,后为江南盐巡道。因袁保庆无子,袁世凯自幼过继保庆为嗣子。

袁世凯的这位嗣父,跟吴长庆有兄弟之宜。当年袁保庆在南京时,吴长庆带兵驻扎浦口,两人相交甚密。可惜能人短寿,还刚到48岁,1873年时,袁保庆便驾鹤西去。吴长庆闻知,渡江视敛,扶棺长哭,帮着一直料理完袁保庆的丧事。

袁世凯六岁时，袁保庆替他找了个启蒙老师，教他四书五经。后来袁保庆四外处为官，袁世凯一直都跟在他身边。袁保庆到山东去做道员，八岁的袁世凯开始随行；不久袁保庆由山东调到江苏，袁世凯也随着去南京读书。如今嗣父袁保庆过世，袁世凯就跟随嗣父的弟弟、刑部侍郎袁保恒到北京读书。

接下来的1876年和1879年，袁世凯两次乡试都未能考中，便萌生了弃文就武的念头。可跟谁去就武呢？当时袁世凯最佳的选择有两位。一位是淮军的创始人和统帅李鸿章，一位是淮军统领吴长庆。前者是他叔父袁保恒的朋友和上司（袁保恒深谙练武之事，曾佐李鸿章军幕很多年，很得李鸿章赏识）；后者是他嗣父袁保庆的好兄弟。

为此，袁世凯曾权衡再三。

在北京读书时，袁世凯不止一次地随叔父袁保恒见到李鸿章，对李鸿章那显赫的地位，他非常钦羡。可是，袁世凯也看到，当时李鸿章幕府中的人，一个个不是举人就是进士出身，相比之下，他袁世凯仅是一个无名的拔贡而已。

思来想去，袁世凯决定投奔吴长庆。

主意打定，1881年5月，袁世凯带领他父亲的旧部数十人，前往山东登州，投靠淮军统领吴长庆。

吴长庆见袁世凯来到登州，念与他嗣父的友情，不仅乐意收留，还备加照抚，任他为"庆军"营务处会办。

壬午军乱，对于朝鲜的大院君来说，正好利用军队哗变来夺取政权；对于吴长庆和他的部属，尤其是那一批少壮派军官来说，却正是报效大清王朝，建功立业的最好机会。

良机要靠运气，抓住良机，靠的却是你是否已经准备就绪。从后来的事实看，袁世凯是吴长庆部属，张謇、吴兆有、张光前、周家禄等这一批年轻有为少壮派人物中，准备得最好的一个。

袁世凯早年跟随嗣父在南京读书时，就跟一位叫曲沼的武林高手学过武术，学会了一些剑术拳法。这对于一个从军的人来说，当然是大有帮助。而更有帮助的是，袁世凯自小喜爱兵法，立志学习"万人敌"。

"三军不可夺帅，我手上如果能够掌握十万精兵，便可横行天下。"还不到十七岁的袁世凯，竟敢当众吐出这样的狂言。

其实，比这更雷人的话，袁世凯早在十三岁时就说过了："大野龙方蛰，中原鹿正肥。"寥寥十字，他袁世凯大有自比楚霸王，"彼可取而代之"的豪气。

如果袁世凯只是会说几句雷人的话，倒也太平常，关键是他做的比说的更雷人。他应试的文章不那么热心去读，却如饥似渴地阅读各种版本的兵书战策。为了得到一本好的兵书，他不惜倾其所有来换取，有时给出的价格可以是实际价格的百倍千倍，以至于被人讥笑为"兵书痴子"。

袁世凯跟随袁保恒时，袁保恒刚调刑部侍郎，工作异常繁忙。袁世凯就一边读书，一边帮袁保恒办些差事，从中学习官场本领，使得国之栋梁的袁保恒也夸他"办事机敏"，属"中上美材"。

1878年，袁保恒染疫去世，袁世凯返回项城。翌年，袁世凯姑丈张向宸办理河南赈务，委托袁世凯分办陈州捐务。牛刀小试，袁世凯马到成功、成绩斐然，集到巨款，被提拔为"中书科中书"。

袁氏家族，向以"求官建功，拯救天下"为门楣家训，袁世凯作为通过传统和教育承受了这些感情和观点的人，自然而然继承先辈的遗训，把自己的未来差不多全都放在"疆场"上。有一首袁世凯用以自勉的《言志》诗，很能说明这一点。

"眼前龙虎斗不了，杀气直上干云霄。我欲向天张巨口，一口吞尽胡天骄（胡天骄，胡人单于或日本之意）。"

诗虽一般，却充分表现了袁世凯少年时代的远大志向。正是这样的一种志向，加上当时社会的影响，才使得袁世凯有了"大丈夫当效命疆场，安内攘外，岂能龌龊久困笔砚间"豪情壮志。

清末时的中国，被西方列强的坚船利炮打掉了往昔的尊严，"练兵求强"的洋务派思想，成了当时的时尚之最。袁世凯"好读兵书"，"留心时事"，侈谈练兵，常作军事论说，正是受洋务派思想影响，顺应当时的潮流。

袁世凯在前往朝鲜庆军中的职务是"前敌营务处",主要职责是保障军需供应、堪定行军路线等。船抵朝鲜马山浦时,袁世凯正向吴长庆报告行军路线,有一营长官前来报告:

"很多士兵晕船,请求稍缓登陆。"

吴长庆听后,沉默不语,良久抬头问袁世凯:"遇到这样的情况,你认为该怎么办?"

"战场之上,死尚不足惜,怎么能在乎晕船?"

吴长庆原本拉长的脸露出笑意,当即授命袁世凯代理一营。

袁世凯临危受命,并不作半点推辞,到了一营,马上部署,不到两小时,成功完成登陆行动。

1882年8月20日辰时,袁世凯率领一营,首先在朝鲜南阳登陆。大部队刚进南阳,有朝鲜国王近臣金允植来报,朝鲜王父大院君李昰应正在造兵聚党,准备进一步扩大事态。吴长庆听了,当机立断,决定先占王宫,再作打算。

袁世凯率领他的一营,一马当先冲进王宫。而后又协助王长庆诱捕大院君,押解天津,恢复国王的统治。紧接着,袁世凯一鼓作气击散乱党,将事态平息,迎复王妃。

这一连串事情,袁世凯干得干净利落,漂漂亮亮,致使朝鲜国王对他格外礼遇,甚至为他设立生祠。而清政府在以吴长庆功劳最大,赏三等轻车都尉,留镇汉城之后,以"治军严肃,调度有方,争先攻剿,尤为奋勇",予以首功,以同知发分省补用,赏戴花翎。

九月,朝鲜国王请求清政府派出教官,帮助朝鲜训练新式军队,袁世凯这位在壬午兵变的功臣自然成了首选。

他开始按照训练淮军的办法,帮助朝鲜训练挑选出来的千人营队。数月之后,国王检阅千人营队后极为满意地称赞袁世凯训练有方,而后又在江华沁军营中再选500名编为"镇抚营",仍由袁世凯训练。

吴长庆驻朝两年后归国,奏举袁世凯总理营务处,会办朝鲜防务,袁世凯一跃成为驻朝淮军的重要人物。

当时的朝鲜，统治集团内部分成明显两派，一派是闵妃集团，因为清政府帮她夺回政权，故心怀感激，采取亲华政策，被称为"事大党"。另外一派以赴日"绅士游览团"中的年轻士族为主，包括金玉均、鱼允中、洪英植、朴泳教等人。他们采取亲日态度，主张终结与清朝的宗藩关系，借助日本之力实现朝鲜的开化改革，被称为"开化党"。

当时正值中法战争，开化党首领金玉均以为中国自顾不暇，便接受日本资助，提出了"打倒清国"的口号，企图借助日军兵力发动政变，夺权政权。

1884年12月4日，金玉均与开化党激进分子在日本人的支持下，冲入朝鲜王宫，捕杀事大党人闵台镐、闵泳穆、赵宁夏、韩圭稷等。次日清晨，宣告成立新政府，提出内政改革方案，同时宣布断绝与清朝的宗藩关系，朝鲜独立。

眼看朝鲜要舍清归日，袁世凯会同吴兆有要求李鸿章派军舰赴朝，帮助事大党重振河山。在没得到李鸿章回复时，有事大党人金允植等来请求清军援助。袁世凯问清情况，便自作主张，亲率一营清兵，披坚执锐，杀入王宫，很快平息变乱，使事大党重掌政权。

此次变乱史称"甲申政变"，被平息后，清朝眼见英亡缅甸，法并越南，日吞琉球，独中国的藩属惟独朝鲜，虽有俄国、日本虎视眈眈，却还存在着。对中国来说，朝鲜为东北、华北之屏障，战略位置十分重要。为此，清朝决定力保朝鲜这一最后的藩属国。

鉴于袁世凯在朝的功勋，清朝便委任袁世凯以三品道员头衔坐镇朝鲜，协助朝鲜训练新军并控制税务，主掌朝鲜外交、通商等事务，俨然监国大臣。

平定壬午兵变，是中国历史上最后一次对宗藩国实施充分保护，此后国力日衰，有心也无力了。这里面，有袁世凯的功劳。袁世凯在朝鲜的十二年，有力地遏制了日本和沙俄对朝鲜的渗透，特别是他1884年平定了朝鲜的甲申动乱，有效地推迟了中日战争爆发的时间。

也正因为如此，日本人对被中国人斥之以卖国贼的袁世凯同样恨之入骨，在他们挑起中日甲午战争前，曾经多次派人暗杀袁世凯。

创立新军

1894 年（光绪二十年），中日甲午战争爆发，清廷的军队，在海上陆地都败于日本，袁世凯在台湾呆不下去，只好随军撤退天津。

泱泱大清帝国，为何竟然被弹丸之地的小日本打得一败涂地？是我们的军队少吗？不是，我们单是从辽东就开去六万陆军，大清的军队比日本的多出很多，装备上也不比它弱，可为什么还败得这么惨呢？

一场发生在 1894 年与 1895 年间跨年的，丢尽了大清朝颜面的战争，在将本已日薄西山的大清王朝击得狼狈不堪的同时，也引发了大清朝官员们的反思。

我们之所以战败，关键的关键，就是我们军队的训练不行！

找到了这样的原因之后，朝廷内外掀起了一股强劲的改革浪潮，要求训练新式军队的呼声，响彻清朝天空。

从朝鲜回国的袁世凯，这年正好 36 岁，身强体壮，思想成熟，他开始精心设计自己的前途。

中国被日本击败，自然也失去了在朝鲜的所有权力，袁世凯现在虽然不能做朝鲜的监国大臣、坐镇朝鲜，可他三品道员的头衔还在，有一个温处道的实职等着他去上任。他可以去管着浙江的温州、处州两个府十几个县，与现在的一个地区专员差不多。只要到任上去，就可以大把捞银子，绝对比当一个京官要捞得多。

可袁世凯就是不去，因为这时的他主意已定：一定要想方设法，争取让朝庭派去练兵。

为什么放着能捞大把银子的官不做，偏要去找一个练兵的苦差事呢？这，正是袁世凯的高明之处。自古就有苦尽甘来之说，只有吃得苦中苦，方能为得人上人。

练兵当然苦，可这意味着去掌握兵权，而掌握了兵权，又意味着掌握了

民国总统档案

政权。李鸿章不是凭着他的淮军才权倾朝野的吗?刚刚36岁的袁世凯,早已把这一点看得死死的。

于是,他就是不去走马上任那个温处道,而是赖在督办军处处打杂。因为没有这里的实职,只能听人吆来喝去,跑跑颠颠地做一些跑腿的事情。每日里不但辛苦劳累、窝囊受气,而且又挣不到什么钱。可是,这里是督办军务处啊!只有在这里,才能接触到上层,才方便争取去练兵。

此时的袁世凯,早已深谙清朝官场积习。他知道,要谋到这么一个大有发展前途的差事,得占有两方面的先机,一是得有得力人举荐,二是得证明自己有能力胜任。

关于这一点,袁世凯有些为难了。一直以来,李鸿章都是提携他的恩人,是他的靠山,可甲午战败以后,李鸿章成为替罪羊,他签订《马关条约》,舆论一直都在谴责他。这昔日的靠山非但再无法依靠,而且还成了冰山,甚

至要融化靠近他的人。眼看李鸿章将要失势，袁世凯当机立断，决定舍弃当年一手把他提拔起来的恩师李鸿章，立即改换门庭。挥金如土地去与翁同龢、李鸿藻联络，甚至提供一些于李鸿章不利的证据。

李鸿藻当时是军机大臣，和翁同龢都是受光绪皇帝依重的大臣。袁世凯的叔祖父袁甲三，过去与曾国藩、李鸿章他们都是一起靠镇压太平军、捻军起家的。袁世凯利用这些老关系、老人脉，再通过四处活动、请客送礼，重金贿赂、拜师请托，就和李鸿藻这边扯上了关系。

袁世凯的这一举动，被许多人指责为过河拆桥、忘恩负义。关于这一点，袁世凯自己心里也很明白。可是，这么波谲云诡的晚清政局，不找棵能依靠的大树，别说谋求什么仕途上的发展，就是生存下去也很难。这是袁世凯的苦衷。为此，他只能委屈一下恩师李鸿章。

第一个问题解决了，接下来要解决第二个问题，证明自己确实是当今大清朝练兵大臣的不二人选。

袁世凯是个推销自己的天才，凭着三寸不烂之舌，他很快让李鸿藻明白，他袁世凯这个将门之子，不但对大清王朝忠心耿耿，而且特有才，军事、外交全懂，绝对是个了不起的人才。

李鸿藻完全相信了袁世凯的宣传，向军机处就推荐他。因为李鸿藻和荣禄的关系很好，而荣禄又是西太后依重的人，由于李鸿藻的推荐，荣禄对袁世凯也很看重。

袁世凯有了当朝两大高官的鼎力推荐，其余如刘坤一、张之洞等朝廷重臣自然也就顺水推舟，大家都来力挺袁世凯。

练兵之事，眼看告成。袁世凯心中虽然窃喜，却丝毫也不敢懈怠，立马抓紧时间拟定了一个练兵的方案，就怎么练兵，怎么请德国的教练来练等等方面，做了个严谨的计划，上书光绪皇帝及清政府的高官。

尔后，袁士凯一面组织力量将国外的兵制典章、军事著作翻译成了中文，自己潜心研究，加紧学习近代军事知识；一面坚持不断上书，陈述自己改革军事的设想，将自己的军事思想源源不断地呈现给王公大臣，开阔他们的视野，引起他们的共鸣。

袁世凯的努力没有白费，1895年12月8日，也就是中日甲午战争结束半年之后，袁世凯在督办军务处任职后，从北京来到了天津小站，肩负起当时朝野内外一致呼吁的重要任务——督练新式陆军。

操练新军，是甲午战争后中国最时尚的职业，自此，袁世凯的人生翻开走向辉煌的第二页。致使天津那个很不起眼的小站，也由此名声鹊起。据说近代欧洲列强，包括德国、英国、法国等国家，在他们印刷的中国地图上，都会标注一个叫做小站的镇子。这个唯一被标注的中国小镇，就是袁世凯督练新式陆军的地方。

这是个方圆仅仅52平方公里的地方，袁世凯却在这里捞到了他可以赚回一个国家的本钱。在袁世凯以后的人生中，他都是依靠这支小站练出来的军队，走向北洋军的统帅，走向中华民国大总统的宝座。

当时袁世凯在小站所创建的武备学堂，是传授西方重要文化知识的场所，就从这练兵小站，除了他袁世凯这位大总统之外，还走出了四位总统、九位总理、三十位督军，这不能不让人佩服袁世凯在选人和训练人上的高超和独特的能力。

在当时的中国，"好铁不打钉、好男不当兵"这话是很流行的。家境稍微过得去的，都不愿出来当兵。这结果，愿意当兵的便只能是些没饭吃的懒汉、地痞，或者是流民。他们乐意当兵，只想混口饭吃。这样一来，兵的素质很差，练兵当然也就无从说起。大清国的兵，都缺乏严格的军事训练，在军容严整的欧洲军队面前，就不堪一击了。

袁世凯虽然没种过庄稼，却深知好种出好苗这个道理。在兵源这个问题上，他很动了一番脑筋。他选兵，只从贫苦农民子弟中挑，富家子弟、有恶习的、抽大烟的、那些想到军队来混饭挣钱的一律都不要。他要求挑选的兵得有一定身高和体力，能负一定的重量，要体格健壮，能举着石锁能走一定的路程。要求非常严格，待遇当然也很好。袁世凯想方设法，使小站的新兵比八旗、淮军的都要高。

这么一来，不到半个月时间，袁世凯在河南、山东、安徽、江苏精挑细选到素质很高的步兵2000人，总兵力达到7000人左右。袁世凯给他的这支部队换了个名，不再叫定军，改名叫新建陆军。

这是中国第一支新式陆军，完全仿效德国的军队建制，是近代化的陆军体制，分为马、步、炮、工兵、辎重这么五科，编制很规范，有镇、协、标、营、队、排、棚，是一个很规范的单位。

为训练新兵成立了督练处，袁世凯亲自担任督练官。事无巨细，身先士卒，将全部心血倾注到练兵当中。

为了实用而又便于作战，袁世凯通过反复琢磨，舍弃一些旧的制度，用标准军礼替代磕头，用口令替代击鼓鸣锣，军装也彻底革新，由原来的袍子马褂，改造成有靴子、绑腿、裤子是肥大、上衣短，裤脚装在靴子里的新军装。

关于练兵的秘诀，袁世凯曾跟张之洞谈过这样的话：练兵的事情，看起来似乎很复杂，其实很简单，主要就是练成绝对服从命令。我们一手拿着官和钱，一手拿着刀，服从就有官有钱，不服从就吃刀。

正是带着左手官，右手刀的这种理念，袁世凯正式接手定武军的第一件事，就是找人。除了在兵源上找到素质高的士兵，袁世凯更是不惜重金聘请了十几位德国教习，又亲自从天津武备学堂中挑选出百余名学生任各级军官。

有了从士兵、军官到教习这样清一色能干的人，军事技能训练就好办了。袁世凯规定，全军统一使用新式步枪、马枪和快炮，其中大都是德制的标准化枪械。训练基本技能时，对于射击、射击的要领，都有非常严格很规范的要求。不但讲该怎么做，还讲其中的原理，什么三点成一线、什么弹道啊，理论的东西都要讲。特别是炮兵，什么一炮手，二炮手，装填手，使用瞄准的，还有这个发令的，一个一个讲的很细致。

袁世凯小站训练出来的兵，军事技能都要过关，政治觉悟更要过关。袁世凯在官场摸爬滚打了这么些年，在政治上有一套强硬的手腕。

通过小站练兵，袁世凯把军队训练成一支绝对服从他的军队。每日开饭前，便有当值的起来问："谁给的饭吃？"

"袁宫保（袁世凯）！"士兵们齐声回答后，然后再吃饭。

每月到该给官兵发响的时候，袁世凯便让人抬了银元，自己亲自去点名，点一个他亲自把响银发到一个手上，直到发完为止。

这一方面让人知道银响是他袁世凯给的，另一方面也杜绝了旧军阀中当官的层层克扣军响这一恶习。

对于军纪，袁世凯也是非常看重的，因此在这方面特别严格。有违纪的官兵，视情节轻重，新建陆军分别都要给以罚薪、记过、降职、军棍、砍头示众处罚。这样一来，旧军阀中的许多毛病，都给革除了。

在新建陆军中，袁世凯决不允许奸淫妇女、偷盗、强买强卖等违背营规的事情出现。

虽然有严格的军令，但仍有人会触犯军规。袁世凯在执行军规中，不但惩罚犯规的士兵，还要惩罚士兵所在标、队的长官，而且比士兵处分的更重。

值得一提的是，对于属下的惩罚，袁世凯是非常有手段的，通常是打一巴掌再给一块糖吃。他对官兵总的来说是很宽容的，主要是通过惩罚来树立自己的威信。

在笼络人心方面，袁世凯做的可谓登峰造极。

譬如袁世凯对他的属下"北洋三杰"之一段祺端。

袁世凯前往天津小站督练新军，全体军官前来迎接，段祺端却因回家结婚没来。袁世凯知道后非但没有责怪，还带着微笑对唐绍仪说："好，结婚是好事，值得恭喜！告诉芝泉（段祺端），婚姻大事耽误不得，小站的事情延迟几日无妨。"

完了之后，还让唐绍仪替他转送一张银票给段祺端，作为贺礼。

段祺端回家结婚时并不知道袁世凯要来，在赶往小站的路上听说了这事，心时诚慌诚恐，担心袁世凯怪罪他，谁知一到小站，竟看到袁世凯亲率一批将官前来迎接他，接着又收到唐绍仪转给他的银票和袁世凯当时说的话，顿时感动地泪水都流出来了。

为了感谢袁世凯及诸位同僚，段祺端宴请大家。席间，袁世凯不断地对他嘘寒问暖，还大咧咧地吩咐好酒好菜都上来。段祺端虽然受宠若惊，心里还是在叫苦，他怕这一桌酒宴会吃尽自己半年的薪水。宴罢结帐时他惴惴不安地问老板："多少钱？"

老板却摇摇头说："你们袁大人都已经付了。"

段祺端心里的一块石头落地,心里对袁世凯充满感激。在以后的日子里,对袁世凯一直忠心耿耿。

再譬如,袁世凯对他的亲信慕僚阮忠枢。

出身淮军将领家庭的阮忠枢,是由李鸿章推荐入新建陆军的。在早些年,袁世凯刚投到吴长庆帐下时,慷慨大方的阮忠枢见他是个人物,曾倾囊相助。可阮忠枢到了新建陆军后,袁世凯因一事却又不得不得罪这位曾经有恩于自己的人。

阮忠枢结识了一位青楼女子,想纳为妾。新建陆军纪律严明,不允许这样的事情发生。鉴于以往的友情,阮忠枢便去找袁世凯商量,希望他能网开一面。谁知袁世凯听了之后,竟然摇头拒绝,然后转身离去。

为这事,阮忠枢对身边人牢骚满腹:"当初不是我的相助,他哪里会有今天!"

虽然埋怨完袁世凯忘恩负义,阮忠枢却也不敢擅自纳妾,只在心里感到万分地憋气,每次与那女子苟且一回,都会骂上袁世凯好一阵。

而袁世凯,在当众拒绝了阮忠枢纳妓女为妾的请求之后,一面却派人去购置了一套豪华房舍,把它布置一新,然后花大价替那妓女赎了身,安置进住华屋。

当这一切都办妥了之后,袁世凯这才找来阮忠枢,说是让他与自己一道去办点事情,把他带进这栋豪华住宅。

当有人搀出了蒙着红盖头的新娘出来时,阮忠枢百感交集,不去理会新娘,却朝袁世凯双膝跪下。从此,阮忠枢对袁世凯一直死心塌地,鞍前马后,尽心效命。

善于御将的袁世凯,正是通过这种种手段,使他的部队从士兵到最高长官,都对他忠贞不二,尽心效命。以至于在当时的新军中,上下都只知道有袁世凯,而不知有大清皇帝。

袁世凯新建陆军中的这些人,只要不战死沙场,以后大都成为清末民初的军政要人。小站练兵是中国新式军队发展的转折点,也是袁世凯一生事业最坚实的基础。

尴尬的决策

"泛舟西湖，终老杭州"。这话谁也想不到，竟然出自一个日本战国时代末期的封建领主。这个完成近代首次统一日本的领袖，早在16世纪，就开始做一个美梦：有朝一日，将朝鲜和中国纳入日本版图。

于是乎，从这位野心勃勃的丰臣秀吉开始，凡有侵略野心的日本统治者，都不断地将此梦延续下来。日本的明治维新，迅速增强了国家实力，侵略野心也熊熊燃起。

他们先是占领原本中国的附属国朝鲜，接下来在黄海大战、辽东之战、威海之战等都打败了清政府，甚至把清政府的整个北洋海军几乎全军打没。

到了最后——1895年4月17日，清政府被迫签订了《马关条约》。

这个丧权辱国的条约使国人从梦中惊醒，反思中在军事上知道了战败的原因是我们军队的训练不行，在政治上是我们的制度已经腐朽不堪。

军事上已经有袁世凯在操练新式陆军了。那么政治上呢，中国的下一步该怎么走，才能避免亡国的悲剧！

以康有为为首的改良派公车上书，请求光绪帝变法维新。

光绪皇帝是个见到太后就胆战心惊、浑身筛糠的皇帝，虽然已经亲政，却从来不敢擅自做主，事事都要向太后请旨。

变法维新，事关大体，光绪皇帝自然先去请示太后。

鉴于一连串的失败，国内改良派呼声太高，慈禧考虑一番之后，勉强也就答应了。征得了慈禧的首肯之后，1898年6月11日（光绪二十四年，四月二十三日），光绪帝颁布《定国是诏》，开始推行新政。

因为身边有了康有为、谭嗣同等这么一帮子热血维新派簇拥着，光绪皇帝胆子突然大了许多，有些事竟然也敢擅自作主了。

他任命谭嗣同等4人为军机章京，有什么旨意就绕过守旧派官员，直接通过这四个人去执行，同时还大刀阔斧地裁撤抵制变法的守旧官员，重用支持变法的人。

慈禧勉强同意了光绪的变法之后，便在一旁冷冷地瞅着。她是一个权力欲极强烈的女人，看到一向唯唯诺诺的光绪竟然不如原来那么听话了，便立刻皱紧了眉头。

聪明透顶的慈禧，每每遇到她的权力受到挑衅时总能占尽先机，关键是她一直能掌控军队并先发制人。1898年6月15日，慈禧先是迫使光绪帝任命荣禄为直隶总督兼原李鸿章做的北洋大臣，到9月初，又令直隶总督荣禄调兵聚集北京附近的大津、长辛店一带。

作为有着锐意维新思想的袁世凯，他与康有为等维新人物的交往是很密切的，并且还参加了康有为创办的"强学会"。与维新派人物谈起改良，袁世凯因其早年长驻朝鲜，跟英美法等使节多有来往，知道的很多，总是一套一套，滔滔不绝。

1898年7月，变法运动高潮时，袁世凯为了不落人之后，还特意派他的把兄弟徐世昌坐镇北京，以便与维新派联络。由于袁世凯手握兵权，康有为等维新派便向光绪皇帝建议：

好好地安抚袁世凯，以防今后有不测的事情发生。

光绪帝采纳了维新派的建议，从7月29日到8月5日，接连三次召见袁世凯，不仅将他由直隶按察使提拔为候补侍郎，并许之以单独奏事的特权。

就在袁世凯第三次受到光绪帝召见以后，慈禧动手了，下令软禁了光绪帝。

9月14号这天，维新派正在商量如何进一步推动改良时，得到杨锐带来的一条光绪帝亲自书写的衣带诏。打开一看，众人都惊呆了。

"朕位几不保，命康与四卿及同志速设法筹救"。

康有为与谭嗣同等读完密诏，相拥抱头痛哭。发泄完心中的痛苦忧愁之后，他们都同时想到了袁世凯。

"如果能劝说袁世凯出兵围攻慈禧太后居所颐和园，倒过来软禁慈禧，再请出光绪帝振臂一呼，改良当可以死而复生，中华有望。"

谭嗣同的意见得到众人一致赞同，9月18号深夜，谭嗣来到袁世凯当时所居所法华寺。

"以将军之见，当今皇上是怎样的人？"事情紧迫，谭嗣同对袁世凯开门见山。

"皇上是旷代圣主。"

谭嗣同就要袁世凯这句话，听了之后，心中大喜，从怀里掏出光绪皇帝的衣带密诏，等袁世凯认真地看过，又说："当今天下，能救皇上的，只有你侍郎一人。正因为如此，我才冒死来见。现在我把事情说出来了，你若能去救皇上，将是国家大幸；如不肯出手，我的头就在项上，你现在就可以割了去，到西太后那儿领赏。"

面对慷慨激昂、悲悲壮壮的谭嗣同，袁世凯异常冷静，脑子却很快在转动着。

他这次来京，就是应了直隶总督荣禄之命。他原本一直与他的七千新建陆军呆在北京和天津之间的小站兵营里，前些天荣禄突然以军情紧急为由，催他进京，尔后又命令他留在天津不要回小站。

据属下报告，这些天来北京天津附近军队调动频繁，聂士成军已调到天津，董福祥军已调到长辛店，这两支荣禄的嫡系，从战略上来说，已对小站上的新军形成夹击之势。

我还正纳闷，荣禄为何要这么部署军队，原来……想到这里，袁世凯的额头沁出一层密密麻麻的冷汗。

一定是荣禄看见我袁某与维新派打得火热，所以先防一手。

可是，我袁世凯是他荣禄一手提拔培养起来的心腹爱将啊！袁世凯正在心里替自己叫屈，只听谭嗣同说：

"如今聂士成、董福祥均已调到北京附近，这是对维新派最大的威胁。不过对将军你来说，他们根本不是对手。你的七千新军，是大清帝国的最精锐，可抵七万旧军队。我劝将军不要犹豫了，赶快下定决心，来建这不世之功！"

袁世凯听着，只是不露齿地一笑，还是不吭声，心里继续在想：

"作为臣子，为了皇上，就算可以抛弃往日里荣禄对我的恩泽。可是，如今聂、董二人的军队，人数高达九万，是我袁某的十倍以上。更何况，我的新军驻扎在小站,离北京有二三百里,要出兵围攻慈禧太后居所颐和园,不但要长途潜行,还要突破聂、董二军的阻拦。新军战斗力虽然强过旧军,但现在军营里的枪支弹药,都攥在荣禄的手里;军营里的各级将官,很多以前都是荣禄的手下。在这种情况下,能有多少胜算?成功的机会,实在渺茫了!"

袁世凯这么想着,心里有了一些主意,只是一时还定不下来。

这种事情,是皇帝和母后之间的矛盾,外人最好不要介入,可现在自己又不能不介入。既然这样,当然只能去帮助赢的可能性大的一方。不然的话,不只葬送了我袁世凯,也同时要葬送那七千刚训练出来的新式军队。

袁世凯这么想了之后,给自己定下帮赢一方的原则,这才面无颜色地说道:

"这样的大事,需要全军统一才好。我先回军营看看,把将官们稳定好,再设法多弄一些枪支弹药,然后再作具体行动。"

谭嗣同听袁世凯这么说,感到有理,却似乎又象是还没有最后定下来,想开口再说几句,只见袁世凯已经转身,匆匆走入内室。

谭嗣同望着他的背影,在内心祈祷:愿上天保佑我大清皇帝!

袁世凯身入内室,便呆在那里,听到谭嗣同离去的脚步声,这才又走出来,站在客厅中间,认真地接着思考:

这官场上的事,最忌讳的就是"不忠"。我最近的表现,荣禄恐怕是看出了些端倪,对我的忠诚产生怀疑,不然他不会让我呆在天津不动。我如果怀疑属下不忠怎么办:轻则免去官职,重则取了他的脑袋。

想到这里,袁世凯自嘲地苦苦一笑,摇了摇头。日本的明治维新促成了日本一跃而成为世界强国,可中国的维新,现在还只刚刚开了个头,皇室的母子俩就血海深仇般地大干起来。可怜的中国,又要失去了这个和平变革以求强盛的大好机会。

现在我夹在他们母子之间了。我能赢得了太后吗?不能,不可能!我该怎么办?该马上有个态度,有个明确的态度。

正在袁世凯认真思考有了决定时,慈禧已当朝宣布,由自己来替代被软禁于中南海瀛台的光绪帝垂帘"训政"。

于是乎,保守派纷纷发难,一个个粉面登场,重新掌握了朝政大权。维新党首领康有为、梁启超等人，亡命出逃异国他乡。

从来都喜欢用迅雷不及掩耳这招致敌的袁世凯，这一回却想不到西太后会比他还要雷厉风行，当他还不知道京城的天这么快就大变了时，荣禄的命令来了：请袁世凯去他营中议事，还令卫兵夹道罗列。

到了这时候，见了这场面，袁世凯反倒是一点也不惊慌了。他迈着大步，一直走到荣禄面前。不等荣禄回过神来，就卟嗵一声双膝跪下，以面贴地，长久也不肯起来。

这时的荣禄，倒显得有些惊慌了。

袁世凯是他最喜欢的爱将之一，这回因见他与维新派走得太近，奉慈禧之命对他有些戒备，这次命他到军营里来，实际上也是对他一个考验。原本想，现已在紧锣密鼓地布置抓维新党，如袁世凯不来，自然是有问题，如今他坦然地来了，已经说明他不是维新党。

可为什么他还要长跪不起呢？

就在荣禄百思不得其解时，袁世凯缓缓地将康有为、谭嗣同等人商议的兵围颐和园的政变计划和盘托出，最后泪流满面地说："我应该昨晚就来，只是知道这事后心中过于伤痛，以至于拖到现在，还请总督大人为我作主。"

当时的慈禧，虽然开始不满维新的种种做法，但主要还是对光绪帝想摆脱自己的控制不满这才很快就对维新派下手，至于光绪和维新派有如此密谋，此前她并不知道。荣禄得到这个消息，马上派杨崇伊带回北京。

慈禧知道这个兵变围园的密谋，大为震怒，八月初九日立马下旨："张荫桓、徐致靖、杨深秀、杨锐、林旭、谭嗣同、刘光第均著先行革职，交步军统领衙门，拿解刑部治罪。"

在此同时，加大了对维新派的搜捕惩罚，不经审讯，就在八月十三日处决了"六君子"，直到第二天才宣示罪状，曰：

"包藏祸心，潜图不轨，前日竟有纠约乱党，谋围颐和园,劫制皇太后及朕躬之事，幸经觉察，立破奸谋"。

袁世凯并不想看到这样的结果，他的告密是想很好地保存自己，却自然而然地成了维新派被更为残酷镇压这样一个恶果。

究其原因，是因为袁世凯在他所存身的那个君臣体制中，他一方面不得不做臣子，另方面在他心里却还没有一个值得他以死效忠的主子。正因为如此，他随时都可能在各个"主子"间更换门庭。前提是如何保存和发展他自己。

梁启超对这点看得很清楚，尽管袁世凯告了密，在袁世凯死后，梁启超还是对自己的弟子说："袁氏变法维新之见解，实出于自动，拥德宗（光绪）以武力行政之计划，实亦发动于袁氏，而绝非壮飞（谭嗣同）所强迫。"

梁启超的说法应该说有一定道理，袁世凯"善变"，除了是他心中没有一个让他相信的主子，另一个是他心中没有一种坚定的人生信仰。

在当时的环境影响下，袁世凯除了权力，似乎再没有相信过其他。也许正因为如此，其实功大于过的袁世凯，才背负了一生的骂名。

实力派领袖

义和拳原本同当时清朝大部份秘密团体一样，是反对满族统治，以"反清复明"为口号的。由于维新失败后，帝国主义更加肆无忌惮的侵略，激发了义和拳的排外情绪。

1899年，捐官出身的汉裔旗人毓贤出任山东巡抚，提出"民可用、团应抚、匪必剿"的策略，对义和拳采用抚的办法，将他们招安纳入民团。于是，义和拳成了"义和团"，口号由"反清复明"改成"扶清灭洋"。

喊着"扶清灭洋"的义和团四处焚烧教会、杀害教士，抵制所有外国事物和之前失败的"洋务运动"。就连用纸烟、小眼镜，甚至洋伞、洋袜的人，也要处死。曾有6个学生，就因身边带了一支铅笔、一张洋纸，被团匪搜出后，死于乱刀之下；最冤的是有户人家因有一根洋火柴，被发现后一家八口遭到义和团的杀戮。

西方人反对慈禧废黜光绪帝，为此慈禧对西方人感到万分的不满，在"灭洋"这一点上有便与义和团有了共鸣。之后，慈禧便不顾西方外交人员的抗议，也不管义和团行为的过激和荒诞，于1900年1月，发布了维护义和团的诏令。

军机大臣协办大学士刚毅和顺天府尹赵舒翘领了诏令去调查，回来向慈禧报告："拳民忠贞，神术可用"。朝中庄亲王载勋、端郡王载漪、辅国公载澜等也纷纷附合慈禧，主张招抚义和团。

1900年6月15日，军机处曾一度传旨，令在任两广总督的李鸿章，及山东巡抚袁世凯速入京，来共同对洋人宣战。

袁世凯因为和盘托出谭嗣同等人商议的兵围颐和园的政变计划，取得慈禧荣禄等的信任，由此更加飞黄腾达。他的新建陆军，被更名"武卫右军"，成了荣禄掌握的"武卫军"一部。升工部侍郎不久，袁世凯于1900年2月14日又升任山东巡抚。

然而，袁世凯亲率武卫右军前往山东赴任时，正值山东义和团运动高涨。看到义和团人四处破坏教堂、攻击教民、滥杀无辜、拆毁电杆、破坏铁路，甚至还诬指许多市民（包括许多妇女小童）为白莲教，而烧死戮死，同时又肆意奸杀妇女、掳掠洗劫商户平民，并将赃物公开拍卖。

这此行为使袁世凯悖然大怒，立即颁布《严拿拳匪暂行章程》，严酷地镇压义和团运动。

在袁世凯的打击下，义和团在山东无法立足，纷纷逃往天津、北京。山东的社会秩序，得以稳定，山东的人民免遭了滥杀的浩劫。

1900年6月21日，清政府以光绪的名义，向英、美、法、德、意、日、俄、西、比、荷、奥十一国同时宣战，同时贴出公告悬赏捕杀洋人，规定"杀一洋人赏五十两；洋妇四十两；洋孩三十两"。

于是，新一轮滥杀更甚以往，随着不少该杀的侵略者毙命之外，不少无辜的妇女儿童也惨遭杀害。杀红了眼的义和团，内部也相互杀起来，对百姓更是肆意虐杀，结果还直奔瀛台，要去弑杀光绪帝，幸而得慈禧阻止光绪才免于一劫。

在义和团的滥杀面前，各国都在准备，试图用武力来解救他们被围的使馆。各国的使馆，也筑起防御工事，由英国公使窦纳乐负责指挥抵抗。

到 6 月 25 日，事件终于演变为国际军事冲突，约有 45,000 名来自日本、美国、奥匈帝国、英国、法国、德国、意大利及俄国的八国联军与义和团拳民及清军对战。

这时的袁世凯，跟许多地方督抚一样，得到清政府命令：率军拱卫京师"勤王"！

可是，就凭借义和团这样的乌合之众，能向十一国列强宣战吗？袁世凯在心里问自己，然后用力地摇了摇头。久经沙场的袁世凯知道，如今与十一国同时宣战，只会失败，只会使中国遭受到更大的侵略和耻辱。

可是，作为一个地方的巡抚，又手握精锐重兵，如果不出兵"勤王"，慈禧绝对饶不了他的，可如果出兵，只会毁了这支既是国家的，也是自己的精锐之师。

袁世凯苦冥思苦想之后，最后选择了"两面讨好"的奸滑之策。他一方面派一小部军队慢慢"星夜驰往直隶"勤王，其实就在山东、河北交界处虚于应付；另一方面则派人与各国驻烟台领事洽谈，按照东南互保例达成协议，表示"中立"。

没过多久，1900 年 8 月 14 日凌晨，联军来到北京城外，经过两天的激战，到 8 月 15 日逐步攻占了北京各城门，随即与清军在京城各处展开巷战。到 8 月 16 日晚，八国联军已基本占领北京全城。

慈禧及她的皇室，在北京陷落之时，仓皇离京，逃往西安。

袁世凯得之后，立即慷慨解囊，从家底中拿出大量饷银、绸缎等各种奢侈品，向仓惶逃命的慈禧进贡讨好，使她还能保住一点体面，满足太后穷奢极欲的虚荣心理。在慈禧回銮的路上，袁世凯又是花车又是别馆地迎候不算，还送了慈禧太后一辆汽车。

可是，因为慈禧认为司机坐到她前面不成体统，后来这汽车一直只是她的一个摆设，直到死时也不曾坐过一次。

尽管如此，慈禧还是认为袁世凯很不错，特别因为他保存了武卫右军这支军队，保障了山东地方性命财产免遭损失，更是对袁世凯高看一眼。

而八国联军则认为，袁世凯是清政府大员中对他们最友善的，不但对他赞赏备至，还一致把他当成"朋友"。

可当时与袁世凯处境相同、手握重兵的督抚们，像聂士成、董福祥、宋庆等，不仅把手里的军队折腾得一干二净，还直接受到了战争的严厉惩罚。

一代名将聂士成，被义和团乱民砍死；悍将董福祥，在战后被扣上"战犯"帽子丢了军权；宋庆部则溃不成军，从此失去了慈禧对他的借重之处；而荣禄的4支武卫军，也已全部崩溃。

独有袁世凯，"清内匪以安民生，慎外交以敦睦谊"，为清廷立下汗马功劳。他的武卫右军，不仅在战事中完整保存下来，还在镇压义和团过程中借机扩充了"武卫右军先锋队"二十营，使部队增加了一倍，高达到2万人，成为北方最大的武装力量。

值得一提的是：当时的俄国，在与联军进攻北京后，又同时派二十余万军队从南北两路进占中国东北。到1900年10月6日，两路军会师沈阳，到此占据了我国的东北全境。

1900年10月，李鸿章抵达北京，向八个占领国展开谈判。他从国际法上，提出义和团为叛逆，皇室的宣战诏令是被挟持而发出的，由此也否定了各国割地的要求。然而，穷凶极恶的列强，最后还是坚持要中国拿出四亿五千万两白银，作为他们的军费赔偿。

李鸿章再一次被迫签定了又一个使国人蒙受灾难和羞辱的《辛丑条约》，此约签后两个月，俄国政府为攫取更大权益，再度发难，拿出"道胜银行协定"，又威逼李鸿章签字。

"老来失计亲豺虎"，李鸿章见原本自己一直特别依重的俄国人竟然这么贪婪，气恼交加，呕血不起，于九月二十七日去世。临终时，李鸿章"双目犹炯炯不瞑"，带着无尽的遗恨，走完了他78岁的人生之路。

李鸿章逝世后，袁世凯继李鸿章署理直隶总督兼北洋大臣，次年实授。在内、外政策方面，袁世凯完全继承李鸿章的衣钵，并将淮系集团全部吸收过来。这么一来，袁世凯的政治、军事势力迅速膨胀，一跃而成为中外所瞩目的实力派领袖。

《辛丑条约》签订后，清政府迫于内外形势，施行新政，成立"督办政

务处",袁世凯当仁不让地兼任参予政务大臣、又兼任练兵大臣。这时候,心里本来就热衷新政,渴望通过改良强大中国的袁世凯,开始大展拳脚。

他废科举、督办新军、创办各种武备学堂,聘请大批日本军官担任教习。到1905年,北洋六镇编练成军,每镇一万二千五百余人,除第一镇系满族贵族铁良统率的旗兵外,其余五镇都在袁世凯的控制之下,其中重要将领,清一色他小站练兵时期的嫡系军官。

在此同时,袁世凯还利用他兼任督办电政大臣、督办铁路大臣及会议商约大臣的身份,大力发展北洋工矿企业、修筑铁路、创办巡警、整顿地方政权及开办新式学堂,等等。每项工作,袁世凯都干得颇有成效,实实在在推动了中国的实业的发展。他在山东创建山东大学堂(今山东大学),在天津建立了第一支中国警察队伍,还筹划修建了中国第一条自主建造的铁路——京张铁路的建设。

另一方面,袁世凯又因为办理新政得以"内结亲贵,外树党援",很快形成了一个以他为首的庞大的北洋军事政治集团。已至于当时"朝有六政，每由军机处向诸北洋"，才能作出最后决定。

袁世凯能如此，从道德人品上来说，无疑有很多让人恶心的地方，但从政治智慧上来说，他甚至可以称得上是一位玩弄政治的天才。因为从根本上来说，政治的智慧从来就是要达到政治目的，其中的过程，常常会淡化甚至屏弃人品道德。所谓为达目的可以不择手段，这正是历来成功政治家的座右铭。

而袁世凯在清政府对十一国列强宣战前后一系列诡诈的行动，对中国人民来说，又是有着积极意义的。

在当时的情况下，袁世凯如果真不顾一切地按慈禧的宣战诏书行事，也不可能使中国转败为胜，而只会扩大战争。先使义和团占据山东、两江、湖广等地，滥杀无辜，破坏属于中国人的电杆、铁路；然后是更多的异国军队源源不断地登陆中国，屠杀中国的百姓；到最后，新军打没了。

结果呢！好一点是《辛丑条约》的赔款数额大大增加；差一点是慈禧与光绪落入联军之手，成为他们的傀儡政府。

果然如此，中国的前途，只会更加地黑暗和可怕；中国的百姓，只会更加无奈和可怜！

掌控大清命运

中国从秦以来的两千多年的皇帝史中，共出现了408位皇帝，其中不能善终的，相对于普通百姓来说，实在是多得惊人，光绪帝就是这其中之一。

1908年11月14日，这位刚满37岁，正值年富力强盛年之时的皇帝，突然间就死去了。关于光绪帝的死因，当时有慈禧所害和袁世凯所害两说，据2008年底北京市公安局法医检验鉴定中心等权威机构验定后宣布：

光绪帝死于砒霜中毒。

光绪帝确实是被人所害，但凶手究竟是谁，到现在还是个迷。

袁世凯有没有加害光绪帝弄不清楚，袁世凯因为光绪帝的死被罢官归故里却是不争的事实。

就在光绪帝死的这天，患病的慈禧命立醇亲王载沣的儿子、年仅3岁的溥仪为大清国皇帝，年号宣统。

第二天，时年七十四岁的慈禧太后病死。

醇亲王载沣是光绪帝的三弟，三岁的儿子溥仪做了皇帝，他自然而然成了摄政王。一方面，由于之前袁世凯曾出卖过他的二哥光绪帝，令他对袁世凯有一种切齿的恨；另一方面，由于当前袁世凯位高权重，大大威胁着他三岁的儿子溥仪做皇帝。基于这两点，载沣决定除掉袁世凯。

于是乎，摄政王载沣就此事与朝庭重臣奕劻、张之洞商议，没想到却遭到了奕劻和张之洞俩人的一至反对。

理由主要有二：一是袁世凯长久统领军队、经营朝庭，追随的将领党羽，遍及军队上下朝庭内外，而此时西太后又刚走，南方革命党正活动猖獗，若杀袁世凯，无论是军队还是朝庭，肯定都有人会跳出来闹事，引出了大乱子来，朝庭恐怕难以控制局势。二是袁世凯1906年已主动辞去各项兼差，还将北洋军一、三、五、六各镇交陆军部直接管辖，1907年又被调离北洋军，到北京来任军机大臣兼外务部尚书，作为朝庭中枢重臣，只要不苦苦相逼，他一定不会出来挑头反对朝庭。

载沣见他俩如此意见，有些犹豫，但殊杀袁世凯的心却不死。

而此时的袁世凯，从光绪帝死后，溥仪继位的那一天起，就知道情况不妙，一直在思谋着自己如何才能全身而退的事情。得知载沣去找奕劻、张之洞，自己也忙着一面让人捎信给保定的段祺端，一面对外称有足疾再不去料军机处和外务部的事情。

在杀身之祸有可能降临到头上时，袁世凯异常冷静。他精心安排，悄然呆在家里，静静地等待着事情变化、化险为夷，然后全身而退。

很快，段祺端就来了，带着他那些洋枪洋炮装备的精锐之师，从保定赶来北京，说是要来帮助朝廷平息北京南苑"兵变"。

可载沣知道，南苑只是几个小兵闹事，又何须惊动手握精锐的段祺端，再说他这个摄政王也没有请过段祺端。

不管载沣怎么想,段祺端命令他的军队,有事无事地向城南开炮。载沣马上明白了:这家伙是为袁世凯来的。看来,奕劻和张之洞的意见是对的,袁世凯确实不能杀。

载沣刚刚被迫放弃了杀死袁世凯的念头,就接到袁世凯呈上来的奏折,说是自己因为足疾,请求解职,回故里养病。

就这样,袁世凯先给想要他命的摄政王载沣出一个难题,然后又马上给他一个下来的台阶。结果,气势汹汹的载沣让袁世凯牵着鼻子走了一遭之后,只得强迫自己取消了诛杀袁世凯的打算,仅仅是解除了袁世凯军机大臣兼外务部尚书的官职。

袁世凯的请求得到了朝廷的"恩准",眼珠转了几圈,脸上露出一丝让人察觉不到的得意,然后立马带了八位老婆和一大群孩子,返回河南。

最初,袁世凯在辉县隐居,不久又转到安阳的洹上村。这年,正好是袁世凯的知命之年。

离"洹上村"不远,就是著名的风景区,百泉和苏门山。有山有水的,简直就是人间乐园。从1881年到山东登州投靠吴长庆以后,转眼快三十年了,袁世凯一直在官场军队中忙忙碌碌的,现如今诸事可以不管,忘情于山水之间,倒也乐得清闲自在。

袁世凯以"洹上老人"自诩,不时头戴斗笠,手执钓竿,游玩于青山碧水之间,尔后把这游山玩水的生活,拍了照片,拿到上海这样大城市的杂志上去发表,以表达自己已无意于政治,只乐乎山水的雅致。

表面如此,而实际上,袁世凯还是防人之心不可无,他把家安置在洹河北岸一个较偏僻的地方,将一座巨大的袁家大院打造得铜墙铁壁一般,不但修起炮台,身边的护卫保镖,个个都是一顶十百的一流高手。

最关键的是,在袁世凯家中,还安装了几台电台。北京以及全国各地方方面面的信息,都通过这几台电台,源源不断地送进洹上村。再加上频繁出入袁家大院,约见和造访的客人,使得足不出村的袁世凯,对天下大事了如指掌。

在这些约见造访的客人中,来得次数人数最多的,要数北洋军的将领,其次是他一手提拔、安插在各政要部门的属下，再还有就是各地对他心怀敬仰的官绅，也时不时前来拜访。

在官场上，从来都有人一走茶就凉之说。可在这些北洋军将领、往日的属下及对他心怀敬仰的官绅眼里，他袁世凯还是原来的袁世凯。

就这么，袁世凯韬光养晦着，等待着东山再起的时机。

"百年心事总悠悠，壮志当时苦未酬。野老胸中负兵甲，钓翁眼底小王侯。思量天下无盘石，叹息神州变缺瓯。散发天涯从此去，烟蓑雨笠一渔舟。"

袁世凯在洹上村写下的这首名为《自题渔舟写真》的诗中，以商朝时同样隐居洹上村的伊尹自比，表达了自己的自信和志向。

当然，有着非凡自信和远大志向的袁世凯，在他一生中的任何时候，都没有改变对女人的特别嗜好。

在此之前，袁世凯已经有了八个姨太太。

正室于氏，河南乡间人，是袁世凯17岁时娶的原配夫人，开始俩人感情不错，后来因为"我有姥姥家"（因袁的生母是姨太太，认为于氏这是揭他的短）这么一句话刺痛了袁世凯，从此再不和于氏同居。

袁世凯在投奔吴长庆前，曾混在上海，寂寞时逛妓院，结识了一个姓沈的苏州名妓。俩人情真意切，以至于分别时袁世凯指天发誓，功成名就之后就来接她。其后袁世凯在朝鲜发达，果然派人去接来沈氏，做他的大姨太太。

袁世凯替朝鲜国王编练亲军后，很受朝鲜国王的赏识，便把自己一个妃子的妹妹金氏嫁给袁世凯。金氏出嫁时带了两个陪嫁姑娘李氏和吴氏，结果都被袁世凯看上，一并纳为小妾，还依据她们仨年龄的大小，排李氏为二姨太，金氏为三姨太，吴氏为四姨太。

五姨太杨氏，是天津杨柳青人，出身于小户人家，长得也并不漂亮，却心灵手巧、善于管理家务，而且遇事十分能决断，于是便特别受到袁世凯的宠爱。

袁世凯的六姨太，可以说是个意外收获。他在直隶任总督时，曾派二儿子袁克文到南京去替他办点事情。没想到这生性好玩的儿子竟因此结识了一个女子，而且是一见倾心，私订终身，分手时要了女子一张照片。回天津见袁世凯，磕头时却不慎掉出这张照片。袁世凯看后问其由来，当时袁克文还没结婚，不敢承认自己的荒唐行为，于是情急生智，说这是给父亲物色的一个姑娘，带回照片，是想请父亲看看如不如意。照片上的姑娘水灵灵的，袁世凯一看连声说好。就这么意外收获了六姨太。

不久，袁世凯去天津做直隶总督，又"置办"了七姨太张氏。做了军机大臣后，再"置办"了八姨太郭氏。

现如今游山玩水在故里，不久遇上了刘氏，便张张结彩地纳来做了九姨太。在动物界中，人在性生活方面只弱于公鸡等几种为数不多的动物，在这方面，袁世凯也是出类拔萃的。他一妻九妾，除了不愿与原配于氏同居外，与其他的八位姨太太，都过着甜蜜蜜的夫妻生活。如同对军队、官府的管理一样，在家庭管理上，袁世凯也称得上是个天才。

对八位姨太太，他采用轮流值宿的办法。把名次排好，每个姨太太值宿一星期。轮到当值的，就把她的卧具和用品搬到袁世凯的卧室里去，满一个星期，再搬回去。到了后来，一、二、三房姨太太年纪大了，就不用再值宿，值宿的少了些，袁世凯就偷吃她们身边的丫头。

对于姨太太的管理，袁世凯用的是草捆草的办法。就是用姨太太管姨太太，他自己一般不去插手姨太太之间的争斗。开始将大权交给大姨太沈氏，后来交给五姨太杨氏。

就在袁世凯在故里的山水之间和女人身上过着悠闲而又荒诞的生活时，忽然间他就迎来了命运的一个大转折。

1911年5月，清政府将民间所有的川汉、粤汉铁路筑路收归"国有"，转手又出让给英、法、德、美四国银行团。此事一出，湘、鄂、粤、川等省人民强烈反对，掀起了保路运动，其中四川省尤为激烈。为镇压四川人民，清廷派出大臣端方率领部分湖北新军入川。清军在湖北防御力量由此减弱，革命党人决定在武昌发动起义。

10月9日，孙武等人在汉口俄租界配制炸弹时不慎引起爆炸，至使闻声而至俄国巡捕搜去革命党人名册、起义文告。秘密泄露，革命党只好起义。

10月10日晚，新军工程第八营的革命党人打响了武昌起义的第一枪，尔后不断取得胜利，在天亮前占领了督署和镇司令部，掌控整个武昌。之后的短短两个月内，湖南、广东等十五个省纷纷宣布脱离清政府宣布独立。

被武昌起义震惊了清政府，一面撤销弃武汉而逃的瑞澄职务，一面令陆军大臣荫昌迅速赶赴湖北，所有湖北各军及赴援军队均任其节制，与海军提督萨镇冰率领的海军和长江水师，冯国璋率领的陆军第五镇，载涛统的第三军一道，向汉口附近集结，去消灭义军。

双方激战41天，经过汉口、汉阳两次保卫战。义军非但没被消灭，反而致使湖南、陕西、江西、山西、云南、浙江、贵州、江苏、安徽、广西、福建、广东、四川等省市先后独立。关内十八省，就剩甘肃、河南、直隶、山东四省表示效忠清朝。

情况如此，清朝大厦将倾，众朝臣惶惶然不知所措，万般无奈中，都想到了袁世凯，一致认为只有请袁世凯出山，方可救大清朝于水火之中。

胸有成竹的袁世凯，在接到昔日逼他回故里养病的载沣，任命他为"湖广总督"的任命书时，微笑着就拒绝了：

足疾还未愈，不能上任。

载沣见了，正待发怒，奕劻摇着头说："这说明他还有自己的条件。"

"朝庭还能由着他！

"只能这样！"

重臣奕劻说只能这样，载沣也只能这样，再派人去问袁世凯有什么条件。

一、明年即开国会；

二、组织责任内阁；

三、宽容参与此事件诸人；

四、解除党禁；

五、须委袁世凯以指挥水陆各军及关于军队编制的全权；

六、须与袁世凯以十分充足的军费。

不多，就这六条，袁世凯不用摸脑袋就一口气说出来。显然这六条是他想得非常熟了的条件。

对于袁世凯开出的条件，载沣似乎没法接受，可又不得不接受。

1911年10月27日，清廷连发四道上谕，在把钦差大臣的头衔交给袁世凯的同时，把前线全权指挥的权利、连同大清国的前途命运，都一起交给了袁世凯。

当上临时大总统

1911年10月10日的武昌起义，吹响了共和国诞生的号角。起义后创建的湖北军政府，彰显共和政权的雏型，引发了全国各省响应。

这次起义刚过20天，1911年11月1日，平息不了起义军武装力量的清廷，十分无奈地宣布解散皇族内阁，哭丧着脸任命袁世凯为内阁总理大臣。

11月13日，袁世凯带着他的姨太太和儿女们，浩浩荡荡地来到久违了三年的北京城，以其往日办事的果断迅速，仅过了三天，到11月16日，就组成了新的内阁。

成员有：外务大臣梁敦彦、民政大臣赵秉钧、度支大臣严修、学务大臣唐景崇、陆军大臣王士珍、海军大臣萨镇冰、司法大臣沈家本、农工商大臣张謇、邮传部大臣杨士琦、理藩大臣达寿。

除去这些，还又任命了胡惟德、乌珍、陈锦涛、杨度、田文烈、谭学衡、梁启超、熙彦、梁如浩、荣勋为各部副臣。

军队似乎还是原来的那些军队，特别是诸如袁世凯的得力干将冯国璋等，原本在荫昌的指挥下似乎不那么能打，到1911年11月1日这天，上谕电文到达前线："袁世凯现授内阁总理大臣，所有派赴湖北陆海各军及长江水师仍归袁世凯节制调遣。"

同日，奕劻、那桐、徐世昌等总协大臣，以及载泽、载洵、傅伦、善耆等亲贵大臣，全部上奏辞职。

当控制朝政与指挥军队的权力再次又回到了袁世凯手上之后，北洋军阀突然变得很能打了。

好在此时的袁世凯，对于党人的举义、对于大清王朝，都已经有了一定的认识。经过冷静考虑后，袁世凯对谋臣杨度、王锡彤说："总结以往的经验，这一次，我不能虐视革命党，不能完全按照清廷的'懵然主剿'的策略去做。"

"总理大臣想怎么做呢？"

"剿抚兼施。"

面对谋臣们的困惑，袁世凯做了必要的解释："我认为，国家要富强，还是必然要改良才行。所以，革命党提出的一些主张，是对的，必须去做一做。只是，大清王朝几百年了，不容易，不能说消灭就消灭了，我们得让大清王朝也保存下来，但大权得由我们来掌控。"

这能做得到吗！大家都很担心。袁世凯自信地笑了："只要把两方面的力量都利用的恰到好处，还又能争取到外人的帮助，就能做成这件事。"

接着，袁世凯又为自己的做法辩解道："其实，我并不想掌控大权，来操这份心事。主要是现在的皇帝太无能力，而我们国家在政治上又必需进行改良。我袁某人不掌控军国大权，这事办不到。办不到，国家就总是落后，革命党就总是要造反，天下就只能继续乱下去。这无论是对大清王朝、对革命党、对所有国人，都没有好处。"

袁世凯的主张，很快赢得了谋臣们的一致赞同。可当大家都同意对革命军去"抚"的时候，袁世凯却又摇起头来。

他认为，此时革命军士气旺盛，如提出议和，缺少筹码，定会吃闭门羹。这样一来，以后的事情就更加难办。为今之计，惟有打几个漂亮仗，最好是把汉阳攻下来，杀杀革命军的锐气，就一定可以逼黎元洪坐到谈判桌前来。

同时，狠狠地敲打敲打革命军，自己对清王朝和北洋军中的主战派们也才有个冠冕堂皇的交待。袁世凯把这一切都想好，下令冯国璋对汉阳发起进攻。

革命军开始吃败仗，然后是节节败退，武汉三镇，很快被袁世凯北洋军攻下两镇。原本势如破竹的局面倒了过来，革命军眼看就要抵挡不住。

可就在这时候，袁世凯却命令大获全胜的冯国璋陈兵江北，做出准备乘胜渡江、再取武昌的架式，同时命令刘承恩，给黎元洪写信讲和。

作为袁世凯的旧部，又是黎元洪同乡和朋友的刘承恩，在此之前已经给黎元洪写过两封信，希望和平了结纷争，早早息兵了事。或许因为黎元洪那时还以为革命军能一举打垮朝廷军队，也就一直没有给刘承恩回信。这时情况虽然有了变化，但黎元洪一时转不过弯来，还是没有回信。

袁世凯知道情况以后，笑了笑便亲自写了封信给黎元洪，表达自己的心意。

这时候，无论是黎元洪还是武昌起义元勋中的主战派，心里都已经非常清楚，革命军怎么也打不不赢袁世凯的北洋军，如果硬着头皮再打下去，只会丢掉武昌，丢掉独立各省盟主的地位。

于是，在与袁世凯和谈这一个问题上，革命党内部逐渐趋向统一。大家一致决定由黎元洪通过英国驻汉口总领事与袁世凯联络，接受袁世凯提出的停战条款。

1911年11月30日，袁世凯再一次派他的密使刘承恩、蔡廷干跨过长江，与黎元洪谈判。就在这一天，全国各起义省市的代表，纷纷由上海来到武汉。

当时的武昌，正处于袁世凯军队的围困之中，与会代表只能把汉口英租界顺昌洋行作为会场，来召开第一次会议，结果一致同意与袁世凯议和。

会前，心向袁世凯的英国驻汉总领事表示，黎元洪必须能够代表各省义军，才能举行会议。基于这样一个前提，各省代表在会前议决：一致同意以黎元洪的鄂军政府为中央军政府，使得黎元洪能够以大都督的名义，来与袁世凯谈判，执行中央政务。

这时候，袁世凯的"剿抚兼施"策略虽已见效，南方革命军在与清军的战斗中不断受挫，但就全国而言，革命的浪潮，却如江河决堤，在迅猛向前。独立省份的还在增多，而清朝海军的倒戈，陆军的军心也有所冲击，再加上原来的立宪派和各列强罢兵息战的强烈要求，这些都使袁世凯有所顾及。

袁世凯是个极实际的人，面对动荡未知数太多的形势，他的策略也发生了变化，由原来的"言抚进而言和"。

既然共和不仅是革命党的原则主张，也是举国上下的一致意愿，而君宪之路又难以行得通，我若还死抱清王朝，无疑是自寻末路。自古俊杰当识实务，我现在应该认真地考虑考虑，该如何接受共和这个问题。

袁世凯这么考虑着，准备放弃清朝接受共和。到了11月底，他派儿子袁克定,密遣故旧朱芾煌出使武昌,表明自己可以"约南北联合要求清帝逊位",前提条件是:大家都举荐他袁世凯为共和国总统。

为了把这事办得漂漂亮亮,到12月17日,袁世凯将前线的冯国璋调回京城,改派段祺瑞接任冯国璋的第一军统职务。因为袁世凯知道:要论打仗,段祺瑞不如冯国璋,但若论参与如此复杂的谈判,冯国璋却远不如段祺瑞。

事情果然如袁世凯之所料,段祺瑞接替冯国璋后,"一反国璋所为,与鄂军府时通款曲,信使往返不绝于道。"段祺瑞统领的第一军,从上到下,全体一致呼吁:主张共和,推袁世凯为大总统。

到12月20日,在袁氏父子的授意安排下,廖少游代表北方与黄兴所委任的南方代表正式签订了和议密约。主要内容就是:"确定共和政体"、"优待清皇室"、"举袁为大总统"。

思维慎密的袁世凯,在与革命党的一系列谈判的同时,还不断地派人与原立宪派张謇、赵凤昌等人进行联系。因为他十分清楚,这些原立宪派人士,对政局有着巨大的影响,故此一点也不去冷落他们,而是尽可能尊重他们,以获取更多方面的支持。

就在这时候,孙中山从海外归来,12月29日,南方十七省起义领袖聚集上海,选出孙中山担任中华民国第一任临时大总统。

这事,使得一直对革命党怀有戒心的袁世凯心头一紧,对南方的承诺更加不放心,开始又耍起已经用得很娴熟的两面派做法。

袁世凯一面宣布他亲自授权的唐绍仪是"擅用共和政体,逾其职权",自己概不认帐;一面责难南方,"君主共和问题现方付之国民公决,所决如何,无从预揣。临时政府之说,未敢与闻。"

除此之外,袁世凯还授意冯国璋等北洋将领,电请内阁,"主张维持君宪,极端反对共和……若以少数意见采用政体,必誓死抵抗。"

袁世凯突然如此,南方政府一片哗然,纷纷指责袁世凯违信弃义,强调:"若因而再起兵衅,全唯袁世凯是咎!"

指责声中,临危受命的孙中山清醒地认识到,就眼前革命军的实力,是根本没有能力来抵抗袁世凯统率的北洋军阀的打击。

因此，孙中山一面下令积极备战，准备北伐；一面又真诚地向袁世凯解释，说自己只是"暂时承乏"、"虚位以待"，只要袁世凯逼使清帝退位，结束两千多年的皇帝制度，自己就将大总统的位置让给袁世凯。

南方对共和问题的反响激烈，大有不达共和，宁为玉碎之态；同时，南方对总统问题又一致保证，包括连已做了临时总统的孙中山也庄重承诺。面对如此情况，袁世凯还是有些犹豫。

可就在这时候——1912年1月16日，袁世凯回家路上，车刚到东华门丁字街，轰的一声突然爆炸。所幸袁世凯临行前换车，只炸死了他的卫队长及卫士十人。

遭此番一险，袁世凯更明白了革命党共和的决心，于是加快了逼宫步骤。

1月25日，袁世凯及各北洋将领通电支持共和。在举国一致反对声和袁世凯的软硬兼施的威逼下，隆裕太后只好接受袁世凯给出的优待条件，宣告皇帝退位。

清朝对中国两千多年的统治，从此终止。

随即，袁世凯向全国公开宣布：

"共和为最良国体，世界之所公认。今由帝政一跃而跻及之，实诸公累年之心血，亦民国无疆之幸福……从此努力进行，务令达到圆满地位，永远不使君主政体再行于中国！"

1912年2月15日，南京参议院举行正式会议，选举临时大总统。南方的革命党没有食言，结果在南北的一致推举下，袁世凯接任孙中山，当上了中国临时大总统。

称帝前后

1912年2月16日下午3时15分，在外务部大楼的阳台上，迎着初春温暖的太阳，袁世凯兴致勃勃地唤道："蔡廷干，过来！"

蔡廷干走到他面前。

袁世凯硕大的头颅一甩，将身后的一条长辫子甩到了面前。手握着辫稍，他看了好一会，这才大声地说："把它给我剪了。"

蔡廷干愣愣地站在那里，仿佛没有听见一样。就在两天前，曾有许多人劝袁世凯把辫子给剪了，可袁世凯就是不愿意，最后恼了还说："谁要是再让我剪辫子，我就把这人的脑袋给砍了。"

"怎么，还站着不动。"袁世凯望着发愣地蔡廷干，知道他这是为什么，也没生气，反而笑着说："这回不但剪辫子，还要连根都斩掉，你给我剃个光头。"

蔡廷干这才回过神来，忙着动手。

对袁世凯来说，这两天来发生的大好事实在是太多：先是孙中山辞去中华民国第一任临时大总统职务；接着是南京参议院选举他袁世凯为第二任临时大总统；然后是接到孙中山热情洋溢的电文，"民国大定，选举得人。"

既然是民国了，既然已经是做了民国的领袖，看来，这大清王朝说没还就真是没了。大清王朝都没了，这象征着旧时代的辫子，无论如何也应该剪掉了。袁世凯一早醒来就这么想，现在便就这么做了。

袁世凯虽然将象征清王朝的辫子剪去，却不肯将清朝陆军的将官服脱去。当他穿着这身将官服走进总统府时，许多人看着这头颅光亮，衣着依旧的袁大总统，都有一种说不出口的感觉。

这一年，袁世凯53岁。他深知怎样使旧制度运转，对新制度的种种，却还只是略知皮毛。严格地说，他这个共和国的大总统，此时还是一个孝顺、迷信、封建、独裁的旧式人物。

可是，此时中国多数爱国人士，却已经形成了这样一个观点：中国在政治上落后于西方，必须迎头赶上，这需要有一个代表人民的国会，有一个主持行政的内阁，他们各有各的权力，而不是凡事都得听命于总统。

1912年3月，在袁世凯任命唐绍仪为总理组建的内阁中，所有阁员都还是听命于袁总统而不是唐总理。此时的总理内阁，就同原本袁世凯的北洋嫡系一样，大家都"只知有袁宫保，不知有大清朝"。

唐绍仪这个总理，既没有预算，也没有党组织，当然也就没有靠山，没有权力。到6月时，在一片不满声中，唐绍仪只好辞去总理的职务。

按照《临时约法》的规定，参议院成立后十个月内应该举行国会选举。唐绍仪辞职两个月后，1912年8月10日，袁世凯只得公布了参议院制定的国会组织和议员选举法，下令在全国进行国会议员选举。议员选举法规定：

选举人和被选人都得有一定财产和社会地位，工农大众是没有资格参与这种"民主政治"的。这样一来，在当时拥有四亿人口的中国，全国有选举权的"公民"，只有四千零八十六万七千余人。

对于这种少数人的资产阶级性质的"民主"，袁世凯心里虽然很不乐意，但因大势所迫，也还是作出一副十分欢迎的样子。

资产阶级各派系看到了袁世凯如此模样，以为共和国的春天已经到来，于是乎："国内人士纷纷组织政党，一时风起云涌，政团林立，总计大小将近二十团体"。

为在即将召开的国会中取得多数席位，各党派纷纷改组、合并，非常活跃。特别是同盟会领袖宋教仁，他对议会制民主的西方理想有着很深的研究，此时已经起草了一部临时宪法。

1912年8月，宋教仁发动同盟会4个小党派联合组成新党——国民党，接着搞了一次全国性的选举，使全国大约5%的人口有资格参加。

用立宪手段管理国会，来"驾驭袁世凯"，真正实现共和，这是宋教仁衷心的希望。对于各党派的种种活动，袁世凯一直是十分密切地注视着，特别是对于与他为敌的国民党。

袁世凯一面暗中派人打入国民党，刺探情报；一面千方百计地拉拢国民党上层人物。国民党人如孙毓筠、胡瑛等，在袁世凯的利诱和威胁下，很快堕落为醉心利禄的政客。这些人嘴上喊着"共和"、"民主"，实际上却费尽心力揣摩袁世凯的心意，以便迎合，从而引起袁世凯的重视得到封赏。

除此之外，袁世凯还极力笼络仍在日本的梁启超，利用他与同盟会往日的敌对情绪，来组织政党，以便牵制国民党的力量。

袁世凯虽然用尽了全部的伎俩，来削弱和分散国民党的力量，结果还是不能像以往那样如愿以偿,在 1912 年底至 1913 年初的国会大选中,国民党仍然取得了绝对的优势,在参议院和众议院两院议员中,国民党共占了三百九十二席,而共和党、民主党以及由共和党分裂出来的统一党三党合起来,也只占二百二十三席。

袁世凯对此大为失望,国民党人却因此踌躇满志,并准备利用在国会的优势,组织真正的"政党内阁", 由宋教仁来担任内阁总理,以削弱袁世凯的权力。

袁世凯一生最爱的就是权力,何况是他到手的权力,当然不容许他人来削弱。

1913 年 3 月 20 日夜,年方 31 岁的宋教仁在上海火车站遭枪击身亡,全国一片大哗。国民党动用一动力量,抓紧侦破。三天后,宋教仁案破水落石出,牵连出袁世凯政府的内务部秘书洪述祖、内阁总理赵秉钧。

庭审之前,凶手嫌疑人武士英突然暴毙在特别法庭的监狱里,几位涉案犯或下落不明,或逃到租界,人证都消失了。

南方国民党人群情激愤,一致谴责谋杀主犯袁世凯,强烈要求传讯赵秉钧,逮捕洪述祖归案。

在铁证如山、群情激愤的情况下,袁世凯并没有低头服罪,而是在暗令洪述祖到青岛租界内躲避起来,自己则装出无辜受牵累的样子说:

"鄙人德薄,横遭訾议,亦命运使然。惟抚念生平,四十即抱消极主义,五十以后即抱厌世主义,津沽伏处,久无问世之心。"言下之意,像他这样一个有遁世之想的人做不出这种伤天害理的事。

而后,袁世凯再反守为攻,指挥京津警特机关制造"血光团"假案,硬说黄兴是"血光团"团长,派遣大批团员潜入北京暗杀政府要人。

尽管袁世凯伎俩玩尽,已从政界退出、只想用十年时间替中国修筑二十万里铁路的孙中山,还是从这惊心动魄的血案中猛醒过来,明白靠袁世凯来实现中国的民主是根本不可能的。中国要实现共和,"非去袁不可"。

宋教仁的被杀使孙中山坚定了这一想法,于当年 7 月,他组织了中华革命党,发动二次革命,武力讨伐袁世凯。

可是，这时的国民党，由于内部成分过于复杂，号令不能统一。不但从前属于同盟会的革命党人，认识也极不一致，就连黄兴等人，对武装讨伐袁世凯也缺乏信心，极力主张"以法律解决"。这么一来，虽然拥有几万军队，却显得十分软弱无力。

就在国民党人还在辩论不停、莫衷一是时，袁世凯先发制人。孙中山发动的二次革命，遭到失败。

1913年10月6日，袁世凯被国会选举为第一任正式大总统，随即于北京故宫太和殿就职。袁世凯任职不到一个月，11月4日，就下令解散中国国民党，并收缴国民党议员证书。

国民党解散后，因人数不足，国会无法举行会议，到1914年1月，袁世凯干脆宣称："人民滥用民主自由、人民政治认识尚在幼稚时代"，悍然下令解散国会。3个月后又推出新的《中华民国约法》，改内阁制为总统制。

之后，袁世凯再擅自修改总统选举法，规定总统任期为10年，而且任届没有限制，还可以指定三个新总统候选人。

至此，袁世凯独裁统治的政体已经建成，作为总统的袁世凯，跟原本的皇帝一样，成了没有任何制约的天下第一的独裁者。

就在这时候，1915年1月18日，日本驻华公使日置益前来晋见袁世凯，很得意地递交了一分文件，还要求袁世凯对此要"绝对保密，尽速答复。"

日置益递交的这份文件就是所谓的"二十一条"。

早在1914年时，第一次世界大战爆发，中国提出德国直接将山东权益交还给中国，遭到拒绝后，采取了中立的立场。此时，美国的注意力已由亚洲转移至欧洲，而英国则希望日本能成为他们在远东的盟友。日本于8月对德国宣战，趁机出兵占领了德国在中国的势力范围——山东半岛。

1915年1月18日送给袁世凯的文件——"二十一条"，就是想独占中国的权益。

他们看到袁世凯平定了二次革命，又把临时约法修改为大总统一人独大，而新修改大总统选举法又彰显了总统职位世袭的倾向。凡此种种，日本政府都认为这他们独占中国权益最好的时机，便派大使日置益将"二十一条"直接送进袁世凯的总统府。

对于日本人,袁世凯历来是深恶痛绝的,更何况是面对如此丧权辱国的不平等条约。可是,美国此时已不注意亚洲,英国也成了日本的盟友,目前的东亚地区,因欧战的爆发,已经陷入国际权力真空。面对一国独强的日本,袁世凯担心他的军队抵抗不了。如果硬着头皮与日本人开战,一旦败了,他这个总统的位置肯定是保不住了。

袁世凯这么苦苦地思考着,最后还是决定来软的。4月,袁世凯一面命外交部同日本谈判,一方面暗中逐步泄露"二十一条"的内容,目的是希望由此能够获得英国和美国的支持,来共同抗衡日本。

结果是,英美视中国的利益根本不顾,熟视无睹。倒是中国人知道了"二十一条"后,国内的反日情绪日益高涨。

对此,日本明目张胆地动用武力,来威胁中国。仅在1915年3月内,就共向山东等地派兵3万余人。

袁世凯心中暗自叫苦,让他的谈判代表多次拒绝日本要求中的部分内容,迫使日本作出一些让步后,于5月9日,在全国人民的铺天盖地的反对声中,被迫接受了日本提出的灭亡中国的"二十一条"。

全国骂声一片,袁世凯多年建立的威性大损,加之新型的机构权力分散,以至于袁世凯的命令常常无法得到执行,正如袁世凯研究专家骆宝善所言:

"分摊权利的机构太多,议会、参议院、众议院,且国民党占议员的多数,几乎任何一件法令都通不过;任何事情都反对,又说不清原因,永远在扯皮。这种花样翻新的选举和分散权力,对于习惯了独断专行的中国首脑来说,近乎谋害。而分散权力有什么好处,当时几乎没有人能看出来。"

在这种情况下,有人想到独裁的皇帝制度,开始劝说,袁世凯立刻心动,他相信:孙中山制定《临时约法》,并不是用来实行共和、约束他们革命党人自己,而是用来约束他袁世凯。

有了这想法,袁世凯像往常一样,立刻行动起来。

于是,由杨度一手策划了一个个公民、商会、乞丐、妓女、人力车夫等各种请愿团,鱼贯登场。"大家"一致请求,袁世凯来做中国皇帝。他的大儿子袁克定，则强奸了民意，弄了个什么"筹安会"。

就在袁世凯要称帝的事搞得沸沸扬扬的时候，有《独立周刊》的记者来访问此事，袁世凯却矢口否认说：

"你们的杂志一定有能力让美国官方和人民深刻地明白：说我赞同恢复帝制，希望成为皇帝的论调，并不是由我的朋友，而是由我的敌人虚构的……中华民国是否会失败？现在我申明，不会……的确，在我国的一些地方，有复辟帝制呼声。就在昨天，国会建议我下令召集国民大会，制定新宪法。命令正在制定，将在两个星期内颁布。我希望，在12月末或1月初召集大会。大会将有重要行动，但并不与变动政府形式发生联系，尽管我希望某些部门，特别是行政部门的管理，以及省级选举方式发生重大变化。可能会出现恢复君主制的问题，我相信会有相当长时间、相当认真的讨论，但是，并没有出现帝制派成气候的迹象。"

这时候，袁世凯虽没有否定帝制，却明明白白地说了就是恢复君主制，也会有相当长的时间。结果，这篇访谈还没有发表，就在11月20日，国民代表大会以绝对多数票批准了君主制。

1915年12月11日，各省代表假民意请求袁世凯就任中华帝国皇帝，袁世凯以无德无能婉拒；到第二天，袁世凯突然很"不情愿"地同意了代表们的第二次请求。

翌日，袁世凯下令：1916年新朝帝制重新开启，名为"洪宪元年"，恢复君主制，建立洪宪帝国，行君主立宪政体，把总统府改为新华宫。

袁世凯称帝，全国有识之士一致反对。

即位当天，护国军内乱再起；孙中山、梁启超等人坚决反对帝制；北洋将领段祺瑞、冯国璋等也深为不满；就连侵华列强，担心袁世凯称帝后中国会强大也不断对他提出警告。

12月24日，段祺瑞致电袁世凯："恢复国会，退位自全"。12月25日，蔡锷、唐继尧等在云南宣布起义，发动护国战争，讨伐袁世凯。紧接着，贵州、广西相继响应。

袁世凯称帝第54天，因局面太乱，只得宣布推迟登基。四面楚歌的皇帝袁世凯，做到第80天时，感到再也做不下去，召来秘书张一麟，起草了撤销帝制的文告。

洪宪帝国的国号、年号、国旗都定了，龙袍、龙椅也做好了，只是袁世凯这个皇帝还没来得及登基，朝代便告终结了。

袁世凯总统府的秘书长张一麟忆述当时情形说："那天，项城（袁世凯）把我叫去说：'我糊涂，没能听你的话，以至于此。'……他意思是直接命令取消，并将拥戴书焚毁。我说，这件事你是被小人蒙蔽了。袁回答说，这件事是我自己不好，不能怪罪别人。"

退位不到两个月，袁世凯忧愤成疾。1916年6月6日，袁世凯因尿毒症不治而亡，时年57岁。同年8月24日，袁世凯正式归葬于河南安阳。

历史评说

袁世凯是个有争议的人，不管怎么争，对中国人民而言，他是一个功大于过，推动了中国历史向前迈进的人。

从袁世凯的个人能力来说，他有任事之才、治军之能，为近代中国一个难得的务实干练能臣。

袁世凯的功劳，主要有这么5个方面：（1）废除了在中国沿袭一千多年的科举制度，大办现代教育，兴办了各级新式学堂，引进了西方先进科学技术，广泛延纳从海外学成归来的新学精英并委以重任。（2）从小站练兵到接掌北洋集团，建立了中国近现代第一支新式军队。（3）废除衙门创立警察治安管理模式，领衔仿效西方建立巡警制度，成立中国第一支警察部队，令中国军警分离。（4）积极开矿设厂办公司，发展实业经济，甚至在遭谴归隐之后还说出"官可不做，实业不可不办"的话语，对中国的军事和工业化有很大的贡献。（5）高举"立宪"的大旗，几乎是孤军奋战请求立宪，对晚清宪政的形成至关重要，为中国民主进程的推进所作出不可磨灭的的贡献。

袁世凯的过失，主要有这么4个方面：（1）贪恋权力、搞个人独裁，不守约法、解散过国会，使刚诞生的中华民国失去在制度下健康发展的机会。（2）暗杀国民党理事长宋教仁，造成了中国的南北分裂。（3）接受了形同干涉中国内政的"二十一条"要求中部分条款。（4）违背民国公意，称帝登基。

第三章
位高权轻的黎元洪

　　他是辛亥革命武昌首义的都督，也是中国历史上惟一一个当过两任大总统和三任副总统的人。在给北洋恩师萨镇冰的私信里，他曾如是表白说："谁无肝胆？谁无热诚？谁不是黄帝子孙？岂甘作满族奴隶而残害同胞？洪有鉴于此，识事体之大有可为，乃誓师宣言，矢志恢复汉业，改革专制政体，建立中华民国。"

　　此后，他也果真一力维护法统，弃专制而向共和。

　　在民国政坛里，他是一个人缘最好的政治人物，备受各类精英的称赞：孙中山赞他为民国首义的第一伟人，严复说他"德胜于才"，袁世凯称他"民国柱石"……

　　在他充满戏剧性的一生中，两任总统皆在失败中结束，却仍不失为他个人的闪耀时刻，而对于民国，则是悲剧性的。

　　竟然因为他这个人政治仕途的失败，黩武主义逐渐开始取代宪政，国家也从此走向分裂。

小 档 案

姓名字号：原名秉经，字宋卿

籍　　贯：湖北黄陂木兰乡东厂畈

生卒年月：1864年10月19日—1928年6月3日

最高官职：中华民国大总统

家　　族：曾祖父——黎世义

　　　　　祖父——黎国荣

　　　　　父亲——黎朝相

妻　　妾：原配夫人——吴敬君（1870年7月—1930年）

　　　　　姨太太——黎本危

儿　　女：长女——黎绍芬，字介繁，生于1901年6月16日，1966年12月9日病逝于天津。育有一子一女。

　　　　　长子——黎绍基，字重光，生于1903年7月7日，1983年1月31日在上海病逝。育有三子一女，均在国外。

　　　　　次女——黎绍芳，生于1906年12月29日，1945年4月15日病故。

　　　　　次子——黎绍业，字仲修，生于1911年7月10日，现任全国政协委员、天津市民革委员、天津市文史馆馆员。育有二子二女。

简　历

1864年10月19日，生于湖北黄陂木兰乡东厂畈。

1878年，入私塾读书，同年订了童养媳吴敬君。

1883年（清光绪九年），考入天津北洋水师学堂，毕业后，派往广东服役，充二管轮。

1888年随"广甲"编入北洋水师。

1894年，甲午中日战争爆发，随舰队北援。坐舰被日舰击沉，飘海遇救，往南京投两江总督张之洞。

1895年应署两江总督张之洞电召赴宁，监修新式炮台，先后任狮子山等处炮台总教官，专台官。

1896年随张之洞回湖北，任炮台监制、护军后营帮带，参与训练新军。

1898年至1901年曾3次赴日本考察军事。

1904年，任护军前锋一、二、三、四营督带。次年12月，湖北常备军改编为两镇，任第二镇第三协统领官兼护该镇统制官，后随镇改编。

1906年任陆军暂编第二十一混成协协统领，兼管马炮、工、辎各队事务。率部参加彰德新军秋操。

1909年，以军界代表身份参加"湖北铁路协会"。

1911年，武昌起义爆发，黎元洪被革命党人强迫推举为湖北都督。汉口、汉阳光复，各国领事宣布。"中立"，才宣告就职。

1912年1月，中华民国临时政府在南京成立，黎元洪被选为副总统兼领鄂督。2月，南北和议告成，与孙武、刘成禺、张伯烈等组织"民社"，任理事长，鼓动武昌和南京分裂；附和袁世凯定都北京；镇压"群英会"；为排除异己，将原8个师的军队改编为3个师。8月16日，与袁世凯合谋，诱杀湖北军政府军务部副部长张振武和湖北将校团团长方维。

1913年袁世凯扑灭"二次革命"。10月6日，袁世凯任中华民国正式大总统，黎元洪为正式副总统兼鄂督。但袁对黎元洪在鄂视为心腹之患。12月派段祺瑞到鄂，以"磋商要政"为词，迫黎元洪赴京。被安置在瀛台，与之结为儿女姻亲以控制之。

1915年袁世凯帝制自为，黎元洪迁居东石胡同，闭门谢客。12月15日，袁世凯册封黎元洪为武义亲王。黎元洪坚辞不就。

1916年6月6日，袁世凯死，黎元洪出任大总统。而国务总理段祺瑞独断专行，演成"府院之争"。翌年6月，黎元洪引长江巡阅使张勋入京斡旋，7月1日，张勋复辟，黎元洪被迫弃职。

1920年，黎元洪眷念故乡，捐资拆迁黎家河祖遗的一间半屋，修建黎氏宗祠。内设孝义小学堂，聘请塾师一人，塾师工资及学生学杂费用，都由黎元洪负担。

1922年6月，直系军阀曹锟、吴佩孚赶走皖系总统徐世昌，"法统重光"再任大总统。次年初曹锟贿选，逼黎下野。6月黎元洪辞职赴天津。

黎元洪晚年致力于实业，曾任中兴煤矿董事长、黄陂商业银行总董事和南洋兄弟烟草公司等企业的董事。投资企业45个，其中银行17家，工厂12个、煤矿6家，总投资额达200万元。又于武昌油坊岭等地购置大量田产。

1928年6月3日，黎元洪脑溢血逝于天津。

1935年11月24日，中华民国国民政府于武昌为黎元洪举行国葬典礼，遗体归葬于武昌卓刀泉。

大难不死

1877年，对黎元洪来说，是个很有意思的年份。这年，他14岁，在他身上发生了三件事情。

一件是他家从汉阳迁到直隶天津北塘；二件是在全家迁徙前父亲给他订了个叫吴敬君的，还只有7岁的小女孩做童养媳；三件是到了天津北塘后，他得以入私塾开始读书。

对一个还没成人的少年来说，能遇上的好事坏事，差不多都是他们父母的给予，黎元洪当然也没有例外。

黎元洪的父亲黎朝阳，早年入伍，在镇压太平军中升为游击（清代武官名、从三品、次于参将一级）。作为清军中的一个中级军官，其收入完全可以养活一大家子人口，黎朝阳于是把家从祖籍地湖北黄陂迁到武昌的汉阳定居。

1864年，太平军被朝廷彻底镇压，黎朝阳在游击的职位上退役归家，在汉阳新建的宅子里，过着无忧无虑的生活。

父亲退役这年，黎元洪刚好出生，待他稍大一点时，父亲却遭到一场横祸。因涉嫌"窝藏"反叛朝廷的罪犯，黎朝阳遭到拘捕并没收家产。由此，黎家的日子立刻陷入困境。

好在父亲时值壮年，从牢里放出来之后，又重操旧业，到直隶天津北塘去投奔练军（清代军队编制的名称），继续军人的打拼生涯。

毕竟有过军中打拼的经验，黎朝阳很快升为练军把总。虽然只是陆军中的一名基层军官名，收入还是比较好，至少可以养活家人和让儿子读书，这才有了三件发生在儿子身上的事情。

黎元洪天资平平，童年时的生活困境使他养成了一种难得的朴实坚韧、不事张扬、奋发努力的性格。已经14岁了才能入私塾，这迟到的学习机会，使他分外珍惜，学习起来比一般同学都更加努力，常挑灯夜读，直至天明。这种努力的劲头，一直伴随着黎元洪的一生。以至于他过世后大儿子回忆他时还说：

"他最大的嫌恶是偷懒……煤油当时已输入我国，富有之家常把它用作照明，一般的均用蜡和菜油。夜晚阅读常常伤目，我父亲经常工作至深夜，直到眼痛也不放弃学习。"

这时的大清朝，军队已开始抛弃大刀长矛，代之以洋枪洋炮，并聘请西人按西法操练。黎元洪对这些情景耳闻目濡，小小年纪便壮志满胸地说地："大丈夫建功立业，何必株守科举仕进一途？弃文修武，学习新式军事，效命疆场，为国捐躯，一样可以成就功名。"

当时的中国，西学开始东向。天津是通商口岸，自然更得风气之先，加之洋务派首领曾国藩、李鸿章等都曾先后在天津为官主政，致使天津的洋务运动也就更兴旺于中国东北面其他的城市。一些新式的企业学校，诸如机器局、电报局、水师学堂、电报学堂等，在天津如雨后春笋，勃然生出。

这些都使得正从少年向青年过度的黎元洪大开眼界，感慨颇多，心向往之。

由于父亲是个基层军官，常住军营。少年的黎元洪学习之余，便去军营探视父亲。作为大半辈子泡在军中的黎朝阳，虽这时只做到一名下级军官，对于中国古典的学习，却是一生乐此不疲。闲暇之时，他便为儿子讲一讲历史故事，特别是《左传》中的一些观点。

"早在春秋时期，左丘明在他写的《左传》中，就对'武德'做了七个方面的论述，说'武德有七，即：禁暴、戢战、保土、公定、安民、和众、丰财。'"

对于父亲的话，尤其是关于这"武德"一说，儿子特别信服。直到十多年后，黎元洪回忆此事时还说："武德之义大矣哉：军事、文化、政治、外交、经济之大道，胥在是矣。武德昌明，天下安宁，武德大行，天下太平。"

因为父亲的孜孜教诲，黎元洪不但牢牢地树立了象父亲一样做一个军人的念头，还在心中树立了做一个有武德军人的理想。正是有了这个做军人要讲"武德"的理想，才成就了黎元洪，使他的一生中有了非常闪光的地方。

通过6年的私塾学习，黎元洪有了效好的文化基础。1883年，在父亲黎朝阳的大力支持下，他参加了北洋天津水师学堂的考试，并且一举中的，成为一名水师学堂管轮科（轮机管理）的学生。

北洋天津水师学堂，是直隶总督兼北洋大臣李鸿章奏请朝廷，于1881年8月正式建成的。著名的启蒙思想家严复，应李鸿章之邀时任天津水师学堂总教习。

学校主设轮船驾驶和轮机管理两科。学堂有中外籍教习授课，英文是主科，开设的课程有地理、代数、几何、水学、热学、天文学、气候学、绘图、测量及枪炮操演、鱼雷、机械仪器使用等。每星期，还要专门学习两天中文经典，使学生能"明大义，知论人……以培养其根本。"

入校的学生，不仅待遇很好（一个学生凭了学校的补贴就可以养活八口之家），而且受到提拔的机会很多，即便还是学生，如果成绩卓著，就可以得到破格录用。正是这所学堂，为北洋水师培养大量的海军人才，在此毕业的学生，很多后来都成为北洋海军的骨干，不少人在甲午海战中为国捐躯，成为后世名人。

一扇中国海军未来之星的大门，向年青的黎元洪敞开着，他的人生，走到了一条很有发展前途的起跑线上，前途似乎是一片光明。可就在这时候，在黎元洪进入水师学堂的第二年，他的父亲突然因病离世。

时间是1884年2月26日，黎元洪闻讯匆忙赶回家时，父亲黎朝阳的眼睛早已闭上。在父亲的遗体前，母亲向黎元洪叙说了父亲的遗嘱：要努力求学，谦虚做人，谨慎处事，学成后报效国家；要孝敬长辈、友爱弟妹，诚信于朋友。

黎元洪牢牢记住了父亲的遗嘱，一辈子认真地履行着。在学校里，他不仅成绩突出，在学生中还颇有声望，尤其是品德之馨，特别令人称道。除了忠厚仅仗义，帮助他人，还时常为同学承担过错，别人问他为何如此时，他回答道："大丈夫当有任天下事的气度，区区小事，何须避匿呢？"

因此，他得到了一致的好评，特别还得到学校的总办周馥、总教习严复还有教官萨镇冰等人的喜爱和器重，1888年，他以优异的成绩从水师学堂毕业，被派到北洋水师服役。一到北洋水师，就获得李鸿章破格提拔，亲赏六品顶戴（现在地厅级无实职的官），年纪轻轻的，便做到应父亲拼搏半世才获得的级别。

黎元洪先在北洋海军"来远"号服役，两年后又奉调广东水师"广甲"号。当时的水师内部，风气非常不好，赌博、吸毒、嫖娼之类，司空见惯。独黎元洪却能出淤泥而不染，军务之余，只以读书，为惟一消遣。久而久之，其德之馨，便誉满水师上下了。

1891年，朝廷用了18天时间，对海军进行大检阅，取得空前成功。李鸿章向朝廷奏报："综阅海军战备，尚能日新月异。目前限于饷力，未能扩充，但就渤海门户而论，已有深固不摇之势。"

黎元洪因检阅中表现突出，升为千总（补用），次年又提为二管轮，赏五品顶戴。

1894年，朝廷再一次检阅海军，黎元洪随"广甲"舰北上。这时，朝鲜局势已是箭在弦上，朝廷遂令"广甲"舰等广东、南洋舰只暂不南返，与北洋水师一起，为运送清军到鸭绿江口的大东沟登陆护航。

这是一个军事秘密，却被日本人得知。就在1894年9月17日这天，北洋海军提督丁汝昌，率领北洋舰队护送招商局轮船运送士兵准备返航时，突然遭到日本联合舰队的袭击。

丁汝昌立即下令迎战，列成人字队阵的北洋舰队，以定远、镇远居中直扑敌舰。不料，定远发炮时震塌飞桥，致使在飞桥上督战的丁汝昌摔伤，随即各舰一时失去指挥。日舰趁此利用航速快、速射炮位多的优势，避开北洋舰队定远、镇远两主力舰，绕向北洋舰队侧后，以左右舷炮轰击两翼小舰，又以首炮狂轰定、镇两舰背后，致使北洋舰队队形混乱，陷入被动局面。

结果，致远号和经远号在遭到重创后奋力冲向敌舰，直至中鱼雷相继沉没。而定远、镇远、靖远、来远四艘北洋主力舰，在被敌舰分隔包围的逆境中，越战越勇，拼死搏斗，给予敌旗舰以致命的重创。战斗持续了约五小时，日本舰队首先撤离,北洋舰队返回旅顺。

这场海战,虽然使日本联合舰队旗舰松岛及赤城、吉野、比睿、西京丸受到重创,死伤舰长以下官兵六百余人,但北洋舰队致远、经远、超勇被击沉,扬威、广甲自毁,另有六艘受创,死伤管带以下官兵一千余人。北洋舰队损失惨重,海战结束后,制海权被日本控制,成为北洋舰队的一大耻辱。

黎元洪所在的广甲舰,与济远号编在一队。当济远号因丧失作战能力而退出战团后,广甲舰管带吴敬荣为了自保,在未受一炮的情况下赶紧出逃。因为慌不择路,竟在大连湾三山岛附近搁浅。直到三日后被日军发现,吴敬荣又赶紧乘小艇逃生。

广甲舰余下的十余名官兵,在日本人的战舰正一步步向他们逼进时,为了不使广甲舰落入敌手,为了自己不做俘虏,他们凿船自沉后纷纷跃入水中,不善水性的黎元洪,也同大家一样,决意以死殉国。

在汹涌的海浪中挣扎时,黎元洪眼睁睁地看着,自己九死一生的战友一个个被海浪吞噬,自己精心维护的战舰一点点沉入大海,正心如刀割一般难

受，无情的波浪趁机狠狠地砸昏了他。

当黎元洪醒来时，竟已经躺在一位好心的渔民家中。后来事实证明，最后留在广甲舰上凿舰的十余名勇士，只有四人侥幸生还。他黎元洪，就是这四个幸存者之一。

他很快记起了曾经发生过的事情，热血沸腾起来，他谢过渔民，日夜兼程赶往旅顺。

大难不死，他要归队，要回去仍做一个中国的海军，一血黄海失败的耻辱。可是，旅顺的海军部队已无空额，黎元洪只得又急急匆匆地赶往天津。

不想，等待他的却是惩罚。

黄海大战，致使中国的海军受到空前的创伤，此时的朝廷，正在严惩"战败船毁"的罪犯。一些贪生怕死之徒，诸如激战之际挂白旗逃跑的济远号管带方伯谦之流受到了极刑，而贪生怕死的吴敬荣，仅以"跟随"的之罪从轻发落为革职留营。对黎元洪这样一意蹈海殉国的志士，却被判监禁数月。出狱后，黎元洪赶赴上海，渴望着能够被朝廷重新启用。可是，黄海之战使朝野震动，他这么一个职位低微的千总，谁会想起呢？

这时候，他刚刚30岁，正是做事的年龄。无辜受罚使他的身心受到严重打击。走在繁华的上海闹市中，格外孤独，一时万念俱恢，步履蹒跚地走进路旁的酒店，要了一大坛子烧酒，猛烈地喝起来。

他复仇的火焰已被几月的监禁浇灭了，心灰意冷的他，此刻只想借酒来消去满腹的忧愁。

黎元洪曾经品尝了童年时父亲遭难后家中的艰辛，而后又饱饮了青年丧父的不幸，这一次，他领略了人生意外灾难降临的恐惧。

人们所遭遇的许多不幸，有许多并不是由于你自己，而是由你自己以外的、你根本就不可控制的原因造成的。

一个人经历了这些不幸，肯定会失去很多，但也能获得一些最可宝贵的东西——这就是人生的经验，正是诸如此类的经验，才让人更快地成熟起来，黎元洪也不例外。

声誉在军中鹊起

"祸兮福所倚,福兮祸所伏。"世上的事情就有这么种关系,祸与福,总是互相依存,互相转化着。你即便一时遇上了最不好的事情,到最后却可能引出很好的结果来。

黄海大海战中,黎元洪英勇作战,九死一生地逃出来,不但得不到半点褒奖,反因整场战役的失败葬送了自己的大好前程。可就在他心灰意冷时,一个更好的,将会使他更加飞黄腾达的好事,正在悄悄来临。

张之洞一生主要做了四件事:一是办新式教育,二是兴办实业,三是抵御外辱,四就是编练新军了。他是晚清大臣中少有的大智慧、大魄力、有实权、有建树、爱才如命、慧眼识才的封疆大吏,被誉为晚清第一功臣。

1896年的一天,黎元洪正喝闷酒时,天津水师学堂的一个同窗也进来了。他们在这小酒店里不期而遇,问明情况后,同窗对他说:

"黄海之战,丧师辱国,责任在朝廷大员,与我辈何干?如今水师已全军覆没,谁还会想到我等。为今之计,自当各顾前程,岂能坐老此际。否则,于自己、于国家都是毫无好处的。"

同窗一席话,黎元洪恍然大悟,抱着试试看的心态,前去南京投奔张之洞,渴望再登舰船、以续前志、以雪前耻。

由于接连的海战失败,此刻的张之洞,为筹建中国强大的新式陆军,正同在东北面天津的袁世凯一样,编练中国的新军。

袁世凯小站练兵聘请了十余名德国军官担任教习,张之洞也不例外,不但聘请了35名德国军官担任教习,还请他们分别担任各级协、营、哨的正职长官。留下副职,征聘一批广东水师学堂和北洋武备学堂的毕业生充任。除此之外,还仿照德国的营制,在南京筹练江南自强军。

后来,正是在这支自强军的基础上,张之洞编练出一支足可以与北洋军媲美的南洋新军，也正因为有了这只南洋军，黎元洪才享有了中国最高的政治权力。

黎元洪来到南京时，张之洞正一面广募英才、编练南洋新军，一面忙着筹建金山、吴淞、江阴等处的新式炮台。知道黎元洪是北洋天津水师学堂的高材生，又刚经历了黄海大海战，张之洞十分感兴趣，立即让人召来黎元洪，亲自对这样的人才面试。

黎元洪本来就老成持重，此时刚经历了黄海之战的失败，为人更加低调。张之洞一见到他那朴实的模样，就已经有了三分喜欢，然后向他征询海军建树及营建防御工程的有关事情。

黎元洪倾其所学及实战经验，有理有据，逻辑严密地道出自己的看法。张之洞见他不但举止谦虚、仪态大方，而且思维缜密、介绍周详，特别是对于军事方面的见解，十分深刻，不由大喜，脱口而出：

"如宋卿这样的干练之才，我已是数年未得一遇了。"随后，张之洞当场宣布：委任黎元洪监修南京城外的狮子山、幕府山、钟山等处新式炮台。

张之洞慧眼识英才，黎元洪真才实学加勤奋努力不负厚望。新式炮台如期完工，质量得到很好地保证，张之洞验收炮台后，大为高兴，亲自手书"智勇深沉"四字条幅，赏赐给黎元洪，并立马奏请朝廷，任命他为南京炮台总教习。

第二年，张之洞复任湖广总督时，即携黎元洪随身前往。从此，张之洞视黎元洪为心腹要臣，刻意提拔。

到湖北不久，黎元洪便由千总而守备，由守备而都司，由都司而副将。张之洞见黎元洪熟悉海军，对陆军不太熟悉，为弥补他这方面不足，便分别在1898年、1899年、1901年，三次命他赴日本考察军事。

在日本东京，黎元洪看到了许多日本在甲午战争中从中国掠夺来的战利品，备感耻辱悲愤，便联络当地华侨，要求日本当局撤销这些展品，结果却遭到蛮横拒绝。愤怒之余，黎元洪更加痛感国耻，考察时也就更加专心致志。

对于日本的先进武器装备和科学精湛的训练方法，黎元洪暗记于心；对于日本人炫耀武力及蔑视大清的举止，黎元洪也铭记于心，他暗自发誓：一定要"师夷长技"，采用新式的训练，来造就一支精良的中国军队。

每次考察回国，黎元洪都要向张之洞详细介绍在日考察的情况和自己的感受，提出许多编练军队的好建议和大量十分具体的改革措施。

张之洞对黎元洪经过实地考察和深思熟虑的建议，大都言听计从，而且对他本人也更加信任和依赖。渐渐的，凡军事上的计划筹谋，大多委派黎元洪全权负责。

士为知己者死，能得到张之洞的倾心信任，黎元洪拼命工作以为报答。通过他的努力，张之洞的南洋新军，很快成长为一支非常有战斗力的军队。

在1900年的庚子之乱中，张之洞与两广总督李鸿章、两江总督刘坤一，实行"东南互保"策略，与山东巡抚袁世凯遥相呼应。乱战之后，北方的旧式军队，如聂士成、董福祥等率领的淮军势力都被八国联军和义和团冲击得七零八落，独有袁世凯的北洋新军和张之洞的南洋新军保存完好、毫发无伤。

也就是从这以后，北洋新军和南洋新军，成了中国最重要最强大的军事力量。北洋新军是袁世凯一手编练出来的，而张之洞的南洋新军，则与黎元洪的努力密不可分。

正因为如此，当南洋新军在庚子之乱中展现了自己的实力后，黎元洪也成长为南洋新军的第三号人物，除张之洞，就只有张之洞帐下的另一宠臣张彪排在黎元洪之上。

1903年，朝廷针对北洋军和南洋军各自为政的状况，下令统一全国军制，将湖北军额定两镇。不久将第一镇改为陆军第八镇，第二镇改为第21混成协。张彪为第八镇统制，官居二品；黎元洪为第21混成协协统，同样官居二品。在湖北新军中，黎元洪的地位虽次于张彪，但他还兼任着兵工厂、钢药厂提调、讲武堂会办、湖北棉麻四局会办，以及兼辖湖北水师。

黎元洪地位蒸蒸日上，这使张彪十分恼火，唯恐黎元洪在新军中取而代之他的二把手地位，于是对黎元洪大进谗言。奈何张之洞非等闲之辈，自有主见，非但不听张彪的谗言，反倒来劝张彪要大度一些。张彪心中不满，一次竟当众要罚黎元洪这个协统下跪，借此将他的帽子打落地上。

黎元洪却并不理会，不与张彪争论。第二天张之洞当着张彪和黎元洪的面夸赞他们训练部队有方，黎元洪反倒借此对张之洞说："凡此皆张彪制之部署，某不过执鞭随其后身，何功之有。"

张彪见黎元洪如此以德报怨，从心里佩服黎元洪，俩人关系也逐渐改善。张之洞不愧有伯乐之才，虽然喜欢张彪，时间一久便看出张彪在德才上均不如黎元洪。不久，张之洞便产生了以黎元洪为第八镇统制替代张彪的想法。

在征求黎元洪意见时，遭到了他的婉言拒绝。由此，张之洞对黎元洪更是刮目相看。到1907年，赵尔巽接任湖广总督时，也想以黎元洪替换张彪。黎元洪以大局着想，还是婉言拒绝。

黎元洪之所以能得到张之洞和赵尔巽的如此器重，除了他的性格魅力，他的军事才华也非常重要。当时的武汉，常有外籍的军官来访，能与外籍军官就军事问题侃侃而谈的，惟有黎元洪一人最佳。许多外籍军官都由衷地称赞黎元洪：是位"知兵之将"。

正是黎元洪这个"知兵之将"，使得"南洋新军"和"北洋新军"的两次大比武中，独占鳌头、大放异彩。

1906年10月，大清王朝在河南彰德举行秋操，令南北两军对垒。"南军"由张彪任总统，黎元洪任"南军"统制，王汝贤任"南军"统领。"北军"由段祺瑞为总统，张怀芝为统制，曹锟为统领。

临赛之前，张彪自知不能取胜段祺瑞，就让黎元洪实际指挥。结果，黎元洪指挥的"南军"射击技术获最优奖励，效率明显高于"北军"，致使袁世凯也为之叹服，奏报朝廷道：

"至就四省军队分析衡论，湖北一镇，经督臣张之洞苦心孤诣，经营多年，军容盛强，士气健锐，步伐技艺均已熟练精娴，在东南各省中，实堪首屈一指。"

在这次秋操中，黎元洪虽然展示了自己的才能，取得了比赛的胜利，却为他在日后的北洋政府中埋下了一些隐患。比赛中，被他抢去风头的段祺瑞，对此耿耿于怀。后来，黎元洪与他一个是总统，一个是总理，俩人之间曾进行了长期的"府院之争"，以至于矛盾始终得不到调和，均与这时的比赛有关。

这是后话，接下来的 1908 年 11 月，朝廷又在太湖举行第二次秋操，还是把大清王朝的这两支最精悍的部队分为南北两军。"南军"主要由黎元洪的第 21 混成协组成，这回黎元洪成了"南军"的实际总指挥。

结果，南北两军三天三战，"南军"三战三捷。黎元洪指挥作战的能力，再次得到彰显，获得军中上下一致好评，得到朝廷的嘉奖，一时声誉在军中鹊起。

最后值得一提的是："南洋新军"和"北洋新军"由于其创建者张之洞与袁世凯方方面面的不同，他们所创建的这两支部队也有其明显的不同之处。

"南洋新军"是张之洞有感于实事的动乱需要一支新式的军队来维护社会，以封疆大吏的身份一手策划起来的，是一支地方军队。这支军队的开支，只能来至于两江和两湖地区的税收支持。在这方面，作为编练"北洋新军"的袁世凯，虽然从一开始就是奉旨行事，为朝廷编练一支中央军，但当时的袁世凯，仅以道台身份来编练军队，在经济上是无法与封疆大吏张之洞相抗的。

可是，袁世凯官运亨通，没几年便迅速升到直隶总督兼北洋大臣的职位，成为朝廷的宰辅重臣。到这时候，"北洋新军"在经济上，便取得了明显的优势。也正因为如此，"南洋新军"最后只有一镇一协，官兵仅有 16104 人；而"北洋新军"，则有六镇之多，官兵高达 75225 人。

尽管如此，要论战斗力，"南洋新军"绝不逊色于"北洋新军"，这与黎元洪的练军才能是分不开的。

作为一代大儒臣张之洞，与军人出生的袁世凯，在编练新军的目的等截然不同。张之洞已经身为封疆大吏，国之重臣，之所以编练新军，可以说没有什么私心，更没有什么野心，主要是在于保国、保种、保教等方面，就像他搞教育、办实业、抵御外辱一样，感到国家需要，就来做。就此，他曾对袁世凯说：

"弟儒家者流，岂知兵事？特以外任十余年来，防海防江，迫于职守，不能不从多年老兵、他邦客将询访考求……中国练成能战精兵十万人，不特永无内患，必可不忧外侮矣。"

在为湖北新军所撰的《军歌》中，张之洞颇有感慨地写道："欲保国家须要精兵保，欲保种族须联我同胞。保国保种必须先保教，圣门学生佩剑兼用矛。"

袁世凯编练新军，主要目的有二：一是以由此展示自己的军事才能获取朝廷信任，二是通过训练"新军"，掌握军权，为自己捞取政治筹码。正因为这样，袁世凯将编练的新军，训成了一支"不知有朝廷，只知有项城"的袁家军。

正因为在这方面张之洞与袁世凯的不同，当他调任湖广总督后，并不在乎他的"南洋新军"并入北洋，到了他1907年奉旨进入北京后，基本上不去掌控湖北新军。

因为练兵的目的不同，在人才的选拔上，张之洞和袁世凯也有很大区别。在对军官的选拔上张之洞和袁世凯都乐意选一些毕业于新式军事学堂的学员或归国的军事留学生，他们俩人的麾下，大多是一些具备一定的新式军事知识和理念的军官。

然而，对于士兵的选拔，张之洞与袁世凯有着根本的不同。张之洞不仅看重军官的文化素质，同时也看重士兵的文化素质，他说："外国无不深通学问之将，无不识字、不通文理、不能明算、不能画行军草图之兵。盖兵不识字，遇有传达命令、探报敌情及一切行军规模符号、营官所发地图，皆不免有茫然之虞。"

"南洋新军"的《练兵要义》的第一条便是："入营之兵必须有一半识字。"

而袁世凯挑选士兵的标准，首先是要求一定身高、体力和年龄。袁世凯的兵，大多选的是山东、河南、皖北等地农村的壮士。

1906年秋操大典后，时人对南北两军有个很忠肯的评价，称北军为"以勇气胜",南军为"以学问胜",这充分说明了南北两军的素质的不同。

正因为湖北新军与北洋新军的这些不同,不久后,当辛亥革命来临时,他们大相径庭的表现,也就充分的展示出来了。

南洋新军因为从上到下文化素质较高,相对来说自然更具理想色彩,当革命到来时,他们也就更容易为革命学说所倾倒,汹涌出一腔革命的热血,积极地投身于革命之中。

从这个意义上来说,黎元洪之所以能够获得民国两任大总统的权仗,无疑是与南洋新军的文化素质分不开。

被请去主持革命大计

武昌起义,看似偶然,其实早在革命党人的计划之中。

在此之前,革命党人起义频繁,这些起义大致是在三个地方进行。一是在边疆省,譬如三洲田起义、黄花岗起义等;二是在长江流域各省,如自立军起义、萍浏醴起义等;三是在东三省或直隶起义,如滦州兵变等。

不同地方的起义会产生不同的作用,革命党人邹代藩对这些起义作了一番分析,写出一个报告说:边疆起义对清廷没什么威胁,影响不大,最后又总是被清军击败;东三省或直隶起义直接威胁京师,或能有一劳永逸的效果,但面临强大的北洋军,取胜太难;而在长江流域各省起义,不但因为这些地方富庶,还因为这地段对南北均有辐射力,发展空间很大。

革命党领袖研究了邹代藩的报告研究后,认为接下来的起义,放在长江中下游省份最好。而具体来说,湖北新军经过革命党人的策反工作后,已颇具革命倾向,这是一大优势,是其他各省不能与之媲美的。

从这些情况来看,武昌起义,不算是偶发事件。然而武昌起义的具体发生,还是有偶然性的因素。

1904年成都设立的"川汉铁路公司",第二年改为官商合办,到1907年改为商办，采取"田亩加赋"，抽收"租股"为主的集股方式，自办川汉铁路。可是，到了 1911 年 5 月时，清政府却宣布什么"铁路干线国有政策"，强收川汉、粤汉铁路为"国有"，并与美、英、法、德四国银行团订立借款合同，以六百万英镑，公开出卖川汉、粤汉铁路修筑权。

消息传到四川，川民极为愤慨，很快爆发大规模的保路运动。清廷镇压保路运动的兵力有限，在 1911 年 10 月，就从相邻的湖北调兵前往镇压，致使湖北出现防备空虚的状况。

一直加紧在新军中发展势力、准备起义的革命党人，看见新军一部被调往四川，华中骤然空虚，感到这正是起义难得的大好机会，经过一番商议，决定乘虚起义。

此时，湖北有两大革命党人的组织，一个是文学社，一个是共进会。这两大革命组织在新军中均已发展有上千人，特别是在黎元洪所统领的第二十一混成协中，革命党人的势力最大。这其中，在很大的程度上是得益于黎元洪对部下的宽厚包容。

有一名叫李佐青的士兵，因为不满大清，竟毅然剪去发辫。当时有"留发留头，不留发也不留头"的说法。把发剪去，意味着是跟大清唱反调，是要被杀头的。这事被告到黎协统之后，正当大家都等着看杀头示众时，黎元洪却笑着说：

"发辫剪去，免豚尾之讪笑，导文化之先机，有什么大罪。"完了下令全军，今后若有愿意剪发的人，悉听尊便。

作为当时中国军界的一位名将，黎元洪对自己部队中革命党人的活动其实早有察觉，只是心存同情，不作坚决镇压之举。在他统领的新军中，就算是真凭实据地查出是革命党，他也只是将这个革命党革去军职，然后给些盘缠，送出军营。

在 1904 年时，革命党人刘静庵在密谋响应长沙的黄兴起义中，不慎使一份黄兴寄来的密信落入黎元洪手中。黎元洪看信之后，不但没有逮捕刘静庵，反让他以生病为由辞去军职，离营藏匿，同时通令所有此案的知情者，一律守口如瓶，不得泄密。

1909年，主笔《楚报》的革命党人张汉杰，在揭发了湖广总督陈夔龙贪赃枉法之后获罪入狱，多亏黎元洪出面为其说情，才得以从轻定罪，后来陈夔龙调走，黎元洪立即保释张汉杰出狱。

1910年，革命党人成立振武学社，后经查实，第21混成协中许多人都参加了。对此，黎元洪也未没有严加惩罚。

正因为黎元洪的这些表现，新军中的革命党人对黎元洪都十分感戴，认为他"廉谨宽厚，得士卒心，又敬礼文士，众望归之"，使他深得革命党人的好感。在武昌起义前，湖北革命党人中声望很高的蓝天蔚、吴禄贞等人都在北方，留在军中的革命党人，多是一些士兵级，人微言轻，不足以振臂高呼，指挥众人。

为此，早在1911年4月28日这天，文学社和共进会的领导人蒋翊武、刘九穗、孙武、张振武等曾齐聚武昌洪山宝通寺，商议起义之后推谁为临时大都督一事。

当时就有人提议推黎元洪，可立即有人出来反对，理由是：黎元洪不是我们革命党人，怎么能推他为同志？提议者一时无言以对，蒋翊武想了一会，最后说出推举黎元洪出来做临时大都督的三点好处：

首先，黎元洪是响当当的名将，在军界威望最高，推他出来，既可以震慑朝廷，又可号召天下；其次，黎元洪是"南洋军"将领，素得人心，振臂一呼，军中少有人不响应，可以团结全军；三是，黎元洪对当兵的文人，从来是高看一眼、爱护有佳，而革命党人，多半正是这些文人，推举黎元洪，可以拉进一位大人物投身革命，可保革命成功。

大家听了，再没有什么异议。因为革命党人之所以提着脑袋来起义，目的就是要推翻清王朝。只要黎元洪能够加入革命队伍，帮忙一道把清王朝推翻，给他一个都督的职位，谁还会有什么意见呢？就算是到时候，湖北革命党领袖吴禄贞领兵南下，也可以再把黎元洪换了，再给黎元洪一个其他相当的位置。

大家连这事都想到了，起义后推举黎元洪做临时大都督的事当时算是就这么定了下来。直到半年之后，1911年10月，四川保路运动引走了新军的一些部队，革命党人决定趁虚起义了。

在制定起义方案时，大家一致认为：起义需要大量的炸药。1911年10月9日这天，孙武带着一些人在汉口俄租界宝善里机关赶制炸药。万万没有想到，由于一时不慎，竟引起了爆炸。

炸弹声起，引来了俄国巡捕。一阵大搜查，不仅搜出大量的炸药，还搜出了为起义而准备的旗帜、文告、袖章、印信以及革命党人的花名册等。俄国巡捕将搜到的这些交给领事。

不久，湖广总督瑞澂便看到了所有搜出来的起义物品，一时大惊失色，立即下令：按图索骥。于是，武汉戒严，全副武装的警察到处疯狂地追捕的革命党人，眼看武汉的革命力量，就要受到毁灭性的打击。

这时候，身负重伤的孙武躲进了德租界，而蒋翊武乔装之后正溯汉川而上逃亡，彭楚藩、刘复基、杨宏胜等人被捕入狱，惨遭杀害。

革命党领袖人物如此遭遇，大批的革命党人，瑞澂疯狂地抓捕中，也不断地身陷囹圄，整个武汉三镇，风声鹤唳，黑云压城。

瑞澂得意洋洋，欣喜万分地向北京发电报捷，大有一举将革命党一网打尽之势。因新军中革命党人颇多，湖广总督瑞澂等要按照名册到军队中来搜捕党人，黎元洪立即激烈反对。

"名册牵涉过广，不应操之过急，以免生变。"

瑞澂听了黎元洪的意见，虽然不同意，但却无法立马逮捕军中的革命党人。

瑞澂走后，黎元洪心头忐忑不安，任了军人的敏感，他觉察到大事即将发生，忧心忡忡地对家人说：

"革命党不会任人宰杀，大乱就要发生了！"

关于武昌起义，本来是有周详计划的，只因孙武试制炸弹不慎爆炸，起义被提前暴露，若干同志被捕牺牲，起义计划一时被打乱。情况如此，革命党人推举吴兆麟为总指挥，立马举行武装起义。

1911年10月10日晚7时，武昌城内工程第八营后队革命党人熊炳坤、金兆龙打响武昌首义的第一枪。

顷刻之间，全城炮声隆隆，烈焰冲天。枪炮声中，湖北新军各营的革命党人纷纷冲出营房，不顾一切地向楚望台军械库和湖广总督衙冲去。守卫楚望台的工程第八营左队见了，立即响应。两支军队一起奋战，很快攻克楚望台，夺得军械库，得到大量武器。

武昌首义，旗开得胜！楚望台之所以能如此顺利地攻占，黎元洪功不可灭。

早在 10 月 3 日，瑞澂曾召集文武官员举行紧急防务会议，主要就是为了防止革命党起事。瑞澂请清了议题之后，驻守楚望台的工程第八营管带阮荣发立即抱怨部下革命党人太多，并拿出一份记有该营所有革命党人的花名册说："自己的部下里有这么多革命党，楚望台军械库的安全，实难保证。"

在场的文武官员听后，一个个大惊失色。军事参议官旗人铁忠就此事向瑞澂提议：可用第三十标第一营旗籍士兵，代替工程第八营守卫楚望台，以防万一。

黎元洪当时在场，听后说道："我楚人素多谣，吾人今宜处以镇静。谈革命者，不自今始，余亦不能保其必无，如革命党果多，则鄂事难料，少数旗兵，何济于事？满汉界严，始有革党，今以旗人换守军，民多误会，反为革命所乘，藉以煽惑。"

由于平时里黎元洪的声望很高，此话一出，包括张彪在内的大多数高级军官，都一致赞同，结果，旗人铁忠的建议得不到采纳。楚望台军械库，仍由工程第八营守卫。

黎元洪当时之所以会有那样的说法，只不过是怕打草惊蛇，引发不测，但在客观上，却是帮了革命党人的一个大忙。

起义成功了，革命党人立即遇到一个看似有些滑稽的问题：谁来做领袖，做起义后的大都督呢？

黎元洪不见踪影，其他是稍具资格的革命党人也都不在。大家又推吴兆麟为都督。吴兆麟是黎元洪的学生，自知资历太浅，当即拒绝。就在这时候，工程营士兵马荣来报他知道黎元洪藏身之处。

原来，起义爆发之后，黎元洪立即将麾下将官集合在会议厅内，下达了命令说:"党人进攻则还击,退去则不追击。"

就在黎元洪只是但求自保时,工程八营的革命党人周荣棠前来联络,号召大家一起去攻打督署。此时的黎元洪,正在担心军心不稳,听了周荣棠的鼓说,悖然大怒,当即抽出佩刀,杀死周荣棠。

周荣棠虽死,士兵们还是纷纷奔去攻打督署。黎元洪见士兵们心意如此向着革命,他的杀鸡儆猴竟然起不到半点效果,由不得长叹一声,眼睁睁地瞅着士兵们一个个离他而去,最后对留下来的将官位说:"人心如此,谁也没有办法。你们也都散了,各自谋生去罢。"

待将官们走后,黎元洪换上便装,跟着参谋刘文吉一道不舍地离去。

在参谋刘文吉家中,黎元洪刚度过一个不眠的夜晚,第二天一早,就有一群荷枪实弹的革命军赶到刘宅。

此时的黎元洪,身着一件灰呢长夹袍,上面罩着件青呢马褂,头戴一顶瓜皮小帽,背后拖着一条长长的发辫,神色镇定,面容却有些沮丧。见了这些昔日的部下之后,十分悲愤地问道:"各位兄弟,我自问平日里不曾亏待过大家,何以却不放过我呢?"

这群军人听了,一个个都笑起来。其中一个领头的待大家笑过后对黎元洪行了一个军礼后说:"我们此来惊吓了统领,还请统领原谅。这次来,我们是奉旨挥长的命令,请统领去主持革命大计。"

黎元洪听了,盯住这领头的军人看了好一会,缓缓地说:"请我去主持革命大计,我可是对革命一点都不懂,你还是回去吧。"

军人摇摇头:"这是命令,我必须请你去。"

"造反是要杀头的,你们莫害自己,也不要害我。"

"可是,我们先把要杀我们的人都杀了,看谁还能再杀我们。"

听了这话,黎元洪无奈地摇摇头,只好跟着这些士兵来到刚被攻下不久的督署。

"民国三杰"老二

  武昌起义公推的总指挥吴兆麟，曾经是黎元洪的学生，见黎元洪到来，立即迎上前来，又是问候又是致歉，表现得十分尊敬。往日里，由于欣赏吴兆麟的才能，黎元洪对他颇为器重，没想到他竟成了革命党起义的总指挥。

  对于大清王朝，黎元洪的心中颇为纠结，既恨其内部腐败，又怒其对外软弱，但在心里的深处，还是有一定感情。毕竟，他是靠了清廷大臣的刻意栽培，这才发达起来的。正因为如此，他才没有想到要用暴力来推翻清廷。

  这时候，黎元洪看到吴兆麟对自己还很尊敬，便压低声音劝道："你怎么也做了革命党，这可是满门抄斩的罪。你学问好，能力强，若跟着我继续干下去，定会有光明的前途。你现在还是自行解散义军，别把这事闹大了，我保证大家都能平安无事。"

  吴兆麟静静地听完，也压低声音说："自从瑞澂任鄂督以来，霸道一方，危害百姓，杀害忠良，致使湖北革命暴发，这不能怨革命党人。现如今，瑞澂与张彪都逃出城外，武昌城内就统领您一个人。您平时爱护军人，深得军人之心，现在请统领来主持大计，实属天意，请统领一定不要推诿。"

  黎元洪听了吴兆麟的这番话，见他诚恳肃然的样子，知道要劝说这位往日的学生回头已经绝不可能，不由长长地叹了口气，感到十分地为难。

  他之所以如此，一方面是对大清的感情，另方面是对自己的名节，还有就是军事的问题。

  此时的瑞澂、张彪已经逃出，若率水陆重兵前来攻打武昌，革命军现在外无援军，内无粮饷，只怕难敌。

  见黎元洪还在犹豫，吴兆麟还能等待，在场的其他革命党人却气愤起来，有人怒声说："为了国家，我们拼死起义，现在胜了，推你来做都督，你不但不知感激，还推三道四。再这么下去，我们不如就杀了你。"

　　吴兆麟见了，喝住怒喊的人，回头再劝黎元洪。见情况如此，黎元洪只好跟着吴兆麟，来到谘议局，参加革命派和立宪派的联席会议。当时，革命派与立宪派是联合阵线，全国如此，武昌也是这样。革命党要推举黎元洪为都督，得征询立宪派的意见。因为立宪派往日与黎元洪交情也颇深，加之黎元洪与革命党并无渊源，推他来出任都督，自然是一个皆大欢喜的选择。

　　于是，关于黎元洪为湖北军政府都督一议，顺利得到一致通过。紧接着，大家推举黎元洪与汤化龙二人出面主持大计，号召天下。黎元洪听了，站起来说："兹事体大，务须谨慎，我实在不能胜任，还是请另择高明吧。"

　　众人见他还在推三推四，一时议论纷纷。有革命党人蔡济民，失声痛哭道："昨夜多少同志牺牲，方有今日之光复，若因无人主持而功败垂成，何以面对死去诸同志？若黎协统再不答应，我便自杀以谢烈士！"

　　更有另一位性格刚烈的革命党人朱树烈，走到黎元洪面前，也不说话，猛地抽出腰刀，在众人的惊谔中，刷地截断一指，并用这血淋淋的断指指着黎元洪说："你要再说一个'不'字，我就同你拼命。"

黎元洪见此，微微地摇了摇头，闭紧双目，一副任由你怎么办都好的样子。

吴兆麟赶忙上前一步拦住朱树烈，让人劝他下去。这时，革命党人李翊东拿来写好的安民告示要黎元洪签字。黎元洪连看也不看，只连连摆手说："莫害我！莫害我！"

李翊见状，无奈地看了看一旁的吴兆麟，只好自己拿起笔来，在文告上签了个"黎"字拿走。

当天下午，武昌大街小巷，都贴了"中华民国军政府鄂军都督黎"的安民告示，一时间民心大定，商人开店营业，百姓各做自己的营生，因起义逃匿的新军军官，也纷纷出山，附革命军。

黎元洪素以仁义宽缓著称，威震武汉三镇，对普通百姓来说，他竟然带头革命，其意义是革命党人所不能比的；对清廷来说，黎元洪忠厚老实，这样的人也造反了，心理上的打击非同一般。

可是，这时的黎元洪，却还是不愿做这个革命党人的总督，整日呆在家里，凡事不愿出面。革命党人见他这样，怒声不断，张振武对吴兆麟说："如今虽占武昌，然清廷大吏潜逃一空，未杀一人以壮声威，未免太过宽容，不如将黎元洪斩首示众，以壮声威，使一应旧臣皆为胆落。杀了黎元洪之后，我们都你吴总指挥为都督，这对你对革命，不是都更好？"

吴兆麟听了，正色地说："你这么想，就完全错了。如今这样的局势，惟有黎元洪，才能稳得住。就算他一言不发，一事不做，对于稳定大局来说，也是非常有利的。"

吴兆麟的意见得到大家的认同，就干脆将黎元洪软禁在军政府，派断指的诤臣朱树烈严加监守。革命党人们却以黎元洪的名义，陆陆续续发布了《布告全国电》、《致各国领事照会》、《告汉族同胞之为清军将士者电》等文电和一系列的新政策新措施。

这时候，代行都督职权的蔡济民为首的谋略处，已将国号定为"中华民国"，改年号为黄帝纪年。

　　这时的黎元洪，之所以还是采取一种不与革命军合作的态度，主要还是顾及瑞澂的海军大炮。黎元洪是海军出生，深知战舰炮火的威力。殊不知，很好的战舰到了瑞澂这种无能之辈手上，也发挥不了什么威力。1911年10月13日晨，革命军炮队与瑞澂的楚豫等三舰进行水陆炮战。一战下来，瑞澂的三舰中有两舰披伤逃窜，革命军大获全胜，与黎元洪的预测，正好相反。

　　朝廷水师居然如此不堪一击，可见朝廷气数当绝。而且，自己久居革命军中，今后就是百口也莫辩，倘若革命军失败，朝廷必然要追究"附逆"之罪。既然如此，我再这么不与革命军合作，于革命军于自己都是很不利的事情了。

　　这么想明白之后，黎元洪在心里已决定自己出来革命了。只是自己硬撑了这么久，对革命党人一直是冷冰冰的，而且常常茶饭不思的，因此一时还拉不下面子，表面还在矜持。

　　就在这时候，革命党人甘绩熙等挥舞着手枪来到黎元洪的住处，大声喝斥黎元洪不识抬举。黎元洪趁此叹息一声说：

　　"年轻人，你何必如此激烈！我在这里只呆了四天，为的是好好想一想，并未做什么对不起你们的事情吧！"

　　甘绩熙一时语塞，另一个革命党人陈磊趁机说："都督确实没有对不起我们，现在该是想好了吧。要不，先把您脑后的辫子剪掉，算是表个态度、做个表率。"

　　黎元洪听了立即回答："几年前我就跟你们说过，谁愿剪辫子，悉听尊便。现在情况这样，我哪里在乎一条辫子？"

　　陈磊听了万分高兴，马上找来工具，将黎元洪的辫子剪去。

　　在众人的笑声中，黎元洪正式出来革命，并以他一贯的工作热情，十分努力地开展工作。当晚召开会议，黎元洪慷慨表态说：

　　"我对于革命，至今日决心始定。从今后，我便是军政府的一员，成败利钝，誓与诸君共生死。"

革命党人听了，皆大欢喜。都督府门外，想起啪啪啪的爆竹声，表示庆贺。黎元洪又发表演说道：

"今日革命军起义，是推翻清朝，恢复汉土，废除专制，建立共和的开始，承党人及军、学界多数同志推戴兄弟为都督，我无德无学，何能担此大任。但众意难辞，自应受命。我等身为军人，从此须抱破釜沉舟的精神，扫除一切顾虑，坚决去干……从今往后，大家要克尽职责，速召集同学同事，鼓励士兵，稳定军心，不使逃脱，这是目前要务。"

在黎元洪的演说中，表示就是张彪来投，自己也可让出都督职务。之后，黎元洪又向张彪发去劝降书，说："种族之界，严于君臣。大义之行，可以亲友。"

张彪看了劝降书之后，大怒，回信将黎元洪狠狠地骂了一通。

没过多久，黎元洪写信给他的老师萨镇冰，说："谁无肝胆；谁无热诚，谁不是炎黄子孙，岂甘做满族奴隶而残害同胞？洪有鉴于此，识事机之大有可为，乃誓师宣言，矢志恢复汉业，改革专制政体，建立中华民国。"

在接见《大陆报》记者丹格尔时，黎元洪说："民军的目标是推翻满洲人的统治，以美国为榜样建立共和制度。满洲统治者从未公正对对待汉人，只是镇压、屠杀，因而才激发了革命。我虽然早就知道新军中有革命党人，但并未参加，更不曾想到会成为党人的领袖，如今我要做的，是尽量减少革命中生命的牺牲。等建立共和国家后，中国将更大地对外开放，使外国资本能自由地与中国资本以及劳动力结合，以开放中国的资源。"

1911年10月17日，祭天大典在武昌阅马厂中央临时搭建的祭坛上进行。黎元洪戎装佩剑，缓步登台，面对灵位，宣读了振聋发聩的誓词：

"元洪投袂而起，以承天庥，以数十年群力呼号，流血所不得者，得于一旦，此岂人力所能及哉？日来搜集整备，即当传播四方，长驱漠北，吊我汉族，歼彼满夷，建立共和大业，与五强各国，立于同等地位。"

宣读完毕，台下掌声雷鸣；百姓士兵，山呼：

"中华民国万岁！"

"四万万同胞万岁！"

"黎都督万岁!"

黎元洪满面喜色、挺胸塔腰,走下高台,众人簇拥下骑马绕场一周,接受众人欢呼。

此刻的黎元洪,从心里已经接受共和,并愿以共和为终身理想。在此以后,他经历了洪宪帝制、张勋复辟,在生死抉择面前,他能始终如一毫无动摇,为了理想,甚至举枪自杀,以殉信念。这,便是黎元洪的最可贵之处。

黎元洪武昌主政,一个最棘手的问题便是北方南来的清兵。开始时,讨伐湖北革命军的将领是满人荫昌。他虽然贵为统领,但指挥不动北洋第一镇袁世凯的嫡系,讨伐军到了孝感之后,就裹足不前,仅鼓噪不已罢了。

荫昌的指挥不力,上报告朝廷。朝廷知道原因,只好重新启用袁世凯,派他往前线督师。

袁世凯一到前线,北洋军士气大振,一日之内收复汉口,一个月又收复汉阳。讨伐军正在势如破竹时,袁世凯却下令停止进攻武昌,为的是"养敌自重"。

尽管袁世凯手下留情,在此期间革命军也曾几次反攻,结果均遭失败。黎元洪看在眼里,深知战争的节奏,掌握在袁世凯的北洋军手里。

这一阶段的战事,后来被称为"阳夏之战"。这阳夏之战是由黄兴指挥的。就在黎元洪祭天十日之后,10月28日黄兴来到武昌。对于这位革命领袖,黎元洪热烈欢迎,当即在阅马场高台上,正式拜黄兴为战时总司令,负责全权指挥防守和反攻有关事宜。

当时,湖北军中有不服的,黎元洪皆苦心劝导,使军队上下都听黄兴指挥。这样一来,不仅打消了湖北党人对黄兴的怀疑,也让军队百姓都感到黎元洪投身革命,并无半点争权夺利之心。

在黄兴到了武昌不久时,一些资格较老的革命党人,认为黄兴才是革命党的真正领袖,至少也应该是两湖大都督或南方军总司令,地位应该在黎元洪之上。为此,他们积极地筹划着换督之事。然而,武昌起义的军人们,如孙武、刘公、蔡济民、吴兆麟等，对此强烈反对。

孙武反驳道："黄兴素有威望，人所共知，但初到武汉，情况不熟，而且又非湖北人，自不应居于黎都督之上。黎都督此次起义以来，名播华夏，且黎都督为湖北人，革命军以独立为号召，鄂人治鄂，名正言顺。"

吴兆麟则说："大敌当前，内部不宜遽变，黎都督若去职，人心必乱。且黄先生是革命领袖，日后革命成功，再由同志推举为全国领袖，前途远大，必不会计较这区区都督名义。"

由于黎元洪的高姿态，加上黄兴对黎元洪也颇有好感，很快平息部下的争议。黄兴高兴地担任了总司令一职，接受黎都督的指挥。

阳夏之战，黎元洪和黄兴的合作虽然很顺利，但是最后还是以失败告终。黄兴由此提议放弃武昌，顺江而下，与江苏党人会合后北伐。此议，遭到了湖北党人的强烈反对，黄兴只好惭愧的返回上海。

黄兴走后，武昌的城防落在黎元洪一人身上。这时，武汉江面横弋着清廷"楚有"号等十余舰只，指挥官正是海军提督萨镇冰、昔日黎元洪天津水师学堂时的老师。

黎元洪见老师率军亲自前来，思考之后，给老师写了一封十分动情的信。在如实地讲述了自己出任革命军都督的过程后，在信末说："元洪并非为私事，而是为四万万同胞请命，如今满汉存亡，就在于老师您一人了。"

萨镇冰读罢黎元洪的信，长叹一声说："真不忍见到同胞骨肉相残。"

这以后，十余艘战舰的炮弹，全都打在武昌的荒郊野外。不久，萨镇冰麾下的这些战舰，都投向了革命。

在袁世凯准备复出时，荫昌曾对他说："武昌不过是乌合之众，无人主持，此去不难扑灭。"

袁世凯听了，摇摇头，说："乱军以黎元洪为都督，何谓无人？"

由此可见，袁世凯对黎元洪是看得很重的，再加上袁世凯心中有一个"养敌自重"的策略，当两军对垒时，就不愿与黎元洪打个你死我活。黄兴刚走不久，袁世凯就派黎元洪的故交刘承恩去说服黎元洪，大意是说：

朝廷已经立宪,且开放了党禁,不如见好就收等等之类。

对于袁世凯的野心、用意,黎元洪了解的非常深透。他知道袁世凯是个枭雄,又有北洋六镇做资本,是不会受制于人的。又因为当时的革命党人都有这样一个观点,就是:虚总统位以待袁世凯倒戈来投。黎元洪因此写信给袁世凯,一语中的道破他的心机,说:

"佯装中立,于满汉两面,若皆无所为,实则欲收渔人之利。"接着又亮明观点说:"公若能来归,与吾侪共扶大义,将见四万兆之人,皆皈心于公。将来总统选举,第一任中华共和大总统,公固不难从容猎取之。"

为胁迫黎元洪早日就范,袁世凯一面命令冯国璋坐镇汉阳,炮轰武昌,向黎元洪和革命党人施加压力;一面暗中委托英国领事从中调和。黎元洪见战局如此,也在暗地里筹划善后事宜。

在英国领事的调停下,袁世凯的军队与湖北军政府订立双方订下停火时间为:1911年12月2日至12月5日上午8时。

早在袁世凯炮击武昌时,独立各省的都督府代表经过反复争吵于12月17日会议推举黎元洪为临时政府大元帅,黄兴为副元帅,黎元洪知道自己的声望不能与孙中山相比,在23日时致电孙中山,以自己"才识凡庸,素无表现"为由推辞。

1911年12月25日,孙中山从海外归来。因孙中山一直就是革命党人的最高领袖,此番又从南洋陈嘉庚等富商处募来一笔巨款,众望所归,29日,孙中山当选临时大总统,黎元洪为副总统兼领湖北都督,黄兴为陆军总长。

民国"开国三杰",由此产生,黎元洪位居老二。

就任中华民国大总统

孙中山当选临时大总统,袁世凯恼怒起来,阴沉沉地说:"革命党人这么做，置我袁某人于何地呢？"这么说过之后下达令：

中止南北议和，再次炮轰武昌城。

身为副总统的黎元洪，此时对南京临时政府也十分不满，原因是在孙中山任命的18个部长和次长中，竟无一人是武昌首义的功臣。为此，黎元洪不愿放弃大元帅之职，心目中的总统，更加倾向于袁世凯。

孙中山革命，旨在推翻清王朝统治，建立民主共和国。此时革命政府虽然成立，清廷却还没有彻底垮台，加上袁世凯的炮火、黎元洪的不满等方面的因素，1912年1月15日，孙中山致电袁世凯，明确表示说：

"如清帝实行退位，宣布共和，则临时政府决不食言，文即可正式宣布解职，以功以能，首推袁氏。"

袁世凯得到孙中山这一承诺，大喜之余，停止炮击武昌，掉过头来软硬兼施地威逼清帝退位。

清廷知道他们此时只不过是袁世凯手上的鱼肉，若还要硬掌下去，只会被砍烂煮熟，倘若依了袁世凯的建议自己主动退位，既可以不废尊号、享受外国君主的礼遇，每年还可以得到400万元白银挥霍，并暂居紫禁城中。

权衡再三，清廷决定退位。1912年2月12日，刚做了三年的幼帝溥仪下诏退位。

袁世凯如愿以偿做了总统，在人事安排上比南京临时政府做得更出色，把内阁中的要害部门，诸如外交、内务、财政、陆军、海军、交通等，全由自己的心腹之人掌管，只把司法、教育、农林等几个权力有限的衙门让给革命党人。这样一来，原大总统孙中山，就只有一个全国铁路会办的职务；而原陆军总长黄兴，只做一个南京留守；唯独黎元洪，还做副总统，再兼参谋总长要职。

黎元洪虽受袁世凯重用，袁世凯还是心存戒心，不愿离开自己的老窠，便以湖北军政事务不得脱身为名，在武汉设副总统府，遥领参谋总长之职。

卸任后的孙中山，为修铁路之事来到武昌，与黎元洪见面后，一番交谈，两人都有一见如故、相见恨晚的感觉。黎元洪盛赞孙中山甘于让贤，功比尧舜；孙中山则称赞黎元洪为民国首义的第一伟人。

在孙中山等人的支持下，黎元洪的声誉一时大增，当立宪派的统一党、民国公会、国民协进会、民社等党派合并组成共和党时，众人纷纷推举黎元洪做了党魁。

由此，黎元洪成了一个大政党的政治要人，麾下拥有张謇、章太炎、梁启超、冯国璋、蔡锷、熊希龄、汤化龙、林长民等名声响亮的知名人士。

武昌首义的两大革命团体，原本就互有意见，只因举义暂时联合，举义成功之后又开始明争暗斗起来。而此时的黎元洪，作为湖北军政府的大都督，已经深感军人对政府的行为干涉太过，他要按自己的意愿来管理湖北，于是便抛出一个军人秉政"十害"论，目的是排斥军人干政。

在"十害"论的基础上，黎元洪提出军民分治，并首先在湖北取消军政府，设立都督府和民政府。

因为原军政府多为起义的革命党人所掌控，此时的黎元洪为达其政治目的，便开始暗地里清除掌权的革命领导人。他利用武汉革命党两大团体的矛盾，实施挑拨离间，拉一方打一方，最后全都打压下去的手段，以达到各个击破的目的。

在湖北众多的革命党人中，最让黎元洪感到棘手的是"首义三武"，即文学社主要领导人蒋翊武和共进会主要领导人孙武、张振武。

经过一番谋划，黎元洪决定先解除蒋翊武的军权。为借刀杀人，他唆使时任军务部长的孙武撤掉战时总司令蒋翊武的军职。

当时，孙武与蒋翊武的矛盾正烈，有黎元洪支持，马上下手。孙武以军务部长的名义一纸令下，黎元洪马上盖了总督大印，蒋翊武的军职，倾刻间便这么没了。

文学社一方的革命党人强烈不满，这是黎元洪事先料到的，盖章之后即让人散布谣言，说孙武逼着他黎元洪盖章撤了蒋翊武的军职。

文学社一方众怒齐发，结果都冲着孙武去了。文学社的战士照搬起义经验，趁了夜色，将武昌军务部团团围住，然后冲进去想把孙武杀掉。

幸好，孙武事先得知内情，早仓皇逃往汉口。

这时候，黎元洪站出来了，一面派兵以"恢复秩序"为名驱散起事士兵，一面严斥孙武并责令他辞职。

就这样，黎元洪略施小计，一举除去"俩武"。

"首义三武"中，只剩下张振武。其实，三武之中，惟张振武对黎元洪特别反感，曾对人说："我不相信他（黎元洪）会革命……鄂政不良，我等当再度革命。"

这些，黎元洪都知道的清清楚楚。武昌起义之后，张振武出任军务部副部长，因孙武住院治伤，该部实际是由张振武一人掌管，在他的手下，单是湖北将校团和军务司护卫队就有数千人。

张振武性格外向，做事天不怕地不怕，他的贴身卫队60余人，都配一色短枪，不仅出入军务部时左簇右拥，就是去黎元洪都督府，也要让他的卫队加岗。对于黎元洪，张振武也常横眉竖目，有时话不投机了，还会拔枪大喊："若非我们拉你出来，你焉有今日？"

张振武这样，黎元洪自然如芒刺在背，早就想除之而后快，只因张振武是闻名遐尔的首义英雄，黎元洪不愿背"妄杀功臣"的罪名，这才将他留了下来。此时"俩武"已除，黎元洪一门心思，都来考虑如何去掉张振武。

很快，黎元洪有了办法。

袁世凯当上大总统之后，为表示他的贤德，此时正在北京广招贤士，黎元洪得到消息，立马致电袁世凯，向他推荐张振武。

黎元洪深知张振武性格，也了解袁世凯的为人，知道张振武到了袁世凯那里，定会惨遭杀害。

袁世凯一生阅人无数，看到黎元洪的推荐信，立刻知道了黎元洪的用意。因为对于武昌革命党领导人的情况，袁世凯早已经了解得清清楚楚。

知道了黎元洪的借刀杀人之计，袁世凯笑了，立刻回电黎元洪，表示他愿意接纳张振武这个"贤士"，并在电文中暗示黎元洪，自己愿做"恶人"，帮他黎元洪解决这个难题。

张振武得意洋洋，带着几个贴心人，很快到了北京。出门时，黎元洪慷慨赠给路费4000元，还依依不舍地握手送别；到北京后，袁世凯更是格外地礼待，不仅山珍海味地设宴招待，还让冯国璋、段祺瑞等高官轮番左右把盏。日日如此，转眼过去了一个礼拜。黎元洪心里开始急了，亲发一封密电给袁世凯：

"张振武……怙权结党，桀骜自恣。赴沪购枪，吞蚀巨款。当武昌二次蠢动之时，人心惶惶，振武暗煽将校团乘机思逞……近更蛊惑军士，勾结土匪，破坏共和，倡谋不轨。狼子野心，愈接愈厉……元洪爱既不能，忍又不敢，回肠荡气，仁智俱穷。伏乞将张振武立予正法，其随行方维系同恶相济，并乞一律处决，以昭炯戒。"

这正是袁世凯在等待的东西，如今到手了，而且比意料中的来得快，袁世凯便要再折腾一下了。他微笑着摇摇头，也亲自发了一份电报给黎元洪：

"以原电蛊惑军士，勾结土匪，破坏共和，倡谋不轨等近于空言，似不得为罪状。当即复电，拟为之设法调停。"

黎元洪看了，不由得苦苦一笑。这个袁世凯，莫非他要变卦？这么想着，急忙再次致电袁世凯：

"不杀张不独为全鄂之害，实为天下之害……此事鄂军俱已布置妥当，万无他虞……恳请总统即日行刑。"

抓足了把炳之后，袁世凯忍不住开怀大笑起来。笑过之后，唤来手下如此如此般交待几句。

1912年8月15日晚，张振武在北京六国饭店宴请北方将领，散席后乘马车返回金台旅馆，途中预伏，3个小时后悄无声息地离开人世。

两天之后的清晨，黎元洪积习地打开京报，只见头版头条上登着处死张振武"罪状"，依据附录的是他致袁世凯谋杀张振武密电的全文。黎元洪如知道这回他着了袁世凯的道，却只能打脱牙齿往肚里吞，苦涩地一笑罢了。

黎元洪外号叫"黎菩萨"，因为他总是和颜悦色，温柔不伤，就连他在水师学堂的老师严复，也说他"德胜于才"。可当他主持一方大政之后，结果也像阎王一样不择手段地索取他人性命了。

黎元洪想利用袁世凯，做一回借刀杀人的买卖，结果却被计高一筹的袁世凯耍弄一回，使他在国人面前一扫昔日菩萨的颜面，露出狰狞的恶魔的一面。根本的原因，还是因为他一直既得革命党人拥戴，又手握重兵，使袁世凯对他产生忌惮，才下此杀手，目的是让他与革命党人翻脸。

袁世凯公布"密电"一招见了奇效，国人上下无不责骂黎元洪卑鄙，革命党更斥之为"共和敌人"。

1913年3月，宋教仁被刺杀身亡，孙中山立马发动讨袁运动。此时，黎元洪手上有四个装备精良、训练有素的师共六万余人，若帮助孙中山一起讨袁，战事胜败一定难以预料。可惜此时黎元洪与革命党人的关系已经日经恶化，加上袁世凯对他还在百般拉拢，他已经别无选择，只有向着袁世凯了。

战事暴发前夕，黎元洪致电袁世凯，表示"元洪惟知服从中央。长江下游，誓死砥柱，决无瞻顾。倘渝此盟，罪在不赦。"

袁世凯阅后，定下心来，挥师南下，迅速击溃各省讨袁大军。袁世凯镇压了"二次革命"之后，仍不忘对黎元洪大加笼络。

5月上旬，袁世凯刻意下令拨发湖北军饷100万元；8月初，袁又特赠黎元洪一等文虎章，盛赞他"砥柱东南，功同再造"；到8月下旬，袁世凯亲书"民国柱石"四个大字，制成横匾一方，派人专程送武昌，同时拨现银4万元及金银奖牌若干，慰劳鄂军将士。

对于拥有6万精兵的黎元洪，袁世凯可谓用心良苦。黎元洪虽然也是极善于笼络人的统帅，比起袁世凯，却又差许多。既受人恩惠，当然须得报答。袁世凯此刻最需要什么，黎元洪心里非常清楚。

于是，黎元洪立刻行动起来，先是积极配合胁迫国会中的国民党议员接受先选总统后订宪法的方案，随后又致电参、众两院，催促总统选举尽早举行，并且明确属意"雄才伟略，卓绝一时"的袁世凯是总统的最佳人选。

黎元洪这一招正合袁世凯心意，这位从孙中山手上接过权位的临时大总统，在镇压了二次革命之后，目前最渴望地就是做正式大总统。由于黎元洪的积极配合，袁世凯如愿以偿。

1913年10月6日，袁世凯当选为正式大总统。次日黎元洪当选为副总统。

1913年12月11日，黎元洪进京，以正式副总统的身份兼任上议院议长。袁世凯以当初接待孙中山的崇高礼仪接待黎元洪，俩人极尽欢愉，可在宴毕之后，袁世凯却让人将黎元洪送到瀛台下榻。这可是当年慈禧软禁光绪的地方，黎元洪一到瀛台，就知道这回又着了袁世凯的道，不仅回不了湖北，身家性命也有危险。

事已至此，怪自己棋差一着，黎元洪也只能泰然处之了。他韬光养晦，吟诵佛经，偶有客来，则绝口不谈世事，对袁世凯之羁縻赠馈，不谢不拒。袁世凯见他如此，为表诚意，又使自己的第九子娶了黎元洪的女儿绍芳。

黎元洪在瀛台苦捱春秋，袁世凯紧锣密鼓地张罗帝制。为探明黎元洪对帝制的态度，袁世凯亲来瀛台。

"辛亥革命为推翻帝制、建立共和，死者何止万千，如今大总统回头再做皇帝，如何对得起这些先烈？"

黎元洪的回答，使袁世凯大失所望，怅然离去。袁世凯当然不会因为黎元洪的反对而放弃帝制的想法。黎元洪也因为袁世凯执意要称帝而辞去参政院院长之职，尔后又请辞副总统、总参谋长之职，以表明自己为共和守节的决心。

1915年12月13日，袁世凯接受百官朝贺，正式称帝，改元"洪宪"。两天后，"洪宪皇帝"发出第一道敕令，册封黎元洪为武义亲王。

黎元洪宁死不受，在国务卿陆徵祥等人前来道贺时，黎元洪当面表示自己不愿受爵后，拂袖入内。袁世凯仍不甘心，不久派裁缝来量做亲王制服，竟被黎元洪赶出家门。

袁世凯还不死心，19日重颁敕令，命九门提督江朝宗去黎元洪家宣封。黎元洪避而不见，江朝宗长跪高呼"请王爷受封！"

黎元洪大怒，从房中奔出，捋起衣袖，指着江朝宗大骂："江朝宗，你怎么这么不要脸，快快给我滚出去。"

江朝宗仍然不动，直跪挺身，捧诏连声大呼"请王爷受封！"

黎元洪怒气冲天，下令左右："将江朝宗架出去！"

事情这样，袁世凯还不死心，再派袁克定等人往黎府馈赠各种礼物、好言劝说，黎元洪一概拒绝，最后被逼得急了，指着厅中一根石柱说："你们如再逼我，我就撞死给你们看！"

袁世凯称帝，并未完全否定民国，黎元洪有武昌首义之功在，袁世凯不封他为王无法向国人交待。这是袁世凯的想法，而黎元洪认为首义之功属于民国，这对帝制而言，驴唇不对马嘴，所以只能拒绝。

不久，袁世凯迫于压力取消帝制，却仍想做总统，全国上下一致反对，总统位置成了悬念。

此时护国军方面的几个总统人选中，蔡锷的威望不够，孙中山又遭到进步党的反对，冯国璋或段祺瑞让人感到不可信任。因为称帝众叛亲离的袁世凯忧惧成疾，在向徐世昌、段祺瑞托孤之际，除了念念不忘"约法"二字，就是谆谆告诫徐世昌和段祺瑞："要好好辅佐黎元洪！"

1916 年 6 月 6 日这天，袁世凯死去，人们在他金匮石屋中预置的三位继承人，依次看到了黎元洪、徐世昌、段祺瑞三个人的名字。

就这样，在袁世凯死后的当天，段祺瑞伪造了袁世凯的遗令宣布：副总统黎元洪依约法第十九条代行中国民国大总统职权，并以国务院名义通电全国。

第二天，1916 年 6 月 7 日，黎元洪在东厂胡同宅邸前宣誓就任中华民国大总统。

天津病逝

黎元洪当上总统，很快发现做一个旁观的反对帝制者，比做一个共和的法治执行者容易得多。

他一上台，南方的护国军就强烈要求大总统严惩复辟帝制的"罪魁祸首"，也就是袁世凯帐下的"十三太保"。

这时候袁世凯虽然死去，但这些太保中有几个还是颇有人脉的。其中之一是袁世凯的长子袁克定，再一个是曾任湖广总督、驻京总司令官、拱卫军总司令、江西宣抚使等要职的段芝贵，还有就是李鸿章的侄子李经曦，对于这几个人，无论是从政治还是从人情的角度，都杀不得。

黎元洪没有办法，只好采取"首恶不办，协从严办"的手段，下令惩治杨度、孙毓筠、梁士诒等八人了事。这就是史学家费正清所说的："在共和宪法规定的不熟悉的社会中，领袖们越来越多地依赖他们的派系来继续开展政治活动。"

当时的政治环境如此，黎元洪这个大总统只能面对的现实。北京政府虽然已是共和政体，立法、行政和司法也由法律予以区分，但实质上都还只能是各种关系网络构成的派系政治。这其中最有力的派系，就是总理段祺瑞的皖系势力。

从当上大总统的第一天起，黎元洪就感受到了这些各式政治势力的牵制，他这个国家"元首"，差不多只是个"橡皮图章"。

早在民国初年时，宋教仁曾致力于"责任内阁制"，他虽然为此丧命，而他所希望的内阁却始终未能实现。直到这时候，在段祺瑞的组阁中实现了。

国务院秘书长徐树铮写了一张通知，说现在是责任内阁制，所有总统的信件、包括私信，皆要送到国务院开拆。

这样一来，黎元洪连起码的隐私都没了，至于意见被否决，更是家常便饭的事情。他曾提名唐绍仪做外交总长，就在唐绍仪上任途中，遭到了北洋系联名通电反对，一下给唐绍仪安了12大罪。唐绍仪无奈，只好通电总统总理辞职。

黎元洪的总统府在与段祺瑞的国务院矛盾越来越大，冲突起来，每每以黎元洪让步了结。而接下来的对德参战之议，却使得黎元洪得以一举赶走段祺瑞。

段祺瑞与日本人早就达成默契，为了通过对德宣战的议案，段祺瑞组织军队和"各界人士"包围国会，并胁迫、殴打议员，企图强行通过。国会忍无可忍，一致上书呈请黎元洪免去段祺瑞的总理职务。

1917年5月23日，黎元洪签署了罢免令，段祺瑞只好离开北京，避居天津。

段祺瑞虽然没了总理职务，但督军团仍然掌控在他手里。所谓"督军团"，即各省督军的联合阵线，他们对黎元洪军民分治的主张十分不满，在段祺瑞退居天津后，便纷纷宣布"独立"，向黎元洪施加压力。黎元洪据理力争，说："你们作为军人，职在国防，不要干涉中央政务。"

看到黎元洪态度强硬，督军团便有了将黎元洪赶下台的意思。督军团的盟主是坐镇江淮的大军阀张勋，他不仅要赶黎元洪下台，还想复辟帝制。段祺瑞知道张勋的意思，立刻感到这对他来说是个千载难逢的好机会。你张勋要复辟，就要先驱逐黎元洪，这对于自己掌权不是千载难逢吗？

张勋与段祺瑞，各有各的打算，一拍即合，于是开始分头行动。张勋进京前，派人开出六项条件。解散国会、另立宪法等，对黎元洪来说，无一不是晴天霹雳。为了自保，黎元洪只好宣布解散国会。

6月14日，张勋进京，立刻把持了军政大权，然后是胁迫王士珍等50余人进紫禁城面圣，拥戴宣统复辟。

黎元洪得到消息，当即表示："愿以身殉民国"。

6月31日凌晨4时，张勋派梁鼎芬、江朝宗、王士珍、李庆璋来总统府逼黎元洪退位。黎元洪厉声喝斥："民国是国民公有之物，我受国民之托而任总统，责任重大，退位与否，须遵从国民的意志，而非个人的行动。"

张勋知道后，也不多言，只专心做他复僻帝制的事情。此刻黎元洪在他的心里，已不足挂齿。

困居总统府内的黎元洪，思前想后一番，决定重新启用段祺瑞，令他讨逆。段祺瑞接令后，便在马厂誓师，不到一周便攻入北京。张勋复辟；遂告失败。

如果说原来段祺瑞是看不起黎元洪，此时段祺瑞对黎元洪，已是深恶痛绝。他宁可支持冯国璋出任总统，也不愿让黎元洪再有出山的机会。

冯国璋在段祺瑞的支持下做了代总统，段祺瑞复任国务总理。南方军政府对冯国璋做代总统十分不满，一致认为黎元洪才是合法总统，并派人前来北京，要迎接黎元洪南下。

黎元洪婉拒了南方军政府，在经过了一番仕途上的起起落落后，他决心脱离政治，做一介自由的平民。

对此，野心勃勃的段祺瑞却始终不信，对黎元洪充满戒心，为防他与南方联络，甚至禁止他避居天津。就在此时，孙中山在广州发表演说，表示要迎黎元洪南下执行大总统职务，还下令程璧光携两艘军舰到秦皇岛准备迎接他。

情况这样，段祺瑞更不放黎元洪出京。直到后来，南方对黎元洪的热情减退很多，而黎元洪本人也一再表示自己无意过问政事。

1917年8月末，段祺瑞终于同意黎元洪离开北京。黎元洪来到津门，一

住5年。其间，绝大多数时间都呆在天津英租界的私宅内，养花、练字、读报、骑马、溜冰、打网球，或者听听戏、看看电影，每天早睡早起、勤于锻炼的生活，使他虽年近花甲之年，却依旧健康如故。对有政治企图的访客，黎元洪很不欢迎，对北洋政府每月致送的1000元费用，黎元洪坚辞不受。

在天津的5年，黎元洪除了修身养性，就是投资各类企业。5年投资，他成了不折不扣的资本大鳄。

1918年10月，代总统冯国璋任满下台，谁来接任总统？又成了大问题。徐世昌虽说是被安福国会选出的，但安福国会在皖系以外的政治势力眼里都视为非法。因而，各派就此争执不下，接着是展开行动。

孙中山首先在广州发动二次护法运动，不久当选非常大总统。之后是吴佩孚在湖南前线发表反皖声明，挥兵北上，与奉系张作霖夹击北京。段祺瑞抵挡不住，只能下野，直奉进入北京。

吴佩孚进京，是为了全新的国民大会的政治制度，可他的这个理想于曹锟和张作霖却无异于对牛弹琴。结果，只顾眼前利益的曹锟、张作霖在北京结为亲家。仍由徐世昌做他的总统，法统依旧没有恢复。

吴佩孚便令长江上游总司令孙传芳通电全国，呼吁恢复法统，要求徐世昌和孙中山同时退位，迎黎元洪复位。曹锟出面表示支持，立即得到全国响应。

于是，徐世昌只好步了黎元洪和段祺瑞的后尘，避居天津。

黎元洪避居天津5年，除了经商赚了大量金钱以外，在政治上也思考颇多，有人来请他复出，开始便作拒绝，而后即打出"废督裁兵"的底牌，作为复出的条件。

在这份"废督裁兵"中，黎元洪向国民大倾苦衷之后，列举督军制的五大弊端，认为国家危亡已迫在眉睫，非即行废督无以自存。这份电报，站在民众的立场，得到全国人民的热烈响应和高度评价，使得黯淡5年的黎元洪，一下子灿烂辉煌起来。

"废督裁兵"虽然得罪了全国的大小军阀，只是民众响应热烈，军阀们一个个只好委屈一下自己，通电表示支持。先是曹锟，随后诸如河南督军冯玉祥、江西督军陈光远、山东督军田中玉、陕西督军刘镇华、湖北督军萧耀南、江苏督军齐燮元等，纷纷表态，表示愿听命于黎大总统。

1922年6月11日，黎元洪再次赴京，当日下午在中南海怀仁堂举行了复职典礼。

黎元洪上台，即令清流颜惠庆组阁，撤销解散国会令，撤销对孙中山的通缉令，要求全国各地一律停战。

然而，旧国会议员经段祺瑞安福国会和孙中山非常国会的分流，已经支离破碎，要恢复，实在太难。而废督裁兵，首先吴佩孚就不肯去职，各省督军，顺势干脆挑明反对废督裁兵。结果只有江西、浙江、东北三省共五省"废督"成功，而实际上也只是换汤不换药，将"督军"换个名称罢了。

此时对黎元洪来说，更要命的还是财政危机。军饷发不出来，国务院衙门的月俸也没法支出。黎元洪请唐绍仪组阁来解决财政问题，却因吴佩孚的反对而无法进行。联想到早年唐绍仪上任外交总长被阻的事，黎元洪这才认识到自己还是军阀们的一个傀儡，只不过这回改成是直系的了。

麻烦事还不止于此，性急的曹锟终于连傀儡也不想让黎元洪做下去。他跳出来自己要马上做总统，理由是黎元洪只应补足160日总统任期，如今却又做了330余天总统，理当早早退位。

理由虽然站不住脚，手段却越来越卑鄙。曹锟最后干脆把总统府的电话、自来水统统切断……

黎元洪自知无法对付曹锟，只有三十六计，走为上策，便于1923年6月13日，再次离京赴津。

回到天津后，黎元洪还想与段祺瑞再度合作，还来个马厂誓师，杀个一生中最后的回马枪。可惜此时的段祺瑞，已再也不肯与黎元洪合作了。

1923年11月8日，黎元洪东渡日本，住了半年再回天津，从此安心实业，再不问政事。后来，段祺瑞执政府曾两次请他出山，均遭谢绝。黎元洪曾对人说："我两次做总统，皆赔累不少，不如做生意较为安闲自在。"

1928年6月3日，黎元洪在天津病逝，留下十款遗嘱说：

一、国民对于济案应以沉毅态度，求外交正义之解决，不能有轨外行动。

二、从速召集国民大会，解决时局纠纷。

三、实行垦殖政策，化兵为农工，勿使流离失所。

四、调剂劳资，应适应民族心理及世界经济趋势，统筹兼顾，制定详细法规，行之以渐，不可破坏社会秩序与家庭关系，俾免各趋极端，庶共产萌芽无从发现。

五、振兴实业，以法律保障人民权利。

六、正德、利用、厚生，不可偏废。数千年立国之根本精神、道德礼教，常较物质文明尤为注重。

七、革命为迫不得已之事，但愿一劳永逸，俾国民得以早日休养生息，恢复元气。

八、参酌近今中外情况，似应采用国家社会主义，不可遽思废除国界，为列强所利用。

九、早定政治方针与教育宗旨。

十、民元以来，凡无抵触国体之创制，均应一律保持，请勿轻议纷更。

除此还有对家人遗嘱说："丧事从简，戒诸子潜心从事生产实业，毋问政治。"

当时的国民政府，对黎元洪的历史功勋作了充分肯定，以国葬之礼安葬他。当时的吊唁者，名流荟萃，冯玉祥、蒋介石、江朝宗等名声赫然的人，甚至连段祺瑞，也来吊唁。老友章太炎送来一幅挽联上面写道：

继大明太祖而兴，玉步未更，绥寇岂能干正统；

与五色国旗同尽，鼎湖一去，谯周从此是元勋。

历史评说

"黎公道德，天下所信。然救国图存，断非如此道德所能有效。何则？以柔暗故！遍读中公历史，以为天下最危险者，无过良善暗懦人。下为一家之长。将不足以庇其家，出为一国之长，必不足以保其国。"

清末很有影响的资产阶级启蒙思想家严复对黎元洪的这几句评价，句句中的，实为真知灼见。

民国短短的 38 年中，出了八位总统。与其他的政治人物不同，黎元洪一人，在这不长的时间中，就做了三任副总统，二任大总统。一个最引人瞩目的问题是：

黎元洪位尊而权不重，名高而实不符，人不微而言却轻。

他的一生，牵涉诸多重大的历史事件，而他本人，却没有怎么的名声显赫。

反对袁世凯称帝、拒绝封王、提出"废督裁兵"，等等这些，都是他一生中的闪光点，为他赢得了较高的威望。

由此，护国军拥戴他，护法力量争取他，他也自然而然地与护国护法运动相呼应，对袁世凯的垮台，北洋军阀的分裂，都起了一定的积极作用。

第四章
做和平梦的冯国璋

　　因为几本兵书,他为袁世凯所欣赏,由教书而带兵,由掌握军权而跻身政界。清廷对他有恩,袁世凯对他更有恩。为了共和,为了自己的仕途,他是埋葬清廷的得力帮手,也是使袁世凯倒台的有力推手。他镇压武昌起义,镇压"二次革命",最后却使诸事和平解决,于是与革命党人保持很好的联系。他一生中都处在战乱中,打打杀杀了一辈子,心中却向往着和平,临死前遗言说:"和平统一,身未及见,死有遗憾。"他是因为看不见和平,抱着遗憾离去的,这事出现在这么一个打了一辈子仗的人身上,实在令人深思。

小 档 案

姓名字号：原名冯国璋，字华甫

籍　　贯：河北河间县西诗经村人

生卒年月：1859年1月7日—1919年12月28日

最高官职：中华民国代大总统

家　　族：远祖——毕公（周文王第十五子，因封于冯地，所以姓冯）

远祖——冯异（东汉中兴名将，被汉光武帝刘秀封为大树将军）

远祖——冯胜（明代开国元勋）

始祖——冯禄（始迁入诗经村）

高祖父——冯克任（太学生）

曾祖父——冯敬修（贡修生）

祖父——正西院冯从善、正北院冯响平、正南院冯丕振、正东院冯志桥

父亲——冯春棠，字雨轩，因科举落榜，精神失常。

母亲——孙钗（河间十里铺孙申如之女）

大哥——冯佩璋（常年经营戏班）

二哥——冯蕴璋（候选为州判）

三哥——冯琥璋（以教书为生）

妻妾子女——元配夫人、吴凤，生长子冯家遂、次子冯家迪、三子冯家遇、长女冯家逊

继室——周砥、无子女

大姨太——生四子冯家迈、二女冯家祯、三女冯家贤

二姨太韩氏——无子女

三姨太何氏——生龙活虎四女冯家蝶

四姨太程氏——生五子冯家周

五姨太胡氏——无子女

简 历

1859年1月7日，出生在直隶（今河北）河间县西史经村。

1866年，7岁入本村私塾读书，5年后入其外公家所在地三十里铺毛公书院读书，1876年结业，考试名列前茅。

1881年到保定莲池书院进修2年，因家境艰难，1883年辍学回家。

1884年只身去大沽口投淮军，开始军旅生涯。

1885年进北洋武备学堂学习，每次考试都名列前茅。在学习期间，曾回原籍参加科举考试，考中秀才。

1890年北洋武备学堂毕业，被留校任教。

1893年投聂士成军中当幕僚，中日甲午战争前夕，随聂士成赴东北和朝鲜等地考察和测绘地形，编成《东游纪程》一书，被任命为该军军械局督办。甲午战争后，抄录和整理了几大本"兵书"，被袁世凯视为"鸿宝"，被委任为督操营务处总办，与段琪瑞、王士珍称为北洋"陆军三杰"。

1899年，冯国璋镇压义和团为清朝"立功"，次年由袁世凯保补用知州，随袁世凯入鲁，组成武卫右军先锋队20营。

1901年为袁世凯保定军政司教练处总办。

1901年11月，升为补用知府并加盐运使用权衔。

1903年，担任清政府练兵处军学司司长，亲手培养了一批具有浓厚北洋派系观念的军官。

1906年，署正黄旗蒙古副都统兼陆军贵胄学堂总办，与满族亲贵建立了密切联系。

1907年至1911年，一直任军咨使，曾条陈时事数万言，未被采纳，由是"钳口结舌"。

1911年为第一军总统，南下镇压武昌起义，在湖北按兵不动，迫使清廷起用袁世凯。

1911年11月1日，出任直隶都督兼民政厅长。

1913年12月16日，出任江苏都督，同年晋升陆军上将，后又授以宣武上将。袁世凯死后，为副总统，仍兼江苏督军。

1917年7月，以副总统代理大总统，通电讨伐张勋。张勋战败后，冯国璋依法将大总统职权还予黎元洪。

1918年8月13日，通电辞职。

1919年返回河间故里。

1919年12月28日病逝，终年60岁。

靠学问跻身政界要人

民国短短的38年中，出了八位大总统。他们各凭各的招，各显各的能，得以当此大任，其中唯一靠做"学问"而跻身政界要人、进而成为大总统的，却只有冯国璋一人。

冯国璋1859年1月7日生于河北河间县西诗经村，这是一个有着深厚文化沉淀的村子，又名"三十里铺"。当年毛苌讲解《诗经》，就在这个地方。后人为纪念这位西汉初年传授诗经的博士，不但在村旁建了毛公祠堂，还修了一所毛公书院。

冯国璋的父亲冯春棠，一生热衷于科举，几次落榜，竟至于精神失常。冯国璋的母亲孙钗，生于富裕之家，知书达礼、善良贤惠。冯国璋5岁时，父母就教他识字，顺便把刻苦学习努力钻研学问的精神和求取功名的理念，也牢固在他幼小的心中。

1866年，7岁的冯国璋带了父母的嘱托和希望，进入私塾。5年下来，他不但将《三字经》、《百家姓》、《千字文》，就是《论语》、《孟子》这些个经典，也能倒背如流。12岁时，冯国璋进入三十里铺毛公书院读书。

或许是地灵人来的缘故，书院里的学生，一个个都热爱读书、喜欢做学问，就是冯国璋的三个哥哥，一个个也都顺利地考取了功名。比较而言，冯国璋在学校的成绩最棒，平时考试总是名列前茅。他刻苦学习钻研儒经典，想靠了儒家的学问挣到份好功名。可是，到冯国璋"院试"（考秀才）时，却得了个名落孙山的结果。

冯国璋古文经典学得再好，却答不上院试《魏征和俾斯麦论》这样的题目，因为毛公书院的老师根本就没有给学生们讲过外国历史。此时的冯国璋，对俾斯麦还是闻所未闻，文章自然也就做不出来了。

这使冯国璋很沮丧，抱着深深的遗憾，于1881年进入省级高等学府保定莲池书院。这书院因坐落在保定古莲花池园林的西北角而得名,为清廷重臣直隶总督直接掌握,长期作为直隶文化、教育的中心,是中国著名书院之一。

按照冯国璋爱学习、肯钻研的个性,如果能够一直在这所学院读到毕业,中国很可能多出一位大学问家来。只是,因为冯国璋父亲精神有问题,家道没落,已经没有力量来供他读这么好、费用当然也很昂贵的学校。

万般无奈,冯国璋在保定莲花池书院刚读了两年,1883年时只好中断了学业,去到淮军统领刘祺那儿,做了一名自食其力的勤务兵。

淮军原是在曾国藩指示下由李鸿章招募淮地勇士编练的一支军队,称得上是中国近代军队的前身、大清王朝主要的国防力量。李鸿章就是有淮军的势力为基础,这才担任直隶总督兼北洋大臣,掌握了国家外交、军事及经济大权,成为晚清政局中的重要人物。

冯国璋进入淮军的第三年,正赶上1885年李鸿章以造就将材为宗旨,仿照西洋军事学院,创办北洋武备学堂。生源来自淮军各营挑选出来精健聪颖、略通文义的弁兵。其中特别规定:有文员愿习武事者,一并量予录取。

这是一所不但不用学生交学费,学生所得津贴还可以养活家人的学校。在刘祺的推荐下,经过严格考试,冯国璋有幸成了这所学堂第一期学员。

入校时的冯国璋不可能知道,对于个人的仕途来说,这所学校实际上是中国当时的第一学校。近代中国风云人物,多出于此。除了他冯国璋、曹锟后来当了大总统,段祺瑞当了国务总理,还有分任苏、赣、鄂长江三督的李纯、陈光远、王占元,山东督军田中玉,直系首脑吴佩孚等人。这些个民国时期名声响亮的人物,都是从这里走上他们纵横捭阖仕途之路的。

冯国璋当时不知道这些,他之所以要去北洋武备学堂读书,完全是出于对学习的兴趣。此刻在他心灵的深处,并不就想弃文经武,还在做着以儒家学问走科举入仕的美梦。直到1888年2月,在北洋武备学堂已经学及3年了,遇到河间大考,冯国璋还从学校赶回故乡,参加院试,一举考中秀才第一名。

早些年遗憾得到一些弥补,冯国璋从这次院试中看到了希望,到年底时，便再次满怀希望地去参加乡试，希望能再一考成为"举人"。结果，却名落孙山，冯国璋由此很是失望。

近而立之年的人了，读了十多年书，却没能考取一个举人，看来做儒家学问走科举之路自己是走不通了。冯国璋由此只好放弃科考，回到武备学堂安心军事知识的学习，做军事学方面的学问。

1890年，冯国璋以优异成绩毕业并留任武备学堂做了教官。1893年，以教官的身份投入时升任太原镇总兵的淮军将领聂士成麾下。

1894年6月，朝鲜爆发东学党起义，聂士成奉命随同直隶提督叶志超统兵2400余人赴朝鲜牙山作战，冯国璋以聂士成幕僚的身份追随前往。

在与日军的作战中，冯国璋感到了中国旧军队方方面面的弊端，渴望向日本学习改练新军，聂士成对他的这一想法很是赞同。战争结束后，聂士成升任直隶总督，即刻推荐冯国璋去中国驻日本公使裕庚身边做一名军事随员，留在日本，以便考察日本的军事科学。

心里有了想法，就得到这样难得的机会，冯国璋为了从日本了解学习到更多的军事知识，做好军事学的学问。他一面拼命学习日语，努力消除语言障碍；一面大量结识日本军界中有识之士，拜访请教，获取经验知识；同时留心考察日本的军事科学的有关成就，阅读大量日本的军事著作，并且一边学习，一边思考，一边整理编撰兵书。

天道酬勤，冯国璋的刻苦没有白费，当他1896年回国时，已经整理编撰出数册颇有实际操作和理论价值的兵书。

当时的中国，由于甲午战争的失败，国人都感到了国家的衰败。连个弹丸之地的小日本都打不赢，精英们实在是不服气，纷纷在探讨这其中的原因，渴望着通过学习日本来图强中国。这其中，包括了冯国璋，也包括了久住朝鲜与日本人交手多次的袁世凯。

为了强大中国的军队，袁世凯认为主要得加强军队的训练。1896年冯国璋从朝鲜回国时，袁世凯正在小站编练中国的新军。冯国璋在日本编撰的数册兵书中，不但有日本军队的战略战术，装器装备，其中最主要的，就是日本军队的新式训练方式。

袁世凯在小站练兵初始，已怀了颗天大的野心，他本来就是个求贤若渴的人，现在要办这么大的事，自然是四处托嘱友人，为他物色人才。聂士成与袁世凯，同为淮军系统，又是上下级与朋友关系，受托之后，也为了冯国璋自身的发展，便慨然地将冯国璋推荐给袁世凯。

1896年一个春光明媚的日子，冯国璋搭乘一列运送军械的火车，到达小站时，已经是夜幕降临。可是，暮色苍茫中，竟然有诸多的淮军将领在那里恭候。王世珍、陆建章、段祺瑞、段芝贵、曹锟、王占元等等等等，这些后来一个个在民国史上显赫的人物，此时都在欢迎他的到来。

冯国璋正感动不已时，有个魁梧的军官从人群中走来。他就是新建陆军督办，赫赫有名的袁世凯。

也正是他，有感于冯国璋过往的经历：既是武备学堂的佼佼者，又在中日甲午战争中立下战功，还考察了日本的军事。就因为这些，袁世凯相信他是个人才，是个自己应该礼贤的人才。当然，冯国璋最让袁世凯看重的，还是他的那几本兵书。

正是因为这几本兵书，袁世凯这才让小站的大人物们一起出动，都来欢迎他。

结果是，受宠若惊的冯国璋，从一见到袁世凯的面就下定了决心：此身愿为袁世凯去赴汤蹈火。

为冯国璋的接风宴是空前热闹的，特别是袁世凯谈到冯国璋兵书时的那句话："据我观察，当今军界学者，无逾华甫你的，真是军界学者第一、军事学问第一啊！"

袁世凯赞罢，哈哈大笑，众军官一起举杯一饮而尽，雷鸣般的掌声经久不息。

对于冯国璋，袁世凯不仅是盛情礼遇，大加赞颂，更是特别地量才量用。接风宴会中，袁世凯便大声宣布：委任冯国璋为督操营务处帮办兼步兵监督，没过几月，又擢升冯国璋为督操营务处总办。

士为知己者死，冯国璋遇上袁世凯，欲如虎回深山，龙归大海。今非昔比，大乱时期，儒家的学问看来已挣不到什么好功名，而兵家的学问一定可以让人在这个时代飞黄腾达。

　　冯国璋有了这样的感受，凭着自己一直以来的刻苦学习钻研精神，凭了自己对军事科学方面的知识，万分地克尽职守，努力工作，在军政司教练处总办的职位上，成为袁世凯得力的左膀右臂。

　　他一手编写的兵法、操典，后来汇集成《新建陆军操典》一书，成为中国近代陆军史上第一部军事理论著作，对中国新式陆军的建设，起到了巨大的作用。

　　在北洋军阀的创建时期，冯国璋不仅为袁世凯培养了大批军事骨干，也为自己造就了众多的门生，培植越来越大的私人势力，为他后来能够充当直系首领，打下了最牢实的基础。

　　1899年袁世凯升为山东巡抚，新建陆军开赴山东镇压义和团运动，改成武卫右军。冯国璋奉命将山东旧军加以改编，组成武卫右军先锋队20营。

　　1901年，袁世凯升任直隶总督兼北洋大臣和练兵处大臣，而后再加封太子少保衔。权倾一时的袁世凯，成立了军政司，他自兼督办，把军政司属下三处之一的教练处，交由冯国璋负责，委任他为教练处总办。此时武卫右军又改称为北洋新军，成立三个协，协统依次为王士珍、冯国璋和段祺瑞。

　　在以练兵起家的袁世凯眼里，冯国璋就是一个练兵的专家，是一个"才具明通，谙练武备"的大人才。基于此，特别在军事教育上，袁世凯对冯国璋格外倚重。

　　遇上袁世凯之后，冯国璋如鱼得水，随着北洋势力的迅速扩大，袁世凯的地位不断升迁，冯国璋也随之脱颖而出，职务跟着迅速上升。

　　从1896年到1905年，冯国璋已由一位督操营务处帮办，升任到北洋军阀军政司教练处总办、练兵处军令司正使、北洋行营将弁学堂督办、保定北洋陆军学堂和陆军师范学堂督办等职，成为与王士珍、段祺瑞并驾齐驱的"北洋三杰"之一。

一枝独秀的日子

自大清朝建立起来之后,朝廷内外,满汉之争就从来没有间断过。在大清王朝,为官要做得顺当,除去本人的能力之外,其中最重要的一点,就是得到满清亲贵的认可。在这一点上,冯国璋以他圆滑的为人,做得非常出色。

1905年,袁世凯的北洋六镇编练成军。拥有这只崭新军队的袁世凯立刻遭到满清亲贵的忌妒,开始采取惯用的明升暗降之法,解除袁世凯手中的兵权。同时,对北洋将领的升迁,全面冻结。

往日里随着袁世凯升迁也不断升迁的北洋将领们,如今官做到哪就是哪了,甚至在以后的五六年里都再无升迁。在这件事情上,唯独冯国璋例外。

第二年,清廷模仿袁世凯,要建一所完完全全属于自己的陆军贵胄学堂。学员清一色满人蒙人,目的就是要培养满蒙的高级军事人才。

可谁来做这学校的总办呢?朝廷在满蒙人中找了个遍也找不出一个合适的人选来。因为这人不但要有带兵、实战的经验,还要有治军才能,特别得有最先进的军事理论知识。

要找这样的人已经是很不容易了,在上述条件的基础上还得再加上一条,就是必须对清廷忠心耿耿。因为这诸多条件,满蒙人中找不到,汉人中提了许多名也得不到几个赞同的。只是到了后来,当有人提到冯国璋时,情况就截然不同了。

首先是朝廷重臣荫昌立即赞不绝口,接下来是当时清廷的排汉代表、少壮派军官良弼,竟然也对冯国璋推崇备至。有了这俩人投赞成票,冯国璋很快做成了陆军贵胄学堂总办。

冯国璋能得到满人的一致推崇,这与他平时的为人分不开。

对他推崇备至的良弼,是大清开国大功臣多尔衮的后代,毕业于日本士官学校，壮志凌云，决心效仿日本明治维新，重振大清。朝廷练兵处成立，良弼立马调集各地士官生，以此来对抗北洋派，由此与北洋派磨擦不断。

有一次，良弼同军令司的一名军官发生争吵，弄得军令司正史段祺瑞很生气，一时控制不住，当众指责良弼说：

"良大人，你的手是不是伸得太长了些，我们军令司的事，也要让你来插？"

良弼身为王室之后，何人敢如此斥责他，一时恼羞成怒，大声与段祺瑞理论起来。段祺瑞生性耿直、脾气较大，而且手握重兵，岂能容得了一个少壮派军官在自己面前高声大叫，便猛一拍了桌子，指着良弼怒斥道：

"你不要在这里吵闹，这是我的地盘，不欢迎你！"

良弼听了，顿时羞得满脸通红，气得浑身发抖。他何曾受过这般羞辱，两眼瞪瞪地看着段祺瑞，眼看着更大的冲突就要发生。这时，身为军令司副使的冯国璋闻讯赶到，看了段祺瑞一眼，一手拉着良弼，一边拥着他往外走，一边赔着笑脸说：

"赍臣啊，你可别跟芝泉在这种事上生气，他这个人就这脾气，不是冲你一个人，他和我也经常这么的。我们走，我请客，喝酒去！"

就这么连推带劝，冯国璋使良弼下了台阶，也保住了面子，一顿酒之后，良弼对冯国璋说："你这个人，行！今后一定比那姓段的混得好。"

良弼一句无心的话，没曾想后来倒成了真，到黎元洪下台后，冯国璋的职位还真跟段祺瑞的掉了过来。这是后话。早些年，冯国璋在做驻日本公使裕庚的随员时，就是利用随员的身份，结识了日本军界的一些能人，为他"兵书"的编撰提供了方便和帮助。现如今，他做了陆军贵胄学堂总办，权力提升倒是其次，有了这顶官帽，便有了许多接近满蒙亲贵、朝廷政要的机会，这对于冯国璋仕途的发展，这可是大有裨益的事情。

特别好的美事还有，学堂附设了个王公讲习所。授课的主讲老师，就是他冯国璋这个学堂总办。常给王公亲王们讲课，与这些掌控大清国臣子，特别是汉臣的王族们的关系，自然就密切了许多。再加上，关于军事科学，冯国璋本来就深有研究，如今站在讲台上，引经据典、深入浅出、娓娓道来，使得那些王公亲王们,一个个屏息禁声、伸脖子瞪眼、听得津津有味,对冯国璋的渊博军学,无不翘指夸赞。

本来就已经得到清廷的认可,如今又得了王公亲王们的欣赏,冯国璋的仕途,在袁世凯及其属下受妒忌而被打压时,仍能一枝独秀,一如既往地节节攀升。

1906年,冯国璋任陆军贵胄学堂总办的同时,被授正黄旗蒙古副都统。年底,清政府在河南彰德举行南北两军第二次秋操,又做南军审判长。1907年,清政府陆军部附设军谘处,冯国璋在众多王公亲王们推荐下,出任军谘处正使。

接下来的1908年,到了11月14、15日这两天,光绪皇帝和慈禧太后,这一对生前的冤家祖孙,竟都相邀着在20小时内先后离开人世,冯国璋有幸当上清西陵梁格庄值班大臣。

这对冯国璋来说,自然是件天大的好事,清廷把老祖宗的墓地都敢交由他来负责,足见对他的信任。可是,由于光绪皇帝的死去,也发生了件令冯国璋非常担心的事情。

因为光绪皇帝的死,醇亲王载沣的儿子溥仪做了嗣君。这载沣,正是光绪的亲弟弟。冯国璋知道,光绪帝被囚于瀛台,维新六君子被杀,都与袁世凯的告密有关。这回因嗣君溥仪年级尚小,按照祖例,由父王载沣监国摄政。

"这载沣,是一定会报袁世凯'出卖'他哥之仇的,袁世凯性命甚忧!"冯国璋这么想着,额头上急出星星点点的汗珠。

紧接着发生的事情也确实如此:载沣执政后的第一件事,就是要除去袁世凯。实际上这是件于公于私他都得做的事情。

于公来说,当时全国有战斗力的军队的军权几乎都掌握在汉族将领手中,特别是袁世凯掌管的北洋新军,形成尾大不掉之势。于私,对袁世凯出卖光绪,载沣早就已经恨之人骨,非欲除之而后快。

可是,当他与大臣商量怎样除去袁世凯时,许多人都说不能杀,大家担心杀了袁世凯会引发北洋新军大乱。载沣本来就生性懦弱,听了大臣们的意见，正在犹豫，袁世凯自己来了，提出有足疾，需回家养病。

这一来载沣松了口气，正好借此解除袁世凯的一切官职，让他回籍养病。

有足疾一说，实际上是袁世凯有意为之。对于载沣做了摄政王后自己的危险处境，对于怎样才能化险为夷，袁世凯其实早已成竹在胸。

就这样，袁世凯运用智慧以退为进，主动请归故里，免去一场灾难，当他举家离京时，与昔日权重一时、处处八面威风的种种场面相比，未免显得有些凄凉。瞬间成了一介平民的袁宫保，往日的同僚属下因恐于当朝的摄政王载沣迁怒，此刻一个个都藏匿在家，就是想也不敢前来送行。

深谙世故的袁世凯，当然知道会是这样的结果。他神定气闲、微闭双目，安然地坐在车里。

"大人、大人！"

竟还有十分恭敬的声音在呼唤，袁世凯睁开眼来，面前站的果然就是冯国璋。

"我就知道你会来，只是你还是不该来。"

"我应该来。"

"是应该来，但还是不该来，因为我知道你。"

听到自己的恩人这么说，冯国璋感动地流下泪来，颤声地说："大人此去保重，我会常来看你的。"

"一定不要来。"袁世凯肃然地说，见冯国璋一脸困惑，这才又补充道："有事时，我会派人来找你。有什么新的趣事，你只需派个人来相告一声就行。"

"这……"

"必须这样，也只能这样！"

冯国璋这才番然醒悟，连连点头。

"我今日如此，影响你们发展了。要多加注意，尽量减少我对你们的影响。北洋复兴，该是有日的。"袁世凯最后一句，说得斩钉截铁。

载沣早在18岁这年（1901年），曾为庚子年德国公使克林德被杀事件出使德国，向德国皇帝赔礼道歉。正是这个吃力不讨好的差事，使年轻的载沣得以见到西方的军校、军火企业、博物馆、电机厂、造船厂，由此大开眼界。当时的载沣，"举凡外洋风土人情，随地随时留心考察"。

袁世凯"开缺回籍"后，载沣决心效法德国，紧锣密鼓地采取一系列军事措施，为的就是加强清皇室对全国军事力量的控制。

为此，他下达了一连串的命令：编练禁卫军，作为直隶摄政王的亲军；裁撤近畿各省的新军督练公所，近畿各省新军均归陆军部统辖；贵胄学堂，专收满人……到1909年，他干脆代皇帝任全国陆海军大元帅，宣布统一全国军政大权。

如此般条条命令，种种作为，就是要让清室控制军队。他任用满人载泽、毓朗、善耆等掌握建立新军事务；任命桂良、凤山为江宁、广州将军，荫昌为陆军大臣；委派胞弟载洵、载涛分赴欧美各国考察陆海军……

如此一来，在这段时间中，汉族官员们一个个除了受到排挤压制，压根就没有升迁的可能，特别是袁世凯旧部的军官们，差不多个个都遭到贬黜，就连备受清廷推崇的段祺瑞，也被明升暗降夺去了兵权。

1910年5月25日，清廷以段祺瑞督办北洋陆军学务有功，赏头品顶戴。12月18日，又加侍郎衔，外放任江北提督，留驻江苏清江浦，负责本地治安。

惟有冯国璋，都处贬黜之外。1909年，军谘处改为军谘府，冯国璋还擢升军谘使，恰逢宣统登基，再加封一级。此前冯国璋就任清西陵梁格庄值班大臣时恩诏加一级，同年底因效忠清廷，恭逢恩诏又加一级，如此连加三级，这在北洋派里绝对是绝无仅有的。

载沣对冯国璋的器重，由此可见，其趋势，大有以他冯国璋来代替袁世凯。能得到载沣如此重视，冯国璋自然是分外珍惜，在军谘使的职位上，他倾尽智慧和经验，就中国当时的练兵方法、军事教育的加强、军队素质的提高，以及认识利用中国地理条件、改置军事区划，等等方面都作了精辟分析，提出了必要的改进措施。

遗憾的是，此时的载沣，为加强清皇室对全国军事力量的控制，任用依靠的一群满清亲贵，大都是些无能却权欲极重的庸才。冯国璋的洋洋数万言的改进措施，一句也得不到采纳。

这对冯国璋来说，是一个沉重的打击，对清廷失去信心。从这以后的一段时间里，他"钳口结舌，随声画诺，不复言天下事了"。

而载沣的一套亲贵揽权的做法，结果不但达不到巩固清室江山，加强皇室地位的目的，反而是加快了清王朝的覆灭。

对清王朝心灰意冷时的冯国璋，刚到知命之年，正是干大事的时候，满腹经纶、壮志凌云，却无施展才华之地，于是乎越发地怀念起自己的大恩人、老上司袁世凯了。

手中有支精悍的军队

一个政治领袖在用人问题上做得不够好，或者说做得不是很出色，就是他在自掘坟墓。载沣，就是这么个人。

对于冯国璋，载沣是一直用着的，可又不是格外的重用，也就是说不能像袁世凯那样对他，既然这样，却又要在关键时刻让他统领国家的一支最主要军队去作战，这时就已经种下了后来的苦果。

就在冯国璋对清廷心灰意冷、哑然禁声时，1911年10月10日，爆发了武昌起义，汉阳与汉口，很快为义军占有，紧接着是全国多省的响应。载沣急了，即刻组编三个军，由荫昌督率第一军、冯国璋督率第二军、载涛督率第三军。一二军前往湖北镇压义军，第三军留守京城。

此刻的冯国璋，手握重兵，成了载沣镇压义军的最大希望，可他的心已与清廷已经有了隔离，受此重任的当天，不去积极备战动员，而是悄悄地跑到河南彰德——袁世凯的故里去请示机宜。

不善用人的载沣，此时还在希望着冯国璋马到成功，就像以前灭太平军一样，一举灭了义军。他哪里知道，此刻掌握他大清江山一半命运的冯国璋，根本就不去听他的。

悠然闲居的袁世凯，见了急急赶来的冯国璋，会心一笑，听完他对载沣安排打算方面的介绍，缓缓地吐出六字真言："慢慢走，等着瞧。"

前方的起义火焰呼呼燃起，革命军正四处攻城占地，节骨眼上，比救火还紧要万倍，而袁世凯却送他这六个字。冯国璋听了，心领神会，深感袁大人计高一筹，深不可测，于是依计而行。他命令先头部队，到了前线莫忙与敌交战，先把营寨安扎牢实，然后再修筑好工事，等待命令；后继部队，则不能操之过急，应该边走边看，等候前线消息。

两个"等"字，正好与袁世凯的两个"慢"字呼应，真可谓是珠联璧合。这边，却急煞了前线的总指挥、曾是冯国璋恩人的荫昌，他连连下达命令：着冯国璋二军火速进军。

冯国璋把军令捏在手里，在临时指挥部里走了几个来回，点点头说："转报总指挥，冯国璋坠马受伤，力不从心。"

正急切等待着冯国璋部进攻消息的荫昌得到这样的回报，只能苦苦一笑，长叹一声。他现在已经知道这里面的蹊跷，于是给朝廷建议说："不启用袁大人，二军恐难发挥作用，革命党武装也就难以剿灭。"

就因为冯国璋的迟滞不进，南方的革命势力，已如燎源之火，熊熊燃烧，起义风暴，正迅速地波及南方各省。惊惶失措的载沣，正指望前方带来个让他高兴的好消息，结果却是荫昌这样的建议，一时直惊得目瞪口呆。

可事已至此，有什么办法呢？载沣瞪过呆过之后，又犯了个更严重的错误，对袁世凯宽恕，再次起用他，却还是那么无知地仅给袁世凯一个湖广总督的职位。

袁世凯接到载沣的任命，只是冷冷的一阵笑，摇摇头对来人说："去告诉摄政王，袁某足疾未愈，实难效命。"

载沣得到如此回报，又气又恼，却又没有办法。"这个袁世凯，他究竟是什么呢？难道是想要我大清朝的天下！"

这话于载沣来说，只是一句气话，而于袁世凯来说，心中还真就是这么想的。

载沣说完气话，让奕劻派徐世昌去跟袁世凯谈，看他究竟是要达到什么条件，才肯出山。

1911年10月20日，徐世昌来到袁世凯的故里彰德。袁世凯知道这一次载沣是真急了，于是也就不客气，一口气提出了召开国会，组织责任内阁等六项条件。除此之外，还保荐自己的心腹王士珍襄办军务，提出让冯国璋到彰德来与他共商战事。

袁世凯提出这些条件，送走徐世昌，立马派人告诉已到前线的冯国璋："暂作守势，以观时局"。

冯国璋便在前线作壁上观，致使荫昌的一军无法作战，而革命之火，如有大风相助，越烧越烈。载沣再也熬不住，只有答应袁世凯提出的所有条件。冯国璋得到朝廷的饬令，大摇大摆地来到彰德，给袁世凯详细汇报了前线的战况。

袁世凯听完汇报，已是全局在胸，于1911年10月23日，又向载沣提出任命冯国璋为第一军督率的要求。

这分明就是要削夺朝廷仅掌握的一半兵权，把整个大清王朝的命运都揽在他袁世凯自己的手中。懦弱无能，驭人能力太差的载沣，面对破败的局面，竟然答应了袁世凯的要求，还连发四道上谕，授予袁世凯为钦差大臣，接掌前线的全权指挥权。

载沣把自己连同大清朝的命运，都交给一个曾经背叛过自己的哥哥，曾经被自己开缺回籍，野心勃勃的汉臣手上。这样一来的结果，无论是对载沣还是对清王朝，毁灭只是迟早的事情。

袁世凯看到自己提出的所有条件都满足了，认为该展示一下自己的力量了，于1911年10月27日，给刚接手第一军督率的冯国璋下达了进攻的命令，给刚接手第二军督率的段祺瑞下达了接应的命令。

命令下达之后，袁世凯随即南下，他要亲自助阵督阵。军队还是原来的两个军，可到了袁世凯手上，情况较之原来在荫昌手上时可就是天上地下啦。

在向汉口发起进攻时，为扫清路障，冯国璋断然下令：炮轰城区，放火烧城。激战三天三夜，黄兴、熊秉坤等招架不住，在惨烈的牺牲之后，1911年10月29日汉口失守。

冯国璋占领汉口后，又马不停蹄地进攻汉阳。此时冯国璋手下共有3万多人，在人数装备上均占优势，一战下来，起义军损失惨重，以伤亡3300多人为代价丢弃汉阳。

义军总指挥黄兴为此痛不欲生，甚至想以死殉职。多亏为部下劝阻，才于1911年11月27日在冯国璋占领汉阳后离开武昌。

袁世凯重新出山，冯国璋大展宏图，武汉三镇，没几天就攻克两镇。占了汉阳这个制高点，冯国璋居高临下，下令炮击武昌。革命军危在旦夕，最后的堡垒武昌，备受威胁。

朝廷重新起用袁世凯之后，捷报频传，上下欢欣雀喜，载沣下诏，赏赐冯国璋"二等男爵"，命令他一鼓作气，全歼义军，攻克武昌。冯国璋情绪激动，对朝廷脱口而出"愿为朝廷效死"的豪言壮语后，掉过头来，命令他的部下："同仇敌忾，一鼓攻下武昌！"

可就在这时候，冯国璋接到了袁世凯的命令：暂停进攻，以观动静。

前四个字明明白白，后四个字有些不明不白，可冯国璋还是明白了。袁世凯不想一鼓作气消灭革命党，目的是留下敌人，养大自己。这袁世凯，野心也太大了些，莫不是想取清廷而代之！

冯国璋想到这些，倒抽了口冷气。他的心里是向着袁世凯，可是眼下重兵在握，只需再努一把力，武昌便可拿下，这对他来说，为朝廷建了多大的功劳！到起义一旦平息时，朝廷很可能再打压袁大人，可对他冯国璋，岂不是会因此另眼相看。那时候，他冯国璋不能取代清廷，却完全可以替代袁大人。

想到自己会有如此辉煌的前程，冯国璋头脑呼地火热起来。他匆匆地赶到后宫，面见薄仪的母亲隆裕太后，闪闪灼灼地陈述了攻克武昌有来自"上面"的困难，然后明确表示，若信得过他冯国璋，就让他以第一军之力，也可胜任讨伐革命军的重任。

隆裕太后听了，思前想后一会，同意了冯国璋的意见，命他全权指挥第一军，无须听从袁世凯制约。冯国璋欣喜若狂，想到今后的辉煌，连夜赶回前线，安排布署，准备进攻武昌。

遗憾的是，冯国璋还没来得及下令开枪开炮，隆裕太后那边就有了变化，答应给的饷银没能拨出，连懿旨也变得模糊起来，由原来的"军事安排上可以自行定夺"，改为"紧急军务可以自行定夺。"

冯国璋一时大为恼火，正犹豫时，袁世凯一道军令下来：冯国璋屡建奇功，调回为禁卫军统。第一军军统之职，由第二军军统段祺瑞接替。

冯国璋虽然感到有些窝心，但却不得不按袁世凯的命令办。交了军权，回到北京，赶忙去拜见袁世凯。冯国璋作出诚惶诚恐的样子，为自己分辨道："我这个人太愚钝，没有深解大人的心意，差点好心办了坏事，真对不起。"

袁世凯笑笑，抚着他的背说："华甫啊，我思前想后，禁卫军军统实在是太重要了，才能出类拔萃不说，更重要的是能够忠心耿耿。这样的人，现在难找哇。非你莫属，非你莫属，就只能调你回来了。"

冯国璋听了，脸露桃色，不敢正视袁世凯。

"放心吧，前线从此怕是没什么战事了。"袁世凯再抚抚他的背，意味深长地说。

冯国璋听了袁世凯的这句话，心中暗自佩服袁世凯的老谋深算。养兵自重，这回袁大人真是要取清廷而代之了。心里突然冒出这句话来，冯国璋倒抽了口冷气，而后又在心里嘱咐自己：从此可不要再得罪袁大人了，这清廷天下，根本就没有他的对手。

冯国璋不能一鼓作气拿下武昌，而是回到京城来做了禁卫军军统，载沣又是失望又是高兴。失望自然是革命党不能迅速消灭，高兴是他认为冯国璋因此会与袁世凯分道扬镳，于是大罢酒宴，为冯国璋接风洗尘。

载沣哪里想到，此时的冯国璋，继续追随袁世凯的心意已决，又岂是几杯美酒能改变得过来，由于驭人无术，大清朝这最后的日子让载沣给弄得更短了。

早在出山之前，袁世凯就谋划了一盘好棋，他的官曾经做到权倾朝野，这回要争的，便只剩下大清江山了。只有把整个江山都捏在自己手中，才可能使自己不再做让人呼来唤去的奴才。

　　袁世凯要做主人了，而且此时的他已经占尽了天时地利人和。冯国璋替他攻克了汉口、汉阳，在革命党人面前展示了自己的威力。在袁世凯看来，此刻的革命党人已惧他七分，他可以使用软的一手拉一下，使之为自己所用了。

　　于是，就在刀光剑影背后，袁世凯两面出击，一面与革命党人谈条件，一面与清廷谈条件。谈到最后，从革命党人那儿，挣得了孙中山等对自己的承诺：只要皇帝退位，大清朝换成民国，孙中山就把刚做上的民国临时大总统让袁世凯来做。这样一来，等于是说让袁世凯来取代大清皇帝。这正是袁世凯一直在努力争取的，当然就欣欣然同意了。

　　而清廷方面，只能在退位后的待遇上得到一些恩赐。当时主张废除帝制的人里面，明显地分成两派，一派主张将清室扫地出门，另一派却主张对清室施以优待。冯国璋是优待清室派，这一点，正合袁世凯的心思。

　　袁世凯推倒大清王朝，只是想取而代之。对这个腐败的朝廷，他还是心存感激的。因为不管怎么说，没有大清，就没有他袁世凯的今天。基于这些，袁世凯命令冯国璋：以禁卫统帅的身份，表面上表示忠于清廷，实际上加紧逼迫清朝皇帝退位，此事一定和平解决。

　　1912年2月14日，由冯国璋暗中串通，联络60名将领，通电全国："北方军界，不忍生灵涂炭，现多主张共和政体。"通电一出，清廷震动。

　　动乱之时，军人意向自然是决定政治团体荣辱的风向标，军人主张共和，再坚持帝制，自然是没有出路。

　　走投无路的清廷，万般无奈之下，只好于1912年2月10日宣布退位。

　　一个月后，3月10日，袁世凯经过国会选举、宣誓就任中华民国临时大总统。

　　冯国璋在清廷的退位过程中又立下大功，袁世凯当然要为他加官进爵。1912年9月，临时大总统袁世凯任命冯国璋为直隶总督兼民政长，同时兼任禁卫军总统。

正是禁卫军总统这个头衔，使冯国璋手中有了一支精悍的军队，为自己今后的仕途发展，打下了牢固的基础。

反感袁世凯

独裁是人性的劣根，一旦出现在位高权重的统治者身上，血案便会不断发生了。袁世凯做共和国临时总统，宋教仁试图经营好国会以限制他的权力，以防他搞独裁专制。不久，宋教仁便被人暗杀了。

当查出了凶手就是袁世凯所指使后，孙中山领导了"二次革命"，武装讨伐袁世凯。

此时的袁世凯，翼翅已丰，自然是针锋相对。他命令最得力的战将冯国璋为第二军军长，与"辫子军"统领张勋，俩人合力进攻南方革命党人军事大本营南京。

这张勋，为人忠义，在军事上很有一套，由于镇压义和团运动立了战功，颇受皇室恩宠，历任云南、甘肃、东南提督，武昌起义后为江苏巡抚兼署两江总督。为表示对大清的忠诚，张勋本人及所部均留大辫，时人称为"辫子军"。对这样一支心向清朝的部队，袁世凯自然放心不下，唤来冯国璋意味深长地说道：

"南京自古便称之为虎踞龙盘之地，你此次与少轩（张勋字）前去，我给你们立个规矩，还是象前人曾做过的那样，先入城者为王。你好自为之，我希望这南京王能由你来做。"

冯国璋听了，眨巴着眼，对袁世凯做出为难的样子。在他心里，南京虽好，但北京似乎更好，所谓"南京王"也就是个江苏督军，这于他现居的直隶督军比，他情愿还在原来的位置上。可对袁世凯来说，在东南重心的南京放上冯国璋这样一个棋子，他更放心。

袁世凯说完那几句，目光就一直没离开冯国璋的脸，见他脸露难色，基本上已明白了他心里在想什么，虽然很不高兴，却还是笑眯眯地说："华甫，是不是怕输给少轩的辫子军？"

冯国璋听了，趁势说道："是啊，少轩不比别人，太厉害了。而且，他又占了地利之便。"

袁世凯笑了，说："我看你赢得了他，只是第一个进南京城的人，牺牲恐怕会太大。"

冯国璋听袁世凯这么说，心里反倒松了口气。我冯国璋的军队就是你袁大人的军队，我总不至于为了我能做南京王就牺牲你袁大人的军队。有了这充足的理由，冯国璋可以放心南下南京了。

情况果然如袁世凯所料，南京的"讨袁军"十分英勇，与率先到达的"辫子军"在天堡城展开攻守大战，双方你来我往，天堡城五易其手。战争打得十分惨烈，直打得城门前的尸体堆积如山，"讨袁军"再也无力重新夺回天堡城，而这个时候，辫子军已经死伤近半。

张勋带着他们进入朝阳门，又被遍布的地雷炸倒了一大片。仗打得这么大损失，张勋事先没有料到，哭丧着脸让士兵炸毁太平门的一段城墙，这才攻入太平门，进了南京城。这是1913年9月1日清晨，而冯国璋的军队，慢了张勋一个上午，直到中午时才攻入南京城。

冯国璋如愿以偿，军队没受什么大的损伤，又让张勋得到了"先入城"的荣誉。在南京城休整了九天，于9月10日，冯国璋依照原先的约定，离开南京，得意洋洋地打道返回直隶。

可是，好景不长。冯国璋在直隶刚呆了两个月，袁世凯一纸令下，还是任命冯国璋为江苏都督。理由很有力，张勋治军无方，他的辫子军入城后烧杀掠抢，不仅引起南京市民的强烈抗议，就连日、英、美等国公使，也纷纷起来斥责张勋。

"华甫，我此举也是没有办法。众怒难违，众怒难违啊！"袁世凯将南京市民的万人签名抗议书和日、英、美等国公使的联合抗议书推到冯国璋面前，眯细着眼睛说："这个张勋，真不得人心。自古就有得人心者得天下一说，张勋这是咎由自取，怨不得他人。"

情况如此，冯国璋也无由再推辞，只好离开直隶，往南京赴任。袁世凯送走冯国璋，心中一阵欢喜，想到冯国璋曾经的背叛，却又有些不放心起来，正想找个事情来好好笼络一下冯国璋，恰好他的儿子袁克定来与他商量件关于冯国璋事情。

原来，冯国璋到了古都南京之后，突然有了再找一个贤内助的想法，于是便托嘱儿子冯家遂来办这件事情。冯家遂跟袁世凯的儿子袁克定同龄，说话又比较投机，便给袁克定讲了父亲想娶个姨太太的事。

袁克定一听，想到府里的家庭女教师周砥，认为一定能满冯国璋的意，就忙去跟他的父亲商量。袁世凯一听，非常高兴，连夸儿子会想事情。

冯国璋的结发妻子吴凤在1910年7月病逝，距此时已有3年多了。冯国璋的身边，虽然还有四位姨太太，但都是些花瓶玩物之类，如想带一个出门应酬公事，却怎么也挑不出来。正因为如此，冯国璋才让儿子来给自己物色一个。

周砥名门出身，祖上是明朝大学士周延儒，祖父是淮军名将周盛传。周砥曾先后就读于天津学堂和北洋女子师范学院，不仅人长得漂亮，气质优雅，而且很有学识，谈吐大方。或许是因为条件太好，缘遇又不佳，直到三十岁了，还没找到一个可心的人，在学校院长的推荐下，就进了袁府当家庭教师。

这一当，转眼已有3年了。随着时日流逝，周砥与袁府上下，相处十分融洽。因为周砥祖父的缘故，袁世凯对她也比较爱护，周砥对袁世凯，也就忠心耿耿，甚至对外放出话来：此身再不嫁人，一心为袁家培养后代。

对这样的女人，袁世凯本舍不得她走。可是作为一个野心勃勃的政治人物，能用她来笼络手下最有实力的一员骁将，袁世凯认为这事还是值得。于是亲自为冯国璋保媒，以周砥娘家自居，送去120担金银珠宝绸缎做嫁妆，热热闹闹地将周砥嫁给了冯国璋。

袁世凯的一番苦心没有白费，紧接着就换得了冯国璋丰厚的报答。已经做了临时大总统的袁世凯，接下来当然是要做正式大总统。这似乎不怎么难，只不过稍费点心事就给办成了。

1913年，袁世凯镇压了二次革命，于10月6日，经国会选举为第一任大总统。只是再正式的大总统，也有下台的一天，因为任期总是有限的。袁世凯因此还是不满，他要做终身的大总统。

要达到做终身做大总统这个目的，这其间有许多事情要做。譬如说首先要解散国会的主角国民党，然后再解散制约总统权利、选举总统的国会，再就是得废除对总统权利制约、规定总统选举一系列事项的《临时约法》。这些事都办妥之后，只要再颁布新的规定总统终身制的什么"约法"，然后再废除内阁制，就可以畅通无阻地实行总统终身制了。

这一系列的事情，要办成都要得到来自军方的有力支持。袁世凯把自己的想法暗示给冯国璋，冯国璋完全按照袁世凯的意图——都认真地给办好了。每一次解散、废除等事件，冯国璋都跳出来高呼支持、支持、再支持！特别是在废除内阁制，制定总统终身制的过程中，冯国璋不吝跳出来振臂高呼，于1914年元月通电全国：

"中国应于世界上总统之外，另创一格。总统有权则取美国，解散国会则取法国，使大总统以无限权能展其抱负。"

有了冯国璋的鼎力支持，袁世凯诸事顺顺利利。1914年1月10日，袁世凯解散了国会，4月29日，通过所谓"中华民国约法"，又称"袁记民三约法"，把总统权利扩大到专制皇帝的程度，改责任内阁制为总统制，废除国务院，设国务卿"赞襄"总统，第一任国务卿为原清朝官僚徐世昌。在总统府内设政事堂，作为办事机构。由总统任命若干参政，组成供咨询的参政院，并代行立法机关的权力。

至此，辛亥革命后所建立的资产阶级民主制度，包括《临时约法》、国会等，全被摧毁。到12月29日，袁世凯公布《修正大总统选举法》，规定总统任期10年，得连选连任。这样，袁世凯就将成为实际上的终身总统了。

袁世凯如原以偿地做成了终身大总统。冯国璋由此密切了自己与袁世凯的关系，同时又壮大了自己的实力。

袁世凯坐上中国权力的顶峰，北洋派统治天下。而此时的冯国璋，无论政治地位、军事势力，还是个人声望，都在对袁世凯的支持中脱颖而出，成了北洋将领中的第一人。

袁世凯终身总统是有保障了，可在具体的施政当中，还是让他深深感到不如往日的皇帝那么说一不二，这使袁世凯有些儿遗憾。更主要的，还有他那个结发之妻生的大儿子袁克定。父亲做了总统，他倒是沾了大光，可一想到父亲百年之后，他还是只能称为公子，便有些惶惶然了。于是，这袁克定便拼命鼓动他老子袁世凯，干脆做皇帝好了！

袁世凯做了皇帝才好，这念头除了袁克定之外，还有一大帮子相关的人，一些是前朝留用下来的遗老遗少，还有一些有皇帝心结的大臣，再有就是袁家的整个家庭中大多数人，他们都盼着袁世凯能做皇帝，自己也好沾沾"帝气"。

关于做皇帝，袁世凯心里本来就想，如今又有这么多人来拥护来凑合。袁世凯便下了决心，自己做做皇帝。这决心一下，袁世凯开始暗中进行有关的准备工作。

袁世凯判断事情，大都能十分准确，关键不仅是他看问题能入木三分，更是他看问题能抓住要害，能从利害关系来分析判断。做皇帝和做总统最大的不同就是自己接班人的问题，总统死后首先得由副总统来继任，而皇帝死后则是由儿子来继任。

如今，冯国璋羽翼已丰，刚刚出任江苏都督，又晋升陆军上将，再授以宣武上将……若是总统制，自己死后接任的，除了黎元洪，应该就轮到他了。若改为帝制，自己死后，冯国璋这些人就永远是个臣子。基于这样的想法，袁世凯决定将自己要做皇帝的事对冯国璋严格保密。

俗话说，世上没有不透风的墙。冯国璋何等精明之人，袁世凯有了动作，再对他保密，还是让他给发现了些蛛丝马迹。只是这样的消息得不到袁世凯本人的确认，他不愿相信，于是便去了北京。

"外间有传言，说大总统要改帝制，请预为秘示，以便我在地方上着手布置有关事宜。"

冯国璋处世有方，试探恰到好处，以袁氏心腹自任，请求秘示，使得自己能够为此早做准备。妙就妙在一听消息，就为袁大人着想，只想为其分忧解难。

冯国璋精明过人，袁世凯更是料事如神，冯国璋此番言语背后的想法，他清清楚楚，听了之后瞅着冯国璋一笑说：

"华甫！你怎么也信那些？我们在一起这么多年了，我想什么你不知道？这样的谣言之所以会产生，你认为会是因为什么？"

没想到袁世凯竟这么问自己，冯国璋皱紧眉头，做成努力思考的样子。袁世凯再次一笑说：

"我看，有这么两种原因：一是，许多人都说我国骤行共和制，国人程度不够，要我多负点责任；二是，新约宪法规定大总统有颁赏爵位之权，遂有人认此为改革国体之先声，但满蒙回族都可以受爵，汉人中有功民国者岂可丧失此种权利？这些，都不过是无风生浪的议论。你说对不对？"

冯国璋松开皱紧的眉头，抬起头来望着袁世凯，还没等他开口，只听袁世凯又说：

"你我都是一家人，我的心事完全可以向你明说。你看看我现在的地位，与皇帝又有什么区别？所贵乎为皇帝者，无非为子孙计耳。可是，我的大儿身有残疾，二儿想做名士，三儿未达时务，他们都不是做皇帝的料也不想做皇帝。至于其余的一些儿子，他们都还年幼，又岂能付以天下之重？更主要的是，我认为，帝王家从无善果，就算为子孙们打算，我也不能贻害他们。你说是不是？"

冯国璋听到这里，这才放下心来，连忙点头称是，说："是！是！确实是大人说的。只是那些南方人闲话太多，说来说去都因为不明了大人的心迹。但是，到了将来，中国转弱为强的时候，到了天与人归的时候，大人虽谦让为怀，民意恐怕推也推不掉。"

"什么民意！无论什么时候，能讲出话来让大家都听到的，哪里会是什么纯粹老百姓的声音。人生在世，没有一点特权，哪里会有让人听到他的话。"

冯国璋听了，暗暗地在心里喝彩，接着又一番连连称是。

离开袁府，冯国璋放心地舒了口气，自言自语地说："袁大人这回还是把握得住自己。"

他哪里知道,送走他之后的袁世凯,正在家里怒气冲冲地说:"这个华甫,竟敢来探我的虚实。胆大包天!真是岂有此理!"

冯国璋回到南京不久,一天早上,他习惯地翻阅袁世凯的机关报《亚细亚日报》时,突然发现一篇关于宪法顾问古德诺的文章——《共和与君主论》。冯国璋看完内容,一时惊呆了。这篇文章,公然在鼓吹君主制。

就在这一天,冯国璋还看见了杨度发表的《君宪救国论》这篇鼓吹帝制文章。接着,冯国璋又看见了梁启超发表《异哉所谓国体问题》的抨击帝制的文章。

这时候,冯国璋已经得知,袁世凯安排杨度等人成立什么筹安会,正紧锣密鼓地筹备恢复帝制。知道了这一切,冯国璋怒不可遏,手指苍天,大声问道:"袁大人,你为什么要愚弄我!"

身边人见他气成这样,前来劝慰,冯国璋两眼含泪,说:

"我跟袁大人这么多年,对他忠心耿耿、惟命是从,可到头来,他连一句真话都不愿对我说。现在还要恢复帝制,传子不传贤,像这样的曹丕,将来如何侍候得了。"

公开挑战袁世凯

几年前,冯国璋在镇压武昌首义中,连克汉口、汉阳,正准备一举拿下武昌,替大清王朝建立不世之功,却遭到袁世凯的阻挠。那一次,他曾产生过取袁世凯而代之的念头。这一回,这种念头更是强烈了。只是基于上一回失败的经验,冯国璋的行动更加谨慎。

对于袁世凯称帝,冯国璋当然是一万分地不高兴,对于袁世凯把要称帝的想法瞒着他,更是一万分地气愤。在手下人面前发了一通牢骚之后,却也再不把这事挂在嘴上,而是派出几个最得力的亲信,密切注意了解这事的动向和进展。同时，极隐密地与徐州的张勋、直隶的朱家宝、广西的陆荣廷等人联系。

作为袁世凯称帝在军界中最得力的干将，段芝贵曾密电各省将军、巡安使，敦促他们就君主立宪一事表态。怯于袁世凯的淫威，大多省的将军表态拥护袁世凯称帝。可是，当袁世凯细查这些将军的名字时，却发现没有冯国璋、张勋、朱家宝、陆荣廷等人的名字。

这使袁世凯大为恼火，对段芝贵一通斥责，令他继续去说服这些将军。段芝贵绞尽脑汁，终于又想出一法，与梁士诒、朱启铃等10位要人联名，密电各省将军，再次敦促他们对君主立宪制表态。

冯国璋早在第一次拒绝表态时，就已经预感到这事没完，立刻与张勋等串通，商量应对之策。当他们收到第二次的10位要人联名敦促表态密电后，也联合起来，除了几个将军，还加上争取到的江苏巡安使齐耀林等，一起签名密电政事堂各部及统帅办事处。

冯国璋牵头筹划的这封联名回电非常巧妙，它对帝制问题压根就不去表态，而是对段芝贵这么以个人名义的做法提出质疑，指出这样做不妥，认为此等大事应由"国务卿定稿领衔，联合余外文武长官列名陈请，提出参政院代行立法院公议，以名公正，而免参差。"

段芝贵看到这个回电，如当头一棒，不知如何是好；袁世凯看了这个回电，大骂段芝贵无能，不会办事，根本就不是冯国璋等人的对手。

这封联名回电，有理有据，合情合理，问题是此时的国务卿徐世昌，正是反对帝制的人，让他领衔陈请袁世凯当皇帝，压根就不可能。

冯国璋事先掌握了这些情况，故出此一阴招，把难题推给徐世昌，自己不得罪人，帝制又不能恢复。为稳妥之计，冯国璋把这联名密电同时又分发各省，以征求意见。结果，又有云南省唐继尧、广西省陆荣廷等站出来表示支持。

袁世凯非等闲之辈，要做的事情，自然还是要做，只因对这些个地方封疆大吏的态度，须得十分顾虑，于是便公开宣布：国体变更，事关大体，应征求更多公民的意见。其实，这只是一个姿态，不过是让帝制进程略停一下，将其做得更天衣无缝些。

在这么公开宣布的同时，袁世凯派出心腹阮忠枢南下说服诸将军。首先当然是去南京见冯国璋，也不去说称帝之事，只说北洋集团内部应该团结，对多数将领都同意的事，少数人就是不同意也要顾全大局，不针锋相对地反对才好，否则让外人笑话。这些话出来，竟弄得历来能言善辩的冯国璋无言以对。

阮忠枢见了，又趁热打铁说："大总统特别吩咐我对你说，此事倘若还是想不通，可不必明确表态赞成，但也不要针锋相对的反对，这样会使大总统很没面子。"

阮忠枢话说到这份上，冯国璋明白，这事无论他怎么反对，袁大人是执意要为之了。以他现在的力量，真要在此事上与袁世凯较真，吃亏的还是他自己。这么想着，便含糊地说："大总统面子比天还大，比天还大，没人敢去伤他。"

有了冯国璋这样的话，阮忠枢放心地离开南京。冯国璋知道袁世凯称帝在即，马上又让人密电袁世凯，措辞还是含含糊糊的问候："恭请袁大总统府同民好，早定大计，而奠和治久安之基。"

袁世凯看到冯国璋的密电，知道冯国璋不会在他称帝的事情上再有什么动作，虽然对他不满，但还是放心许多。1915年12月11日，参政院开会，第二次通过推戴书，到第二天，袁世凯扭扭捏捏地表示接受帝位。

袁世凯当了皇帝，于12月18日，任命冯国璋为参谋总长，三天后又先后两次电传策令，赐封冯国璋为一等公。

对于袁世凯称帝，冯国璋不仅是反对，而且从心里认为这样做只是自取灭亡，根本不可能长久。因为心里有这样的想法，对于袁世凯称帝后的所有的任命、赐封、加官进爵，冯国璋一律婉言推辞谢绝。

见冯国璋这样，袁世凯对他更是疑惧。在袁世凯称帝的过程中，他最心爱的两员大将，冯国璋和段祺瑞都持反对意见，段祺瑞早被夺了军权，冯国璋却还是重兵在握。袁世凯不得不防，便对冯国璋暗加监视。找了个借口，以"调查防务"和"探病"为名，袁世凯先后派了蒋雁行、阮忠枢去到南京,除了监视还暗地里分化冯国璋的部下。由蒋雁行安排的"医官",常驻南京为冯国璋"诊病",实际上是更好地监视冯国璋。

对袁世凯的这些举措,冯国璋看得明明白白,却又不去戳穿,只一面装愣,一面等待时机,见蒋雁行来,冯国璋坐在床上紧握他的手满面流泪地说:"大总统是不是受了小人蛊惑,有些信不过我了,要真这样,我可以去他身边做一名卫士,以表我的忠心。"

一番话,弄得蒋雁行在心里为冯国璋叫屈。

送走蒋雁行,冯国璋翻身下床,派人前往上海。他要约欧事研究会的国民党人李根源等赴宁商议,此刻的冯国璋更相信帝制必然行不通,自己若在反对帝制的事情上做足文章,袁世凯垮台后自己才能有政治资本,才可以出来取而代之。

为此,冯国璋要联络一切反对帝制又有实力的党派和个人。除了国民党,1915年12月18日,冯国璋还派人与刚到上海的梁启超会见,敦促云南尽快起事,声讨帝制,并承诺自己将大力支持,表示了自己要逼迫袁世凯退位的决心。

宣统退位后,帝制在人民的心中已经随之死去。袁世凯想要死尸复活,全国上下一片反对。1915年12月25日,蔡锷、唐继尧首先起事,宣称云南独立,并组织"护国军",出兵讨伐袁世凯。

护国战争爆发,作为护国军的同盟者,冯国璋对讨袁战争大力支持,向云南方面表示:最低限度,自己的部队决不会用枪口对准护国军。并再次申言自己完全赞同推翻帝制,恢复共和,承诺他可以负责使长江中下游北洋军各部绝对持中立立场,必要时,还将联络长江各督发表通电,请袁世凯取消帝制。

有了冯国璋的这些表态和承诺,护国军声势大增,各种势力纷纷支援,先是陆荣廷宣布广西独立,而后是一些北洋将领见风使舵,向冯国璋靠拢。

在云南宣称独立时,袁世凯任命段祺瑞出任征滇总司令,前往云南讨伐蔡锷的"护国军",遭到拒绝后,又一连几次请冯国璋出来兼任征滇总司令。

冯国璋均以"政躬违和",一一推辞。

到3月10日,冯国璋却突然在南京宣布:"自己政躬渐渐平复,自即日起销假视事。"冯国璋之所以此时要出来"视事",是希望能在这关键的时候使自己成为袁世凯和护国军之外的第三势力,成为时局的一个核心,最终成为乱局结束的最大受益人。

冯国璋迅速行动起来,与广西将军陆荣廷、山东将军靳云鹏、浙江将军朱瑞、长江巡使张勋,一一进行联络,建立以他为首的同盟关系,还使得表面效忠袁世凯的江西将军李纯和湖北将军王占元,都暗向冯国璋表态,发誓自己一切听由冯国璋的。

曾为袁世凯视作"西南柱石"的四川将军陈宧,开始是袁世凯称帝的积极支持者,当广西宣布独立后,担心袁世凯垮台,也赶忙派秘书长胡鄂公去拜见冯国璋,表示今后一切唯冯国璋马首是瞻。

冯国璋经过一段时间的"视事",有了这么多将军的支持、甚至是听命,感觉形成第三势力的时机已经成熟,于是大起胆来,公开挑战袁世凯。

大总统希望落空

1916年3月20日,由冯国璋领衔,带领江西将军李纯、浙江将军朱瑞、山东将军靳云鹏、湖南将军汤芗铭,五位将军,联名发出密电,就结束战乱之事,提出三点看法,征求各省意见。

"其属于南方者:一、取消独立;二、退出战区;三、保护战地人民。其属于北方者:一、取消帝制;二、惩办罪魁;三、请元首自行辞职以觇全国人民之意思。"

"五将军密电",核心是要求袁世凯"取消帝制,惩办罪魁",此密电一出,全国震动。五将军都是北洋嫡系大将,是袁世凯维持统治的根本,如今他们都反对帝制，袁世凯末日当然也就到了。

密电是直隶巡按使兼将军朱家宝送给袁世凯看的，袁世凯看过密电之后，惊了半晌，最后才失魂落魄地说：

"完了，一切都完了！昨晚我就看见有颗大星掉下来，这是我第二次见到。第一次李文忠公（鸿章）死了，这次或许是轮到我！"

四面楚歌、内外交困，袁世凯只得采纳冯国璋等五将军的建议，取消帝制以求生存。3月23日，袁世凯宣布废除洪宪年号。皇帝梦刚做了83天，袁世凯没享受到一天皇帝的威风就这么结束了。

帝制虽然取消，被帝制弄昏了头的袁世凯这回出人意外的天真，他还想退而求其次，继续做他的总统。可他此时已是声名狼藉，而且这么多帝制的反对派都对他心存芥蒂，担心他秋后算帐，为自己今后的安全着想，没有一个人赞成袁世凯继续做总统。

万般无奈的袁世凯，厚着脸皮请出黎元洪、徐世昌、段祺瑞三人来支持他。黎元洪、徐世昌从帝制开始就持反对意见，跟袁世凯对着干了这么些时间，一直被冷落着，心里自然也是不愿让袁世凯复出。

于是乎，黎元洪、徐世昌虽然重新登台，却就是一句戏文也不唱，如同他俩还在闲居一样。倒是段祺瑞，因为一直野心勃勃，冷落了这么些日子，再让他担起国务卿的担子后，还真热火朝天地办起事来。

袁世凯正感到或许有些希望，就看见段祺瑞露出马脚。他以国务卿的身份向袁世凯提出条件说：必须实行责任内阁制。

这哪里是在帮袁世凯，分明就是在逼袁世凯向他段祺瑞交出权力。袁世凯对段祺瑞失望之余，再派心腹阮忠枢，前往南京说服冯国璋。希望冯国璋能在此关键时刻帮他一把，联络那些还未独立省份的军政大员，发布一个拥戴袁世凯继续做大总统的电文。

冯国璋听了阮忠枢的话，心中想道：这袁大总统，被"皇帝"了一回，头脑竟然也这么简单了。嘴上却说："目前正与护国军谈判，此时通电会引起南方独立各省的反感，等于制造紧张空气，不利于和平解决。"

这话说完，见阮忠枢正在考虑，又建议道："要不这样，先召集一次未

独立各省军政大员会议,以协调北洋内部,团结一致,形成力量,这样对护国军谈判才会有优势。"

阮忠枢听了,感到冯国璋的话有他的道理,便回去禀告袁世凯。无可奈何的袁世凯虽然不想召开什么会议,但唯此还有一线希望,也只有死马当成活马医了。

为召开会议,冯国璋与江苏巡按使齐耀琳拟定"总统留任"、"大赦党人"、"惩办奸党"等和和解决乱局的八项主张,以作开会时讨论。

袁世凯见主张中有总统留任一条,误以为这是冯国璋对他还有感情,便萌生了以冯国璋取代段祺瑞的想法,使蒋雁行致函冯国璋,透露他对冯国璋"相望甚殷"的态度,还希望冯国璋"力为维持,以救大局。"

冯国璋阅过蒋雁行的信,心中感到好笑,他让袁世凯暂留任总统之位,只不过是想等到时机成熟自己取而代之,又哪里会去救袁世凯的大局。在与各省将军们联系时,冯国璋曾就总统留任一条对将军们解释说:

"民国四年以后,大总统因已失其地位,副总统名义亦当同归消灭,我主张根据清室交付原案,承认袁大总统对于民国应暂负维持责任,待国会开幕，重新选举未来的大总统。"

这话说得已经十分明白，现在让袁世凯留任总统，只不过是让他暂时让他负一负责任而已，就像当初清帝刚退位时一样，这也包括黎元洪这个副总统在内，他们都只是临时的。一旦有了合适人选，他们都应下台。

尽管如此，当这八条意见公布出来之后，不仅与护国军的意愿相去甚远，即使北洋派内部，也是反对声一片。

为了挽回影响，冯国璋又将八条意见反复推敲修改，于5月1日以个人名义通电各方。其中第一条为：暂时承认袁世凯为大总统，待新国会组成后，由袁世凯提出辞职，重新选举大总统。

这个电文太露骨，一经面世，立刻遭到舆论指责。因为冯国璋如此公开反对黎元洪以副总统资格继任大总统，坚持由袁世凯任过渡时期总统，这无疑是在把自己要当大总统的野心昭示于天下，与护国军方面的意愿完全相反。

一时间，全国上下，反对声、谴责声、甚至咒骂声，铺天盖地劈头盖脸地砸向冯国璋。冯国璋做梦也没有想到，自己一番苦心孤诣地经营，到头是使自己的声望数日内一落千丈。

袁世凯的心腹蒋雁行、阮忠枢等一直严密监视冯国璋的一举一动，把这些情况迅速汇报给袁世凯。智慧超常的袁世凯，也突然梦中醒来，明白了冯国璋的真实意图，立即命令蒋雁行、阮忠枢等人赶赴南京、徐州等地，展开活动，分化瓦解、破坏南京会议，使会议绝不能按照冯国璋的意图召开。

袁世凯做事，从来是心狠手毒，同时指示禁卫军军官倪嗣冲：一旦南京会议召开，如果没有伤害到袁大总统，就促使它顺利进行；如若对袁大总统不利，就设法进行破坏，纵然发生流血也再所不惜。

南京会议，以冯国璋为主，包括张勋、倪嗣冲三位发起人由于各自背景不同、目的不同、任务也不同，这就决定了南京会议根本不可能达成一致。

5月6日，冯国璋抵达徐州后，立即与张勋、倪嗣冲商议南京集会的有关事宜。结果，张勋企图抓住冯国璋，借机恢复清室；倪嗣冲因为袁世凯的交待，无非是借南京会议之机来促成袁世凯继任总统之事；冯国璋野心独大，想籍此确立自己在未独立各省的盟主地位，以利于第二部展开对袁世凯的逼宫行动。

会议是冯国璋提议运作召开的，理所当然被推为主席。由于三个三颗心，各怀各的鬼胎，未独立各省派全权代表一人到达南京后，原定于5月15日召开的南京会议，在袁世凯的幕后操纵下，直到18日才正式召开。

白天讨论时，多数人主张袁世凯退位；到了晚上，倪嗣冲率三营卫队赶到南京，力主维持袁世凯地位。会议风向骤变，冯国璋无奈之中心生一计，提出电邀独立各省参加会议，企图借护国军打压倪嗣冲。

然而，独立各省皆因不满意他承认袁世凯做过渡总统的主张，拒绝参加会议。冯国璋再无计可施，扭转不了局面，只好宣布散会。

南京会议惨遭失败，冯国璋悲愤沮丧，提出"和平解决"时局的八条办法没法得到众人认可，在宣布南京会议被解散时，冯国璋已经分明预感到：这一次，自己当大总统的希望，已经完全落空，前景十分黯然。

回到府上，冯国璋对女婿陈之骥说："照这么下去，局势如果还继续地恶化，我就只有出国暂避风头了。"

冯国璋希望落空，袁世凯更加难受。由于冯国璋、段祺瑞的步步紧逼，各党各派包括军队在内的反感，已经将他置于举国上下一片怒骂声的境地中。此时的袁世凯，也已经分明地感到：灭顶之灾，即将来临！

南京会议解散后，袁世凯失望地对王士珍说："滇黔反侧，远在边地，尚非紧要。浙粤之变，余亦有把握。冯乃我手下最有力量之人，彼竟公然宣布叛言，遂使各省皆为摇动，大事益为棘手，令予进退维谷。"

说完这话，袁世凯长长地叹了口气，举头望苍天，很久很久一动也不动。几天后，1916年6月6日，冯国璋正惶惶然准备出国时，袁世凯在总统府死去了。

冯国璋听到这一消息，又惊又喜，半天说不出话来。感慨一番之后，立即紧张地行动起来。如今袁大总统驾鹤西去了，普天之下手握重兵最强大的，就是他冯国璋了。世事真是无常啊，希望刚刚失去，又一个更好的希望转眼间就来临了。

取而代之袁世凯空下来的大总统之位，机会竟然说来就来了。冯国璋感慨之后欣喜若狂，信心十足、雄心勃勃地准备马上行动起来。

然而，这一次事情出乎老谋深算冯国璋的意料。段祺瑞近水楼台先得月，先行了一步。袁世凯一死，他马上控制了北京政权。并且，段祺瑞早已看到了冯国璋在袁世凯死后，对总统位置的觊觎和威胁。为了堵住冯国璋进军总统高位的道路，段祺瑞依了袁世凯遗言，由副总统黎元洪代行总统职权。

段祺瑞如此一步棋，冯国璋费尽心机的几年努力，终因地利之失，棋差一着，把个总统的高位让黎元洪给占去了。

终于当上大总统

冯国璋努力到最后，虽然是竹篮打水一场空，让黎元洪拣了个便宜，自己饱尝了为他人做嫁衣的滋味，但大总统的权杖，此时对他仍然有巨大的吸引力。

智者之所以能够成功，多在于他们善于总结经验，有毅力坚持重新再来。黎元洪因冯国璋的原因而拣了个便宜，冯国璋也从黎元洪的晋身之路找到了自己的晋身之路。

黎元洪不是从副总统的职位晋升上来的吗？我冯国璋若做了副总统，到时候还有谁能再挡我总统之路！而且，据冯国璋判断，这个时候不需要太久的时间。

现在的黎元洪和段祺瑞，他俩一个做总统，一个做总理。这本来就该团结为一体的两个人，却各怀各的鬼胎；他俩本来就是上下级的关系，事实上他俩的关系完全乱了套。

黎元洪生性温和，诸事想平事宁人；段祺瑞生性霸道，诸事想诉之以武力。黎元洪做总统，说话在段祺瑞那儿根本就不管用；段祺瑞做总理，有什么主张反正都要总统听他的。黎元洪凭威望和人脉，段祺瑞凭实权和军队。

这样的俩人，必然捏不到一起，迟早会分裂，用不了多久定会出大乱子。到时候，政局的主持人就得重新洗牌。

冯国璋这么一想，心中豁然亮堂。他决定退而求其次，先谋个副总统当着，然后再瞅准机会去争取做正职。

想好了的事情就得马上就着手行动，冯国璋就是这样的人。于是，他开始谋划做副总统的有关事情。

黎元洪应该是会支持自己做副总统的，因为他的总统府与段祺瑞的国务院矛盾日趋尖锐，自己的实力又逊于段祺瑞，非常需要得到他冯国璋这个实力派的支持。至于段祺瑞，他连大总统都不放在眼里，更不会把副总统的头衔当一回事，这样一来，就不会在我冯国璋做副总统的这个问题上太坚决地反对。

要想当上副总统，除了现任的总统和实力派总理，还得要国会通过，这需要做好很多方面实力派的工作，特别是南方革命党和国会里说得上话的人的工作。

与南方的进步势力，冯国璋一直保持着联系，现在要得到他们的支持，只需进一步改变一下自己的政治形象就可以了。真是天道成全人，眼下正好就有这个机会。

黎元洪当上总统后，南方提出恢复旧约法、召集国会、惩办帝制祸首等一系列要求。黎元洪想办，可段祺瑞对这事持反对意见，因此一直拖着不给解决，这使黎元洪非常为难。

冯国璋心里乐了，派出人员，去与梁启超、陆荣廷、唐继尧、孙洪伊等人联系，表明自己支持这事。同时，致电北京政府，不断请求要恢复旧约法与国会。

看到冯国璋又来挑头起事，段祺瑞十分反感，但迫于南方势力的压力，又见冯国璋这么坚持，担心这么下去会把事情闹得不可收拾，被迫同意了南方的要求。

这第一着棋，冯国璋一箭双雕，既在南方革命势力面前改变了自己的形象，又帮黎元洪解除一难，获得了他的好感。

接下来，该走第二步棋，让人给国会提出这事。在国会中，冯国璋与"韬国派"首领孙洪伊一直颇有交情。这个孙洪伊是段祺瑞内阁内务总长，对段祺瑞很是不满。冯国璋派人请来孙洪伊，非常娓婉地表示了自己想做副总统的愿望。孙洪伊一听，很快明白了冯国璋的深意，顿时非常高兴，当场表示自己一定尽力来促成此事。

"你只需弄出一个议案来，余事就好按程序进行了。"

有了冯国璋这句话，孙洪伊立即回去起草了"补选冯国璋为中华民国副总统"的议案，以最快的速度递交国会。

结果，一切都非常顺利。段祺瑞开始有些不赞成，后来他一想：如今总统都是徒有其名，何况他一个副总统，就给他一个虚名，把他从江苏调到北京来。这冯国璋一旦离开江苏，失去了军队这个后盾，岂不是被我段某给控制了吗？这么想了之后，段祺瑞也投了冯国璋做副总统一票。

1916年10月30日，冯国璋如愿以偿地当选为中华民国副总统。这一次，段祺瑞让他如愿以偿，他却没有让段祺瑞阴谋得逞。虽然做了副总统，却不肯挪窝，11月8日在南京举行副总统就职仪式，仍兼任原来的江苏督军一职。这使段祺瑞大失所望。

冯国璋做了副总统不久，好机会又悄悄降临了。1916年，春节过了刚10来天，美国宣布与德国绝交，在要不要对德国宣战这个问题上，黎元洪与段祺瑞俩人的看法大相径庭，争论白热化时，段祺瑞竟指示手下十几个督军组成"督军团"威逼黎元洪，让他一定要在对德宣战书上盖章。

黎元洪十分痛苦，而又孤立无援。一心渴望复辟清王朝的张勋看到机会来了，立马对黎元洪表示：自己愿无条件听从黎元洪的召唤，若有需要，可以奉命进京，维持大局。

黎元洪得到张勋的效忠密电，胆气徒增，来了个干净利落的动作：以大总统的名义，免去段祺瑞总理的职务。

张勋闻言，大喜过望，即刻召集各省督军代表，聚集徐州举行会议。在这次会议上，张勋明确提出自己复辟清廷的计划。冯国璋希望张勋把局面搅得越乱越好，便派秘书长胡嗣瑗参加徐州会议，并表态说：冯副总统不反对复辟。

这表态有些含糊，张勋不放心，就亲自写信给冯国璋，希望他就复辟的事有个明确的表态。冯国璋压根就反对复辟，更知道这复辟是一定会完蛋的事情。袁世凯都因这事一下子就这么玩完了，何况张勋。但若不给张勋一个答复，这事可能就会到此打住了，而不把局面搅乱，政局的还会维持现状，自己也就只能继续做副总统。

这么一想，冯国璋再让秘书胡嗣瑗给张勋回了几句话，说了自己"谨当追随其间，遇事总与我兄取一致行动。"

有了冯国璋在暗中支持，张勋胆儿倍大起来，率领他的辫子军，耀武扬威地闯进北京城。

对于借用张勋搅乱局面一事怎么收场，冯国璋事前早有安排。参加张勋的徐州大会表态，他是让秘书胡嗣瑗代劳；给张勋承诺支持的信，还是让胡秘书代劳。更有甚者，让胡秘书暗中给了张勋承诺后，冯国璋立马大义凛然地站出来，公开表示：

"我身为副总统，就要履行副总统的义务，我的义务便是服从并竭力辅佐大总统，我已经向宣布独立的各省发电劝阻，今后能做的，只有听从中央安排。"

除此之外，当张勋刚进北京时，冯国璋就发表通电，公开指责张勋企图复辟帝制的举动，令他立刻离京，以平民愤。

冯国璋知道，张勋一旦进京，就等于已经箭在弦上，绝不会在此时放弃复辟大计。既然如此，冯国璋当然要为自己日后开脱做好充分准备了。

这一回，一切都在冯国璋的预料之中，一切都在冯国璋的谋划之中，张勋倒行逆施搞复辟，国人唾弃。而他既进北京，已无退路，只能拼死一博。7月1日凌晨，张勋拥戴溥仪登基，复辟清廷。

黎元洪当天知道这个消息，如五雷轰顶，失色大喊："张勋害我，张勋害我！"

可事已至此，悔之晚矣。黎元洪自知难辞其咎，第二天任命冯国璋为代理大总统，恢复段祺瑞国务总理职务，然后独自一人，惊慌失措地躲进了东交民巷。

冯国璋终于如愿以偿地当上大总统，7月3日，与官复原职的总理段祺瑞联名通电全国，列举张勋八大罪状，加以斥责，然后宣布：

"刻日兴师问罪，殛此元凶。"

7月4日，冯国璋接见英、日领事。当领事问他对帝制的态度时，冯国璋异常坚定地说：

"对于复辟帝制，我自始至终都是一个态度，那就是坚决反对！不惜动用一切手段！"说着，冯国璋还狠狠地拍了一下桌子。

可笑的张勋，根本没有半点政治的敏感，更不懂得历史潮流和民心，只是愚蠢地效忠清廷，搞了一次闹剧，12日被段祺瑞的"讨逆军"击败，辫子军四处逃散。7月12日，张勋如丧家犬一般逃入东交民巷荷兰使馆，在通缉中又逃天津租界，直到第二年3月，才因北京国民政府以"时事多艰，人才难得"为由而获特赦，结束逃亡生活。

下野后归去

张勋复辟平定之后，做了大总统的冯国璋又面临是否去北京任职的问题。如去北京，离开自己的地盘和军队，有可能像黎元洪那样受段祺瑞控制。但不去北京，段祺瑞很可能乘机主持中央。正当冯国璋犹豫时，李纯、曹锟等将领纷纷通电全国，拥戴冯国璋到北京就任大总统一职。

对于是否支持冯国璋来北京做大总统一职的事，段祺瑞也曾犹豫过。他担心大总统的职位与冯国璋手握重兵加在一起会很难对付，同时又认为只有让冯国璋来北京，才可以合理地解除黎元洪总统的职务。

段祺瑞左思右想，犹豫之后对自己说：不管怎么样，冯国璋一旦离开南京老窝，离开他的军队，就一定容易对付一些。于是，派出心腹靳云鹏，前往南京去请冯国璋来北京就任总统职。

靳云鹏对冯国璋说："段总理特意吩咐我对你保证，此次组阁，一定服从大总统冯国璋。"

虽说有了段祺瑞的保证，冯国璋还是提出两个条件：一是调江西督军李纯为江苏督军，为他守着南京地盘；二是擢升第十二师长陈光远为江西督军，接替李纯。

段祺瑞原打算由皖系心腹段芝贵接任江苏督军，没料到冯国璋来这么一手，若不答应，岂不是一开始就否认自己的保证。思之再三，段祺瑞提出，由心腹段芝贵任京畿警备总司令，傅良佐为湖南督军，吴光新做长江上游总司令兼四川查办使。这样一来，既控制京城，又加强了皖系在长江中上游的力量。

冯国璋知道这于自己不利，但有南京老巢在，也足可以段祺瑞抗衡。于是，双方交易达成。8月4日，冯国璋来到北京代理中华民国总统，与内阁总理段祺瑞共掌北京政权。

段祺瑞重掌内阁，却不去恢复张勋解散的国会，只组织了一个临时参政院代替国会功能。这显然是想独裁，立即遭到南方反对。

孙中山再次挑头揭起"护法"大旗，海军总长程璧光与第一舰队司令林葆怿立刻率部响应，然后是广西陆荣廷、云南唐继尧等西南各省地方军阀纷纷出来响应。

孙中山趁热打铁，8月中旬南下广州，号召各地国会议员南下护法。8月25日，非常国会在广州召开，孙中山被推选为护法军政府大元帅，唐继尧、陆荣廷为元帅。至此，护法战争爆发。

在北京，一切又如原来段祺瑞与黎元洪执政时的分歧一样，段祺瑞主张武力解决南方问题，冯国璋主张和平统一南北争端。

段祺瑞之所以主张武力，是想借对西南用兵之机，将自己的皖系势力打入直系一直控制的长江流域。冯国璋明白段祺瑞的用意，又与南方关系良好，为此对段祺瑞呈上来的"讨伐令"用尽一切办法拖着，就是不给签发。

段祺瑞急了,派出两路人马,出兵南下,擅自讨伐。因为武力有限,段祺瑞把讨伐的命令下达给直系和亲近直系的部队。冯国璋带兵有方,在军界比段祺瑞人缘要好许多,自己带出的部队当然不会听命于他人,立马把情况报告给冯国璋。

在冯国璋的指示下,直系的长江三督——湖北督军王占元、江西督军陈光远和江苏督军李纯立即联名提出:停止湖南战争,撤回傅良佐,改善内阁,整理倪嗣冲部。

长江三督的这4条意见一出,段祺瑞立即感到事态严峻,经过反复斟酌、权衡利弊,也使出两招,对付冯国璋。一招是推迟全面进攻计划,另一招是迅速成立临时参议院为代立法机关,修改国会组织法与国会选举法。这后一招是要召集新国会,正式改选总统,让他们的师字辈元老徐世昌把冯国璋从总统的位置上顶替下来。

冯国璋见段祺瑞开始对自己下狠手,于是也决定来个釜底抽薪,把段祺瑞赶下台。他想到的也是徐世昌,请来商议,希望徐世昌出面组织内阁,把段祺瑞的总理大权给捋去。可老谋深算的徐世昌有他自己的打算,只不过是想利用直系和皖系的争斗来坐收渔人之利,坐上大总统的职位。

冯国璋见徐世昌搪塞他,不为所用,便又去找王世珍。结果王世珍因惧于段祺瑞的淫威,也不敢答应。正苦恼时,总统府日籍顾问青木中将和日本公使林权助双双来访,表示日本政府不会坐视中国因内阁变更引起纠纷,警告冯国璋不要搞掉段祺瑞。

由于日本人的干涉,冯国璋只好暂时不动段祺瑞。可就在这时候,直系四督李纯、陈光远、王占元、曹锟于11月18日联名通电,主张撤兵停战,和平解决护法军的问题。段祺瑞一见通电,立即怒发冲冠,依仗有日本人支持,于11月20日,有恃无恐地再次提出辞职。

冯国璋见到段祺瑞的辞职报告,误以为全面夺回北京政权的时机已到,下令允准段祺瑞辞职,任命王士珍署国务总理。

段祺瑞虽然又一次下野,但皖系的实力一点也没有损失,他让徐树

铮出面活动,自己在幕后指挥,以日本势力为靠山,策动山西、奉天、福建、安徽、浙江、陕西、黑龙江、上海、察哈尔、绥远和热河七省三区的督军、都统和护军使代表齐集天津,举行督军团会议,商讨对西南的和战问题。

这些与会代表都是亲段派,会议又是段祺瑞暗中指导,于是主战声一片。大家都纷纷要求,冯国璋迅速下令讨伐湘、粤。这次会议,还初步制定了进攻湖南的计划,决定兵分两路:第一路由曹锟做主帅,率军从京汉路南下,经由湖北进攻湘北;第二路由张怀芝做主帅,率军从津浦路南下,经由江西进攻湘东。

督军团会议由于有了直系实力派将领曹锟的支持,形成了声势浩大的公开挑战。

曹锟是个看起来憨直其实颇有心计的人,因为书读得少一些,遇事喜欢脚踩两只船看看再说。这次原本支持主和,因为对江苏督军李纯不满，再加上徐世昌对他的一番劝说，突然改变主意。曹锟是北洋军阀中颇具实力的将军，他的态度这么一转变，直系和皖系两派力量的对比也跟着变化起来。

由于曹锟的加入，皖系倚仗着天津督军团，在实力和声势上都占了优势。

战乱时期，政治博弈的筹码只能靠实力。冯国璋虽然在实行"和平混一"政策，博得更多的人心，但在实力上一下子处于了劣势，他不得不努力地想尽快突破这个困境。然而他现在能做的已经比较有限，只能在宣布暂时停战的同时派人赴广西与陆荣廷谈判。

可是，当他的私人代表正在谈判时，皖系借助督军团力量，加紧了对北京政府施压。12月4日，国务院任命曹锟为攻湘援鄂第一路总司令，张怀芝为第二路总司令。在一片呼声中，到18日时，无可奈何的冯国璋被迫任命段祺瑞为参战督办，段芝贵为参谋总长。

段祺瑞再次公开指挥军队，更加快了"合法倒冯"的计划，责令徐树铮加快速度，尽早解决把冯国璋拉下马。在徐树铮的策划和督促下，临时参议院很快制定出"国会组织法"和"两院议员选举法"。

冯国璋一看这"两法"，就知道此事是冲自己来的，于是提出新主张，要同时取消北方的临时参议院与南方的旧国会，按照原来国会组织法与两院议员选举法进行选举，产生新政府与新总统。

冯国璋的主张，遭到段祺瑞的强烈反应。最让冯国璋头痛的是，曹锟等10督军也联名发表通电，一起反对冯国璋的主张，要求以临时参议院代行国会职权，选举正式大总统。

冯国璋嫡系的长江三督，针锋相对地发出通电，主张解散临时参议院。冯国璋与段祺瑞的斗争，又一次激烈起来。因为是北京，一直是段祺瑞的地盘，相比之下冯国璋有些势单力薄之感。如果离开北京，回到南京，段祺瑞就好对付多了。有了这想法，冯国璋琢磨着怎么才能脱身。

1918年1月24日，在与王士珍、段祺瑞、徐世昌讨论局势时，冯国璋突然变成了主战派，指责西南方面欺人太甚，提出亲自出征讨伐。随后，冯国璋率领自己的拱卫军一旅,乘专车沿津浦线南下。

冯国璋走后,段祺瑞越想越不对劲,突然一时醒悟:冯国璋这是要回老巢南京。段祺瑞一拍脑袋,立马发电给皖系干将倪嗣冲,便将列车截住,迫使冯国璋转回北京。这时,冯国璋专车正开到安徽蚌埠。

半道上被截回,冯国璋异常沮丧,被段祺瑞逼着,不得不下达讨伐西南的命令。他属下的将军们,一个个都不愿改变原本主和的主张,剑拔弩张地与皖系对抗着。

段祺瑞把这些看在眼里,很快使出一招以日本的军火为条件,引诱奉系入关。军火是军队的命根子,有先进的日本军火为诱饵,奉系张作霖得迅速出兵入关。

情况如此,冯国璋只得再次任命段祺瑞为国务总理。段第三次组阁,接着推行武力统一政策,同时加快合法倒冯步伐。

到1918年8月12日时,安福国会成立。倒冯的时机刚刚成熟,曹锟却突然生变,来一个180度的大转弯,由主战再变成主和,与长江三督又唱成了一个调。

段祺瑞见此,只好采取表面上看来是同归于尽的一招。与冯国璋同时下野,这样方方面面都说得过去,冯国璋下台也有面子。

9月4日,安福国会选举中华民国大总统,徐世昌毫无悬念地当选。第二天,徐世昌宣誓就职,与冯国璋行交替礼。

此时的冯国璋,接近花甲之年,遭此失败,再无入仕之意,决定"返我林泉",永不出山。而段祺瑞则以参战督办的名义,继续控制着中国政治。

冯国璋不打诳语,下野后即回河间,隐居故里,经营家产。1919年12月28日,冯国璋因为肺病不治,死于北京帽儿胡同私寓,享年60岁。

临终前,冯国璋还在做着和平之梦,留下遗言:"和平统一,身未及见,死有遗憾。"他是因为看不见和平,抱着遗憾离去。战争在他身后的30年,打得越来越惨烈。

历史评说

冯国璋由书生而入军界，因军事学问而受重视重用。他身处战乱，历尽抗击外敌的战争，无论是中日甲午战争还是八国联军入侵的战事，他都亲自经历，亲眼看到作为战败国的中国，割地赔款、丧权辱国，付出了沉重的代价。

作为中国的知识分子，作为一名中国的军事将领，冯国璋为此感到耻辱，渴望中国强大。他曾以深刻的思考和敏锐的见解，屡屡向上司和清廷进言，并且一直身体力行地为"国家海禁开，东方大事起"这一宏愿而尽心尽力。他两次东渡日本，从那个因为明治维新变得强大的国家，发现了一条在他看来可以使中国富强昌盛的道路。打破海禁，引进外国的先进思想和科学技术，让国人重新认识自我，认识世界，这是他认为当朝要做的事。

但摆在他面前的却是：一个冥顽不化的满清朝廷，早已腐败不堪的各级衙门地方官吏，还有落后的农桑耕作制和淤堵不扬的贸易商业，再加上几乎空白的现代工业这副积重难返的烂摊子。理想与现实的距离从来都非常大，务实的冯国璋把中国强大的希望放在了儿孙辈身上。

尽管如此，冯国璋还是尽力做了他该做的一些事情：譬如阻止袁世凯称帝，作弄张勋复辟，反对黎元洪对南方用武……等等这些，他虽然都做得不够大义凛然，不那么光明磊落，但在展示他懦弱而圆滑的同时，也反映了他心中和平的愿望和知识分子的正义。

民国总统 档案

第五章
地道知识分子徐世昌

　　徐世昌，是一个灯下苦读，依靠科举跻身大清王朝的重臣。他官至相国，为200多年清廷中职位最高的汉人。因为是袁世凯终身信任的把兄弟，又是北洋政府中的精神领袖，袁世凯去世后，他是调解了两届总统与总理的矛盾之后，终于被历史推上了总统宝座的文人。他的上台，本身就让人费解。你争我夺，纯粹是一个弱肉强食的乱世，一个文质彬彬的翰林院学士，一个博学多才、文章诗词书画样样精通的国学大师，他的手上并无一兵一卒，却能当上总统。又因为他倡行"文治主义"，在那武人专政的乱世中曾被视为"东洋和平的一线光明"，"各国国民的真正亲善种子"。从他的身上，可以看到传统中一些可取可弃的东西，也可以看出民国的复杂性。

小 档 案

姓名字号：原名徐世昌，字卜五，号菊人，又号弢斋、东海、涛斋、水竹邨人

籍　　贯：远祖为浙江省鄞县人，落籍直隶天津卫（古属东海郡），出生于河南省卫辉府府城（今汲县县城内曹营街寓所）。

生卒年月：1855年—1939年6月6日

最高官职：中华民国大总统

家　　族：父亲——徐嘉贤（太学生25岁去世）

　　　　　母亲——刘氏

发　　妻：曹氏

大　太　太：席无棣

弟　　弟：徐世光（光绪壬午举人长子徐绪直过继给徐世昌）

嗣　　子：徐绪直

嗣　　孙：徐延东、徐延同

简 历

1855 年，生于河南卫辉。

1871 年开始课人兼自学，以经营薪米。

1872 年因善书小楷，随叔祖父充县衙方案及家庭塾师。

1873 年为某知府治函札兼会计，以文会友。

1879 年遇袁世凯，一见倾心，与袁世凯结为盟兄弟，得袁资助北上应试。先中举人，后中进士，授翰林院编修。

1886 年中进士，任翰林院庶吉士。

1897 年，袁世凯在小站练兵时，成为袁的重要谋士，此后累获擢升。

1904 年，袁世凯创建警察，保举徐世昌为巡警部尚书，负责京师的治安。

1907 年，东北改设行省，徐被任命为东三省总督，曾多所举措，冀能巩固清政府在东北地区的统治。

1909 年，袁世凯被摄政王载沣罢黜，徐世昌自请病退，调任邮传部尚书，京浦铁路督办。

1911 年 5 月，清廷设皇族内阁，徐任协理大臣。辛亥革命爆发，徐力主起用袁世凯镇压革命。同年 11 月袁组织责任内阁，徐改任军谘大臣，加太保衔。至袁世凯就任临时大总后方向清室请辞。

1912 年 3 月，袁世凯继任中华民国临时大总统，徐力辞太保，观望时局变化。

1914 年 5 月，袁世凯据新的约法，改责任内阁制为总统制，由任徐世昌为国务卿，其时袁世凯称呼徐世昌、赵尔巽、李经义、张謇为"嵩山四友"。次年，袁公开推行帝制，徐以局势难卜求去，退居河南辉县水竹村。

1916年3月，袁被迫取消帝制，恢复民国年号，起用徐为国务卿。徐在公私两方面为袁尽力。因要求讨袁护国军停战议和遭到拒绝，徐任职仅一月力荐段祺瑞继任。袁世凯死后，黎元洪任总统，段祺瑞任总理。二人不久即发生府院之争，徐以北洋元老资格应邀抵京，先调解黎元洪和段祺瑞之间的权力斗争，后又调解直系军阀首领冯国璋和段祺瑞的矛盾。

1918年10月，徐世昌经皖系操纵的安福国会选举为总统。他标榜"偃武修文"，下令对南方停战，次年2月召开南北议和会议，但无结果。

1919年五四运动爆发，徐被迫免去曹汝霖、章宗祥、陆宗舆的职务，以缓和全国舆论的反对。为了阻止新文化运动的高涨，徐极力鼓吹尊孔读经以为抵制。在北洋军阀各派系的斗争中，徐世昌惯以元老身份和居间调和者的角色因势操纵。

1922年第一次直奉战争后，直系获胜，控制了北京政府，曹锟、吴佩孚指徐世昌总统为非法，迫其去职，自此徐世昌退出政界，居住天津租界。晚年日本人尝试邀徐出任华北政府职务，徐世昌拒绝参加日军组建的华北傀儡政府，保持了民族气节。

1939年6月6日于天津病逝，享年85岁。

协助袁世凯操练新军

民国是中国史上颇值得玩味的年代,世袭了两千多年的皇帝制刚刚结束,就开始实行民主选举。民国的八大总统,从表面看,一个个都是通过议员们投票选举出来的,但实际上,却都是靠了枪杆子才争得总统桂冠的。

正因为如此,民国短短的38年中,能坐上总统之位的八个人,不是手握重兵,就是与手握重兵将军们有着极深渊源的。徐世昌属于后者。他之所以能与民国期间手握重兵的将军有着极深的渊源,主要得益于他24岁时,有幸与袁世凯相遇。

徐世昌1855年出生于天津,曾祖父是道光年间的进士,祖父与父亲却都再无半点功名。徐家的希望,便都寄托在他这个长孙身上。由于父亲早逝,家中生活拮据。勤俭坚毅、教子有方的母亲,情愿自己吃苦受累,也要想方设法,把儿子培养成才。

三岁时,徐世昌被送进私塾;13岁,开始学作八股文。慈母不仅督促儿子勤苦学习,还刻意教育儿子交友做人。常对徐世昌说:"居家必先忍让,报国不避艰险"。对徐世昌要求很严。

徐世昌对此曾回忆说:"孩童之时,若有三份食物,便思得其两份,母即予严斥:'今日如此,长大又当如何?'宁可将食物扔掉,亦不令世昌食。稍长,每一交友,母必察其人品如何,果系贤才,则款以美食;否则立予斥绝之。人见其孤苦,劝其依一县令亲戚,徐母曰:'托人余荫,罔知艰苦,无复有刻厉振兴之心矣'。族人感叹:'汝苦心持家教子,异日必有成就,真我家功臣也!'"

有了这么好的母教,徐世昌从小知事明理、有情有义,凡事能替他人着想、一心想出人头地。1870年,年仅15岁的徐世昌开始替母亲分担养家重担,去亲戚、邻居家做家教,兼做一些写信、记帐之类的杂事。到19岁时,便离家远行，先后到沈丘、洛阳、安阳、淮宁（今淮阳）等县去替人做事，争钱养家。

生活虽然艰辛，却是愈发勤苦学习。挤出时间，读诗诵经，拼了命似地，只渴望能早一天中了秀才、中了举人、中了进士，以科举入翰林，频步官场，做一番大事，光宗耀祖、扬眉吐气。也算是天生有缘，同徐世昌持一样想法、而且碰巧又能交上朋友的，此时正还有这么个人。

这人名叫袁世凯，1859年生，比徐世昌小4岁。1878年，袁世凯的堂叔离世，袁家分家。袁世凯从嗣父袁保庆的名下分到一笔丰厚的家产。有了钱，袁世凯移居陈州，开始诗文酒肉的生活。他生性豪迈，不惜钱财，很快身边便聚集了一帮文友，于是便开了两个文社。一下子使他在年青人中，特别是贫寒的学子中，名气越来越大。

徐世昌这年刚好漂流到淮宁，在教书时听人提到袁世凯，不由心生仰慕，专程前去拜访，参加他的文社。

那是一个秋高气爽的秋日，徐世昌青衣敝履，虽不修边幅却神采飞扬。袁世凯一睹他的容貌，便是特别地喜欢。俩人一番交谈后，彼此都为对方的见解所倾心，特别是袁世凯，对于徐世昌言语中透出的勃勃雄心和满腹经纶，更是连声赞道："菊人，真妙才也！"

俩人志同道合，心心相惜，很快拜为异性兄弟。此时的徐世昌，在1875年入闱乡试，已得了个秀才。袁世凯在1876年参加乡试，却名落孙山。俩人相识后的第二年，大考来临时，徐世昌想去参加顺天府的馆试，求个举人；袁世凯想去参加乡试，求个秀才。

可徐世昌刚赚得些教书钱已托人交给母亲，此刻正囊中羞涩，难以启程。袁世凯知道后，二话没说，取了百两纹银，硬塞在徐世昌怀里。徐世昌见袁世凯是真心相助，就不推辞。俩人相互勉励几句，告别启程，各自前去参加自己的应试。

结果，俩人都名落孙山。

只不过，袁世凯为此将文章诗作付之一炬，朗声感慨："大丈夫应当效命疆场，安内攘外，岂能郁郁久困在笔砚之间，蹉跎了岁月？"

从此，袁世凯投笔从戎，在1881年投奔吴长庆后，更是晋升连连，在军界中觅得用武之地，渐露头角。或许是因为袁世凯在科举中接连两次连个秀才也中不了，由此对科举恨之入骨。当他当上直隶总督后，便联合其他官员，奏请朝廷废除科举，推广学校，从而为中国教育立了大功，结束了中国绵延一千多年的科举制度。

而徐世昌，举人一考不中，毫不气妥，仍然坚持着，一边教书、或做些文字工作挣钱养家，一边苦读诗书文章。1882年，他终于考中举人，于是信心大增，再接再厉，第二年又进京参加礼部会试，试图再夺进士桂冠。

或许是他身负二担，既要参加科举，又要承担家中生计，劳累过度，试前患病吐血、元气大伤，结果落第。

徐世昌外柔而内刚，凡事有自己的主张，虽然生活十分拮据，进士考试又是落第，却仍不甘心以举人身份谋一小吏之职养家糊口，而是矢志于科举，虽屡受挫而不悔。又经过三年寒窗苦累，终于在1886年春天，徐世昌再次进京参加礼部会试，结果一举而中进士第176名。在接下来的殿试中，又列二甲第55名。

清制有规定，殿试填榜后，皇帝将亲临太和殿举行传胪大典，宣布殿试结果。届时，王公百官与全体贡生，全部都参加。这一下，徐世昌第一次荣幸地见到皇帝和王公百官，更加增强了做大官的自信与荣誉感。

在万分的激动中，徐世昌听到皇帝宣布：登第进士分三甲，一甲三名，赐进士及第；二甲若干人，赐进士出身；三甲若干人，赐同进士出身。

宣布之后，一甲三名立即授职，状元授翰林院修撰，榜眼、探花授翰林院编修。其他进士，按他们所得等级，分别授以庶吉士、主事、中书一直至知县等职。徐世昌以成绩优秀，被选为翰林院庶吉士。

庶吉士又称庶常，是翰林院内的短期职位，由科举进士中选择有潜质者担任，目的是让他们可以先在翰林院内学习，之后再授各种官职。

庶吉士一般为期三年，期间由翰林内经验丰富者为教习，授以各种知识。三年后，在下次会试前进行考核，称"散馆"。成绩优异的可留任翰林，授编修或检讨，正式成为翰林。

因为只有做了翰林才能步入内阁，所以庶吉士又号称"储相"，即预备宰相，个个都有平步青云，做朝中大臣的机会。

徐世昌在庶常馆学习3年期满，考试列一等，成为科大教习张之万相国的门生。1889年，徐世昌正式步入翰林院任职编修，等待迁升的时机。

这时，可以说锦绣前程的大门已经向他敞开，只需迈步进去就是，这使徐世昌感到无限的满足和无比的欣慰，他踌躇满志地等待着。

这个来自清寒之家的学子，原本的要求并不是很高。早年刚考中举人时，他曾对朋友说："他日……或幸成进士，用为县令，若分省得河南，授杞县、太康，必师孟尝君，广纳食客"。

出生寒微的子弟，对自己的前途常常有种先天的担忧，即便考中进士，志向也不过只能想到自己的上几辈祖先，能在河南金杞县、银太康的地方做几任县官，有条件招呼一些亲朋好友吃吃饭，便也就满足了。

可是现在，他不仅"幸成进士"，而且还入选庶吉士，散馆后又被授以翰林院编修，可以说飞黄腾达近在咫尺了。

然而，偏偏在这时候，已经走上了金光大道的徐世昌，遇到点小麻烦。

他的师长，是军机大臣张之洞和翰林院掌院学士李鸿藻。张之洞还好说，只是李鸿藻，老是对徐世昌有看法，不管他怎么做，李鸿藻还是认为他"虚矫过人"。

顶头上司对徐世昌持这种看法，对徐世昌来说自然是遭糕透了的事情。结果是，徐世昌在翰林院一呆就是九年，还在原地踏步踏。

尽管是到了金光大道上，这做官的事，主要是需要外在的动力来推一把，单靠自己的努力，总是有限的。或许正因为如此，对于走入仕途的寒门子弟而言，自古就有熬官一说。

一个"熬"字，点明了官场里的等待，是一件多么痛苦的事情。而正是在这一点上，徐世昌表现得让人惊讶不已。

因为九年没有升迁，编修又只是个七品芝麻官，俸银很少。自古为官，能捞银子的，都是些带"头"的，无论是鸡头狗头、龙头蛇头，只要带个头，就是到地方做一任县知府，也可以捞到不少银子。所谓，宁为鸡头，不为凤尾,便是这么来的。

而徐世昌,虽为京官,却只是"尾"。在当时,就有不少人劝徐世昌,既然顶头上司对你有看法,何不请求外放去做一做知州、或者县府,先捞些银两,把家里弄得富裕了再说。

对此,徐世昌笑而不语,只是更加主动地交朋结友,获取人脉;勤读苦学,增长知识。因为在他看来,既然已做京官,虽在最末,一旦起用,便能入阁,参与打理国事。自己已经走到这一步,就应该风物长宜放眼量,又何须来顾及一些眼前的蝇头小利。

就这样,冷板凳一坐竟十年,从小吃尽苦头的徐世昌以超常的毅力,决心要把这冷板凳坐穿。

九年多来,他的朋友、拜把兄弟袁世凯,却开始在军界中有了一点儿名气。袁世凯烧了诗书文章后投奔堂叔的挚交、浙江提督吴长庆,在追随吴长庆赴朝之后,接连在平息"壬午政变"和"甲申政变"中屡建战功,到1885年,已得清廷任命为"驻扎朝鲜总理交涉通商事宜"的全权代表,以知府分发,以道员补用,赏加三品衔,比还是七品的徐世昌足足高了四品。

1894年,袁世凯从朝鲜回来,正赶上清廷要练新军。打了几年仗,袁世凯已深知军权对自己仕途的重要,又因为经历了朝鲜平乱已得清廷赏识,自己也具备操练新军的一些经验和能力。

此时的袁世凯,以官职相比,比徐世昌高,可徐世昌毕竟是京官,跟上面说话、疏通上层关系得天独厚。

于是,袁世凯找到徐世昌,说了自己的想法,希望徐世昌在"上面"活动活动。徐世昌高兴地答应下来,立马去找正为清廷授命商办军务,时任军机大臣的李鸿藻,陈说袁世凯适合操办练新军的事情。

李鸿藻虽说对徐世昌有看法,但由于徐世昌对袁世凯的能力介绍有理有据,李鸿藻是个重才且对清廷忠心耿耿的人,听完之后很快答应向朝廷推荐袁世凯。

袁世凯做事,总是想得很慎密,为谋练军一事,他多方下手。除了请徐世昌去游说李鸿藻,同时还通过大太监李莲英去游说当时留京再授步军统领、会办军务的荣禄,结果也获允准。由于李鸿藻与荣禄的鼎力推荐,袁世凯终于如愿以偿,得以去小站督练中国史上的第一支使用洋枪洋炮的新军。

小站练新军,这是袁世凯一生事业发展的又一个最关键的起点,同时也是徐世昌一生事业发展的又一个最关键的起点。因为袁世凯一接手督练新军的任务,立即向清延奏请徐翰林兼管新建陆军稽查全军参谋军务营务处总办(相当于秘书长兼参谋长)。

徐世昌在编制、职位、级别均保留在翰林院的情况下,欣然就任。在这旁人看来,完全是以高就低,可徐世昌却根本不理会这些,毅然而然地离开翰林院,来到天津偏僻的小站,全力以赴地协助袁世凯操练新军。

熬到了官运亨通的日子

徐世昌之所以冷板凳一坐近十年都不去谋求外放,这时去小站协助袁世凯练兵却欣然前往,这正是他看问题的深远之处。因为此时随着外国的不断入侵,他已经看得清清楚楚,乱世已经不可避免地到来,而要在乱世中立足的根本,还在于手中的实力。

自己纵然不能做一个将军,如果能够拥有众多的将军朋友,对自己今后的仕途,一定会起着非常好的作用。抱着这样的一个想法,徐世昌愉快地接受了袁世凯的邀请,来到小站。

袁世凯对于徐世昌非常地信任,不仅让他总揽全军文案并参与机密,自己不在时,还让他代行其职,主持小站的日常工作。这时的徐世昌,成了袁世凯最交心的兄长与最得力的帮手。

徐世昌是个典型的受人之桃报之以李的坦坦君子,到小站不久,就帮袁世凯躲过一劫。

因为克扣军饷、诛杀无辜,袁世凯被人告发,慈禧下旨军机大臣荣绿与陈奎龙负责查办此事,袁世凯看有可能受罚降职,甚至罢官入狱。这时候,徐世昌挺身而出,找到曾为同榜进士,私人交情甚笃的陈夔龙,一番言说,得以"乞恩姑从免议",使得袁世凯一场弥天大祸,消弭于无形。

对此大恩大德,袁世凯感激不尽,徐世昌却只是连连摆手说:"都是兄弟,何必说一个谢字。"

徐世昌嘴上这么说,心里也是这么想,兢兢业业地在小站展开工作。作为本部参谋营务处总办,徐世昌的主要工作是考阅各随军学堂文卷,考核兵目操法,校订行军攻守阵式图说,改订讲训各兵官功课等。因为新建陆军大多学问来自西方,为更好地学习西方军事科学,早过不惑之年的徐世昌,刻苦自学英语。

1898年至1899年,徐世昌比较完整地提出了近代化军事理论,制定了中西结合的军制、法典、军规、条令及战略战术原则。他领导组织编撰出《新建陆军兵略录存》及《操法详晰图说》十三册,并以这些新的军事知识和要求来统筹全军的训练及教育,取得了卓著的成效。

其结果是既提高了训练新军的成效,又提高了徐世昌本人在军队中的声望。再加上袁世凯对徐世昌的非常亲密与高度信任,不仅称之为兄,而且言听计从,还有徐世昌本人的翰林出身,等等这些,都使得徐世昌深受小站将领们的尊重。大家都敬他为师长,从而奠定了徐世昌在北洋军队中,仅次于袁世凯的地位。

更让徐世昌值得欣慰的是:从天津武备学堂毕业的王士珍、段祺瑞、冯国璋,是袁世凯最器重的人,他们都是既做带兵的军官,又兼教学的教习。王士珍兼随军讲武堂教习,段祺瑞兼炮兵学堂教习,冯国璋兼工兵学堂教习。这三个人,因教习这份工作,都成了徐世昌的直接下属。在短短的两年中,徐世昌与他们建立了深厚的师生情谊。

而这三个人,后来被称为"北洋三杰",个个手握重兵,纵横军界政界。不仅是他们仨人,由于徐世昌学识渊博,待人谦虚,乐于助人,小站新军中所有与他相交过的军人,对他都很敬重,而后来全国各地新军军官,大都出于北洋六镇,这六镇中的军官,又源出于小站新军。这样一来,作为文官的徐世昌,自然而然就有了一股来自军界中强大力量的支持。这对徐世昌后来的总统之途,无疑有着巨大的帮助。

袁世凯在徐世昌等人的协助下,在小站练出了一支崭新的军队,人数虽然不足万,战斗力却非常强,构成了后来中国军事力量的核心。朝廷派兵部尚书荣禄到小站来查看,只见新军单个素质都特棒,整体士气也很高,与旧军相比,真都可以以一当十。回去给慈禧汇报,袁世凯很快擢升直隶按察使。

到戊戌变法开始后,手握小站新军的袁世凯先是受到光绪的重视,想靠了他的武装来支持维新。1898年9月16日、17日两次召见后,光绪破格提拔袁世凯为候补侍郎。接下来的18日晚,谭嗣同突然闯进袁府,让袁世凯举兵先杀荣禄,再逼太后交权。

袁世凯惊出一身冷汗,含糊搪塞,送走谭嗣同。正反复权衡,拿不定主意时,得知光绪已被囚禁,又被荣禄传见,赶忙就向荣禄和盘托出革命党要"杀禄逼后"一事。

如此一来，袁世凯不仅为自己解除了嫌疑，还得到了慈禧与荣禄的进一步信任至使官运更加亨通。1899年，袁世凯升任工部右侍郎，12月调任山东巡抚。

袁世凯就要率领他的全部新军前往济南去了。临行前，徐世昌与袁世凯告别。

"你是不是请求外放，到山东去做个道员？"袁世凯不舍与徐世昌分别，将自己权力范围内能给的最高官职许他，希望徐世昌能够仍然与他在一起。

徐世昌听了，轻轻地摇了摇头。睿智而又深谙为官之道的袁世凯见了，立刻改了话说："你对道员不动心，是对的。今年你还刚四十出头，守住翰林院这个大林子，迟早有东风浩荡、展翅冲天的时候，确实没有必要去做什么风尘俗吏。"

徐世昌微微地一笑，与袁世凯挥手告别。袁世凯去山东做巡抚，他再回翰林院做他的七品编修。

1900年，对慈禧太后来说，是祸从天降、西风扫落叶的一年。8月4日这天，八国联军近2万人，分多路冲向北京。第10天，北京沦陷。再到第二天天没亮时，漆黑中，一个身穿蓝布夏衫、发不及簪的老妇人，带着个小青年和一帮随从，极为狼狈逃出西华门。

谁又会想到：那老妇人，竟是曾经威震华夏的西太后慈禧；而那小青年，正是当朝的天子光绪皇帝！

这一老一少，在众多随从的簇拥下逃出北京，一路西上，连着三日都只能睡土坑食米粥。这位曾经奢侈已极、享尽荣华富贵的两朝太后，做梦也不曾想到，她连同她的皇帝，会有今天！

早在北京破城当天，太后想要召见大学士、六部九卿等朝廷重臣时，已无人应召。这一路西行逃命，身边也只是些个太监奴才，一个能有主见能帮助她出个主意的人都没有。

老太后心里堵得慌，既为北京城被攻陷，更为以前在她面前唯唯喏喏的大臣们对她的无情而万分伤心。等到甘肃布政使岑春煊终于到了面前时，老太后激动地竟然说不出话来，除了痛哭流涕，还是流涕痛哭。

好半天憋出一句：

真是落羽的凤凰不如鸡啊！

此话一出，泪作倾盆雨下，足见太后的心堵，到了何种难以言说的程度。

八国联军进攻北京前，徐世昌因为堂妹病逝，告假回到定兴县给堂妹送葬。待他返回北京时，慈禧与皇帝已逃，翰林院也是人去院毁。徐世昌在废墟旁沉思一会，决定先将家属送回河南定兴，然后再去济南看看袁世凯。

八国联军进攻北京，与慈禧当初决定利用义和团与列强相抗有关。义和团因慈禧的利用，反过来更加肆意妄为，不仅杀洋人，也滥杀无辜的中国人。

此时的山东巡抚袁世凯，正与时任粤督的李鸿章，联合江督刘坤一、鄂督张之洞等人，采取东南互保的政策，与朝廷对着干，不仅支持还镇压义和团，从而使得东南、中南一带免于义和团的滥杀涂炭。

徐世昌到来，袁世凯非常高兴，谈及当前举措，徐世昌说："慰亭（袁世凯字）镇守一方，能保境安民，不失为明智之举。只是此举不合朝廷主旨，日后恐怕老佛爷怪罪，此事一定要早早思虑，尽早想出弥补的办法来。"

袁世凯听了，连连点头，而后突然圆眼一睁，目中放光，对着徐世昌看了一会，才放低声音说："大哥的提醒让我想到一事，也要与大哥说说。"

"什么事？"

"大哥可知此时太后在何处么？"

"听说已到西安。"

"我劝大哥，立即到西安去。"

"对、对、对！"

徐世昌连说三个对字，最后眯细了眼看着袁世凯说："谢谢！谢谢你的提醒。"

袁世凯让徐世昌赶去西安见慈禧的用意很明白，此时的慈禧正在落难中，对那些匆匆赶到她身边听候差遣的人，一定会另眼看待。这对徐世昌来说，简直就是天赐的浩荡东风。就在当天，徐世昌告别袁世凯，往西前去西安。

在与八国联军的作战中,荣禄节制的武卫军有三支全军覆没,逃到西安的慈禧,在武力上此时只能仰仗地方的汉人督抚。就朝中大臣来说,经过戊戌政变,但凡支持维新派的官员,有的处死,有的外逃,有的被革职监禁,朝廷势力受到严重的削弱。随后而来的义和团运动,使朝廷再次分裂而进一步削弱。

守旧派们在慈禧的支持下,肆意妄为,甚至公报私仇,大开杀戒,无论是总理各国事务衙门大臣、兵部尚书、户部尚书,还是太常寺卿、大学士等,凡是他们看不惯的,都一律处死。

到辛丑议和,列强要求惩办祸首,再加上东南督抚的一力弹劾,守旧派中的领军人物,端郡王载漪充军新疆、庄王载勋、军机大臣赵舒翘赐令自尽,军机大臣刚毅死于逃难途中,山西巡抚毓贤则被就地正法。

这么接连地折腾之后,朝廷各衙门,人去楼空。清廷不仅时局危殆,更是人才奇缺,于是下令:各省督抚,都须推荐才谋卓著之人,报到中央,以备录用。

这对徐世昌来说,真是东风浩浩荡荡了。西安一行,他已经东风浩荡了一回。到了西安之后,他被安排在西安新设的政务处办公,参阅机要,虽没见到慈禧,却让慈禧知道此刻有这么个翰林院的编修赶到自己身边,已然对徐世昌这个名字有了好感。

慈禧要地方督抚推举贤才,放眼大中国,此刻的地方督抚,李鸿章因为被出京议和弄得声名狼藉,就剩下了张之洞、刘坤一和袁世凯三人权重兵强,说话格外有份量。

对于徐世昌,袁世凯的鼎力推荐自不用说,张之洞与徐世昌也很有交情。早在1897年,张之洞与徐世昌曾经有过一次长谈,俩人说话非常投机,谈得十分融洽,张之洞当时就想留下徐世昌。

三个说话掷地有声的督抚当中,徐世昌占了两个,加上慈禧已经对他有了好感,自然是占尽了人和。而要为官,根本又在人和。

张之洞共具疏保荐9人,徐世昌位列首位。张之洞在保荐时盛赞徐世昌：志趣端正，持躬谨饬，明达时务，办事精细，前在袁世凯军营有年，于兵事甚能考究，实为今日有用之才。

徐世昌的拜把子兄弟袁世凯，保荐了徐世昌、孙子宝奇等数人，也把徐放在首位。疏中赞颂徐世昌："公正笃诚，才识明练。前在臣军办理营务，遇事能持大体，不避劳怨，调和将士，抚驭得宜，全军翕然悦服。尤于时局要政潜心考究，志切澄清，故以儒臣而畅晓军情，洞达时务。迹其神明内敛，局干（器量才干）隐然，实称远到之器"。

有了张之洞和袁世凯的大力保荐，徐世昌立刻被两宫召见。有记载说："垂训数十语，问政务处及前在新建军营暨去岁长途艰苦，有：'必须上下一心，实事求是'之谕。随即，奉旨以道员交军机处记存。当两宫回銮时，袁世凯迎驾，又面奏徐世昌学兼文武，才优干济。"

慈禧见袁世凯如此鼎力推荐徐世昌，又宣徐世昌来见。问他对直隶、山东的军事情况，徐世昌答对明晰。慈禧听了，非常高兴，第二天对荣禄说："这个徐世昌体貌英挺，音吐清扬，应该是也可以接替李鸿章的职位吧？"

在此之前，慈禧已经决定由袁世凯接替李鸿章的职务，现在又这么说，是表示她对徐世昌的一种高度认可。从这以后，徐世昌在官场上开始平步青云。

跟随慈禧返回北京后，先升任政务处总办；接着又越级补授国子监司业；再任商部左丞。1903年底，清设练兵处，他又奉旨开去商部左丞缺，以内阁学士候补充练兵处提调，并赏给副都统衔。练兵处下设三个司，段祺瑞、王士珍、冯国璋等原小站骨干，分握其权，徐世昌再次又做他们的上司，在练兵处干"参谋长"一样的职务。同时，仍兼职政务处、财政处的总办。

1904年，徐世昌又升任兵部左侍郎。同年，奉派甲辰科会试复试、朝考阅卷大臣，当上了朝考的主考官。这是清末的最后一次会试，为历时1300年的科举制打上了休止符号。1905年，他得旨入值军机处，又充任督办政务处大臣、会办练兵大臣。这年年底，徐世昌补授军机大臣，署兵部尚书。

就这样，一个从正七品的翰林院编修，因为西安一行、外加两个督抚推荐，更因为慈禧喜欢他体貌英挺、音吐清扬，于是累加擢升，不到3年时间，徐世昌连升七级，竟成了从一品的兵部尚书！

这在大清汉族大臣的升迁史上，从未有过。

在官场里苦熬了14年的徐世昌，终于熬到了官运亨通的日子，而且来势烈烈，甚至于远胜过本来也官运亨通的袁世凯和张之洞。

逢凶化吉入内阁

徐世昌做兵部尚书时，正好是知命之年。一个汉人能做满清这样的官职，在大清朝开国以来尚属首次。徐世昌得到这样的殊荣后，官运还在继续亨通着。

第二年，朝廷又委任他为钦差大臣、东三省总督兼管东三省将军事务，集军政大权于一身，从一品级。

这时候，各省督抚若要联名奏事，再轮不到袁世凯、张之洞，而是得由徐世昌这个东三省都督来领衔了。

这个东北三省，是大清祖宗的发祥地，倘若进不成时，是块退可就的重地，战略位置十分重要。然而，在此之前的十余年中，先是沙俄于庚子年就派兵十几万占领了东北，然后是日本来争夺与沙俄在东北不断引发争战。俄日两强，三次洗劫东北三省，杀戮三省人民。富裕的东三省，一时民生凋残、满目疮痍，差不多就成了两强的殖民地。

东三省地处日俄两强的第一道国防线，一旦失去，直接危及京师。袁世凯等有识的督抚对此感受深切，于是由袁世凯领衔，几位督抚联名奏请：变通东三省官制，合三省之力设一总督替代原来的几位将军，统一领导把东三省建设强大起来。

亡羊补牢，犹为未晚，何况东三省关乎满清命根子，朝廷于是乎再顾不上什么满汉有别，采纳了袁世凯等督抚的建议，内定由庆亲王奕劻的儿子，时任军机大臣的载振承担这新设的、为外官要职中最红的差事。

1906年，清廷让载振先去东三省作一次全面的考察，然后对症下药，提出解决方案，以便朝廷视情况拨出些相应的银两。因为载振少了些经验知识，清廷派同为军机大臣的徐世昌一同前往。

载振与徐世昌，在东北考察两个多月，经过了奉天、哈尔滨、齐齐哈尔、长春、吉林等地，走了数千里路程，一切都很顺利。回京时，途经天津，被时任直隶总督的袁世凯热情留下，住了两天。

在袁世凯招待他俩看戏时，载振一眼看中了女伶刘翠翠，没等戏散就让人唤来带去歇馆，第二天竟又带着这刘翠翠一同回到北京。不知怎么的，此事很快传出，并有御吏赵启霖奏劾："载振不仅公差纳歌妓刘翠翠，还从天津商会王竹林那儿受贿十万两白银。"

有名有姓，事实俱在，慈禧恼怒，开去载振军机大臣等差事，东三省总督一职，自然也不让他去担任了。因为载振出事，向朝廷汇报东三省考察结果的事情，全由徐世昌一人来做。此时的徐世昌，当然不会放过这次展示自己才能的好机会。

在考察的过程中，徐世昌就非常的认真，凭着他渊博的知识学问，周详地列出一项项需要了解的内容，每到一处，详加询问，仔细记录。至于沿途的招待，酒宴美女，他则尽力避开，送来的礼物，他也一概拒绝。回来之后，对治理东北三省，徐世昌已然胸有成竹，没料到又能一人汇报，真是天赐良机。他即刻着手整理考察资料，洋洋洒洒，写了十余万言的《通筹东三省全局疏》。

慈禧读着徐世昌的《全局疏》，老衰衰的一张脸上露出笑容。这个徐世昌啊，对情况了解全面，分析深入，治理方案切实可行，看来是可以授权让他做钦差大臣。

慈禧这么想了之后，第二天徐世昌就得到了东三省总督兼管三省将军事务的差事。在接下来的几天时间里，慈禧接连四次召见了徐世昌，询问有关想法、计划、困难、要求。徐世昌受宠有佳，却异常冷静，通过慎密地思考后，提出首先要能"合署办公"这一想法。

徐世昌认为，如此一来，就得合设一新署，除去得专门修建新署外，还要置一合署主官，也应为主官建造官邸，优支薪俸，以示尊崇。这招"建署加薪"，一方面突出东三省特殊、自居内地尊贵之位，另一方面又能向朝廷伸手要到许多钱。

徐世昌非常清楚，要把一个烂摊子收拾好，首先是需要钱的；徐世昌更明白，东三省是朝廷的命根子，朝廷是会愿意为自己的命根子花钱的。

除了位尊钱多，要把个地方打理好，当然还得有实权。徐世昌于是又提出：东三省总督既蒙特授钦差大臣，就应当遵循原本曾国藩、左宗棠等所辖用兵之省，如提督、总兵、布政使、按察使等军政要员皆准保用的旧例，拥有关吏治损益、财款出入，及一切事项准酌变通的权力。

这里需要说明的是，原本曾国藩、左宗棠之所以拥有这些特权，是为开战而设。可现在东三省总督又没有开战，却要包揽三品以上官员的选用，索权之大，令人震惊。

徐世昌之所以如此，目的是为扩大三省总督的权力，这与清朝的中央集权内重外轻的统治政策十分抵触。这种要求，其他各省督抚，包括袁世凯和张之洞等，也都是不敢有所奢望的。

基于种种考虑，徐世昌却大胆地提了出来。令人意料之外的是：清廷却一一批准了徐世昌的所有要求，不但答应了他提出东三省设立职司制的事，还同意了他提出东三省督抚有权办理诸事的种种可以说是十分过份的要求。

皇恩浩浩荡荡，徐世昌大喜过望。1907年阴历4月下旬，为堂弟徐世章举行完婚礼以后，徐世昌便启程前往东北。5月初二这天，徐世昌抵达奉天，正式就任东三省总督一职。

单就官职的大小来说，地方总督只是正二品，自然比不上从一品的六部尚书；地方巡抚也是从二品，还是在正二品侍郎之下。但是，地方督抚独当一面，遇事自作主张，实权很大，特别是掌管一方政治经济，无论是安插栽培亲信属下、还是捞取钱财，比起中央属官，都要方便很多。再加上，徐世昌的种种过份的要求得以满足，更使得东三省督抚位尊权实，在全国的督抚中卓然而立，独冠群督。

之所以临任前提出种种要求，徐世昌不过是想尽快治理好东三省，使之尽快恢复元气，成为北方的一个强大的重镇，真正担起既是京城的护卫、又是朝廷的退路的重要职责。如今幸得朝廷理解，给他一路的绿灯，徐世昌热血沸腾，信心倍增，一到东三省督抚的职位上，立即大刀阔斧地干起来。

乱世总是没有民主可言的，弱肉强食是乱世的普遍存在，要治理乱世，只能采用以毒攻毒的独裁方式。这一点，久居朝中的徐世昌，看得清清楚楚，也把握的十分准确，出手更是十分的狠毒。

他到了东三省，首先就从最棘手的政治体制改革入手，凭着朝廷的信任，凭借他独享的大权特权，很快确立了总督一人负责制，用治军的方式来管理地方官员，将东三省的所有政事、军事、民事，都揽在手上，由他一人最后拍板才可以决定，特别是所有官员的升迁处罚，非得由他说了才能兑现。

在徐世昌设置的行省公署，所属的各司与督抚都在一起办公，遇到难以处理的事情，大家就一起商量，尽快把问题解决。这既简化了办事手续，又提高了工作效率。徐世昌建立的一高效率决策机构和运行机制，对于东三省的整治与建设，起到了很好的作用，同时也很好地适应了晚清推行新政的要求。

在整治与建设东三省的的过程中，徐世昌反复强调："值此非常之地、非常之时，非改革无以图存。"

为惩治腐败，更新吏治，徐世昌还推行了一系列具体政策来付诸实施。他向全国发出公告，大力招贤纳士，高薪招揽第一流的政务人才，特别是重用那些思想前卫、具有真才实学的留学归国人才。经过徐世昌的一番努力，东北三省这"一隅之地"，一时聚齐了大量顶尖级的各类人才。

徐世昌在朝中一呆14年，深感腐败对朝廷的危害。对贪官污吏，他一直是深恶痛绝，这时自己做了一方诸侯，无论是因为心中的恨贪情结，还是出于治理东三省的必须，都使他出手超常严厉地来打击贪官污吏。一经发现核实，只要贪污一两银子，无论官大官小也即刻砍去头颅。如此一来，没过几月，东北三省，贪污基本消匿。

徐世昌上任伊始，朝廷虽拨了大量银子，可因为日、俄的连年折腾，三省的财政，还是十分的困窘，常常是入不敷出。为解决这一非常棘手的问题，徐世昌按照以兴办实业为中心，与列强进行商战，来达到富省、强兵、御侮的这么一条思路，改弦更张，推行了新的一套财政政策。

在城市里，主要是在不设租界、确保主权的前提下，设立银行、多开商埠、聘用洋员、引进外资；在农村，则给农民尽可能的技术、种子方面提供帮助，鼓励农民利用"地势广衍、土脉膏腴、雨量充足"等优越的自然条件，大力发展粮食畜牧业。

在徐世昌到东三省之前，当地农民并不知道种植小麦。经过徐世昌的积极倡导、并同时给农民提供国内及日本、美国的良种，三年之后，东北遍地麦浪，除了自给自足，还能有小麦出口。

在历史上，但凡给人民做了好事的官员，人民总是能永远地记着他。此事时至今日，东三省的人民还奉徐世昌为"麦之先农"。

除了小麦，徐世昌还第一个给东三省从澳洲引进良种羊和拖拉机，对于促进东北农牧业发展和近代化的进程，起了十分重要作用。

同时，徐世昌还帮助边寨清剿土匪、移民屯垦、修建铁路、通畅电话，积极发展科学、教育、以及工商业，特别重视人的改造。为了改造满清八旗子弟的那种寄生虫似的生活，徐世昌专门设厂办校，以"化其气质"，使"八旗人才不可胜用且不必再为筹出路也"。

作为一个治世之才，徐世昌出任东三省总督，仅用了两年多的时间，就使东北三省与之前相比成了天上地下、方方面面都焕然一新。

值得一提的是，徐世昌入主东北三省后，日、俄仍不停止对东三省的野心。在应对日俄侵略的问题上，徐世昌在上任前就与时任北洋大臣的袁世凯商量好了相应的办法：一是"以保卫主权为第一急务"；二是"在具体交涉时，为了在主要问题上达到我们的目的，在次要问题上让步也许会复得必要"。

对日本明目张胆的侵略行径，徐世昌总是给予最坚决反击。徐世昌坚持地认为"必示人以不可攻，而后人不攻；必示人以不可欺，然后人不欺。"为了卫护领土主权，徐世昌坚持据理力争，寸土不让。

有一次，日本人在图门至六道沟90余里钉立木桩，悄悄地将属于我国领土划入当时被他们侵占的韩国地界。徐世昌闻报后，立即下令吴禄贞带人，将这些木桩统统拔去。徐世昌针锋相对的做法，有效地遏制了日本对中国边境领土的蚕食。

在对待沙俄的野心时，徐世昌同样采取针锋相对的做法，取得了"已无余憾，为之欣慰"的结果。

徐世昌在东北两年多的时间里，大力实施近代化建设，为中国近代化建设开了先河，推进全国近代化进程。

然而，正当徐世昌在东北干得热火朝天时，1908年11月，光绪和慈禧先后死去。溥仪入承大统，他的父亲载沣做了监国摄政王。

因为袁世凯出卖了载沣的哥哥光绪皇帝，载沣要杀袁世凯为哥报仇。传几位军机大臣来商量此事时，张之洞以"主幼时危，未可遽戮重臣动摇社稷"，这样的话来劝说皇太后和摄政王改变主意，致使袁世凯免于横遭杀戮，只是开缺回家养病。

徐世昌是个有远见的人，当他知道皇位传给溥仪之后，就知道袁世凯会受到打击，而自己与袁世凯关系一直密切，这事朝廷不可能不知。基于此，为了自保，徐世昌就给朝廷上了一折子，以积劳患病，恐误重任为由，疏请开缺回家。

谁知道，在朝廷还没有回话时，1909年，清廷亲贵载涛从欧洲考察陆军回国，经过沈阳，看见马路、电灯、军警无不备具，街市焕然一新，根本不是当时中国的其他边疆城市那种落后的样子，简直就可以与欧洲的一些城市相比。载涛惊诧不已，对徐世昌大加赞颂，回到京城，对朝廷上下大谈徐世昌治理的东北三省，并力荐徐世昌入值枢府（内阁）。

载涛是摄政王载沣的亲弟弟，是皇帝溥仪的亲叔叔，他对载沣说："朝臣中通达新政者，徐必首屈一指。"

载涛又去与隆裕太后商量，想让世续退出军机处，由徐世昌替代他。不久，徐世昌被授内阁大学士（又称相国），享受清代文臣最高的荣誉。

到1911年5月8日，清廷设立责任内阁，奕劻为总理大臣，徐世昌进入内阁，与那桐一道为协理大臣。

激流勇退离京闲居

徐世昌得以重掌中枢，渴望实行新政，深感孤掌难鸣，想到了半世的挚友把兄弟袁世凯，认为他是个能替国家办大事的人，一心想把他拉出来共谋大业。

事实上，早在清廷组织皇族内阁时，徐世昌就对另一协理大臣那桐说："这个位置我占着不太称职，只有慰亭（指袁世凯）才可以胜任。可是我与慰亭的亲密关系大家都知道，担心别人误以为我只是为朋友说话，所以不方便来提这件事。真让我为难，不知怎么办才好？"

那桐听他这么一说，便答应道："这有什么难的，让我去说！"

于是，那桐就写了一份辞折，说："查有开缺军机大臣尚书臣袁世凯，智勇深沉，谋猷闳远……以疾去官，现已积有岁时，当早医调就愈，可出任要职。为此，特推荐袁世凯出山，替代我协理大臣一职。"

徐世昌虽然担心自己直接出面替袁世凯说话会使人生疑，但还是忍不住在自己的辞折中力陈要"破除常格，擢用扶危济变之才"。他虽不方便明言，却已有很明确的暗指。

遗憾的是，载沣对袁世凯积怨太深，一直未能采纳徐世昌等人的暗指明说。好在，从表面上来看，袁世凯归乡并不是犯了什么大错，载沣只是以袁世凯有"足疾"为由而将他开缺出京师的。这"足疾"，在载沣是个赶走袁世凯的借口，在徐世昌却成了个帮助袁世凯早日出山的借口。

现在袁世凯的"足疾"已愈，又是个堪当大任的人，在此朝廷急需人才之际，应该出山了！徐世昌见载沣不采纳自己的建议，仍不气妥，就抓紧了"足疾"一事，继续为袁世凯的出山大声疾呼、大造舆论。

奈何载沣对袁世凯积恨还是无法除去，任由徐世昌如何保奏，就是不予允准。徐世昌见情况如此，却还是不死心，一面重用袁世凯心腹旧人，为袁世凯复出作为铺垫，一面继续努力争取着。

徐世昌刚离开东三省督抚位置时，曾做了一年的邮传部尚书，就是在这个职位上，他对袁世凯亲信梁士诒等"一仍其用"，竭力保全。后来，徐世昌入了内阁，又推举袁世凯最信任的北洋官僚唐绍仪接任邮传部尚书。

徐世昌一直暗地里紧锣密鼓地为袁世凯的复出努力，效果并不是很明显。然而到了1911年（农历辛亥年）10月10日，武昌起义爆发，这对袁世凯的出山，是个天赐良机。起义军士气高昂，随着起义成功，更是军心大振。朝廷要镇压起义，只能依靠北洋新军。可满人陆军大臣荫昌，却前线指挥失灵，北洋六镇，由袁世凯一手训练出来，如今从将到兵，也还是只听袁世凯的。面对这样的一个事实，清廷上下，这才慌乱起来。

徐世昌把这一切看在眼里，举头苍天，长声叹息："慰亭复出，时机已到！"

徐世昌很快全方位地开展活动，促使袁世凯出山。关于这事，末代皇帝溥仪后来在他的回忆录中写道："袁世凯的'军师'徐世昌看出了时机已至，就运动奕劻、那桐几个军机一齐向摄政王保举袁世凯，并以辞职、不上朝要挟，逼得载沣无策，最后乖乖地签发了谕旨。"

载沣签发的谕旨是：授袁世凯为钦差大臣，节制各路大军。

袁世凯重操大权，南下镇压革命。徐世昌推袁世凯出山，完成了一项历史性任务，他们再次联手，还是袁世凯唱主角，徐世昌在背后出谋出力，二人配合，珠联璧合、天衣无缝。

当时表面上唯一还掌控着军权的，还有摄政王兼陆海军大元帅载涛。怎么才能排挤掉这唯一的绊脚石呢？袁世凯就此与徐世昌商量。

"让他率兵上前线，一定会吓得他打退休报告。"徐世昌想了想很有把握地说。

袁世凯听了，眼珠一转，哈哈地大笑起来。

第二天，他便以总理大臣的名义，直接下令让陆海军大元帅载涛统兵去攻武昌。命令发出不久，袁世凯便收到了载涛的请辞报告，上面写着：身体不适，请辞陆海军大元帅一职。

由此一来，大清军权，全都掌控在袁世凯手上。

对于袁世凯，清廷迫不得已启用，却十分地不放心，而把全部的希望，仍寄托在徐世昌身上。为表示朝廷对徐世昌的重视与信任，在把军权全部分交袁世凯的同时，朝廷再加封徐世昌太傅太保，希望如此的殊荣能使他对大清王朝鞠躬尽瘁，忠心不二。

从根本上来说，徐世昌与袁世凯，他们二人都不具备民主思想。比较而言，袁世凯更趋向于我行我素，满脑子更多一些权力的欲望和专制独裁的那一套主子与奴才的管理方式；而徐世昌，则相对保守，更在乎传统义意上的忠诚，办事比较地循规蹈矩，亦步亦趋，对与"革命人"的许多做法，虽感到有些合理，又认为太过偏激。

袁世凯与徐世昌从年轻时认识，几十年来，两人交情深厚，彼此都信任对方，有一种不可分的感觉。之所以如此，除了他们的政见基本相同，在性格上，也具有很强的互补性。

袁世凯性格激进，有胆略，但锋芒毕露，常失于草率；徐世昌性格迂缓，考虑过周，但作风踏实、不失认真。论才干，徐世昌自愧不如；比学识，袁世凯甘拜下风。袁世凯有野心，喜阴谋，自然容不得他人如此；徐世昌多修养，善曲全，自欺欺人，不在意无论谁的一日之消长。

正因为如此，袁世凯与徐世昌俩人共事多年，互相都了解、取长补短、相得益彰，故能成为一对非常默契的好搭档。

袁世凯掌控大权后，与徐世昌一道，审时度势，决定顺应潮流，在思想上逐渐由君主专政转向君主立宪，然后再转向民主共和。虽然，他们俩都并不十分清楚民主共和就一定比君主立宪好，却分明感到只有这么做才能得到大多数人的拥护，才能保住自己首脑的地位。

而大多数人拥护的首脑地位，又正是他俩都一直在努力争取的东西。于是，对革命党人的策略，袁世凯由剿转而成抚，然后再由抚转而成和。

因为从心里感觉到革命党的一些做法有利于中国的发展，而且更看到民心倾向革命党，无论是袁世凯还是徐世昌，他们也就都不愿意与革命党的对立；又因为从根本上说是大清朝栽培了他们，使他们有了今天的显赫地位，所以他们对朝廷还是有着相当的感情，并不愿把清廷斩尽杀绝，而是主张采用和平方式，给清室以优厚的待遇，让清帝自行下台。这既避免了一场浩劫的大内战，最终又达到了推翻满清帝制、创建中华民国、自己独掌大权的目的。

关于怎样逼清帝退位，归政于民国、归政于自己，袁世凯非常虚心地听从了徐世昌的许多建议。徐世昌给他提供了种种有效的办法，这其中有一条最有效的妙计。

当清廷一直坚持着、到了最后还不甘心把老祖宗经营了两百多年的江山就这么拱手让出，明知必败还准备作最后一搏时，徐世昌让袁世凯命令段祺瑞，要他出面领衔，以北洋将领64人联名，发电要求清廷"立定共和政体"，否则"以兵随之"。

这是一条非常阴险的逼宫之计，作为一个深受皇恩的宠臣，如此要挟朝廷，事后感到心中实在是有愧，同时也为避免嫌疑，电文发出后，徐世昌立即上书朝廷，请求辞职。

朝廷已是摇摇欲坠，自然是没有人来答理他的请求。

请辞固然是请辞，心中有愧固然是有愧，但徐世昌一力挺袁的决心，却丝毫也没有改变地坚持做下去。在紧接着的1912年2月12日，徐世昌指示张謇，主稿一份清廷诏书，其中有这么一段文字：

"今全国人民心理多倾向共和，南中各省既倡议于前，北方诸将亦主张于后，人心所向，天命可知。予何以忍因一姓之尊荣拂兆民这好恶。是因外观大势，内审舆情，特率皇帝将统治权公诸全国，定为共和立宪国体，近慰海内厌乱思治之心，远协古圣天下为公之义。袁世凯为总理大臣，值此新陈代谢之际，宜有南北统一之方，即由袁世凯以全权组织临时共和政府，与民军协商统一办法。"

这是一个重要的历史性文件！它宣布了大清王朝的寿终正寝这么一个十分惨烈的事实，行文却十分得体，给垮台的清廷留足了面子。而诏书的最后一句，却是徐世昌特意亲口所叙，为的就是把清廷亡后天下，注明属于袁世凯。

对于这种事情，徐世昌且用诏书这种极具权威性的文件肯定下来，足见徐世昌对袁世凯的推崇和支持，也显徐世昌政治手段的高超，政治谋略的远见。

袁世凯出山、逼宫、掌权三部曲的总导演，从一定程度上来说，都是徐世昌一人担任。这结果，使得袁世凯即有逼迫清廷退位之功，又有促成南北议和之举，且掌控北洋雄师为他强大的势力后循。事情到了这一步，中华总统这个高位，无论是谁都无法与袁世凯相争。

南方的革命党，虽然选举出孙中山坐上了临时大总统尊位，但还是有不少革命党人认为："收拾大局，建设中国，非袁莫属！"

孙中山本人认为，革命的首要目的就是推翻大清王朝，结束中国两千多年的帝制。此时目的已经达到，而袁世凯又同意民主共和，也就把大总统宝座拱手相让给袁世凯了。孙中山让出总统宝座，却不放心袁世凯能真心实行共和，用民主政治管理中国，于是向袁世凯提出"约法三章"，企图将这匹野马约束在共和的道路上奔跑。

按常理说，徐世昌把袁捧上总统宝座，与袁世凯又是志同道合、患难相拥相扶的把兄弟，袁世凯做了大总统，他当然应该做国务总理。然而，徐世昌这次却根本不按常理出牌，不仅不去做新政府的总理，而连袁世凯的高参、军师也都不做了。他激流勇退，去做了一个"局外人"。

为了能真正做成"局外人"，徐世昌不但离开京城，而且连故乡也不回去，而是远去青岛，去做一个真正的闲云野鹤。

为什么会这样，徐世昌曾坦诚地把自己的想法告诉了袁世凯："我受清廷厚恩，直到现在还是'护帝太保'。结果不但没有护帝，反而一力助你推翻清朝。静下来一想，真是汗颜不已。现今只有随着朝廷的倒台也辞去所有官职，心里才能够稍稍地好受一些。这事，还希望你能理解。"

袁世凯听了，又是感动，又是不舍，想了好半天说："大哥说的掏心掏肺，小弟我能理解。如果此时让你弃清与我打理共和，于情于理，都说不过去。你不妨先去闲居，过渡半载，显明迎新辞旧，不露痕迹。到时再来，也算对得起过来的浩荡皇恩，又能为中国的共和做一些大事情。"

徐世昌听了袁世凯的话，微微地摇了摇头，心想：我去闲居，不仅想做一个不负皇恩的前清遗臣，还因为目前局势仍然动荡不安，不知道你大总统的位置做稳了会做些什么，怎么去做；而且，对于共和、民主这些事情，我都不太清楚，还是从旁观看，或许能更明白一些。

徐世昌心里想的这些，这回没有给袁世凯说出来，只是轻轻地仿佛是自言自语地说："半年太短，起码要两年。"

"两年，又何须要这么久？"

"要，一定要，起码要两年！"

袁世凯听徐世昌的话语很坚决，只好点头答应，说："两年，就是两年，到时我来接你。这两年，我努力平定天下，到时请你来共享太平。"

徐世昌看着袁世凯，轻轻地点了点头。他知道：袁世凯说的"平定天下"，指的是把一切权力都抓在手上。

两辞"相国"归家

徐世昌移居青岛，要做一个"局外人"似的闲云野鹤，除了有些惩罚自己的意思，更主要的是为了能够静观变化，看清想清一些新的事情。

在隐居青岛前，徐世昌自然没有忘记去后宫与隆裕太后等辞行。后宫的人都劝他不要走，与他同授太保的世续甚至跪下来求他继续留在北京。他说自己不能"保护帝制"，无颜留在京城，只能远走闲居。大家都哭了，隆裕太后也感动地哭出声来。皇室对徐世昌的信任，由此可见一斑。

徐世昌答应袁世凯两年后出来帮他，袁世凯最后也是答应了的。可是到了1912年底的时候，做了几个月大总统的袁世凯感觉他的许多政令难以得到彻底的执行，心中烦恼，又去请徐世昌，遭到了拒绝。第二年春天，国民党领袖宋教仁，南下联络，到处发表演讲，对时政进行猛烈地抨击。袁世凯脑怒无奈之时，又想到徐世昌，前去青岛，请他出山相助，徐世昌还是婉言谢绝。

两年来，徐世昌虽两次拒绝袁世凯诚恳的相邀，与袁世凯却还是保持着书信来往。据当时袁身边军事处成员唐在礼记载：在第一届唐绍仪内阁中，袁世凯的心腹赵秉钧是核心人物，但"当时是小事由赵秉钧一人独挑，大事

则必与徐世昌相商。实际上,闲居的徐世昌对袁世凯来说,仍然起着宰相一样的作用,而赵秉钧、板西(日本人)、王士珍、段祺瑞、梁士诒等人,只是各部大臣,唐绍仪也不过是遮场的幂幂吧了。"

正因为如此,当时就有人称徐世昌是"海滨宰相"。

因为徐世昌与袁世凯的关系非同寻常,完全超出了一般意义上的君臣或主仆关系,而徐世昌本人,在北洋政界军中又享有极高的威望,加上他推行"新政"的成绩、思谋慎密深远极富人情味的政治手腕,这么一个卓而不凡的人,千呼万唤还是没有出来,声誉更大,呼声也就更高了。

在1913年3月20日这天,宋教仁在接到袁世凯的急电后,正准备从上海返回北京,还未上车,在车站就遭歹徒枪击。

案发后的第三天,巡捕在凶手处搜到了国务总理赵秉钧发给他的多封密电,里面都提到"毁宋"二字。于是,抨击袁世凯的舆论铺天盖地而来,赵秉钧无法在国务总理这个大位上坐下去。袁世凯又去请徐世昌出山,徐世昌坚持原来说过的二年之期,还是不肯出来。

1914年,袁世凯终于等到了徐世昌答应复出的时候。为了实践"平定天下"的豪言壮语，早在去年10月6日，袁世凯就用武力逼迫国会推选他当上了正式大总统，接着是一系列的大动作：解散国民党、解散国会、废除孙中山为推行共和而制定的《临时约法》。

大半年时间过去了，袁世凯推出了新的《中华民国约法》，这个新约法规定："大总统为国之元首，总揽统治权"，"置国务卿一人赞襄之"。

就在新约法颁布的当天，袁世凯又下令废止国务院官制，在总统府设政事堂，规定："凡一切军国大事皆由政事堂议决施行"。

就这样，袁世凯用总统制代替了责任内阁制，国务卿便成了一人之下，万人之上的昔日宰相。谁能获此殊荣，拥有那么大的权利而又让袁世凯放心呢？当然是相交了大半辈子的拜把兄弟徐世昌了。

过来的历史告诉人们，政客的本来面目，总是随着权力的攫取逐渐揭开的，这时的袁世凯，可以说是已经掌控了中国，至少他自己是这么认为的，于是也就大胆地摘除了共和的面具，不再顾及与共和公开为敌。两年多的共和制约使他深感政令不能随心所欲的苦恼，原本对共和的某些倾向和赞同，都因为这苦恼被抛到一边去了。作为在大清王朝栽培下走出来的大臣，袁世凯已经习惯了那种主奴的政治模式。如果说他做奴才臣子时还有些许想法，现在做了主子大总统了，不由又常想起昔日皇帝的威风来。皇帝说出来的话就是圣旨，谁敢不听、谁敢不从！什么共和、民主、自由，总统做得跟儿皇帝一般。

袁世凯这个选出来的民国大总统，其实就是个大清皇朝的重臣，如今万人之上了，不满足，露出本性，也怀起旧来。

不久前，原清隆裕太后的死，袁世凯通令全国下半旗一天，文武官员服丧27天。不仅如此，还在太和殿举行国民哀悼大会，让参议院议长来主祭。

接着，袁世凯又发布尊孔祀孔令，说什么"天生孔子，为万世师表。既结皇煌帝谛之终，亦开选贤与能之始"等等。这一切，虽说都是袁世凯本色的做法，但同时又是做给远在青岛的徐世昌看的。

如今徐世昌答应出山的时间到了，袁世凯已经做了很多，徐世昌该出山了，可他还是呆在青岛不动。袁世凯一点都不恼，也不着急。因为他知道，徐世昌是个读书人，好面子，要想让他出山，光等不行，非请不可。

袁世凯便托了许多昔日的老友出面，一个个都往青岛去，能托的人都托了，甚至连长子袁克定也派去青岛劝说。徐世昌是个凡事有分寸的人，何况他又不是真心不想做官。袁世凯做到这一步，已是仁至义尽。盛情难却，徐世昌终于答应进京辅助袁世凯。

徐世昌带着全家，离开青岛，前往北京，在途径天津时，昔日的同乡老友华世奎热情地招待了徐世昌，席间却又禁不住质问徐世昌说：

"两年以前，你在北京与我说，大清既亡，我心已死，这一辈子，也不再去闻官服的味了。这话我还犹在耳边，怎么你就忘了呢？"

徐世昌听着，沉默半晌，并不吭声，有身旁朋友替他分辨说："做官有多种，有为自己，也有为国家民众。徐大人此次出山，应该属于后一种。"

华世奎听了，再不言语，但从脸上的神情看，还是露出明显的不以为然。类似这样的责难，徐世昌一路听到几次，心里颇有些不快，也有些压力。到了北京，徐世昌没有去见袁世凯，而是呆在家里闭门不出。

有当时的著名记者黄远庸，对徐世昌的出山曾报道说："官僚派则固欲有利用徐氏者，有以今日政局非有总统信任之人为百揆之长，不易统一……他人当家，人有异言；徐氏当家则必唯命是听……又如军人派，即以向曾多受徐氏指挥之故，深望徐之复出……其他则积根朋党之把持者，谓非徐出则不足以扫清……更有一派新学家向曾受徐恩遇者，则深望徐之出以开新进之路……以此种种故，徐氏到京以来，劝驾者乃至门槛为穿。"

徐世昌清楚地看到：前清的同僚，此时大多穷途潦倒，这些人留恋往昔，对新的政权心存怨气，自然反感他出山帮助袁世凯。至于民国冒出的各派，掌权人对他一面是拥护，另一面是寄予重望，而骨子里则都是希望他出山后对他们有所帮助。

看明白了这些事，似乎自己出山除了遭人嫉恨就是让人利用。既然如此，自己又何必出去找麻烦呢？徐世昌这么一想，对于出掌国务卿一职的事，反倒是更加犹豫了。

袁世凯在总统府里急了，派李鸿章的侄子、前清云贵总督李经羲去徐世昌府上劝说。徐世昌见他说得恳切，于是也说了心里话："既然要我出来，就得让大家都出来。譬如你这样的旧臣，大家一起出来为新政权做事。"

李经羲听了，高兴得很，回去照实说给袁世凯听。袁世凯心里也正有此意，只是一直以来没有个适当的借口，这是借了请徐世昌出掌政事堂，又启用了一批大清的旧臣。

到5月1日，袁世凯在得到徐世昌口头应允之后，正式下达命令，任命徐世昌为国务卿。事情办到这一步，徐世昌却又写了个辞呈，借口时艰责重，力绌难胜，呈请收回成命。他在辞呈中写道：

"世昌夙承知遇，仍当以散员居留京寓，遇有所见，随时献纳，仰备咨询，庶得稍赞高深，以尽其一民之义务。"

袁世凯在辞呈上批复："难进易退，此为君主时代属于一姓一家者言之。若夫共和政体，天下为公，选贤与能，同服义务。但当学伊尹之任，不当学伯夷之清……已遣外交总长孙宝琦、陆军总长段祺瑞，造庐劝驾，万勿推辞。"

两位相交了大半辈子的把兄弟，彼此心知肚明，心照不宣地表演了最后一回合。到此，礼数已尽，徐世昌终于走进了掌管一切军国大事的政事堂，这位前清的相国，在闲居了两年后，于1915年5月，摇身变成了北洋政府国务卿，北洋人还是称呼他为"徐相国"。

对此，许多人认为是对他本人的一个讽刺。其实，在民国这种非常时代，是和平的改朝换代方式导致了这么一种必然的结果。除了徐世昌这个国务卿，袁世凯这个大总统，后来北洋历届政府的首脑，差不多都曾在前清做过事。

在这方面，徐世昌是有些特别，因为他有着清逊帝太傅太保的头衔，是清亡时汉臣官位最高者。仅此而已。

徐世昌入主政事堂后，袁世凯更加地怀念起往日皇帝的天威，一心只想能做一回皇帝，在身边一大群遗老遗少以及他的儿子亲属的附合下，袁世凯积极地做着复僻帝制的准备。

在徐世昌看来，帝制实不为可为，因为很不得民心。言谈中，却发现袁世凯此时对帝制已然着迷，哪怕过一天皇帝瘾，就是死也无憾。把兄弟对帝制有如此劲头，就是劝说当然也不会有半点作用，徐世昌只得缄口不言，开始静静地作壁上观。看着袁世凯复辟帝制的动作越搞越大,四面的反对声也越来越强烈,徐世昌观不下去了。看来我只能请辞,再作一回闲云野鹤,将来或可以局外人的身分,来收拾残局。给自己留下转圜的余地,实际上也是给袁世凯留下回旋的余地。徐世昌这么想明白了,就去向袁世凯请辞国务卿一职。

开始徐世昌没有把话说得很明白,袁世凯听了一意挽留,不肯同意。袁世凯的儿子袁克定说:"徐相国要去,就让他去罢了。"

"你懂个屁!"袁世凯狠狠骂儿子。

徐世昌一次请辞不允,又来第二次,这回把话讲得很清楚,理由道得很明白,袁世凯听到沉思很久,最终还是同意了,给徐世昌送行时谆请说:"不要再去青岛,这次一定就住天津,有事也方便请教。"

徐世昌点头答应,又一次离开北京,移居河南辉县水竹村,后自号水竹村人。

徐世昌前脚刚走,袁世凯立即就宣布恢复中国的君主制,建立中华帝国,并改远洪宪,将总统府改为新华宫,并封徐世昌、张謇等四人为"嵩山四友"。这是仿汉高祖时"嵩山四皓"的说法。

因为"嵩山四皓"都是隐居不仕的贤者,这样的赐封有永不叙用的意思,这使徐世昌很不乐意,在日记中大发感慨:人各有志。志在仙佛之乡者多,则国弱;志为圣贤之人多,则国治;志为帝王之人多,则国乱。

从这里也可以看出,在徐世昌内心的深处,还是十分渴望做官、做事的。

徐世昌心中虽有不满,但更多的还是担心,对于袁世凯称帝的前景,他看得太清楚,早料定袁世凯皇帝瘾过不长。事实果然也是这样,就在袁世凯称帝的当月,蔡锷、李烈钧、唐继尧在云南宣布独立,并通电全国,讨伐袁世凯。他们组成联军,命名"护国军"。蔡锷为第一军总司令,出兵川、贵;李烈钧为第二军总司令,出兵广西;唐继尧为第三军总司令,留守云南。"护国军"组成,反袁护国运动迅速在全国掀起。

袁世凯正大惊失色时,徐世昌来了,劝袁世凯:"称帝一事,就此打住,迅速回头,或可化险为夷。"

袁世凯想继位的几个儿子袁克定、袁乃宽在一旁听了,对袁世凯连连摇头,希望皇帝不要退位,他们或可有接任大统的机会。

袁世凯稍稍思考了一会,说:"非徐相国还有谁能跟我说这样的话,你们不要把我架在火上烤。"

说完袁世凯转向徐世昌说:"我听你的,立即废除帝制,恢复共和,只是你一定要来做我的国务卿,主持议和工作。"

徐世昌正沉思,袁世凯又说:"这种时候,你都不来帮我的忙,这普天之下还有谁肯帮我。"

见袁世凯话说到了头,徐世昌只好答应。一到任,徐世昌就去与讨袁护国军和谈,试图通过自己的威望要求停战议和。结果却遭到了拒绝。徐世昌经此挫折,感到非常失望,在国务卿任上刚一个月,便让位给段祺瑞。

袁世凯对徐世昌非常了解,知道他能在和平环境中搞建设,应付战乱还缺乏能耐。他请徐世昌来帮他,原本也只想把政治方面的一切托付徐世昌,军事上的事交由段祺瑞处理。看到徐世昌执意要让段祺瑞来打理一切,又想到自己原本的承诺,什么平定天下,如今天下非但没有平定,反而是祸起萧墙,自己被弄得众叛亲离了,于是就同意了徐世昌的请求。

徐世昌呢,也不是要抛弃袁世凯,而是通过出面议和遭拒一事发觉自己帮不了袁世凯什么大忙,如果还占着高位,无颜面对袁世凯。

就这样,两个年过半百的老伙伴,依依惜别,分道扬镳。徐世昌再辞"相国"归家,时年已愈花甲,能否再次出山呢!

任大总统前后

徐世昌与袁世凯依别时,互道珍重,都盼望着不久就能"平定天下",双方再次携手。令他俩都想不到的是,徐世昌到天津住了刚刚两个多月,袁世凯就病倒了。

病危中的袁世凯打急电给徐世昌，请他务必来京见最后一面。徐世昌匆匆来到总统府，见比自己还小四岁的袁世凯已经奄奄一息，由不得潸然泪下。

"菊人，你来了！来了，就好，好啊！"袁世凯断断续续地说。

"总统有什么话，安排了我就去办。"

袁世凯睁大眼，看了徐世昌很久，才喘息着吐出两个字：

"约法！"

袁世凯自接过孙中山临时大总统的桂冠，再到正式大总统，然后称帝、废除帝制，最后在一片讨伐声中死去，总共也就是不到五年的时间。可是，这其间却"约"了两部"法"。一部是孙中山等人为限制袁世凯的权力制定的旧约法，另一部是袁世凯为取得独裁统治而制定的新约法。袁世凯生前只认可新约法，他临终前说的约法肯定指的也是新约法。

按照新约法规定，新总统由在任总统推荐，提出三个人名，写下藏于金匮石屋中，待总统去世，取出来由受托取名单的人在这三人中推出一人任总统。

袁世凯去世后，徐世昌与段祺瑞、张镇芳（袁世凯表弟）、王士珍等四人从金匮石屋中取出袁世凯写下的预备总统名单，只见名单上依次写着黎元洪、徐世昌、段祺瑞三人的名字。

黎元洪当时实力并不是最强大，他也不是袁世凯的亲信，为什么就能排第一呢？关键是黎元洪在西南革命党人中颇有声望，而且如果按旧约法办，总统去世后也应由副总统接任，黎元洪当时是副总统，理应接任总统。

现如今，南北战事绷得正紧，袁世凯自己生前也无法解决，知道徐世昌自然也无法解决，不能独掌眼前的危局。袁世凯对徐世昌了解颇深，知道他可做和平年代的总统，却绝对做不了乱世中的枭雄。既然如此，自己死后由一位在南方中有声望的人来接任总统，对结束南北战争，收拾战乱的残局显然十分有利。

袁世凯就这么想的，也就这么安排了，真可谓是费尽了心机！徐世昌想着，沉思着。

在受袁世凯之托同去取遗嘱的四人中，徐世昌当时是唯一的平头百姓，可他的资格最老，声望也最高，大家便都来请他发表意见。

徐世昌知道：面前的这几位，张镇芳属袁世凯称帝的"帮凶"，眼下麻烦正多，能自保就不错了，根本没能力来争总统大位；而一直以来被称作北洋之"龙"的王士珍，为人做事都是谦让当先，也不会来强争这个总统高位；独有段祺瑞，被称为北洋之"虎"，做事独断专行，野心勃勃，绝对想争这个总统来做。

就个人感情来说，徐世昌与段祺瑞自然近了许多，但凭徐世昌的经验看，段祺瑞性格刚烈，与南方一直又有成见，值此南北紧张之时登上大位，只会把局面搞得更乱。更何况，还有袁世凯排下的顺序放在那儿。

徐世昌把这些都细细地考虑了，最后才缓缓地说道："现在南方独立，收拾时局是一件极其艰难的工作，依我的愚见，根据《约法》，应该推举副总统黎元洪来继任。"

话说出来之后，徐世昌再不言语，只静静地望着他们三位。

"相国以大局为重，不谋私位。收拾残局，确实是黄坡（黎元洪）最相适宜。"王士珍首先附合说。

"确实，确实是！"张镇芳也连忙表态。

段祺瑞此时的心情很复杂，虽然他一直都很敬重徐世昌，认为他的话也有道理，但还是心有不甘，有些留恋总统的高位，只是此刻已经有两位都表态了，四人当中，自己只占其一，要想谋得总统大位，恐怕是不可能了。这么想着，看徐世昌的目光罩在自己身上等着回话，这才匆忙地说道："很好，相国说得好，我与相国的意见一致。"

总统一事有了着落后，徐世昌松了口气。此刻他心里知道，袁世凯这一死，国事更加难为，外面有南北在相斗，内部掌控京师的段祺瑞与在南方颇有声望的黎元洪又一定有院府之争。世道如此，自己还是再去做闲云野鹤吧。徐世昌这么想着，匆匆离开北京，又回水竹村隐居。

黎元洪做了大总统之后，一直受做总理的段祺瑞操纵着，心里十分地不舒坦。俩人在对南方是和平解决还是武力解决的问题上分歧不能调合，矛盾越来越大。没有办法，只好请他们共同认可的徐世昌出面调解。

段祺瑞信任徐世昌，是因为他们有颇深的渊源。在小站练兵时徐世昌就是他的师长，在袁世凯当总统后徐世昌又把总理的职位让给他。而黎元洪之所以也信徐世昌，除了他敬重徐世昌的为人，还因为张镇芳的一句话。在黎元洪继任总统后，张镇芳透露了徐世昌说由副总统来继任的那句话，还添油加醋地说："当时老段反对黄陂（黎）继任，是东海竭力促成的。"

然而，作为总统和总理都信任的人，徐世昌还是调解不了他俩人的矛盾，最后只好遗憾地再回水竹村。

徐世昌走后不久，黎元洪在得到辫子军统领张勋的承诺支持后，竟然大胆地罢免了段祺瑞的总理职位。

这一来，亲段的北洋军可炸开了锅，他们组成北洋督军团开会，商议要拥戴徐世昌为大元帅，组成临时政府来与黎元洪的政府对阵。

大元帅一职，于徐世昌来说，显然是有些文不对题。更何况，真要出山，徐世昌想要做的也是总统，于是便婉言谢绝了。

张勋表面答应支持黎元洪，实际上是想借机进京复辟帝制。后来果然这么做了，当然也就失败了。张勋自己成了臭狗屎不说，拖累得黎元洪也只好下台谢罪，临走前匆忙地给段祺瑞官复原职。

黎元洪一时之气罢了段祺瑞的总理一职，又一念之差地让张勋的辫子军进京搞复辟，接连错了两步棋，丢掉了自己的总统之位，得利的渔人却是冯国璋，他以副总统的身份代理大总统一职。这事段祺瑞当然非常的不乐意，但首先却还是他提出来的。因为只有这样，才能真正地让黎元洪下台。

可是，对于段祺瑞来说，他前面赶走了黎元洪这只虎，后面又来了冯国璋这匹狼。相比而言，冯国璋比黎元洪更让段祺瑞难受。冯国璋有野心，又有兵权，在北洋军中，威望一点也不比他段祺瑞差。

段祺瑞早知道这些，在把黎元洪刚逼下台时，他曾想授意北方各省军阀通电拥戴徐世昌为临时总统，组织临时政府，只等召集了新国会后，就可再行选举徐世昌为正式总统。可是，段祺瑞的计划还没出台，北方的军人就已经纷纷通电，拥护冯代总统了。

事情发展成这样，段祺瑞只好作罢。因为如果他再坚持，势必引起北洋内部分裂，这在他来说，是不愿看见的。还有更主要的是，他知道徐世昌是绝不允许这样的状况出现。

作为清廷的遗老、北洋的元老，徐世昌对昔日的恩人还是有情义在的。清室现在只享有些许优待条件，这是人力所不能扭转的事情；北洋如今掌权，内部当然不能分裂。

袁世凯死后，徐世昌在北洋中的资历最老，又凌驾于各派之上，无论是做大元帅、当临时总统，都会损害他居各派拥戴的超然地位。更何况，徐世昌最不愿意看到袁世凯创就的北洋大业毁在自己手中。因此，当冯国璋就任后向他询问南北和解一事时，他对冯国璋说：

"当前首要的事情，就是巩固本派团体，这样对外才有实力，有实力然后才可言调和。"

徐世昌的话发自肺腑，意思也很明白：北洋内部，必须统一。冯国璋听了，当时也为之心动，遗憾的是，他与段祺瑞终究还是不能捏到一块。

争斗的根本是段祺瑞本是总理却要享受总统的权力，而冯国璋身为总统就要拥有总统的权力；争执的事件还是如何处理南北战争。冯国璋想联合西南势力，作为外援而强大自己；段祺瑞则想通过与西南的战争把自己的势力渗透到冯国璋掌控的地盘上去。

冯国璋和段祺瑞，一日比一日更加水火不容。在与段祺瑞的斗法中，冯国璋显然比黎元洪高明许多。段祺瑞坚持要战，他就让他去战，暗地里却唆使范国璋、王汝贤他们撤防，就这么把长沙给战掉了。段祺瑞首战失利，只剩了下台一条路。

冯国璋棋高一着，拿下段祺瑞，让王士珍出面来组建内阁。徐世昌得知此事，对王士珍说："政见不合，也不能使用阴谋，导致团体破裂，将成北洋罪人。若是立志要和平，应该开诚公布地去做。"

王士珍听了徐世昌的话，再无心去组阁。

段祺瑞1917年11月19日辞去国务总理一职后，更加积极地策动督军团，致使军中高呼主战。冯国璋无奈，只好于12月18日再次请出段祺瑞，特派他督办参战事宜。

段祺瑞有了督办战事的权力，却并没有放弃对冯国璋的进攻，而是更加猛烈。因为有了一次被迫下野的经历,这次段祺瑞准备用和平选举的方式使冯国璋下台。

为达此目的,段祺瑞通过一番努力弄成一个由他把持、官僚政客组成的"安福系",准备通过这个派系来把持今后的国会选举,把冯国璋选掉。而眼下,段祺瑞需要重掌内阁。比较而言,这事还不太难,在上窜下连活动一番后,到3月19日,以曹锟(直)、张作霖(奉)、倪嗣冲(皖)等为首,十五省联电请求段祺瑞来重新组建内阁。

徐世昌了解这事之后,命令田文烈去劝告冯国璋:一定要以团结为重,此时若不让段祺瑞重出组建内阁,一定会引发兵变。

冯国璋听了,无可奈何,只好在23日请出段祺瑞,复任他为国务总理。五天以后,段祺瑞的第二次内阁组建完成。到8月20日,新的国会成立,段祺瑞把持的安福系为第一大派系。

1918年,在选举民国第二届总统的时候,段祺瑞与冯国璋互不相让,矛盾越来越尖锐,争斗越来越激烈,徐世昌两面劝说:"不要自己把北洋弄得四分五裂,让别人钻了空子。"

可此时的段祺瑞与冯国璋都斗红了眼,谁也听不进去,仍然猛斗不已。北洋团体实,已经四分五裂。徐世昌再也忍耐不住,站了出来,指责段祺瑞与冯国璋说:"事情弄到这般田地,危害了北洋团体,你俩都有推卸不掉的责任,都应该作出牺牲了。"

徐世昌的话很明白:冯国璋与段祺瑞使北洋分裂,双方矛盾又无法解决,为维护大统,双方都得退下,至于谁来接掌他俩退后的空位,徐世昌没有往下说。这在别人心里,已经是很明白的事。

段祺瑞与冯国璋斗来斗去,都是平手,此时他也知道取代不了冯国璋,唯一的愿望是拉冯国璋一道下台,于是公开表示:徐世昌做了总统,自己不做副总统,如果冯国璋也同意不做副总统,他愿与冯国璋一同下台。

冯国璋是不甘心被段祺瑞拉下水的,可情况如此,让北洋的精神领袖徐世昌来做总统,已是人心所向、军心所向。段祺瑞这股庞大的势力都持这样的观点,新疆督军杨增新也曾发出了军人的心声说:"武戏演几出,文戏亦应演几出。若尽演武戏，则人人皆不欲观之矣。"

就是北洋的钱老板梁士诒，他就任参议院议长的第一个条件，就是选徐世昌来做大总统。而参议院副议长朱启钤，就更是徐世昌的影子了。就是不太容易服人的奉系势力头目张作霖，对徐世昌来做总统一事也吹捧得十分利害。

有兵权的总统们争斗得太久，让大家都烦透了、厌腻了，渴望让一个无兵权的徐世昌来做总统，这已是大势所趋。冯国璋明白了这一点，只能长叹一声说："新国会选举的总统，如果是东海（徐世昌），我竭力赞成……退职以后，我不住京城，也不留天津，将归河间故乡，耕种自活。"

如此表态之后，1918年10月7日，冯国璋辞职。第三天，段祺瑞也递交了辞呈。而在此之前，徐世昌已经在出席总统选举大会的436名议员中以425票获选。

1918年10月10日，徐世昌这个文人，终于正式登上了乱世民国的总统宝座，当日即任命如同自己影子的旧属钱能训代理国务总理。至此，民国政府与国务院大权，统统掌握在徐世昌手中。

徐世昌当上了总统，他必须处理好的第一件大事，就是要谋求南北的和解，结束内战。为此，他使出了浑身解数，却都没什么效果。在位近三年后，直奉大战爆发。在获胜的曹锟一再逼宫之下，徐世昌只好离开总统府，迁居英租界，结束了近四年的总统生涯，也结束了40余年的从政历程。

徐世昌出身翰林，博学多才，文章诗词书画，样样精通。退隐后，他创作质量上乘的诗词5000余首，楹联一万余对。在北京班大人胡同，他还设立"徐东海编书处"，编辑《清儒学案》208卷。为此，除了政治家，国学大师的称谓，徐世昌也是当之无愧的。

徐世昌退隐之后，名声依在，1933年，日寇想借徐世昌的名声，请他出来组织伪政权，被断然拒绝。1939年春，徐世昌患膀胱炎，需去北京治疗，因怕被日人劫持，徐世昌坚持不去，不久病逝，终年85岁。

历史评说

作为200多年清廷中职位最高的汉人,徐世昌对清廷有相当的感情;作为一个博学多才、文章诗词书画样样精通的国学大师,徐世昌承袭了中国传统知识分子优良精神风貌,学识渊博、热衷新事物、挚诚地爱着国家,坚持和平、崇尚自然,既非一般无聊政客可经,更非那些拥兵自重利欲薰心、祸国殃民的旧军阀可比。

他是一个灯下苦读,依靠科举跻身大清王朝的相国。尽管皇恩浩荡,在结束帝制一事上他还是做了应有的贡献,出了该出的力气。作为袁世凯的把兄弟和志同道合者、军师,在与袁世凯的互相帮助的过程中,他能有自己的原则,与袁保持相应的距离,进退有度。在袁称帝时,以沉默相对,表示自己的反对。

当上总统后,他倡行"文治主义",在那武人专政的乱世中曾被视为"东洋和平的一线光明","各国国民的真正亲善种子"。在丢掉总统高位后,能多次拒绝日本人的劝诱,不供伪职,有一定的民族气节。

徐世昌国学功底深厚,不但著书立言,而且研习书法,工于山水松竹,被称为"文治总统"。

综观徐世昌一生,他当然算不上是个革命家,政治品德也不怎么完美,但仍不失为一个能够立足现实实现人生理想,重视精神生活,以实践道德勇气追求理想人格,有情有义心忧天下而以天下为己任的君子。

民国总统档案

第六章
只想讨人喜欢的曹锟

  他就读了四年私塾,却成为了一个肩扛着布匹四处叫卖的小商贩。他无奈当兵,也就只想混口饭吃。乱世之中,却能出人头地,从小兵一直做到总统,不能不算一个奇迹。究其成功的根本,还是那憨厚的相貌、市民的俗气,及平民的精神。正是这些,迎合了当时,加上一些巧合机遇,他做成了本来是根本就不可能做成的事情,达到了一个他这种人压根就梦想不到的高度。从他身上,让我们对民国有了更多一些的了解。感到这民国似乎有些可恨、有些可耻、有些俗不可耐,却也有一种生命发展的追求与一种的民族气节。人毕竟是复杂的,不会是非红即黑,实际上更多的是一种混合色。曹锟以他的经历证实着现实的存在。

小 档 案

姓名字号：曹锟，字仲珊

籍　　贯：天津大沽口

生卒年月：1862年12月12日—1938年5月17日

最高官职：中华民国第六任大总统

军　　衔：陆军一级上将

家　　族：祖父——东大沽的渔户

父亲——曹本生，东大沽修理船舶的木工，手艺精湛，没有文化，为人憨厚老实，性格耿直。

兄弟姐妹：兄——曹镇

弟——曹锐、曹钧、曹锳

姐——曹大姑

妹——曹二姑

妻妾子女：元配——郑氏，生长女（30多岁时病故）。

二夫人——高氏，生次女曹士熙。

三夫人——陈寒蕊，生三女曹士贞、长子曹士岳。

四夫人——刘凤伟，生四女士英、次子曹士岱、三子曹士嵩。

简 历

1862年12月12日生于直隶天津。

1872年，入私塾。

1878年，推车下乡零售布匹，因喜玩乐，终至亏累歇业。

1881年，应募袁世凯小站新兵。

1885年，被选送天津武备学堂学习。

1890年，于天津北洋武备学堂毕业，任毅军哨官。

1894年，随毅军赴朝鲜参加中日甲午战争。

1895年，投靠袁世凯，被任为右翼步兵帮带。

1907年，升任新军第三镇统制，使北洋势力伸展到吉林、黑龙江。

1911年，奉袁世凯之命，由长春移驻直隶娘子关，镇压革命。

1912年2月在北京纵兵哗变，为袁世凯拒赴南京就职制造借口。3月，第三镇改为第三师，任师长。

1914年，任长江上游警备司令，率第三师进驻湖南岳州，监视南方革命势力。

1915年10月，因积极支持袁世凯复辟帝制，被授予虎威将军称号。袁世凯称帝后，又被封为一等伯。

1916年1月，奉袁世凯之命率部入川，镇压护国运动。6月袁世凯死后，曹锟又以其重要的军事力量，仍为北洋政府所倚重，9月任直隶督军，驻防保定。

1919年2月，被推为北洋直系军阀首领。9月，任直鲁豫巡阅使。

1922年，黎元洪复职，与吴佩孚共掌北京政府军政大权。

1923年6月,把黎元洪逼下台。10月5日,选为中华民国第五任大总统。10月10日,登大总统位。

1924年10月23日,被冯玉祥囚禁。

1926年4月,被鹿钟麟释放。5月1日辞职,由总理摄政。

1927年2月,逃往天津,长期寓居。

1937年,多次拒绝日本特务头子土肥原贤二请他出任伪组织头目,保持了民族气节。

1938年5月17日于天津病死,终年76岁。6月,被国民政府追赠为陆军一级上将。

掌控新军精锐之师

一个人,特别是一个弱势的人,要改变自己的命运,最简捷的途径是得到能帮助自己人的帮助,而获得帮助的最有效方法,就是让帮助你的人喜欢你。在这一点上,曹锟得天独厚。

人人都知道人不可貌像,不可以貌取人,可世上的人偏偏又没几个不以貌取人。曹锟身材魁梧、膀阔腰圆,却又面善貌实、慈眉顺眼,让人一看就会想到俩字:"憨厚。"

谁都知道,但凡沾上这俩字的人,天下人至少有一半会喜欢他。再加上,曹锟性情宽洪,能容人、能顺人、能吃亏于人。

曹锟爱交朋友,遇上了就相邀喝几杯,每次都争做买单人,哪怕是别人求他做事也这样。有时喝醉了溜下桌子酣然睡去,醒来钱袋里的一点小钱全没了,明知是店前的顽童掏了去,却只指着他们一笑了之。做人能这样,喜欢他的人自然又多了几成。

曹锟出生在天津大沽,父亲曹本生只是船行的一个排工,收入有限,家庭人口又多,但仍然咬着牙让曹锟上了四年私塾。曹锟16岁时,认得不少字了,父亲感到自己老了许多,就让曹锟跟他学造木船。曹锟虽然貌似憨厚,骨子里却还是透着精明,朦胧中知道自己需要什么。造船太累,像父亲这么起早贪黑地忙呼一辈子,家里的日子还是过不好,于是他摇头表示不愿意。

"不去造船,就在家种地吧。"母亲用商量的口气说。

曹锟连想都没想,还是固执地摇摇头。因为他知道,种地跟造船差不多,又苦又累,挣得还更少。父亲见曹锟就知道摇头,恼了问:"你想做什么,就在家里吃喝?"

"我去卖布。"

原来曹锟有个朋友每天推着一辆小车在街头转悠卖布，不怎么累挣的却还可以。曹锟知道了卖布这营生是怎么回事，他认为这比做木工或当农民都要强许多。

无论是父亲让他去做木工，还是母亲让他来种地，这都是他们只会干所以也只可能想到的事情。与他们相比，表面憨厚的曹锟，眼界似乎高了一点，也更懂得利害，知道自己需要什么。

曹锟的朋友卖布是推着小车在街上叫卖，曹锟家买不起小车，便将布扛在肩上到处叫卖。生意虽不是很好，每天总还是能卖出几尺几丈，收入并不比父亲差。可他刚卖了几月布，母亲遭受一个地痞欺侮。曹锟还有他的两个哥哥，父子几个一起上阵，结果还是被地痞打趴下了。至此以后，每逢下雨不能上街叫卖，曹锟再不去喝酒，而是到一个拳师家跟着他练拳脚。几年下来，还真学了些武艺，加上本来力气就大，对付两三个人都没问题。

卖了四年布，曹锟家生活过得比以前好了许多，曹锟却有了想法。他感到这么卖下去没什么盼头，今后最多也就是租个摊子，开家布店。他自认这不是他需要的，开始不安于"本职"工作了。就在这时候，淮军来招兵。看到幕兵处一身戎装的军官，曹锟的眼睛突然就亮起来。

"这才是我要的生活啊！"

曹锟在心里叫喊着，跟父亲一商量，就去了淮军募兵处。

郑谦是募兵处的管带（带队的相当于营长），刚过知命之年，打了一辈子仗，对什么人适合当兵，他一眼就能看出来。当曹锟走进他的视野时，心里就先自喜了。"总算是又遇到一个好兵！"他在心里嘀咕着，走上前来，问曹锟："能比划几下吗？"

"长官你的眼真毒，也就只会几下。"曹锟张大嘴笑着对郑谦说。

"跟他试试，敢吗？"郑谦指着一个刚录用的年青人。

这小伙子比曹锟个头还大，一脸横肉，一副杀气腾腾的样子。曹锟的目光刚接上他有些儿犀利的眼睛，忙把头扭了过来，憨笑着回答说："本来不敢，如果是你让我去跟他打，我敢！"

"为什么？"

"当兵的要服从命令，这我知道。"

郑谦笑了，笑得很开心。有曹锟这句话，他就是输给了那年青人，又有什么关系呢？结果曹锟竟然三下五除二地就将那青年人打趴下了。这当然更好啊！

就这么，曹锟跟着郑谦干上了淮军，这是1882年的事情。转眼过去三年，曹锟虽然还是个大头兵，在与郑谦的关系上却近了一层，他成了郑谦的义子。

也该曹锟运气好，这郑谦30出头结婚，20年过去了却还是没个儿子，观察了曹锟三年，这才决心来做他的义父。曹锟在营中刚给郑谦磕过响头，那边李鸿章办起了"北洋武备学堂"。

这可是一所专为培养新式军事人才的陆军军官学校，进去的人，出来几年后不当将军，至少也是个校官。李鸿章是淮军的创始人，是淮军的老祖宗，他创办的学校，生源当然首先在淮军中挑。

军官的摇蓝啊，绝对是淮军士兵们鲤鱼跳龙门的天赐良机。可李鸿章有个要求，这就是一定要严格地择优录取。

按曹锟的基本条件来说，在淮军中当然还只能算是一般。像他那样读了几年私塾，体格健壮，又能一个撂倒几个的士兵，在淮军中还真有不少，最起码也远远超过招生的额数。

尽管如此，曹锟还是毫无悬念地进了"北洋武备学堂"，这与郑谦对他的特别喜欢当然是分不开的。特别喜欢自然要更加卖力地帮助，一个管带官职虽说不大，但推荐一个士兵进军事学校，还是有能力办到的。

曹锟这只鲤鱼，就这么在义父的帮助下跳进了人生的第一个龙门。可人了学校之后，与同学一比，曹锟那四年私塾学问自然比不赢别人，差不多是处在最末，实在是有些险乎。

可人就是不怕临险，往往能因险出勇，结果化险为夷，曹锟便是这样。刚进学校时，每逢军事理论课他便十分头痛。什么弹着点、抛物线这些个词语，让他听得如在云里雾中。看着别人都能理解，曹锟便咬紧牙关，闷着头拼命学。五年后毕业，他竟能与段祺瑞、冯国璋、王士珍、段芝贵这些学校骄子一道被列入李鸿章呈报朝廷的成绩优秀者名单中。

勤能补拙，由此可见一斑。

北洋武备学堂首届优秀生曹锟毕业后，被分配到宋庆统领的毅军中。宋庆早年落魄，30岁从军，10年后晋升总兵，第三年统领毅军，官职频升，此时刚加封太子少保。

曹锟到了毅军，被委为哨兵（带百余人），不久，跟随宋庆转战辽东、辽南等地作战。宋庆的部下，虽然都异常勇敢，但还是屡败不利，战败失地之后，清廷决定议和，宋庆被革职留任。其间，曹锟跟着宋庆虽然遭受千般辛苦，万般危险，终没有一丝儿升迁。

中日甲午战争后，清廷看到中国旧军的种种不足，有意改练新军。袁世凯费尽心机，得以承担此重任，前往天津小站，招兵买马编练新军。

曹锟此时刚从朝鲜归来，得知这个消息，于1895年夏天，他带上北洋武备学堂的毕业证书和成绩单，连同毅军哨官的委任状，前去小站投靠。

接待他的，是时为小站练兵处提调徐世昌。看了他的成绩单，徐世昌不由得又回头来看他的憨相，似乎是不信这么个长相的人能有这么好的成绩。此时，与曹锟当年武备学堂成绩一样的段祺瑞、冯国璋等，已在小站做了中层领导。再看曹锟的委任状，还只是个哨官。徐世昌更特别仔细地打量着曹锟，终于想到了这几年在走背运的宋庆。

"外粗内秀，只是运气很不好！"徐世昌坚信曹锟还是哨官是因为宋庆所致。他给曹锟下了结论后，便高兴地把曹锟推荐给袁世凯。

阅人无数的袁世凯，对人的相貌有一定的研究，看到曹锟的长相，他一下子就喜欢上了。"这种'虎形而有福相'的人，不仅自己能化险为夷，还会给他的上司带来好运。"袁世凯对拜兄徐世昌说，决定栽培曹锟。

曹锟又一次因相貌让人喜欢，刚进小站，被任命为帮带；没几天又被袁世凯送第二期军官班短期学习，回来后便升任新兵管带；再过没两年，升任北洋陆军第一混成协统领（相当旅长）。这以后，他一直留在袁世凯身边。作为军人，曹锟除去在曹州镇守使任上镇压过义和团外，再没有领兵上阵，更没有以身犯险，却是比一般人都提拔得快。

到1907年，袁世凯的新军练成，所谓兵重压主，清廷出于对汉人手握精兵的担心，采用明升暗降的方法，削去袁世凯的兵权，调他进京任外务部尚书、军机大臣。在此同时，备受清廷信任的徐世昌出任东北三省第一任总督。

为替袁世凯保存部分实力，也为自己东北三省行事方便，徐世昌在去东三省任职时，以抵制日俄骚扰边疆为由，带北洋新军第三镇随行前去东北。

北洋新军共六镇，镇镇都可说是精锐，但从各镇的军官、士兵素质及装备待遇来说，第三镇应属第一，是精锐中的精锐。在第三镇调往东三省前夕，袁世凯反反复复地考虑领军人物，因为这既是他小站练兵的精华，也是他今后立足的一个筹码。

思前想后，袁世凯最后决定把第三镇托付给曹锟。因为曹锟当时的官职比统制差一级，袁世凯又费尽心机地将曹锟以补用副将升一级后任命为第三统制（相当师长），把自己最精锐的部队交由他带领前往东北。

当徐世昌问及袁世凯此事何以非曹锟莫属时，袁世凯推心置腹地说："此人憨厚持重，重情顺从，不似段祺瑞脾气太大，也不像冯国璋城府太深，是个值得托嘱大事的人。更何况，他这个人对待士兵有一种很深的情感，天生就是个带兵的将军。"

袁世凯的话，虽然是道出了他喜欢的一些原因，但藏在袁世凯心底的还有一条，就是像曹锟这样的人更容易驾驭，而袁世凯提到曹锟对士兵的感情，还真是看得非常准确。

曹锟一夜间由混成协统领升任第三镇统制，带领北洋军最骄人的精锐，一路随行保卫徐世昌到了长春。当时正是寒冬季节，南方冰天雪地，北方更是冷得让人心里发颤。三镇多为关内士兵，突然间还适应不了这般恶劣的气候，一个个被冻得脸色发青耳朵生疮。

曹锟见了，急忙命令军需处，加班加点，为官兵们每人缝制一个毛皮耳套。当时正好有贝勒郡王衔亲王载洵巡视到东北，了解了此事，对曹锟大加褒奖。其实，诸如此类的事情，在曹锟看来都只是份内的事情。

"对待士兵有一种很深的情感"，这是曹锟让人喜欢的又一个原因。就因为有这么些让人喜欢的东西，竟使得本来各方面都平平常常的曹锟，手里竟然掌控了北洋新军中可以说是当时中国最精锐的一个师。

回到了天津老家

如同闻到劫匪要来的风声，就把自己的宝贝托付嘱给一位信得过的富人拿去给藏起来一样，袁世凯因为朝廷要收他的兵权，于是把北洋最精锐的第三镇交给曹锟掌控。很明显，袁世凯的本意是因为曹锟可信，而托他带管北洋第三镇。

可世事难料，谁也没想到，袁世凯精心打造的精锐之师从此以后就这么落在了曹锟手上，终其纵横军界政坛，再也没有离开过，最终使他借此成为

第六章 只想讨人喜欢的曹锟

主宰中央大权的实力派人物。

袁世凯调到中央以后没多久,情况骤起变化。1908年11月14、15两日,先是光绪、接着是慈禧,这娘俩相邀着前后就差1天,争相离开了人世。继位的是光绪弟弟载沣的儿子溥仪,载沣做了摄政王,把持朝廷。

袁世凯在关键的时候背叛光绪,载沣早恨得咬牙切齿,一心想诛杀袁世凯以解心头之恨。多亏朝中几个重臣晓以利害、苦苦相劝,载沣为朝廷的安危考虑,这才强压怒火,于1909年1月2日以宣统皇帝的名义下诏,把袁世凯开缺回故里了事。

袁世凯受罚,北洋将领自然多受连累,重则排挤降职,轻则原地踏步,再无升迁。曹锟在此之外,属几个幸运儿之一,仍不断受到嘉奖提拔。

大凡有意思地讨人喜欢的人,为的都是趋利避害,这事做过了头,如果是一般人,就会是去做没有原则、损人利己,甚至是有罪的坏事;如果是掌控多人生杀大权的人,常常会为此犯罪甚至犯的是弥天大罪。

曹锟在袁世凯倒霉时能够被朝廷提拔,主要因为他为讨好朝廷,对东北的反日反朝廷压迫的人民进行了残酷地镇压。由于他知道自己的处境不利,这一次对朝廷的命令非常卖力,血腥地镇压了当地反抗压迫的百姓。用东三省百姓的鲜血,换来了1911年4月被授的副都统衔,还换来了3个月后再提升为总兵、并以提督候用职位。

袁世凯开缺归家不到两年,1911年10月10日,辛亥革命爆发,各省纷纷起义、宣布独立。朝廷无法让北洋军卖命,只好又让袁世凯出山。同时,为京城的安全着想,朝廷将他们信任的曹锟从长春调回保定,担负起京津和保定三角地带的外围防务重任。

曹锟到达保定半个多月,1911年11月2日,心慌意乱的载沣被迫任命袁世凯为内阁总理大臣,主持军政大计。袁世凯大权在握,立马指挥北洋各部对革命新军发起进攻。

在此之前,1911年10月29日,山西宣布独立,新军统标(相当团长)阎锡山被举为都督,准备与新军第六镇统制吴禄贞联盟,共同攻打北京。袁世凯一面派人去石家庄刺杀吴禄贞,破坏他们的联盟;一面命令曹锟,即率三镇精锐之师，前往山西，消灭阎锡山部。

曹锟领令，亲率第三镇第一协出征。到石家庄时，阎锡山的先头部队已抵娘子关，曹锟便派炮兵第三标打前站，在井陉布置炮阵，炮轰娘子关。谁知第三标的刘标统竟是革命军的内应，早将曹锟此次的行动计划报告给革命党，准备里应外合，消灭曹锟带领的这第一协。曹锟危在旦夕，却浑然不知，眼看就要命丧井陉，却突然冒出个救星。

这救星不是别人，就是炮兵第三标第一营管带吴佩孚。

吴佩孚1874年4月2日出生于山东省蓬莱县，6岁被送到私塾就读，22岁还考中了秀才，1年后因反对地方豪绅被县官通缉，逃到北京算命为生。到1898年，吴佩孚投奔淮军聂士成，在天津武卫军中当管带的勤务兵，后做过陆军警察队正目（班长）、初等官（相当于排长）。1903年，吴佩孚入保定陆军速成学堂测绘科，毕业后被分配到北洋督练会所参谋处工作不久，又从事一段时间的谍报工作。直到1907年，吴佩孚升任北洋第三镇管带（营长）驻扎在长春。

由于吴佩孚经多识广，人又特别精明，还有谍报工作的经验，遇事总比别人多个心眼，他很快发现了刘标统有问题。事情的起因缘自于刘标统要与吴佩孚的行军位置对调，这事引起了吴佩孚的怀疑。因为按照惯例，吴佩孚的一营应该安排在前面的位置，刘标统这回竟一反往常的习惯命令吴佩孚一营排在他后面。

吴佩孚虽然接受了命令，在火车上却万分警惕地留意刘标统的行动。

这列运兵的专列，除了几百名清兵，还有大量的火炮、弹药和军械物资，刘标统要与吴佩孚换位坐在前面车厢，目的是为了方便控制火车。他已与娘子关的革命军联络好，火车直接开到娘子关，上下接应，不仅可以缴了车上清军的械，还可以得到所有的火炮、弹药和军械物资。

由于有吴佩孚的一双眼睛死死地盯着，火车一到井陉，尽管已是后半夜了，吴佩马上跳起来唤醒身边熟睡的士兵："快起来，出大事啦！"

士兵们从沉睡中醒来，困惑地瞪眼看着吴佩孚，不知出了什么大事。

"车已到了井陉，还在往前开，再过去就是敌人占领的娘子关！"

士兵们这才惊慌起来,乱哄哄地问道:"我们该怎么办?"

"带上武器,跟我来!"吴佩孚掏出短枪,一挥手,向车前走去。他的士兵们,紧握钢枪,紧紧地跟在他身后。

眼看火车已过井陉,正颇有气势地朝娘子关驶去,刘标统心花怒放,忙下令属下换上革命军的军装,准备收缴后面车厢里的清兵和战利品。就在这时候,他听到后面车厢里传来大量的脚步声,刚预感到大事不妙,他们这节车厢的铁门已被撞开。没等刘标统掏出枪来,吴佩孚的枪口已对准了他的脑袋。

一场给曹锟带来灭顶之灾的哗变,就这么在曹锟不知情的情况下,有惊无险地让吴佩孚给化解了。当曹锟乘坐后一辆火车赶到井陉,闻知刚刚发生的事情,不由感慨万千,激动地拉着吴佩孚的手说:"谢谢你!我代表北洋三镇感谢你,我要替你去向紫金城里的皇帝请功,给你升官进爵。"

曹锟没有开空头支票,吴佩孚很快升为标统。

为报革命军煽动内部反叛之恨,曹锟憋了一口气,命令部下:猛攻娘子关,三日内一定要拿下。娘子关守军因内应遭受打击,只能拼死抵抗,在曹锟的猛烈攻击下,很快显露颓势。到1911年12月13日,素有天险之称的娘子关被曹锟拿下。

曹锟解除了山西义军对北京城的威协,为清王朝立下大功,受到清廷的嘉奖和表彰,大受鼓舞,下决心一鼓作气扫平晋军,为清廷根除后患,再建奇功。于是给部队下达命令:稍作休整,即刻西进!

可就在命令刚下达后,却接到了袁世凯的停战命令。

原来,袁世凯命令北洋军全线出击,不过是想借此震慑革命,让他们能够坐下来同他袁世凯谈判。这样一来,袁世凯就可以利用革命军与朝廷水火不容的矛盾而坐收渔利,然后自己登上大总统的宝座。

曹锟当时对袁世凯的用意虽然还不完全明白,但还是有点察觉,既然是袁世凯的命令,他只能执行,停止攻击坐下来与晋军和谈。谁知山西局势刚趋缓和,河北东北面的古城滦州又通电独立。这里是京城的门前,直接威协京城。袁世凯一怒之下调回曹锟,前往围剿滦州革命军。

曹锟带着胜利之师,像一条恶狗,扑向滦州,很快击溃革命军。凯旋归来,被袁世凯留在北京。此时,海外归来的孙中山已在上海被推举为临时大总统,南北和谈已达成协议,南方革命党以袁世凯逼迫清朝皇帝退位为条件,答应事成可让出临时总统的大位给袁世凯。

在这种情况下,袁世凯把曹锟这支精锐之师留在北京,再不是为了保卫清廷的安全,而是为了逼清朝皇帝退位。曹锟此时完全明白了袁世凯的意图,更看清了袁世凯一定会如愿以偿,于是再也不去顾什么朝廷,十分卖命地做了袁世凯的帮凶。

这次曹锟看得很准,袁世凯很快就毫无悬念地做了临时大总统。可是,在什么地方就任大总统一职却又成了个问题。因当时中华民国政府设在南京,以孙中山为首的革命党人也十分想把手握北洋重兵的袁世凯调到南方来,借此既可割断他与北洋军的紧密联系,又可置他于革命势力的包围之中,这样才可以对他加以约束,迫使他在共和的路上走下去。

袁世凯在政治问题上异常的精明,对孙中山他们的想法自然明了在心。世上本来就没有对付不了的难题,更何况像袁世凯这样,既老谋深算、又不择手段的人。他稍稍一动脑子,就想到了一个下三烂的办法,并且决定曹锟来做这件事的领军人物。

因为担心袁世凯生变或者是拖延,孙中山派出教育总长蔡元培,携八名专员从上海前往北京,远迎袁世凯南下南京就任临时大总统职。袁世凯很热情地接待了蔡元培一行,为说服袁世凯顺利南下就职,办事认真的蔡元培准备了许多入情入理的说辞。可没等蔡元培说上几句话,袁世凯就慨然地答应了。

"你们就安心地在这里玩几天,我稍作准备,把一些必须处理的事办妥了,我们就一起南下。"

蔡元培等人听了,喜上心头,连连感谢袁世凯以大局为重。回到宾馆,蔡元培等人还不住地夸袁世凯明白大义。

几天的等待在充满希望中很快就过去了,明天一早就要出发南下,蔡元培显得比往日更高兴,望着随行的八大员说:"这回总算不辱使命,让孙大总统也放心了。"

正说着，外面响起了枪声，越来越密集，中间还夹杂着大炮的吼叫，俨然就是千军万马在作战。渐渐地枪炮声稀疏下来，竟听到街上有人大声说："大总统要到南边去做，我们只能反了！"

蔡元培他们听了一惊，刚议论几句，又听有人说："有几个南方来的说客就住这宾馆里，我们去找找把他们杀了。"

八大员听了这话都一愣，大家顾不上再讨论有关枪响炮击的事，匆匆走下楼去，从后门离开宾馆。

第二天，袁世凯的人在一家洋教堂找到他们，接了去见袁世凯，只见袁世凯一脸的苦相，在会客室里走来走去。蔡元培等躲在洋教堂里，也知道了昨晚的枪炮声是北洋军因为袁世凯要离京南下而发生的兵变。

"竟然连我最信任的北洋第三镇也带头来反对我南下任职！"袁世凯似乎是非常恼怒地大声吼，很快转到蔡元培面前，装模作样地问道："总长，你说我该怎么办？"

情况倘若果真如此，还能有什么办法？蔡元培还没来得急开口，袁世凯又摇摇头说道："看来，我是离不开北京了，否则北洋必乱、北京必乱，到时怕是国无宁日了！"

结果，蔡元培和他的八大员只能空手而归，去向孙中山等人报告袁世凯不能南下就职的"苦衷"。

蔡元培一行刚走，袁世凯便忍不住哈哈大笑起来，笑过之后，他让人唤来唐绍仪。俩人正商量袁世凯在北京就任临时大总统、唐绍仪就任国务总理一事时，曹锟进来了。看到唐绍仪在，曹锟知道他是袁世凯的密友也就没有半点顾虑，大声地向袁世凯报告说："大总统，'兵变'一事全部办妥，参与'兵变'的双方人员，均已作了妥善安排……"

曹锟做梦也没有想到，他的话刚说到这里就被袁世凯粗暴地打断，并指着他的鼻子说："混蛋！你在说什么？给我滚出去。"

曹锟一时惊得目瞪口呆，揣着满肚子的屈辱和疑问回到家里。袁世凯把假兵变的事交给他来办，曹锟感到无比的荣幸，操办的十分卖力，似乎比打任何一场战争都花费更多的力气。事实上，这次"兵变"他确实表演得非常出色，而且也达到了预期的目的。

蔡元培等一行离开北京时，曹锟躲在车子里悄悄地看着，心中充满了胜利的欢心。"这回可是为新任的大总统、我一直的老上级又立了天下一功。"曹锟在心里这么乐滋滋地想着，待蔡元培一行的踪影消失在远方时，他认真地打扮了一下，欢天喜地地去见袁世凯。没想到，竟遭受那样的待遇。

我究竟是哪里做错了！难道，假兵变的事，大总统连唐绍仪也瞒着？曹锟怎么也想不通，终于有些灰心丧气、也有些不乐意，便连招呼也不打个，一声不吭地回到了天津老家。

击溃张勋的辫子军

曹锟回到天津，气还没消，又有些害怕起来。袁世凯虽然是一直都信任自己，可像他这种权力顶峰的人，怎么容得下别人对他生气？想到这里，曹锟竟出了一身冷汗。

就在这时候，有管家来报：京城有人来求见。

曹锟心中虽然害怕，却还是只能硬着头皮走出去迎接。来人共六个，除带队的一人空手外，其余五个每人手上都捧了一个十分精致的锦盒。

"卑职受袁大总统委托，特来给将军送上勋章和金佛。"带队的说完，对几个一使眼神，他们便挨个将锦盒打开。

首先是一枚白鹰勋章，接下来是四尊灿灿的纯金佛像。曹锟见了，心中狂喜，忍俊不住，掉下泪来。"大总统没有忘记我！大总统没有忘记我！"他先是在心里嘀咕，而后终于喊出声来，已经是泪流满面了。

袁世凯识人狠毒，驭人更是有道，知道部下的能力，更知道他们得到什么可以满足。曹锟替袁世凯理直气壮地留在北京做大总统建立奇功，鉴于他的能力，袁世凯这次没有提拔他，只把第三镇改为第三师，曹锟的称谓由统制转成师长，手下的兵一个也没多。

因为有了那枚勋章和四尊金佛,曹锟对袁世凯还是感激涕零。1913年春,宋教仁遇刺,不久爆发二次革命,湖南都督谭延闿宣布独立。袁世凯知道谭延闿革命意志薄弱,湖南问题容易解决,于是派曹锟前往镇压。曹锟立马率第三师南下,马到成功,一举占领岳州。

为监视南方的革命势力,袁世凯于1914年4月任命曹锟为"长江上游警备司令",驻守岳州替他看好南面的一个大门。届时,曾与曹锟一道跟随袁世凯的北洋将领们,一个个都做了都督,拥有了自己的地盘。曹锟心中虽有不满,却再也没有说出来,只是加紧地操练队伍,相信总有一天袁世凯会来重用自己。

镇压了二次革命后,袁世凯更向往专制独裁。先是派军警胁迫国会选他为正式总统,而后又解散国会、废除他不久前宣誓效忠的《临时约法》,抛出自己一手炮制有利于独裁统制的《中华民国约法》。当这些事都一一办妥了之后,袁世凯终于在一定范围内,表达了自己想做皇帝的愿望。

他手下的一些将军,立刻来捧这个场。1915年9月14日,14个省的将军致电袁世凯,劝他进皇帝位。曹锟一看急了,自己眼下官职比他们低,没法加入他们的行列一同劝进。思前想后,曹锟终于想出一招,他联合直隶人张绍曾等254人,自己带头,以直隶"公民"的名义,致电袁世凯,请他"速正帝位"。

之前有将军劝进,而后又有公民劝进,曹锟的这一招,深合袁世凯的心意。袁世凯龙颜大开,一年后授曹锟一个带"威"字的将军称号,而后把他调往保定,为他称帝保驾护航。

其实在1917年曹锟讨伐张勋时,他已经向段祺瑞推荐让与自己关系最好的大弟弟曹锐做上直隶的省长,现有兄长掌控直隶军权,曹锐更是肆无忌惮地收刮民脂民膏。而曹锟的小弟曹英,也因他的关系,当上了第二十六混成旅旅长,就住袁世凯身边,使曹锟对袁世凯的事情一清二楚。

从曹英那里了解到的情况,曹锟知道袁世凯不但执意要当皇帝,而且也相信袁世凯一定能当上皇帝。因为有了这样的看法,当冯国璋来向曹锟打探袁世凯称帝一事时,曹锟把袁世凯长子和筹安会"六君子"如何筹备袁世凯称帝一事全盘托出，最后还信誓旦旦地说：

"我率一个师和五个混成旅之所以坐镇保定，就是替大总统就任皇上帝位保驾，有谁敢跳出来反对大总统当皇帝，我就带着我的士兵去与他拼命。"

曹锟之所以对冯国璋说出这番话，因为在他看来，冯国璋应该是袁世凯的死党，对他称帝的事一定了解得清清楚楚，而且也很可能把他曹锟对袁世凯称帝的态度转告给袁世凯，如此一来，袁世凯岂不是对他更有好感。

没想到，曹锟这一次如意算盘又打错了，而且错得离谱。袁世凯把称帝的事一直瞒着冯国璋，因为他知道这事冯国璋一定持反对态度。而冯国璋之所以来向曹锟打探袁世凯称帝一事，就因为他反对袁世凯称帝，曾为这事刚问过袁世凯，却让他一口就否绝了。袁世凯对冯国璋说：

"华甫，你跟着我十几年，我不仅把你当成最信得过的左右臂，早把你当成知心朋友。你应该明白我的心，做总统与当皇帝对我个人来说，已经没有什么分别，只是对儿子的继承有好处。可是你知道，我的大儿子是名士，二儿子是残疾，三儿子不谙世事，都不是做大事的料，我还要弄个皇帝做有什么用？"

袁世凯的话虽然说得诚恳，但以自己对袁世凯的了解，加上外面关于袁世凯要做皇帝的纷纷传言，冯国璋还是不那么相信袁世凯的话，这才来找曹锟证实一下，结果却得到了实情。

曹锟原本只想讨好袁世凯，没想到又一次透露了他的秘密。幸好冯国璋是个很有头脑的人，证实了袁世凯要称帝这个事实之后，虽然气愤袁世凯骗了自己，在权衡利害后，也只能做把这事埋在心中，并不愿意就此事去与袁世凯理论，曹锟由此免去一次袁世凯对他大发雷霆。

曹锟为讨袁世凯喜欢，全力以赴地支持袁世凯称帝。袁世凯是个赏罚分明的人，一当皇帝，马上又封曹锟为"一等伯爵"，这使得曹锟欣喜若狂。虽然与封给一直反对袁世凯称帝的冯国璋"一等公爵"还差两级，可此时袁世凯对他特别的信任就是瞎子也能看见。有了皇帝的信任，加官进爵当然只是时间问题。曹锟信心十足地等待着。

然而，世上的许多好事，就因为时间没了而夭折。这次曹锟遇到的正是这种事情：袁世凯刚一称帝，全国上下就一片反对的声音。1915 年 12 月 12 日袁世凯宣布接受帝位，当月 25 日蔡锷、李烈钧、唐继尧就宣布云南独立，并通电全国、组成护国军讨伐袁世凯。

首先遭到护国军进攻的是四川军阀，面对护国军的进攻，他们一败再败。袁世凯慌乱起来，马上想到了曹锟，任命他为行军总司令，带领第三师，与张敬尧的第八师一道入川，会同四川都督陈宧的军队，共同阻击护国军的进攻。

两军在叙州、渝州之间鏖战两个多月，除首战曹锟小胜之外，接下来的战事，以曹锟失败居多。更因为曹锟对部下约束不严，所到之处，奸淫抢劫，无恶不作。致使四川民众，对曹锟的部队恨之入骨。在这种情况下，尽管曹锟的第三师装备特别精良，还是被护国军旅长朱德击溃。

败军之将领曹锟狼狈逃往汉口，留下刚被袁世凯封为三等男爵、陆军中将衔的，吴佩孚收拾残部。不久，曹锟与吴佩孚按约定在保定大本营会合，开始整编部队。这时候，袁世凯迫于形势，已经取消帝制。可他统治欲望还在，竟然想继续再做大总统。于是他密电保定的曹锟，希望这事能得到他的继续支持。

民国虽说是刚从漫长的专制帝制脱出，还稚嫩的似乎谈不上成形，可经过孙中山等一大批社会先驱长久坚持不懈地宣传呼唤，民主共和已然深入人心。袁世凯复辟帝制一事，早让他臭名昭著。开始觉醒的社会精英，自然是不可能让他来做领袖。袁世凯想要继续统治中国，这已经是根本不可能的事情。可曹锟却还是不明白，拿着袁世凯的密信犹豫不决。

曹锟虽然不知道袁世凯是不是会因称帝一事垮台，却十分地清楚眼前的局势对袁世凯十分不利，也知道此事关乎自己的利害得失，明白此刻的举措将决定自己后半生的荣辱，弄好了将飞黄腾达，弄不好会死无葬身之地。知道这事关系重大自己又不能作出判断，曹锟便放下架子去请教军师吴佩孚。

吴佩孚并不是一个事事讨曹锟喜欢的人，可他用许多的事实向曹锟证明了自己是一个有能力的人，渐渐地让曹锟越来越对他有好感，遇事愿意同他商量或者说是请教，吴佩孚差不多每次都没有让他失望，基本上可以算是曹锟的军师。

　　这一回，吴佩孚听完了曹锟的疑问之后，沉思了好一会说："不管怎么说，大总统的密令，还是要执行的，不过只能做一个口头答应，不能留下半点蛛丝马迹。"

　　"答应了就得做，一做不留蛛丝马迹也就办不到了。"

　　"是这样。不过，可以答应在前，做时拖拉一点。如今局势发展，一日千里，事情应该很快就会明朗，到时选择具体该怎么做，就很容易了。"

　　曹锟听了吴佩孚的第二次回答，稍稍想了一会儿，一张敦实的脸上露出憨厚的笑容来。他望着吴佩孚，使劲地拍了拍他的肩膀，说："你真行，就按你说的办！"

　　于是，曹锟立即派人去北京，向袁世凯表示一定全力支持他继任大总统。虽然表了态，却没有半点行动。事情比吴佩孚预料得更好，不到两个月，袁世凯竟然就死去了。曹锟自己清楚，在袁世凯取消帝制后自己虽然没有什么行为，但"帝制战将"这个臭名自己还是背定了。

　　随着袁世凯的死去，原本操纵和支持袁世凯复辟帝制的人开始受到冯国璋与段祺瑞的新政府、特别是南方革命党人的打击。凡属这类人物，别说升官发财，有的甚至性命也难保。曹锟从1895年投靠袁世凯，至今已21个年头，官职虽然不大，手上却拥有精锐的三师。曹锟相信这是自己的本钱，新的当权者需要自己。

　　看清了这一点之后，曹锟于1916年派他的弟弟曹锐，携带重金前往北京。

　　曹锟这个弟弟曹锐，在曹锟的帮助下做了直隶的省长之后，单是卖全省的县缺，就富甲全省。直隶当时有100多个县缺，曹锐按特、大、中、小等定价，小县8000元，中等县9000元，大县1万元，而且定期只是一年这么出售。从1918年到1922年，他当了4年省长。仅出卖县缺这一项就收入几百万元。

　　此刻，这些钱都派上了大用场。曹锐遵照曹锟的吩咐，带了这些钱找到段祺瑞"四大金刚"的老大靳云鹏。一番活动之后，不仅免去了曹锟"帝制战将"的恶名,还让曹锟前往四川任职。

1916年6月下旬,北京政府任命曹锟会办四川军务,任命蔡锷督理四川军务,这两个半年前,一个是讨袁军统帅、一个是镇压讨袁军将领的冤家对头,竟到了一个省来主持军务。

更让人唏嘘的是:到1916年9月,曹锟"会办"的位置还没有坐热,又被段祺瑞任命为直隶督军。

曹锟做梦也没有想到,他跟随袁世凯21年,虽然倍受信任,却始终只让他掌控一支精锐之师,还从来没有给他一个实实在在的地盘,而新的当权者,因为对他手上精锐之师的偏爱,终于给了他一个安身立命的地方,做成了封疆大吏、一方诸侯。

动荡之时,有了一方地盘有好做事了。曹锟从新的当权者对他的偏爱深深感到,有枪就是草头王,不当王也有人来请你做王。占据直隶以后,他利用往日收刮的钱财,大肆招募新兵。不到半年,不仅将原来四川作战的损失兵员全部补充满额,另外还新组建了九个混成旅,总兵员高达6万人。总结原来四川战败因百姓憎恶的原因,曹锟试图使他的士兵抛弃原来旧军的恶习,特地制定了五条禁律:

一、不得懈怠防务,托故请假;二、不得向民间赊欠挪借;三、不得动用民间一草一木;四、必须保护驻区人民生命财产;五、遇匪应即奋力扫除。

经过一番扩军练兵,曹锟的军事实力,很快可以与当时国内军事实力最强的冯国璋和张勋媲美。可就在这时候,段祺瑞因担心曹锟日益做大,成为新的竞争对手,便调他专任两广、两湖四省经略使,率直系军人南征两广。曹锟的直隶督军一职,由徐树铮接替。曹锟心里虽极不舍督军一职,鉴于实力不足与段祺瑞抗衡,只能服从。

就如何解决南北战事问题,黎元洪的总统府与段祺瑞的国务院争执越来越激烈。直到最后,黎元洪得到张勋支持的许诺,毅然罢免了段祺瑞的总理职务。随之,各省督军纷纷独立,以示反对黎元洪的做法。作为直隶督军,曹锟也只能随大流,加入反对黎元洪的行列。

然而，曹锟此时比别人多了一个心眼，在表面上宣布独立的情况下，暗地里又去北京与黎元洪联络感情。因为此时，黎元洪与段祺瑞究竟谁胜谁负还没能见分晓，曹锟只想尽办法做到双方都不得罪。

黎元洪请张勋到北京来相助，张勋却一心只想复辟帝制，在徐州召开督军会议，曹锟的代表参加，当时又随大流表态支持张勋。

1917年7月1日，张勋在北京请出宣统皇帝，复辟帝制，立刻遭到举国反对。段祺瑞来请曹锟出兵讨伐张勋，曹锟像是完全忘记了自己曾表态支持张勋一事，立即欣然应允，担任了段祺瑞讨伐张勋的西路大军总司令。

曹锟率领他第三师精锐，直扑北京。为了鼓舞士气，曹锟这一次慷慨解囊，拿出几万元犒赏官兵。第三师兵至北京，与其他部队一起，迅速击溃张勋的辫子军。

张勋的复辟平定之后，段祺瑞官复原职重掌国务总理大权，为防止在张勋复辟时跑到天津去的黎元洪复出，段祺瑞希望冯国璋能出来代理黎元洪总统未满的一年多任期，以防黎元洪东山再起。因这只是过渡总统，段祺瑞担心冯国璋不肯出山，希望有一个人去说服他。思前想后，段祺瑞想到了曹锟。

段祺瑞派人请来曹锟，简单地介绍了情况后拍着胸口对他承诺说："此次你若能说服华甫来当这个临时大总统，我一定会重重感谢，首先就是把直隶督军的位置还给你。"

曹锟听到这里，心中已应承下来。告别段祺瑞，立刻去找冯国璋。结果，曹锟不仅赚回了直隶督军的宝座，同时还赚到了兼任直隶省长的职位。更主要的是，他这时已得到了总统府和国务院两方面的认可。

成为直系领袖

与段祺瑞一直争吵不休的黎元洪下台后，替代黎元洪做大总统的冯国璋，与段祺瑞又开始争吵起来。争吵的主题还是原来的那些事，如何对待南方护法各省还是个焦点问题。

段祺瑞仍然主张使用武力，因为一旦采用武力，他可以得到日本金钱和军火的支持，在削平南方反抗势力的同时，又扩大自己的实力，增大自己的影响力。而冯国璋，则继承了黎元洪主和的思想，主张和平统一，这样他可以在"和平"中与滇桂的军阀结成联盟，以壮大自己的力量。

冯国璋与段祺瑞，为了各自的主张和利益相互争吵着，对立越来越严重。渴望让人喜欢的曹锟，在其间恰到好处地表演着他的骑墙术。

段祺瑞用督军和省长的职位来引诱他，他很卖力地替段祺瑞做好说服冯国璋出任临时大总统的这件大事。随后，冯国璋又以直系的友谊感召他，呼唤他为直系做事，他很快就欣然应承下来。

1917年11月8日，曹锟遵照冯国璋大总统的旨意，由他领衔，与直系长江三督李纯、陈光远、王占元联合通电全国，提出应和平统一南北争端，并声言自己愿意出面做调停人。

通电发出后，赶在段祺瑞看见通电之前，曹锟又来拜见了段祺瑞，慎重申明说："总理不要误会，那份通电绝不是卑职的本意，是他人越俎代疱的行为。"

以往性情急躁的段祺瑞，他比较了解曹锟，当然明白这大概是怎么回事情，听完了曹锟的解释后非常平静地说："既然是他人越俎代疱，这事就非常好办。你只要再通电全国，说如果要和平统一，南方军队就必须首先退出长沙。"

曹锟听了，稍作迟疑便答应下来。11月21日，曹锟再次向全国通电："和平统一，必须以南方军退出长沙为议和的先决条件。"

因为南方军退出长沙意味着投降，根本就没有可能。所以，提出这样的条件就是要战争，以至长江三督见了，一个个都惊得目瞪口呆。

为了达到向南方开战的目的，在段祺瑞的指使下，他的秘书长徐树铮联络各省督军，决定在天津召开督军会议，一至呼吁对南方用兵。当徐树铮找到曹锟要让他出面做大会盟主时，曹锟因拿不准段祺瑞与冯国璋的争斗最后究竟谁是胜利者,因此十分犹豫。徐树铮见此,只好一面将此事汇报给段祺瑞,一面继续劝说。

段祺瑞对知道此时曹锟的份量,也知道曹锟需要什么,于是指示徐树铮,许愿给曹锟,事成之后,推举曹锟为副总统。

曹锟得此承诺,心花怒放,在天津九省三区的督军大会上,完全摒弃以前主和的意见,坚决主张对南方出兵。他不但一反以往怕事的习惯真正做起了盟主,还首先发言说:"值此关键时刻,我北洋各部,首先是要精诚团结,一至对外,坚决打击南方的义军。在这里,我带头请缨,率军南下,消灭所有造反的南方部队,不获全胜,绝不北归!"

曹锟的发言,赢得了阵阵掌声。在他的带头表示下,九省三区督军一致同意了主战的意见,纷纷表态,愿意出兵南征。

九省三区督军态度如此,冯国璋只能做出让步,委任曹锟为南征军第一路总司令,张怀芝、张敬尧为南征军第二路总司令。1918年2月,两路大军挥师南下,曹锟在汉口刘园设置第一路军总司令部,任命军师吴佩孚为第三师师长,从鄂北向南,直扑湖南,全权指挥前线的战事。

曹锟自己,则拼命帮助段祺瑞活动组阁一事。因为曹锟此刻心里明白:只有答应他做副总统的段祺瑞尽快组阁,他才有可能尽快当上副总统。

3月19日,就在吴佩孚率一路军连克羊楼司、云溪、岳阳,正在进攻长沙时,曹锟联络15省3个特区的军阀,联名通电,请段祺瑞出来组建内阁。4天后,段祺瑞组阁一事成功,如愿以偿地当上了国务总理。

可是,当上总理的段祺瑞并不忙着来兑现自己对曹锟的承诺,而是急不可待地与日本签订了中日军事协定。此事虽然办得极其秘密,但还是给一直密切注意段祺瑞行动的曹锟知道了。对于段祺瑞投靠日本的事,曹锟非常反感,但想到自己即将到手的副总统职位,还是一声不吭。

然而,段祺瑞让曹锟反感的事情并没有就此结束,而是接而连三、越来越让他感到难受和委屈。

在南下的两路大军中,张怀芝与张敬尧的第二军战斗力较差,推进缓慢,而曹锟的一路军在吴佩孚的指挥下一路势如破竹,不断地攻城占地。湖南的省会长沙城也是吴佩孚于26日攻陷的。可是到了3月27日，已经又做了4天总理的段祺瑞非但不与曹锟提及副总统一事，还突然就任命自己的亲信张敬尧来做湖南的督军和省长。

按照军阀们不成文的约定，从来就是谁拿下的城头谁做大王。现如今，这事让段祺瑞给颠倒过来。曹锟白忙活了一番，却只能是在替他人做嫁衣裳，正震惊、愤怒，在心里憋屈不堪时，又一个更糟糕的消息传来：段祺瑞要派徐树铮来做直隶督军，赶曹锟出京津，以便自己直接控制与北京接壤的直隶，保证京城的安全。

这对曹锟来说，无异于是赶尽杀绝，端了他这个一方诸侯的老巢，让他重回以往跟袁世凯时流浪者的生涯。段祺瑞如此出尔反尔、过河拆桥，将曹锟玩弄于股掌之间，是可忍而孰不可忍，曹锟这回气急败坏。一咬牙，接连使出最毒三招。他要让这个根本不把他放在眼里的段祺瑞，领教一下他这个看似极好欺负人的利害。

第一招，曹锟以自己生病为由，于4月4日辞去两湖宣抚使一职，赶回天津；第二招，曹锟以士兵久战疲惫为由，即刻回师直隶休整；第三招，曹锟联络南征军第二路总司令张怀芝及长江三督军，发出联合声明：南征属自相残杀，官兵皆已厌恶。

三招使出，轮到段祺瑞震惊了。因为曹锟那一脸憨相，更因为曹锟做事一直没有自己的原则，总是谁硬跟谁，怎么能明哲保身怎么做，段祺瑞因此一直没有把他放在眼里，只不过是当一条狗来使唤。这一回，这条狗竟使出这么三招。

这第一招，南征的领军人物曹锟回天津去了，这对南征军的士气影响就很大。第二招，南征的第一军撤回了，一是南征再进行下去非常困难，二是徐树铮也再无法去直隶任督军。第三招更绝，段祺瑞刚制定好对川、湘、粤三省的作战计划，准备乘胜追击，一鼓作气解决南方革命势力，他的两路大军总司令却发出官兵皆已厌战的声明。这对他精心安排，关乎他前途大业的南征来说，无疑是釜底抽薪。

在中国的历史上，纵然是最无能的政客，一般都能做一个能屈能伸的

"大丈夫",更何况是段祺瑞这样可称之为老谋深算的政客。见曹锟这只从来只会摇尾乞怜的狗也咬人了,权衡利弊之后,段祺瑞立即就"屈"了下来。

4月19日,段祺瑞派徐树铮赶往天津,先是真诚地向曹锟道歉,而后是连称误会,声言自己绝不会去跟曹锟争夺直隶督军之位。

"这不是鸠占鹊巢吗,直隶本来就是你的,我徐某怎么能够这样!退一万步说,就算是我真有这狼子野心,段总理也不会答应啊!"

曹锟静静地听着,并不为所动。只在心里说,我曹某今日回来了,别说你只是只鸠,就是一只老虎,我的几万士兵也会将你打成肉泥。还想占我的巢穴!

看着曹锟不答不理的,徐树铮急了,临来之前他可是拍了胸脯答应一定说服曹锟。

终于是急中生智,徐树铮突然眼珠一转,想到了以前承诺让曹锟做副总统时他那种陶醉的样子,一时有了主意。他静了静心,缓缓地说:

"还有一事刚才我急忘告诉你了。关于曹督军任副总统的事,段总理已经安排好了,只等秋天选出新总统后,即安排选举。副总统一事,到时一定不会让你失望。你我都知道,像段总理这样的人,讲出的话从来没有不作数的。"

曹锟听到副总统这三个字,果然眼睛一亮,立即追问说:"真是这样?"

"这种事我怎么会骗你,如果不信,现在就随我去京城,让段总理当面跟你说明。"

"没有必要,没有必要,我信,我信!"

"这事,你应该信。你想想看,早先段总理和冯大总统俩人在下台前,都明确表示自己决不会去做副总统。他俩人都不做,这普天之下,除了你曹大督军还有谁来做。"

徐树铮说的这个道理,曹锟心里也是这么想的。于是,他终于又信了段祺瑞,使劲地点了点头。

在接下来6月19日天津的督军会议上,曹锟突然来了个180度的转弯,将原本定下的大会议题"商讨停战撤兵"这六个字,改成了"商讨继续对南方用兵"这九个字。

曹锟又一次讨段祺瑞喜欢，段祺瑞即刻抛给曹锟一根骨头，委任曹锟为四川、广东、湖南、江西四省经略使。这么大的官职，属民国以来地方官中之最。

段祺瑞此举的目的，是希望曹锟这次也像上次一样，说了就马上做起来，领着部队又上前线去。同时还有个更阴险的目的，就是离间曹锟与他得力军师干将吴佩孚之间的关系。因为段祺瑞在委任曹锟为四省经略使的同时，还委任张怀芝为援粤总司令，吴佩孚为他的副总司令。

这一次曹锟没有上当，对于段祺瑞的任命书视而不见，不发一兵一卒南下，按兵不动只等选举副总统的日子到来。

段祺瑞见曹锟如此，心急如焚，就把南征主帅的目标转向东北的督军张作霖。为了诱使张作霖入关率军南伐，7月31日，段祺瑞在天津再次召开的督军大会上，公开申言说：

"将来我们国家这个副总统的职位，一定要留给这次南征有功的将军来担任。"

此话一出，曹锟大怒。看到段祺瑞又把副总统这个诱饵投向张作霖，他干脆一不做二不休，命令吴佩孚：采取非常手段，打击段祺瑞。

吴佩孚得到命令，立即与南方联络，很快与南方签订停战协定。

消息传到段祺瑞耳中，段祺瑞苦苦一笑，只好再次委屈自己。一面让徐树铮去给曹锟解释，一面切切实实地来进行操纵，真心想让曹锟当上副总统。

在9月4日选出徐世昌为新总统后，次日开始副总统选举。因为交通系、研究系的议员不堪再度为人驱使，更因为最大派系的安福系议员们都认为选举副总统无利可图，从而都抱着坐以待贿的心态。结果，430名议员中，竟有八成缺席，弄得连选举也无法进行。

曹锟大失所望，恼懊万分，让吴佩孚至前线发出电报，质疑总统选举的结果。段祺瑞担心再次引发前方乱局，为安抚直系，亲自出面，向国会"力荐"曹锟做副总统，同时还以支付军费为名，急拨曹锟150万元，以为选举副总统的"运动费"。

当时的中国，刚从帝制下挣脱出来，精英们学习西方搞民主选举。按选举法规定：有资格参加选举的议员，必需拥有相当的财富，也就是说一定得是富人。段祺瑞给曹锟的150万，分到这些人的面上，实在是太少，根本不足以让他们去为选举操心。

曹锟见此，只好提高价码。可是，他把每张选票提高到2000元的高价时，大部分议员仍不买账，或去万牲园去游玩，或聚会在一起拥着姑娘喝花酒，就是不愿为那2000元去赴会参加选举。

曹锟对此事感到很是费解，经过一番调查才知道，不知是哪位议员多事，讲出了曹锟曾花10万银元从武汉买了位如夫人的事。于是有钱的议员们便疑问和愤愤不平起来。

难道一个议员竟然只值一个女人的50分之一？这曹锟，目中无人到这种地步，真是是可忍孰不可忍！

有了这样的疑问和愤怒，富有的议员们不愿为那2000元去投曹锟一票，便成了自然的事情。倒霉的曹锟，做了一年多副总统的美梦，这一次终是不能兑现了。

曹锟心里塞满了气愤、恼怒和惭愧，终于是病了，终于在北京呆不下去了，伤心失望地回到保定。曹锟副总统当不成，终是把怒气洒在段祺瑞身上。回到保定之后，命令吴佩孚，前线倒戈，再不提武力解决南方问题一事。

1918年10月10日，经议员们选举当选的徐世昌就任大总统。在此之前，冯国璋下野，段祺瑞在前方吴佩孚倒戈的军事压力下，也被迫辞去总理职务。至此，冯国璋与段祺瑞这一对冤家，在疯狗般的你争我夺了一年之后，终于相邀离去；"府院之争"，从此落下帷幕。

对于冯国璋，曹锟倒是没有什么；而对于段祺瑞的下台，曹锟算是出了一口恶气。就在他眯细着眼仰天吐出这口恶气时，他的军事实力在当时中国已是屈指可数；而他本人，也理所当然地成了直系领袖。

如愿以偿当上大总统

曹锟虽然为段祺瑞的下台出了大力,可下台后的段祺瑞却没有像冯国璋那样离开政治权力的中心。

新任的大总统徐世昌虽然把总理的职位交给了自己的心腹勒云鹏来做,却怎么也控制不了军队。段祺瑞没了总理的头衔,却仍然拥有安福国会与参战军。有了这一文一武的两张王牌,他可以继续完全不买总统徐世昌的帐,来随心所欲的操控北京政权。

到了1919年6月,段祺瑞将自己掌控的参战军改编为边防军,自任边防军总司令。改编后的边防军比原来编制扩大,兵力增多,拥有三个师和四个混成旅。北京城的军营终是住不下了,移出一部分往西北。为牢牢地将军队统统掌控在自己手上,段祺瑞委任心腹大将徐树铮为西北筹边使兼西北边防军总司令。

段祺瑞此时最想做的事,就是击溃曹锟为领袖的直系势力。这不仅是为了要报复曹锟之前让吴佩孚前线倒戈的拆台行为,更主要的是曹锟此时已是北方军阀中势力最大,除了他就剩下奉系统帅张作霖,可张作霖远在东北,离北京倘有一定距离。独有这曹锟,他就在保定,在北京的大门边,直接威胁北京。

对段祺瑞的意图,曹锟自然心知肚明。为稳妥起见,他同时使出两招,以为对应。

一招是命令远在衡阳的吴佩孚回兵保定,增强身边的力量,既可保证自身的安全,又可共同对付皖系。另一招是与张作霖强强联合,用北方的两强,共同对付段祺瑞,自然是绰绰有余。

吴佩孚接到曹锟的命令,急电大总统徐世昌,要求回师保定。奈何军事方面的事情皆由段祺瑞作主,每当徐世昌提到吴佩孚回师一事,段祺瑞皆是坚决反对。徐世昌无法，只好让此事就这么搁着。

张作霖虎踞东北，几年来军势实力发展很快，此时基本上可与曹锟媲美。近年来，崛起的张作霖本来一直在暗中与曹锟较劲。因为他们俩都知道，今后的竞争对手，必是对方无疑。如此一来，彼此关间的关系，一直并不融洽。可是，鉴于段祺瑞对他俩的共同威胁，曹锟伸出手来，张作霖也就紧紧地握住了。

他们俩又联络一些其他省份，很快结成了"反皖同盟"。可是，吴佩孚的北归问题，却迟迟还没有落实。

曹锟急了，一面与吴佩孚商议，发表通电，弹劾皖系头领徐树铮等；一面联络徐世昌，共同反对段祺瑞。这两手软活刚做完，曹锟马上命令吴佩孚，以"将在外君命有所不受"为由，于1920年5月20日，离开衡阳，挥师北上。

随着吴佩孚的北归，段祺瑞的皖系和曹锟的直系矛盾公开，并且很快白热化。

6月中旬，吴佩孚部安全撤回中原，在保定、天津布防；张作霖也加紧调兵遣将，把他的奉军，悄悄地开到京城附近。段祺瑞的皖系当然不会座视不理，也积极地加紧部署。到6月17日，段祺瑞将徐树铮从西北调回北京，与直系直接武装对峙。

皖直战争，即将爆发。

曹锟调回吴佩孚，又有张作霖相助，对战胜段祺瑞，信心十足。战前为鼓励士气，曹锟在保定召开13省群英大会，共商击溃皖系军队的有关事宜。其间，张作霖问曹锟：

"对于这次战事，你有几成把握？"

"十成，赢家绝对是我们！"

"可皖系的人数比你多，武器也比你的好。"

"打仗主要靠人，我有吴佩孚将军，皖系里找不出他的对手。"

张作霖听后不以为然，可后来的事实证明，曹锟这句话真说对了。

7月14日，直皖正式开战，吴佩孚首战告捷，致使皖军第一路司令官段芝贵吃了败仗后一口气退回30里。吴佩孚乘胜追击，第二天又偷袭皖军前敌总部，让前敌司令官曲同丰乖乖做了俘虏。接下来，吴佩孚只花了2天时间，到1920年7月18日，就彻底地击溃了皖系的所有布防，迫使皖系的参谋长徐树铮，也只能化装成普通百姓苍惶逃命。

张作霖直到开战两天后才参战，虽然出力不大，但还是与直系平分了皖系的南北宛营房。张作霖只恋旧巢，并不要南苑营房，只将南苑的12架飞机和皖系遗下的军械物资连同军械技术人员，通通掳往奉天。皖系的降军，也被悉数收编到张作霖麾下。对于张作霖战后的掳物截人行为，曹锟虽有不满，却也只不过是发牢骚悄悄地骂了一句：

"强盗行为，让人感到可耻！"

然而，接下来的政治权利分配，曹锟与张作霖的矛盾便不是悄悄骂一句就能解决的了。特别是安徽督军一职，曹锟要力保直系将领冯玉祥出任，张作霖竟然要推荐张勋来做，在遭到众人反对后，又坚持力推他的另一儿女亲家鲍贵卿来担任。为此，曹锟与张作霖争执不休，闹到大总统府请徐世昌明断。

直皖战争结束的第二天，段祺瑞引咎辞职。为调解曹锟与张作霖的矛盾，徐世昌费尽心机，从中斡旋，让他们均衡利益，最后再任命张作霖镇威上将军，曹锟为直鲁豫三省巡阅使，有功之臣吴佩孚为副使，同时还给俩人各赏百万元，作为补偿他们打皖系的军费。到此，曹锟与张作霖才不再争下去。

直奉第一次合作，便矛盾重重，关键是这两个北方最大的武装集团彼此心里谁也看不起谁。曹锟压根看不起张作霖的见好东西就要抢去的土匪性格，张作霖也看不起曹锟这个卖布出生的种种见风使舵行径。既然俩人都不服对方，又都想多捞好处扩大自己的势力，矛盾自然会越来越大。

1921年，因为直奉两系推上总理宝座的梁士诒没有兑现答应给直系的500万军饷，曹锟命令坐镇洛阳的吴佩孚发起倒阁运动，试图除掉梁士诒。这时，得了梁士诒好处的张作霖出面为梁士诒说话。于是，关于"倒梁"还是"保梁"一事，很快激化了张作霖与吴佩孚的矛盾。

张作霖认为吴佩孚官小又爱出风头，根本不把他放在眼里，态度十分骄

横；而吴佩孚一直就看不起张作霖的土匪习气，也不把张作霖当回事。俩人如此对峙，矛盾在激化中升级，彼此很快就决定：

动用武力，干掉对方！

到1922年元月，张作霖为了消灭吴佩孚，回过头来联络皖系残余势力，又派人南下联络孙中山的革命势力，借此结成"反直三角同盟"，希望能够一举击溃吴佩孚。

曹锟此时本不想冒险开战，但吴佩孚坚持，一定要与奉军决一死战，拔掉这颗不断捣乱的钉子。曹锟见吴佩孚态度坚决，便改变态度，坚决支持吴佩孚。

1922年4月29日，直奉战争第一次爆发。张作霖率领4个师9个旅，共计12万人，由东、西两路沿津浦、京汉铁路推进，向直系军队发起进攻。这场战争打到第三日，直系开始反攻，到第六日，奉系的军队全线溃退，张作霖狼狈地退到关外。

从 1920 年直皖战争至今，短短的两年时间里，曹锟的直系连连击败皖系和奉系两个强敌，一时间声威大震，"直系即中央"，成了不争的事实。手握胜利之师的曹锟，这时的政治目的自然不再是副总统，而是要直接去摘取大总统的桂冠。

就是这样的一个目标，这时对他来说也已非常容易，动乱时代，兵权在手，主动权当然也就握在他自己手上。只要赶走徐世昌，大总统之位坐上去就是了。而徐世昌除了有些声望，手上没一挺机枪，要赶走他，当然容易。

于是乎，直系上下，包括他曹氏家族和亲戚，纷纷劝说，趁此良机，让曹氏登上总统大位。曹锟本人，对副总统一职曾朝思梦想了多年，如今有做大总统的机会，自然是跃跃欲试。可就在这时候，吴佩孚跳出来反对。

"这种事，还是名正言顺的好。"

"怎么才是名正言顺？"

"按《中华民国临时约法》来办，如其不然，南方又要闹事。这一路过来，一次次护法运动，没一个总统当得顺当。"

曹锟对吴佩孚的建议向来是言听计从，这回虽然想当总统想得都要疯了，但细想吴佩孚的话，感到确实又有理，于是再问："按你的意思，眼下该怎么办？"

"根据《中华民国临时约法》，大总统无权解散国会，原本黎元洪之所以解散国会，是被迫的。而后 1918 年 8 月的安福国会非法，由它选出的大总统徐世昌也是非法。情况如此，当今之计，最好是先恢复国会，按照约法让徐世昌下台，让黎元洪复职，做满他也就剩一年多时间的总统任期，作一过渡，然后大帅就可以利用新国会来选自己做总统，就是名正言顺了。"

听着还要等一年的时间，曹锟有些犹豫，但想到南方一次次的护法运动，确实让人不得安宁，最终还是接受了吴佩孚的建议。

于是，曹锟出面牵头联络直隶各省督军，于 1922 年 5 月 19 日这天联名通电，要求恢复旧国会。5 天以后，"第一届国会继续开会筹备处"在天津成立。到 6 月 2 日，大总统徐世昌被迫辞职。大总统黎元洪紧接着于 6 月 11 日在中南海怀仁堂举行复职典礼。

黎元洪复任总统后，对曹锟心怀感激，也很想拉拢一下他这位军界实力派人物，多次电请曹锟进京。大总统不能由自己来做，曹锟心中不快，每次都托病不去。倒是吴佩孚想在新政府中有所作为，便擅自出头露面，独自去北京，庆贺黎元洪复职。曹锟知道以后，对吴佩孚非常不满。

此时的吴佩孚，虽为直鲁豫巡阅副使，却依仗与曹锟的铁哥儿关系，留在保定曹锟的办公署里发号施令，还不断地向北京政府的内阁班子推荐自己认可的人才。久而久之，一些人来到曹锟的公署，却只找吴佩孚，而不去问候曹锟。

按照当时北洋军一个不成文的规定，官至督军可以称"帅"，督军以上可称"大帅"。老资格一辈原只有张勋、曹锟、张作霖称"大帅"，吴佩孚后来居上，做了三省巡阅副使，当然也可以称作"大帅"了。不知是谁开始这么称呼，大家马上就都这么称呼了。可是，曹锟也就是大帅，岂不有些分辨不清，于是由吴佩孚引导，将曹锟改称为"老帅"。

1922年6月17日，有吴佩孚推荐的交通部长来保定向吴佩孚报告原交通总长曹汝霖的一些经济方面的事情，当时曹锟正好也在。高洪恩见了，竟然对曹锟说："曹老帅，请你回避一下，我有要事向吴大师报告。"

曹锟听了，气得两眼冒火，瞪着高洪恩大声问道："这儿是谁的公署，你知道吗？"

高洪恩这才知道自己做错了事，一时愣在那里。曹锟又说道："既然是总长的命令，我也只能滚蛋了。"完了一甩衣袖，愤然离去。

这事发生后，尽管吴佩孚百般解释，曹锟还是不能释怀。因为他已经分明地感到，这个精明透顶的吴佩孚，正在他的眼皮底下拉帮结派，让人只知道有他大帅吴佩孚，而不知还有老帅曹锟。

看见曹锟对自己有了不满和警惕，吴佩孚立即服软，离开保定返回洛阳，并当面向曹锟表示：自己今后再不干政。

遗憾的是，曹锟的这个认识稍稍迟了些。此时的吴佩孚，已经基本上控制了北洋政府，直系的内部，也已经形成他姓吴的一派。不仅如此，黎元洪的内阁，差不多也是由吴佩孚一手操纵组成。曹锟的人，在财政和交通二个部门，甚至没有得到一个职位。曹锟的弟弟曹锐及亲信边守靖、王毓芝、夏午诒等人对此十分不满，对曹锟说：

"这本该应属于你的天下，竟让吴佩孚抢去了内阁，今后他怕是就会来抢你的总统了。"

曹锟听了，相信吴佩孚确实有篡位的野心，于是立即采取措施。由于吴佩孚插手内阁，致使内阁许多人对他产生怨恨；同时又因为吴佩孚在直系中颐指气使、目空一切，致使直系内部许多军官和士兵对他产生怨恨。曹锟很快联络这两部分人，又致电深恨吴佩孚的张作霖表示弃嫌修好。就这样，曹锟亲自牵头，与这些人结成一道反对吴佩孚的联合战线。如此一来，吴佩孚很快陷于孤立的境地。

在孤立了吴佩孚之后，曹锟还是没有忘记按照吴佩孚提供的策略名正言顺地来争夺总统大位。

1923年6月，在曹锟的直接导演下，直系军阀以讨要军饷为名，上千名官兵冲进当时的北京政府，除了大吵大闹之外，最后竟然动用了劫车、夺印等卑劣手段，向总统黎元洪逼宫，迫使他只得狼狈离开北京、逃往天津，然后向国会通电辞职。

曹锟一手将黎元洪重新扶上总统宝座，然后又亲自指挥部下将黎元洪赶下台，前后刚好一年时间。赶走黎元洪后，曹锟在国会议会议长吴景濂、直隶省长王承斌等一大帮拥曹派的出谋划策和鼎力支持下，很快上演了一幕贿选总统的丑剧。

既要贿选，首先就要解决贿赂议员的经费问题，曹锟见有这么多人支持他做大总统，便不愿掏自己腰包出这笔钱。直隶省长王承斌为讨好曹锟，很快想出一个"捉财神"的办法。征得曹锟同意后，由他亲自操办。

这是一个非常滑稽的方法，一共要捉两个"财神"。第一个财神是制毒犯。王承斌派出20多名密查员，分赴大名、顺德、广平等地，去逮捕那些制造金丹、白丸的制毒犯。抓来100多名之后，搞了一个特别法庭装模作样来公开审理。然后在摸清情况的前提下选出几个穷一些的制毒犯执行枪决，以至来逼迫富有的制毒犯认罚巨款获得释放。第二个财神属下各县。这位省长以"借军饷"为名,将其所属170县分为大、中、小三级,通令每县必须筹借1万元至3万元不等作为选举总统经费。

省长王承斌等在筹集贿选经费中十分卖力,结果确实筹到了巨额的经费,只不过除了枉杀无辜外,还闹得直隶全省如土匪进城、鸡犬不宁。

中国近现代著名政治活动家罗隆基曾说过:"英国直到17至18世纪,议员依然是买卖品,又何以异于'猪仔'?英国过去选举场中之黑暗龌龊,较中国民初有过之无不及,那都是宪政演进必经之过程。"

既然是"宪政演进必经之过程",曹锟这么做或许当时的社会应该负一定责任。钱的问题解决之后,曹锟的总统选举就容易进行了。

结果,曹锟的选票一直开到了每张5000元,这才有了一些诱惑力,让那些富有的议员们愿意放下手中的酒杯和怀里的女人,去参加他的总统选举,并走到那个肮脏的票箱前去投上自己"神圣"的一票。

1923年10月10日,曹锟以1356万元巨款,终于买到了中华民国大总统的宝座,如愿以偿当上大总统。

被囚禁了一年半

1923年10月10日,北京城里到处张灯结彩,彩牌、彩坛,璀灿夺目、争奇斗艳,好一个节日的景象。热闹中、涌动的人流间,警察穿梭不停,在一些要道处,更是五步一岗、十步一哨,戒备格外森严。

曹锟在一大群文武官吏地簇拥之下,笑容可掬,欢快地走在铺了黄土的路上。他由正阳门入中南海怀仁堂,去参加自己的大总统就职典礼。放眼面前敛息静气的达官贵人,遥想早年冷眼嘲笑中的卖布生涯,曹锟心里一时感慨不已。

"锟乃军人,于政治上并无经验,今依国人之重托,出而谋一国之福利,深思熟计,不胜兢惕!所私幸者,国家之成立,以法治为根基……"高台之上，曹锟侃侃而谈，发表就职演说。

曹锟之所以要提"以法治为根基"，因为接下来他便公布了一部《中华民国宪法》。

这部宪法，共有十三章一百四十一条，与1912年孙中山颁布的《临时约法》的原则一致，可称得上是一部名副其实的资产阶级民主宪法。如果真能执行了，中国的社会，肯定会是另一番样子。遗憾的是，这样一部宪法，由于是接受了曹锟贿赂的那些议员先生制订出来的，竟然也沾上了一个"秽"字，被人称之为"秽宪"而予以蔑视。

令人费解的是：宪法可以因为制定的人品拙劣而遭人蔑视，纯粹靠贿赂得到的总统却没有因其丑陋的行为而被推翻。曹锟在民国的大八总统中，真正行使总统权力的时间差不多是最短的，但却绝不是因为他的行贿。

在那个有枪便是草头王的乱世，一直以来，曹锟都面临一个最大对手张作霖的颠覆。早在他筹备贿选时，张作霖就破口大骂："妈的个巴子，这曹锟就是个小丑，我们东北大佬绝不捧他！"

曹锟当选后，张作霖更是义愤填膺。自从第一次直奉大战失败后，张作霖一直埋头厉兵秣马、等待时机。这时，他看看自己的部队，感觉已经是昔非今比、焕然一新，足以与直系再论高低了。不过为了稳妥起见，张作霖还是寻觅四处，希望能找到更多的盟军和支持。

早在10月7日，中国国民党就发表宣言，申讨曹锟。10月9日，孙中山在广州大本营主持会议，讨论声讨曹锟有关事宜，并致电各国外交团，请他们不要承认曹锟这个总统。同时，孙中山还以大元帅名义下令讨伐曹锟，通缉贿选议员，并通电段祺瑞、张作霖和卢永祥，要求大家一致行动。

而曹锟直系的内部，并不因为曹锟就任总统更加团结，却是又一次更加地分裂了。

曹锟当上大总统，自然要给部下论功行赏。他任命吴佩孚为直鲁豫三省巡阅使、王承斌为直隶军务督理兼直鲁豫巡阅副使、齐燮元为苏皖赣巡阅使、萧耀南为两湖巡阅使，封冯玉祥、齐燮元、王承斌、王怀庆等六人为上将军，直系其余大将，也都各有封赏。

一人得道，鸡犬升天。一时间，大家其乐融融。然而，直鲁豫巡阅使吴佩孚却一人大权独揽、专横霸道，他不但要干涉直系各将的职权，还对一些他看不惯的将领实施压制和排挤。为了达到独揽军权的目的，吴佩孚提出要统一军权于中央。

因为这样一来，吴佩孚就可以借机随心所欲地"削藩"，剥夺各省军阀的军权集中到自己手上。结果，弄得直系内部人心惶惶、怨声载道。很快，就形成了以冯玉祥、齐燮元、王承斌为首的反吴"三角同盟"。

曹锟出于对吴佩孚的依仗，却又只能曲意地偏袒吴佩孚，这就造成了他与众将领的隔阂与疏远。曹锟费尽心机、搞歪门邪路当上总统后，反而是暗淡了他的政治生命之光。

面对这么多明明暗暗的盟军和支持者，张作霖在一边冷冷地观望着、心中窃喜着，睁大眼睛，等待着最佳的时机到来，随时准备伺机而动。

没多久，这个机会终于来了，是由直系江苏督军齐燮元给的。

上海是全国税收最多的一个城市，对一个督军，自然是颇有诱惑力的。作为江苏的督军齐燮元，看着临省的浙江督军卢永祥在任上赚得钵满盘盈，心里很不是滋味。如今是直系的天下，肥肉却掉进了皖系浙江督军卢永祥口里，这实在不像话。他要把这块肥肉夺过来。不久，他找到一个借口。

1924年4月，齐燮元以卢永祥收编皖系藏致平、杨化昭两部违反"浙江和平公约"为由，要求讨伐卢永祥，夺取上海。在得到曹锟的允许之后，于9月8日，发起了对浙江的进攻。

江浙战争爆发，虽属局部，却给张作霖找到了进兵北京的口实。直系既然在"和平"中向皖系率先发难，他当然也可以不管三七二十一向直系动手。在通电讨伐直系的同时，张作霖给曹锟发去了挑战书，紧接着自任讨伐总司令，亲率22万奉军，杀气腾腾地涌进山海关。

第二次直奉战争爆发，使做了总统的曹锟反而有些惊慌。他的第一个动作，便是电召洛阳的吴佩孚回京，指挥应战事宜。7月17日，吴佩孚匆匆赶回北京，曹锟拉着他的手说："兄弟，这一次我那亲家气势汹汹，一切就拜托你了，万万不可大意。"

吴佩孚微微一笑，只点了点头，并不说什么，回去之后，立刻组建了"讨逆军"，自任总司令。吴佩孚命令，直军兵分三路，向山海关前线扑去，迎战奉军。在战前的记者招待会上，吴佩孚信心十足地说："奉军22万，我出兵20万，只需两月，一定可以打到张作霖的老巢奉天。"

事实上，单从军事实力和指挥员的能力来说，这场战争的胜利者很可能就是直系。但是，由于此时直系内部不可调的矛盾，直接影响了他们夺取这次战争的胜利。这其间，主要就是吴佩孚与冯玉祥之间的矛盾。

在第一次直奉战争时，冯玉祥因作战有功，为曹锟极力推荐坐上了河南督军的宝座，可他一入开封，就活埋了赵倜手下的师长宝德全。

宝德全本是河南督军暂编河南陆军第二师师长，第一次直奉战争时赵倜联奉反直，宝德全与冯玉祥战于郑州。奉军战败后，宝德全已暗中投靠了吴佩孚，并受吴佩孚之命解散赵杰的第一师，被吴佩孚保举为河南军务帮办。冯玉祥进开封时，宝德全到车站迎接。可就在第二天，冯玉祥将宝德全秘密活埋，将他的第2师全部缴械解散。

为此，吴佩孚撤了冯玉祥的河南督军一职。俩人的梁子，到此算是结上了。而吴佩孚对冯玉祥之所以不待见的深层原因，还是因为发现冯玉祥与孙中山走得太近。

早在1920年冯玉祥驻湖南谌家矶时，通过徐谦、钮惕生的关系，孙中山就开始对冯玉祥产生影响。徐谦和钮惕生与冯玉祥是旧相识，他们都信奉基督教，孙中山便托二人带着他的亲笔信去见冯玉祥，劝冯玉祥和孙中山一道为实现共和而努力。冯玉祥亲眼目睹大清的腐败，感受到北方大受清廷遗毒很深，既误国又害民，相信孙中山的方向会给中国民众带来福祉，于是派出秘书任佑民，到广州去专程拜访孙中山，表示了自己愿意听从孙中山召唤的决心。

当时吴佩孚的三路讨逆大军，东由吴佩孚手下的大将彭寿莘、董政国、王维城统领，为直军主力，任务是杀出山海关。中路由王怀庆部统领，是三路中最弱一环。西路由冯玉祥率手下的张之江、李鸣钟、鹿钟麟等担当，杀出古北口。由于冯玉祥与吴佩孚的矛盾，冯玉祥在战前就与张作霖暗通声气，准备瞅准机会谋取自己最大的利益。

当前线双方交战激烈时，冯玉祥却在怀柔按兵不动，坐观成败。吴佩孚发现西路进展缓慢，电令冯玉祥：火速前进，从侧面牵制奉军，减轻东路战场压力！

冯玉祥只对电令瞅一眼就扔到一边，反而更加放慢了前进的步伐。当他再次收到吴佩孚的参谋长来电，告之前线危急、火速进兵时，他相信此时直军已露败局，只要自己迅速再去后院放一把火，直系必败无疑。

于是，就在再次收到吴佩孚的参谋长来电的当天，1924年10月23日傍晚，冯玉祥果断下达命令：全军撤退，回师北京！

冯玉祥率部连夜赶回北京城下，他的手下鹿钟麟与孙岳里应外合，打开城门，进入京城，士兵们一律佩戴蓝布白字的臂章，上面写着："誓死救国，不扰民，真爱民"。政变军队以迅雷不及掩耳的速度，兵不刃血，很快控制各重要路口，戒严断绝交通，占领各部、署衙门。

1924年10月23日清晨，曹锟从酣睡中醒来，唤卫兵到跟前时，才发觉已经换了人，仔细一问，知道大事不妙，总统府已被冯玉祥的军队包围，自己电话线也已经被切断了。曹锟皱紧眉头，在感慨不已中过起了幽禁的生活。

三天后，吴佩孚带领8000勇士，返回北京，试图救出曹锟，奈何此举早在冯玉祥的意料之中，防守异常森严，吴佩孚营救失败。

北京政变之后，控制北京政权的冯玉祥，在幽禁大总统曹锟之后，又将原大清皇帝溥仪驱逐出宫，同时电邀孙中山进京共商国事，邀段祺瑞再次出山来主持北京大政。击溃直系军队后，张作霖率奉军再次入关，他也推举段祺瑞来主持北京大政，试图与段祺瑞合作，共同对付冯玉祥。

到11月10日，分别来自掌控直系和奉系的两个军事实权人物——冯玉祥、张作霖，与皖系的领袖段祺瑞在天津召开会议，而后组织了临时执政政府，段祺瑞出任临时总执政。实际上，北京政权牢实地捏在张作霖与段祺瑞的掌控之中。

此时，曹锟仍被困在总统府，由他的弟弟曹锐陪着感叹唏嘘往来的一些事情，直到11月29日，曹锐被唤去"过堂"服毒自杀，曹锟的生活，变得一片黑暗。

张作霖与段祺瑞掌控北京政权之后，与冯玉祥的矛盾越来越大，为了对付冯玉祥，张作霖转而与吴佩孚联手，俩人共同进攻冯玉祥的国民军。冯玉祥抵挡不住，与1926年4月，带领国民军退出北京城。在吴佩孚的威逼下，段祺瑞只好自动下台，将北京政权交由吴佩孚和张作霖共同打理。直到这时候，被囚禁了一年半的曹锟才恢复了自由。

曹锟如做梦一般，总统当了一年，被囚禁了一年半，这会儿醒来，看到又是手下吴佩孚掌权，大总统之梦又烈烈地眩目起来。把心里的梦欲与吴佩孚一讲，却遭到了吴佩孚坚决地反对。曹锟见再一次辉煌难以兑现，只好与1926年5月1日通电全国，辞去大总统职务。开始住在保定羊市大街，到这年10月，吴佩孚的主力被北伐军消灭，曹锟只好移居天津。

先是与他的郑夫人和陈夫人住在在天津英租界内的19号路，结果很不称心。就给刘夫人去信发牢骚说："庆（曹少珊的乳名）的心肝坏了，他们也不管我，我可能不久于人世了，对士英和士嵩我管得少，很觉对不住你，你要照顾好他们。"

曹锟的刘夫人最小，因不愿同郑夫人和陈夫人一起，就带着一双儿女住在英租界的泉山里。接到曹锟的信，刘夫人把曹锟接来，细心照顾。曹锟的病日渐好转，心情也好起来。早上练拳、打坐练气功。饭后不是练书法，就是画画。曹锟喜爱国画，尤其擅长画梅花、山石、螃蟹、一笔虎等。为提高技艺，曹锟还请来一些高人，指导书画。由此结交了齐白石，俩人交情甚厚。

曹锟脾气随和，此时更是随和到了极点，就连他的保姆戴妈也说："总统在世时，不管有多少大官等着见他，只要听说我来了，就要先召见我。"

夏日的傍晚，曹锟爱与院子里的穷邻居来闲聊。无论是拉洋车的、卖菜的，还是卖大碗茶的。曹锟与大伙坐一样的小板凳，喝茶聊天、地北天南，谈笑风生，根本看不出是一个当过大总统的人。

曹锟晚年信佛，珍爱生命。有一次，他听到有人在街上吆喝卖鸟，便出去把鸟全都买下，仔细地久久地端详着笼中的鸟儿，长叹一声，打开鸟笼，看着小鸟一只只飞出鸟笼、飞向天空，他舒心地笑着，深情地注视着鸟儿飞去的方向。

曹锟下野后,身边只有两个侍从,一个先生(相当于秘书),及一些门岗、伙夫、司机、老妈子、丫头之类。然而,家中却是客人不断,甚至常常门庭若市。除了往日的部下,就是一些社会名流。大家一起聊聊家常、谈谈政局,有时打打麻将、下下象棋,日子过得也还愉快。吴佩孚与曹锟关系最厚,常派子女前来探望曹锟。逢年过节,曹锟及刘夫人也派子女去探望吴佩孚。

1931年,九一八事迹,日本强盗强占了我东三省。为用曹锟的名声来影响中国民众,日本特派人到天津请曹锟"出山"。曹锟知道了来意,断然拒绝。日本人并不死心,又派"冀察政务委员会"的委员、昔日曹锟的好友齐燮元来做说客。曹锟知道来意,连大门都不开。

1938年5月初,曹锟因感冒转成肺炎,医治无效,于5月17日(农历四月十八)病故,终年76岁。6月14日,国民党政府因曹锟拒绝与日本人合作,特发布训令,予以表彰,追授曹锟为陆军一级上将。

历史评说

曹锟出生于天津大沽一个贫穷造船工曹本生家里。16岁时把布匹搭在肩上四处叫卖。他性情豪爽，爱交朋友，喜欢武术，好酒贪杯，喝醉了便席地而卧，有时街上一些顽童就趁机把他钱袋里的钱偷走，也只是一笑了之，从不追问。如此般，他本该是个讨人喜欢的小子。

终是又想改变自己吃苦受累的命运，暗下决心，立志从戎。20岁时应募入伍，开始了他的军事生涯。因老实巴交，时常受人欺负，反倒让人信任喜欢。

先是入天津武备学堂学习，后又赴小站投袁世凯的新建陆军，得到袁的器重后，位达统制、师长，终成主宰中央大权的实力派人物。

虽然花钱贿选总统太过龌龊，却似乎又是时代环境而使然。而他能制定宪法，任用贤达，不疑不妒，却又比做军阀时对能人有疑有惧要进了一步。其实，这还是时代环境的作用。

作为能力平庸的一个小人物，从某种角度上来说，他不过是让那些想利用他的人推上了历史的舞台，在耀眼的辉煌中表演了一次，这使他不可避免地沾上了许多大人物的丑陋。然而，这却又不妨碍他诸多小人物本色的保持。

他晚年之所以能不为金钱、地位所动，坚决不为日本侵略者做事，保持了民族气节，就是与这种本色分不开的。

第七章
众说纷纭的蒋介石

他是一个"盖棺"还不能"论定"的人物。他过世的时候,关于他的评价,海峡两岸就有着天壤的差别。他过世的这30多年中,无论是政界还是学界,围绕他的争论,从来就没有停止过。

台湾政学两界的达官和学者们,对他先是"神化",后来又是"丑化"。因为对他的评价,甚至掀起过一些政潮。大陆呢,对他的评价则是从开始的"漫画"走到现在的"写实"。因为现实政治的演变与档案材料的不断开放,尤其是"蒋中正总统档案"与"蒋介石日记"的开放,使得有关蒋介石的研究成为持续的"热点"。

纵观蒋介石的一生,他虽然是一个有很大缺陷的人物,但也不乏自己的勇气、精力和领袖的智慧与品质。他热爱中国,并且为其能独立自主而战斗过；他比他的竞争对手，常常是略高一筹并善于控制他们。

他悲剧的根源，在于不识大体和冒天下之大不韪。在日本入侵后还一味"安内"，这是他一生最大的败笔；他始终不能了解自己政权的社会基础，不能很好地了解大多数中国人的需要并予以满足，这是他最后遭到了大多数人抛弃的根本原因。再加上他独裁的狂想，终于导致了他的彻底失败，因为他缺乏作独裁者的时代背景。

小 档 案

姓名字号：名中正，字介石

籍　　贯：浙江奉化溪口

生卒年月：1887年10月31日—1975年4月5日

最高官职：中华民国大总统

家　　族：曾祖父——蒋祁增

　　　　　祖父——蒋斯千（1814年—1894年）

　　　　　父亲——蒋肇聪（1842年—1895年）

　　　　　母亲——王采玉（1863年—1922年6月14日）

妻　　妾：原配夫人——毛福梅（1882年—1939年）

　　　　　姨太——陈洁如（1905年—1971年）

　　　　　妾——姚冶诚（1887年—1966年）

　　　　　爱妻——宋美龄（1897年—2003年）

儿　　女：长子——蒋经国（1910年4月27日—1988年1月13日）

　　　　　养子——蒋纬国（1916年—1997年）

　　　　　养女——蒋瑶光

简 历

1887年，出生于浙江奉化。名中正，原名瑞元，谱名周泰，学名志清。

1882年，入王氏宗祠私塾接受教育。

1903年，入学凤麓学堂读书。

1906年，4月到达日本，在清华去学习语言。

1907年，入保定全国陆军速成学堂。

1908年，留学日本，同年加入同盟会。

1910年，日本振武学校毕业后，入日本陆军第十三师团第十九联队为士官候补生，辛亥革命后追随孙中山，曾参加反对袁世凯的活动。

1923年，赴苏联考察军事政治。

1924年，回国后任黄埔军校校长，国民革命军第一军军长。

1926年，先后制造"中山舰事件"、"整理党务案"，打击共产党和革命势力。后任国民政府军事委员会主席，国民党中央执行委员会常务委员会主席，国民革命军总司令，率师北伐途中。

1927年，发动了"4·12"政变，在各地清党，第一次国共合作公开破裂。

1928年，任南京国民政府主席，不断进行新军阀混战。

1931年，"9·18"事变后，任军事委员会委员长，推行"攘外必先安内"政策，围攻红军革命根据地。

1936年，"西安事变"后，被迫接受抗日主张，实行第二次国共合作。

1938年，任中国国民党总裁，三民主义青年团团长。 抗日战争期间，任国防最高委员会主席，同盟国中国战区最高统帅，掀起第三次反共高潮。

1943年，参加美、英、中三国开罗会议。抗日战争胜利后，与中共代表团在重庆进行和平谈判。

1946年，撕毁《停战协定》、《政协决议》，命令进攻解放区，单独召开制宪国民大会，通过宪法。

1948年，擅自召开第一届国民大会，当选"总统"。

1949年，1月21日，被迫发表《引退谋和文告》，由副总统李宗仁代行总统职权。

1949年，败退台湾后，历任"总统"与国民党总裁。1975年4月5日于台北去世。

结识陈其美

人的命运，固然是掌握在自己手上，但由于某种机缘巧合，譬如说遇上了一个什么可以影响你的人，又可以把你带到另一条路上。蒋介石的命运，就是这样。

这个盐铺老板的儿子，父亲蒋肇聪去世很早，是由母亲王采玉一手带大、抚养成人的。

王采玉是浙江溪口葛伶竹村人，生于1863年。她幼承父教，聪明俐，精于女红，深得慈爱。遗憾她年青时家道中落，只能凭一双巧手，做些针线活来贴补家用，日子过得艰辛苦涩。

王采玉19岁嫁奉化县曹家田的竺某为妻，2年后因竺某病故，回娘家寡居3年，1886年再嫁比她大22岁的玉泰盐铺老板蒋肇聪为填房，第二年10月31日，生下长子蒋介石，取乳名为瑞元。

1895年，盐铺老板蒋肇聪染病，抛下店务和妻子儿女死去。这年，蒋介石刚刚6岁，母亲将他送到她娘家的王氏宗祠私塾接受教育。

蒋介石人极聪明、领悟也极快，学业很是骄人。他读了不少书经，懂得些做人的道理，看着母亲辛苦，发誓苦读上进，求取功名。另方面，他却又"顽劣益甚"，常与学伴打斗摔跤。假如打输，不服气的蒋介石绝对会奋战到打赢为止，即便一打就输，可就是不肯认这个"输"字。结果同伴们受不了他的这般死打，只好认输，致使在溪口街上，蒋介石名声赫然，无人不知他这个顽童瑞元。

少小时的蒋介石，除了顽劣，还有个特点就是早熟。还只十三岁，他就开始喜欢一个叫毛阿春的小女孩。风言风语传到母亲的耳朵，她便做了个果断的决定：干脆成全儿子，给蒋介石娶这个女孩做媳妇。无奈这女孩的母亲看不起蒋介石，好强的母亲憋了口气一定要为儿子找个更好的。

经过一番寻觅，王采玉终于认定了毛鼎和的女儿毛福梅。因为蒋毛两家世交，相互了解，亲事很快定下来。第二年，14岁的蒋介石就做了新郎官。

蒋介石的母亲王采玉不但勤慧，而且是个颇有远见的女人，她不但要刻意培养儿子，还为儿子和后代着想来培养儿媳妇。毛福梅一嫁到蒋家，王采玉就送她到县城的新式女校读书。

蒋介石有了媳妇，顽劣果然收敛了很多。1903年，17岁的蒋介石入凤麓学堂读书，成绩一直很好。一大家子人，在母亲的操持下，活还算过得安稳。可在蒋介石19岁时，家中遇上了不幸。征收田赋的官吏欺侮蒋家孀妇孤儿，故意苛派多摊。王采玉与蒋介石知道后据理力争，惹恼了官吏竟捆押了蒋介石，勒令必须交纳苛派的田赋后才能放人。王采玉无奈，只好卖地交赋。

无故遭此一祸，对蒋介石震动很大，他后来在文章中写道：

"其时满清政府已腐败至极，道德沦丧的土豪劣绅与衙门的贪官污吏搜刮民财，鱼肉乡民，司空见惯。我家因无官位背景，屡为欺压和侮辱的对象，饱受苛捐杂税和劳役的痛苦，甚至亲友们对我们的窘困亦视若无睹，袖手旁观。"

从牢里出来，母子俩相拥流泪。母亲泪眼望着儿子，因事利导说："如今贪官苛虐，劣绅横暴，我儿一定要发愤上进，将来做一番利国利民的大事来，不让自己遭罪，也不让百姓遭罪。"

母亲的话，使蒋介石深受感动，点头默然答应。

当时，清政府的腐败已引发普遍的民怨，反清的革命运动已经风起云涌，有志之士，很多出国留学，渴望寻求治国道理。受此影响，蒋介石也剪去发辫，想出洋去学习军事。王采玉知道后，心虽不舍儿子，却赞成儿子的远大志向。她好言应答亲朋的劝慰，亲自为蒋介石筹措资金、整理行装。

"风萧萧兮易水寒，壮士一去兮不复返"，在离开奉化、离开凤麓学堂，踏上海轮、横渡黄海时，蒋介石心潮澎湃，感慨万千，因为不知海那边的祸福，他顿生英雄赴难的感叹，在心里吟诵着荆苛的这两句豪言。

结果的事实证明，蒋介石的感叹不是毫无道理。他1906年4月到达日本，进了这个岛国后才发觉，自己根本不可能去学习军事。因为当时清政府与日本政府有协议：必须是清政府陆军部的保送生，才可以进日本的军事学校学习。像他这样个人跑来的，没有一所军校愿意收留他。无奈之下，蒋介石只好先到清华去学习语言。

这所学校是日本为中国留学生特意办的，主要就是帮助想来求学的异国学生补习日文。走进这所学校，蒋介石感到生活一片黯淡。整天费力地念着那些唏哩哗啦的日语，他不知道今后该何去何从，感觉到梦想离自己是那么的遥远。他做梦也没有想到，就是在这里，他会遇到一个可以把他的一生带到一条多姿多彩道路上的人。

这个人叫陈其美，是蒋介石的同乡浙江省人，家就在浙北的归化。陈其美1878年1月17日出生，比蒋介石大10岁，有弟兄三人，他居老二。民国时期赫赫有名的四大家族之一的陈家，指的就是他大哥哥陈其业的两个儿子——陈果夫和陈立夫。

他们陈家，祖上殷实，陈其美父亲陈延在去世后，家庭生活日渐短绌。这年，陈其美15岁。为此，陈其美在石门的善长典当了12年学徒。1902年春天，陈其美的弟弟陈其采从日本留学回来，一番外面大千世界的见闻，使他决心到大都会上海去长长见识。

当时的上海，是个思想活跃的地方，陈其美到上海后，在新思潮的影响下，常去中国公学与进步青年、革命志士频频交往，受到很多革命思想影响，一发而不可收，开始渴望见见更大世面，又在弟弟陈其采的资助下，于1906年东渡日本留学。

到日本东京后，陈其美进入东京警监学校，学习警政法律。在这所学校里，陈其美结识了很多革命志士，如周淡游、庄之盘、魏伯桢、卢钟岳、周骏彦等。不久，陈其美又转入东斌陆军学校学习军事。这所陆军学校，碰巧是孙中山所办，旨在秘密训练革命骨干。

在这里，陈其美结识了更多的革命青年，特别是徐锡麟、秋瑾等革命志士，深受革命思想的影响。在给弟弟陈其采的信中，他写道："值此外侮频来，合力抵抗，尚多碍难，再自操戈，是速亡也。危乎哉！如履薄冰，每念国事，何敢安枕饱餐？"

对于邹容、吴樾、陈天华等人的悲壮人生，陈其美充满崇敬与向往。1906年冬，他毅然加入中国同盟会，组织起"军事体育会"，渴望学好军事知识，练成强壮体魄，为将来的起义和暗杀行动做好充分准备。

事情就有这么凑巧，蒋介石在凤麓学堂的老师周淡游此时在警监学校读书，与陈其美是同窗好友。一天，蒋介石正在街上溜走，碰巧遇上了周淡游。师生异国他乡遇上，都倍感分外亲热，于是频频交往，不久，经过周淡游的介绍，蒋介石结识了陈其美。

人与人相交，关键还是个志同道合的问题。当时的蒋介石，对清廷已是相当反感，而此时的陈其美，已深受革命思想影响，决定推翻满清。相比之下，陈其美年长蒋介石10岁，又多许多革命知识，且已加入孙中山领导和组织的革命政党同盟会，相识之后，一番谈话之后，蒋介石动了真情，说："真是苍天有眼，让我认识你。如蒙你不嫌弃，就让我叫你一声大哥。"

陈其美点点头说："我很高兴有你这样的弟弟。"

蒋介石谈到眼前的迷茫，陈其美鼓励说："有志者事竟成。你这么年轻，暂时不能学军也没什么关系，你眼下把日语学好，然后回国，重读军校，再找机会派送日本。到时候，一切都会顺顺利利。"

之后，蒋介石与陈其美交往越来越频繁，经常在一起谈天说地，聊人生、谈时局。年底，蒋介石按照陈其美的建议回国，又按照陈其美的指引，1907年，考入保定全国陆军速成学堂。

保定陆军速成学堂，是保定军校的前身。保定军校后来成了中国近代史上第一所正规陆军军校，主要功能为训练初级军官，学习期一般为两年，分步、骑兵、炮、工、辎重五科，学制章程参照日本陆军士官学校，教官亦以日本陆军士官学校毕业者居多。民国时期的许多名将，诸如黄辉祖、熊秉琦、吴佩孚、张治中、傅作义、陈诚等，都曾在这里就读过。

蒋介石在陆军速成学堂只学习了一年，于1908年春天，与62名同学一道，从大连乘船赴日本神户，往东京进入振武学校。

这所东京振武学校，是专为中国陆军留学生开办的预科军事学校，为日本陆军参谋本部所属，学制为3年，毕业后可下部队见习，再入正式日本陆军士官学校。蒋介石1910年冬天从振武学校毕业，见习期间分配到北海道新潟县高田镇的13野炮联队，主要工作是喂马。鉴于此，蒋介石的最高学历实际上就是这所预科军事学校——日本振武学校毕业。

蒋介石第二次来日本读书，与陈其美等旧友重逢，格外亲切。

孙中山在其一生的革命事业中，特别愿意花力气去吸引、培养他认为可造就的革命事业接班人，此时的陈其美，就是孙中山最愿花力气的一个，通过孙中山的刻意栽培，陈其美已经成长为一个成熟的革命者。受孙中山的影响，他也喜欢培养人才，并且慧眼识珠，很快看上蒋介石。

不久，陈其美介绍蒋介石加入了同盟会，开始与孙中山领导的民主革命事业建立了联系。

就在蒋介石第二次重返日本的年底，陈其美受孙中山派遣回国，主要在江浙一带开展革命活动。其间，蒋介石在日本苦学军事，每年暑假回国探亲，都会去上海与陈其美相聚畅谈，有时还出手帮助陈其美去营救被捕的革命者或进行暗杀活动。由此，蒋介石与陈其美的关系，又更进了一层。

1911年7月，陈其美在上海又和宋教仁、谭人凤等人一起成立了同盟会中部总会，准备在长江流域各省举行起义。

袁世凯出山后，武昌形势危急，陈其美等人认为，可在江浙地区立即发动起义，通过占领南京、上海，来稳定革命局势，使革命在即便武汉丢失的情况下，也不致于导至失败。

起义需要大量的领导人才，特别是军事领导人才，陈其美想到了蒋介石。于是便给蒋介石发出十万火急的密电,命蒋介石等人迅速回国,参与领导江浙独立的革命战争。

蒋介石接电,非常兴奋,于1911年10月30日回到上海。此时上海、浙江两地的起义已迫在眉睫,形势急如星火,蒋介石没来得急回家看望母亲,就按陈其美的命令赶往杭州,率领100名"先锋队敢死队"员,参加浙江起义。

就这样,由于与陈其美的结识,蒋介石这个浪子,得以涉足于辛亥革命,与陈其美等革命志士并肩作战,从一个空有抱负、前途迷茫的青年,变成了一个战斗在推翻满清统治前线的革命者。

1924年,蒋介石曾对胡汉民、汪精卫说:"以弟之愚拙而有今日者,未始非其诱掖之功也。"

在蒋介石发迹后,对陈其美的两个侄儿陈立夫、陈果夫更是宠爱有加,不但视为亲信,还委以重任。这是后话。

获得孙中山器重

作为敢死队队长,蒋介石全程参与了浙江起义计划的商议,最后把起义日期定在1912年11月3日至7日。11月1日这天,蒋介石返回上海向陈其美汇报,得到同意后次日带着武器、弹药、印信、旗帜返回杭州。

"我们的革命,孰胜孰败,并不能根据数字来决定,革命军应以一当百,我们这一百个人,能够和一万个敌人战斗。还有,时机也是得胜的重要因素。这个时机,现在掌握在我们手里。"

蒋介石在率领敢死队出发前,就在奉化会馆里,对以奉化栖凤帮的沈姓渔民为主体的100名敢死队员,用他那地道的奉化口音,作了简短、豪迈,而又很能鼓舞士气的战前动员。

他的这支敢死队,都是陈其美等人以招募铁路工人的名义暗中组织的。

就在敢死队出发的前夕,传来上海起义成功的消息。人心振奋,蒋介石抓住这难得的机遇,一马当先,率领敢死队由望江门进城,向督署发起猛攻。抚署卫队很快投降,巡抚增润从后墙逃出被抓获。5日,杭州宣告光复。

光复后的浙江,都督一职空缺,由谁来做?同为光复浙江的功臣——蒋介石与王金发等人都争着要做,甚至闹得使杭州局势出现危机。

这事当然得由陈其美来定,结果陈其美请出汤寿潜来出任浙江都督。王金发和蒋介石都很不服,找到陈其美,王金发首先提出质问:"汤寿潜是反对我们革命的,我们革命党为什么要推他出来当都督?"

陈其美听了,摆手示意怒气冲天的王金发先坐下,然后缓缓地说:"现在浙江刚收复,通过一番战乱,民心涣散,急需一个有威望的人来收服人心,巩固胜利。汤涛潜,正是最合适的人选。而我们现在还有许多大事要做,马上就要北伐,光复全国。到时候,我们都要到中央去做事,何必来计较地方一个都督呢?"

尽管陈其美说得入情入理,最后王金发还是未能被说服,临走前撂下句话说:"我是不怕死的,我要回浙江绍兴去反对汤寿潜!"

陈其美听了，再不言语，只冲着他的背影苦笑着摇摇头。

蒋介石本来也是满腔怒火，但在一旁听了陈其美的一番话后，怒气差不多全消了。在王金发走后，他一时竟不知说什么好，只是静静地坐在那儿。陈其美看了他一眼，很理解他此刻的心情，走到他跟前轻轻地说：

"介石，我已经给你想了又想，感觉你还是来掌握军队好。如果你愿意，就先来我的沪军做第一师副师长兼第一团团长。"

上海光复后，陈其美被推为上海军政府都督，他有权安排这样的职务。蒋介石听了，大喜过望。起身站在陈其美面前，低着头说："谢谢你！"

"不要谢我，实话告诉你，这实际上是份苦差事。如今上海光复不久，沪军都督府也刚成立，江苏全境又还没有光复，政府经济十分拮据。在这种情况下，要你担起了编练军队的重任，却又不能给你许多钱，困难是可想而知的。"

蒋介石听了陈其美这番推心置腹的表白，沉思了一会说："再困难，我也要去克服，你不是教过我：革命观念，第一在推倒满清，恢复中华。第二在为平民解除痛苦，至于权位二字，实未丝毫容怀。"

蒋介石筹款的办法很多，经过他一番拼命，终于克服了经费不足、兵源素质不高等困难，招募、训练出一支具有反清意识、有一定战斗力的军队。之所以能够为此事拼命，除了那些能摆上桌面冠冕堂皇的理由，蒋介石私下里还有一个不可告人的目的：就是要将这支队伍培养成自己私人的武装力量，以便在这乱世中打出自己的一片天下来。

蒋介石出色的表现得到了陈其美与时任沪军都督府参谋长兼沪军第2师师长黄郛的特别认可，不久他们仨结拜为盟兄弟。陈其美长蒋介石10岁，为大哥，黄郛长蒋介石7岁，为二哥，蒋介石为老三。为示慎重，他们结盟时还写下誓词：

"安危他日终须仗，甘苦来时要共尝。"

结拜后，陈其美特请孙中山将他们的誓词写成条幅，送给蒋介石。为表示对誓词的虔诚，蒋介石又将其刻在三把短剑上，三个盟兄弟每人一把，以示同心。与陈其美结成把兄弟之后，蒋介石即替陈其美，实际上也是替自己做了件大事。

1912年1月14日凌晨两点,上海的广慈医院的后墙根,匆匆走来两个穿西装的不速之客。他们瞅瞅四下无人,立即敏捷地跳墙、上楼,走进光复会领袖陶成章休养的头等病房,探头一看,只见陶成章正面里而卧,不速之客轻轻呼喊:"陶先生!陶先生!"

陶成章刚转过身子,不速之客的手枪响起,子弹从他的左颈喉管旁深入脑部,立即血流如注。不速之客不慌不忙地过去验尸之后,扬长而去。

这两位不速之客,一位是蒋介石,另一位是他的旧友王竹卿。

作为太湖强盗、光复会的叛徒王竹卿,枪法精湛,能飞檐走壁。还是光复会员时,他就常以会内机密换取钱财,致使光复会领袖陶成章极为恼火,不得已只好将他清理出去。蒋介石知道此事,所以在得到陈其美给他暗杀陶成章的指令后,立刻就去找来位往日的朋友,做成了这件党内暗杀的事情。

陶成章是光复会的著名领袖,参加同盟会后,在1908年曾经煽动过一次"倒孙(孙中山)风潮",而后又制造分裂,恢复光复会。1911年7月26日,陈其美和陶成章在嵩山路沈宅开会,二人发生争执,陈其美竟拔出手枪相威胁。辛亥革命后,浙江军政府成立,陶成章被选为省参议会议员。1912年1月,浙江革命党人众议拥戴陶成章出任浙江督军,正是由于这些"公仇""私怨",使得陈其美决心要除去陶成章。

陶成章被杀,全国震惊,孙中山、黄兴都致电陈其美,请照会法国领事,"根缉严究,以慰死友"。凶手就是陈其美,自然是不了了之。尽管如此,这事还是给革命者陈其美留下了一个让人摇头的污点。令人啼嘘的是,他指使蒋介石刺杀了陶成章,开创了革命党人内部相互残杀的恶劣先例,4年之后,他自己却被袁世凯买凶刺杀。这是后话。

陈其美在悬赏千元重金缉拿刺杀陶成章凶手的同时,悄悄地安排蒋介石去了日本。1913年3月,宋教仁被刺杀,孙中山发动了"二次革命",蒋介石应陈其美的召唤来到上海,帮助陈其美组织武装讨伐袁世凯。可是,此时袁世凯的新军已不同于往日的旧军,"二次革命"很快失败。陈其美逃往日本,蒋介石逃回奉化老家。

二次革命失败后，孙中山总结经验认为：失败最重要的原因，是党内人心涣散，不听领袖指挥。于是，孙中山决心重建一个中华革命党。他要求每个党员，必须立誓词、按指模，宣誓效忠领袖。这一主张，遭到不少人的反对——黄兴带领全家去了美国，李烈钧去了欧洲。蒋介石却从奉化来到上海，于1913年10月29日，由陈其美的盟兄张静江介绍，加入中华革命党，誓约号为102，是国内最早登记的中华革命党党员之一。

加入了中华革命党之后，1913年11月，蒋介石奉时为中华革命总务部长陈其美的电召，再去日本，进入"浩然庐"军事学校学习。这是一所由黄兴、李烈钧等在东京郊外的大森创办的军事学校，专为收容流亡海外的革命同志，加以培训，作为回国与袁世凯抗争的基本力量，为掩人耳目，特取名为"浩然庐"。

不久，陈其美带着蒋介石第一次拜会了孙中山。在孙中山面前，陈其美大夸蒋介石，介绍了他的经历和前段时间在革命中的表现，称他是自己的得力助手和军事干将。孙中山当时急需军事人才，听了陈其美的介绍，印象很深，用十分欣赏的目光目送蒋介石离去。

1914年初，孙中山要派一个人去上海组织领导讨伐袁世凯的军事行动，他立刻想到既有军事理论、又有实战经验的蒋介石，于是令他返回上海主持这一行动。蒋介石回到上海后，很快制定出一个起义计划，可惜还没有来得及行动，就为淞沪镇守使郑汝成知道。5月30日夜，被军警查抄了他的起义司令部。蒋介石趁乱逃出，东躲西藏避难十多日，待搜捕他风声稍缓，伺机潜回上海，搭海轮逃往日本。

1914年9月3日，蒋介石再次奉孙中山之命，由日本回到上海，与范鸿仙一道主持反袁工作。半个月后，范鸿仙被上海镇守使郑汝成暗杀，蒋介石再回日本。

反袁工作陷入低谷，陈其美心急如焚，亲回上海，在法租界霞飞路渔洋里五号设立了总机关，组建了中华革命军东南军司令部。一切准备就绪，他感到身边缺少人手，便又电召蒋介石来沪共同开展反袁工作。

蒋介石回到上海之后，很快协助陈其美暗杀了淞沪镇守使郑汝成，但在接下来的以"肇和舰"为主的海军起义计划却失败了,陈其美和蒋介石在追捕中从窗子跳到外面的屋顶,狼狈逃命。

作为孙中山的得力助手,陈其美数次起兵讨伐袁世凯,已经使袁世凯震怒。他先派人给陈其美送去70万元,让他出洋游历,威胁说否则就用这钱买通刺客,对他下手。陈其美听说后却哈哈大笑,不予理采。

软的不行,袁世凯即来硬的,命令驻军上海的张宗昌,组织专人刺杀陈其美。两次刺杀失败后,第三次终于杀死了陈其美。

孙中山刚从日本回国,闻迅赶来,流泪不止,当场手书"失我长城"四字,以志其哀。5月20日,孙中山在给黄兴的信中说:"英士忠于革命主义,任事勇锐,百折不回,为民党不可多得之人。"他在给日本友人田中义一的信中说"陈其美君在沪尽瘁国事,虽经几番顿挫,但该君之勇毅精诚,实为我同志所共同赞叹。"并亲撰祭文,誉为"生为人杰,死为鬼雄"、"成仁取义、气壮山河"等。评价之高、痛惜之深都是前所未有。

蒋介石得知陈其美遇刺,赶到现场,抚尸痛哭。深夜2时,蒋介石将陈其美的遗体用马车运回上海新民里11号,买来一口楠木棺材,将他成殓入棺。

陈其美死后,海内外各团体、各界人士的唁电、祭文、挽联、挽额络绎不绝。蒋介石的挽联是:"天道无知,苦思公十年旧雨;中原多故,乃坏汝万里长城。"

1927年,北伐军占领上海,5月18日,举行了陈其美逝世十一周年纪念大会,蒋介石专程从南京赶来发表演说:"上海之所以有革命如此之成绩者,为陈英士先生首倡革命之功也。若无陈英士先生,即无今日之中国国民党,并无今日之国民革命。"

陈其美的死,使孙中山失去一个军事上的得力助手,出于需要,加之爱屋及乌的情感,从这以后,陈其美最信任的蒋介石,开始得到孙中山的器重。

走上国民党权力枢纽

在开始的几年时间里,孙中山虽说是器重蒋介石,却还是没能够重用他,因为在孙中山眼里:蒋介石虽有一定的胆识和相应的军事才能,但"性刚而嫉俗过甚,故常龃龉难合。"还有就是,蒋介石过于信奉弱肉强食,这使孙中山也有些不满意。

为此,孙中山一直不愿再把军事大权交付于他。

在陈其美死后,1917年7月,孙中山依靠滇、桂军阀唐继尧、陆荣廷等,在广州建立起中华民国大元帅府,自任大元帅之职,举起了护法大旗。为自己能掌控局势,孙中山组建了一支8000人的"援闽粤军"。任命陈炯明为"援闽粤军"总司令兼第一军军长。

至于蒋介石,开始只被安排在"援闽粤军"总司令部作战科担任主任一职,半年后任粤军第二支队司令驻闽。因为蒋介石性格刚烈,与粤军将领时有冲撞,受到众将攻击。恼怒之时,蒋介石常离职滞居上海,与张静江、陈果夫、戴季陶等合伙做交易所投机生意。因感到自己不受重用,蒋介石还多次辞职,甚至干脆不辞而别返回故里。

对于蒋介石的这些表现,孙中山虽然很不满意,却还是用他,后来还委以军事大权,除了因为蒋介石确有军事才干这外,当时军事干部奇缺也是一个主要原因。

早在成立中华革命党时,军事统帅黄兴因不满孙中山的入党手续而远走日本;后来,陈其美又遇刺;1921年,孙中山克复广东时,再牺牲了朱执信。到此时,孙中山身边在军事上有作为的人就只剩下了陈炯明、许崇智、邓铿等几个人。

广东克复后,1921年5月,孙中山就任非常大总统。他要以广东为革命的根据地,从这里积蓄力量北伐,通过武力削平直奉等军阀。而掌控着广东的陈炯明,却认为北伐难以取胜,只想能"保境息民"、"联省自治",自己做一个"两广王"。为此,孙中山与陈炯明的冲突越来越大。

1921年10月17日至12月4日,孙中山从广西梧州抵达桂林,将大本营设在桂王府,取道湖南进行北伐。孙中山走后,将自己最为信任的邓铿留守广东。按照孙中山的安排,邓铿既主持粤军军事,策划后方弹药和粮饷的接济;又负有监督陈炯明的责任。为此,陈炯明对他产生忌恨。

3月21日,邓铿由香港回广州时,在广九铁路大沙头车站突然遭到暴徒狙击,其胃部被子弹穿透,于23日早晨五点去世。

邓铿被谋刺的事件发生后,孙中山十分震惊,严令陈炯明彻查凶手,尔后又电召陈炯明面商北伐的事情。因为心中有鬼和对北伐的反感,陈炯明每每拖逶不去与孙中山见面,还电辞本兼各职,率军退居惠州。

情况如此,1922年4月21日,孙中山下令免除了陈炯明广东省省长兼粤军总司令、内务总长三个职务,仅保留他陆军部长一职。

1922年6月,陈炯明叛变,指使部下炮轰总统府。孙中山携夫人宋庆龄,只好化妆逃出,在舰长冯肇宪的护卫下,登上永丰舰避难。

永丰舰是孙中山所掌握的少数军队之一,为海军总长程璧光在1917年7月响应孙中山广州护法运动起义后开赴广州的一艘钢木结构的军舰。舰长65.837米,宽8.8米,其排水量不足千吨。

陈炯明占领广州后,自任粤军总司令,因为他没有掌控海军,对孙中山无法再进行追击。可是,中山舰队内部叛变投敌事件迭起,孙中山身陷困境一时无法突围。这时,他想到了蒋介石,马上发去急电,让他速来永丰舰。

当时,蒋介石正在宁波消遣,收到孙中山的急电,迅速作一些必要准备,于6月25日从上海出发,4天后登上永丰舰。见到蒋介石后,孙中山立刻授权他海上全权指挥。

从6月16日开始,孙中山夫妻一直被迫滞留在舰上,其间舰上的官兵一直叛乱投敌迭起,险象环生,终因蒋介石临危不乱、镇定指挥、拼死保护,在援军一直未到的情况下,于8月9日,孙中山夫妻俩毫发未伤,全身而退,离开永丰舰。

孙中山因陈炯明的叛变无法把北伐进行下去,离开广州后经上海去了香港,第二次护法以失败结束。而蒋介石,却因在永丰舰上40天的出色表现,从此得到孙中山的信任和刻意栽培。

离开永丰舰两月后,蒋介石被孙中山委任东路讨贼军第二军参谋长;第二年2月被任命为大元帅府大本营参谋长;8月,派他率领"孙逸仙博士代表团"赴苏考察学习军事、政治和党务,历时4个多月,直到12月15日才回到上海。

孙中山之所以派蒋介石率团去苏联,主要目的是学习苏联的建军经验。早在1921年12月,共产国际代表马林在广西桂林会见孙中山时,就曾向孙中山提出"创办军官学校,建立革命军"的建议。这时候的孙中山,在自己长期的革命生涯中早已深深地感到,拥有一支高素质军队,对革命的成败至关重要。他的想法与马林一拍即合,这才有了蒋介石、张太雷等的苏联之行。

1924年是国共两党首度携手合作的开局之年,当时的中国,国民革命风起云涌,孙中山清醒地知道:"教育为神圣事业,人才为立国大本。"有了这样的认识,他很快在广州创办了一文一武的两所学堂。文的是国立广东大学(今天的中山大学),武的是黄埔军校。

在挑选黄埔军校校长人选时,蒋介石是首选人之一,当时进入孙中山考虑范围的,还有程潜和许崇智。经过反复斟酌之后,孙中山还是决定由蒋介石来出任校长,廖仲恺为国民党党代表。

随后,任李济深、邓演达为教练部正、副主任,上柏龄、叶剑英为教授部正、副主任;戴季陶、周恩来为政治部正、副主任,何应钦为总教官。此外还有熊雄、恽代英、萧楚女、聂荣臻、张秋人等共产党人担任教 。

黄埔军校,是孙中山先生在中国共产党和苏联的积极支持和帮助下创办的,是第一次国共合作的产物。作为中国现代历史上第一所培养革命干部的新型军事政治学校,其影响之深远,作用之巨大,名声之显赫,都是始料所不及的。

学校集中了当时革命军中大差不多所有有才能的人,蒋介石得到校长一职后，开始竭力在学校中培植自己的个人势力。

当时在军校里，有两种势力一直在激烈地斗争着。一种是国民党的右派份子，一种是共产党人。当这两派矛盾激化时，蒋介石出面来调解。他巧妙地将两派各打15板，把他们两派的组织都解散，然后自己任会长成立黄埔同学会。他规定，一切会务均听命于会长，下级绝对服从上级。

这样一来，蒋介石通过学会，培养出自己大量的亲信。其中最著名的黄埔八大金刚——何应钦、顾祝同、钱大钧、蒋鼎文、陈诚、陈继承、刘峙、刘治中都是学会成员。

在教学方面，因蒋介石本人一生服膺明代王阳明和清末曾国藩，"程朱理学"、"三纲五常"为他基本思想和伦理观念。为此，蒋介石就在黄埔军校推行他这一套。1924年10月30日，他将《增补曾胡用兵语录》发给全校师生，每人一册。

在治军方面，蒋介石异常严厉，特别讲究等级观念，军纪、军规，千方百计地树立他个人威信，就像当年袁世凯小站练兵一样，企图由此建立一支效忠他个人的军队。

黄埔岛毗邻有个长洲要塞，蒋介石亲任要塞司令，在要塞炮台前竖起一面大旗，上面写着斗大的一个"蒋"字。从此时开始，蒋介石每天上、下班总是警卫森严，前有副官开道，后有卫兵殿后，身披拿破仑斗篷的蒋介石在官兵的簇拥下，一副志得意满、威风凛凛的样子，凡是遇见他的学生、官兵，都必须恭恭敬敬地向他敬礼，不然要受到追究处分不可。

就这样，这位在大革命初期有过贡献，却升职较慢的蒋介石官运亨通着一路走过来，到1925年3月，孙中山逝世。在蒋介石面前，军界只有他的顶头上司军事部长许崇智，党内只有汪精卫、胡汉民、廖仲恺比他资深历长。

孙中山逝世时，蒋介石正率黄埔学生与教导团官兵三千人"东征"，攻克五华、兴宁后，3月22日，蒋介石遥祭孙中山：

"敬遵总理遗嘱、继承总理之志、实行国民革命、至死不渝！"

誓言之后，蒋介石借了黄埔军校之力，"进步"更为神速。1925年7月，国民政府成立，当选为8名军事委员会委员之一，并兼任国民革命军第一军军长。8月，廖仲恺遇刺身亡。蒋介石与汪精卫结盟，驱逐胡汉民，撂倒许崇智，分掌了中央权力。

第二年1月，国民党二大召开，蒋介石又以"东征英雄"成为9名常务委员之一。不久，又任国民革命军总监，走上国民党权力枢纽。

为独裁统治而战

随着地位的上升，蒋介石的领袖欲也在潜滋暗长。他想做中国的领袖，为他的独裁统治而战。

蒋介石要兑现他的领袖欲望，当时面临的阻碍还很多，刚开始与他争雄的，主要来自国民党内部，最大的竞争对手就是汪精卫。

汪精卫跟蒋介石差不多，开始都是靠谋杀起家的"壮士"。1883年5月

4日他出生于一位汪姓客商家，1905年参与组建同盟会，1910年3月曾谋杀清摄政王载沣。汪精卫的运气比蒋介石差一点，谋杀事泄被捕，判处终身监禁，直到武昌起义后才获释出狱。

汪精卫出狱即去法国留学，回国后在孙中山领导下创办《建设》杂志。1921年，孙中山在广州就任非常大总统，汪精卫任广东省教育会长、广东政府顾问，次年又任总参议。1924年1月，他被选为中央执行委员兼宣传部长。

到1925年3月孙病危，汪精卫代为起草遗嘱。

孙中山病逝后，广东政府于1925年7月改组，汪精卫被举为国民政府常务委员会主席兼军事委员会主席。作为这样一个实权派人物，加之他自以为是的个性，汪精卫的领袖欲望自然不比蒋介石有丝毫逊色。关于这一点，蒋介石看得非常清楚，一刻也不忘了与汪精卫的争权夺利。

汪精卫在成为国民党领导人的初期，还是坚持孙中山的联俄容共政策，继续国共合作，准备进行北伐。可是，在汪精卫的骨子里，对共产党的政治主张还是相当敌视。1925年11月，国民党右翼在西山召开会议，决定了反对容共的政策。

与汪精卫一样，对于共产党的政治制度，蒋介石也是持反对、甚至仇视态度的。他考查苏联后曾对人说："苏联的政治制度，乃是专制和恐怖的组织……俄共政权如一旦臻于强固时，其帝俄沙皇时代的政治野心之复活并非不可能。则其对于我们中华民国和国民革命的后患，将不堪设想。"

他后来创办黄埔军校之所以与共产党合作，完全是因为有孙中山在，为形势所迫。蒋介石从苏联回来后，曾对孙中山讲过他对苏联政治制度的看法，孙中山批评他的这种看法说："未免顾虑过甚。"

看着共产党的势力在黄埔军校里一天天坐大，蒋介石一直都很焦虑，这时见汪精卫等国民党右派跳出来反对容共，因为共同的政治观点，他决定暂时放弃与汪精卫的权力争斗，支持汪精卫反对共产党。

1926年3月18日晚，蒋介石指使亲信去给中山舰舰长（代理海军局局长、中共党员）李之龙中传达命令：

海军局速派得力兵舰两艘开赴黄埔。

李之龙接令，随即通知中山、宝璧两舰于3月19日晨开往黄埔。当他在证实了根本没有什么命令困惑不已时，却受到擅自移动阴谋暴动的诬告。

紧接着，蒋介石进一步放出"共产党要暴动"、"共产派谋倒蒋、翻国民政府，建立工农政府"等谣言，在逮捕李之龙的同时大举逮捕共产党人。不但解除了中山舰武装，还派兵包围省港罢工委员会以及苏联顾问、共产党人的住宅以及全市共产党机关，扣押了军内国民党左派党代表和政治工作人员40多人。

除此之外，蒋介石派人严密监视共产党领导人邓演达、电令撤销并驱逐第一军内所有的党代表。结果，以周恩来为代表的全体共产党员被迫从第一军退出；蒋介石从此完全掌握了第一军的军权，使之成为自己的嫡系部队。

作为富人的代表，蒋介石对共产主义深恶痛绝，他并不满足于仅在军内排挤清除共产党，他还要从国民党的领导机构中排挤所有的共产党人，由自己来全面控制国民党的党权。基于这样的目的，蒋介石在1926年4月1日与谭延凯、朱培德、宋子文等一起，提出"整军肃党、准期北伐"的建议，并通过种种手段使这个《整理党务决议案》得以通过。

因为这个议案，原任国民党中央部长的共产党员全部离职，蒋介石当上中央组织部部长兼军人部部长。

其间，蒋介石自然也不乏与汪精卫的权力争夺。就在人们普遍看好汪精卫的情况下，国民党的领导权，一点一点地集中到了掌握军权的蒋介石手上。

不久，蒋介石就任国民党中央常务委员会主席和国民革命军总司令，一手控制了国民党的党、政、军大权。

此刻，为了尽快消除军阀割据的局面，1926年7月，北伐战争开始，蒋介石率总司令部赴前线指挥作战。

北伐一路顺胜，很快打垮了北洋军阀吴佩孚、孙传芳，光复了湘、鄂、赣、闽四省后，再向豫、皖、苏、浙进军。

北伐战争是为了消灭军阀统治，自始至终得到了共产党的大力支持。可是，对共产党消灭剥削等政治主张又恨又惧的蒋介石，并不因此感谢共产党，而是一有机会，就以消灭共产党而后快。

1927年2月21日，蒋介石在南昌总部演讲中对共产党人进行恐吓威胁。

之后，蒋介石先后指使部下枪杀了江西省总工会副委员长、赣州总工会委员长陈赞贤等人，并实施派兵强占左派领导的国民党市党部和市总工会、捣毁左派领导的国民党安徽省党部和安庆市党部，以及安徽省总工会和农民协会筹备处等暴力行动。

1927年3月26日，蒋介石到达上海，以建立上海的法律与秩序为名，迅速解除了上海工人武装。4月12日，蒋介石收买青红帮流氓打手，袭击闸北、南市、沪西、吴淞、浦东等14处工人纠察队，尔后又派国民革命军第二十六军以调解为名收缴了工人纠察队武装。蒋介石在上海屠杀共产党员和革命群众的同时，还在广东和东南各省展开清除共产党的活动。

就在蒋介石于上海解除工人武装后的第6天，1927年4月18日，他在南京成立了国民政府；6月，与冯玉祥在徐州开会，俩人签订了合作反共的协议。到1928年2月，在蒋介石主持的国民党二届四中全会上，已经全面改变了孙中山的革命政策。4月，蒋介石与冯玉祥、阎锡山、李宗仁组成四个集团军合力北进，战胜了奉系军阀张作霖，结束了北洋军阀的统治。

尽管如此，当时的中国，在国民党内还是派系林立。官吏们争权夺利，军阀们称雄割据，大家利字当先、各霸一方。

只不过，在所有的派系中，蒋介石集团实力已为最强。他占据着富庶的沪、宁、杭和江浙地区以及江西、安徽、福建等省，财力丰富，更有利于招兵买马。相比而言，据有山东、河南、陕西、甘肃的冯玉祥集团和势力范围在山西、察哈尔、绥远、河北和北平、天津的阎锡山集团，都比蒋介石差了许多。至于雄踞两广和两湖的桂系，还有刚被打败的东北军，以及四川的刘湘、刘文辉，云南的龙云等地方实力派，就更不能与蒋介石抗衡。

然而，这些人为了自己个人利益，都各怀鬼胎，为分配地盘和编遣军队展开激烈的争斗。汪精卫与陈公博这些改组派，还有胡汉民、孙科之类的再造派，连同邹鲁、谢持的西山会议派、丁惟汾的三民主义大同盟，等等等等，一个个都蠢蠢欲动，眼馋地瞪着国民党的首领的宝座，时刻寻找机会想要取蒋介石而代之，自己坐上去。

国情如是，蒋介石殚精竭力试图改变。他最终精心设计了三招。一招为"晓以大义"，以"裁军建设"为号召，企图借此来编遣冯玉祥、阎锡山、李宗仁的军队，只是立马就遭拒绝。

接下来，蒋介石再用"明升暗弃"为第二招。他对各实力派首领加官晋爵，统统调来中央，希望籍此夺去他们的兵权。结果，首领们虽应允官位，却都不亲来北京任职，皆派一副手来京顶替。

接连两招，均遭失败，蒋介石并不气馁，再出第三招。

1929年元旦，蒋介石召开了一个全国军队编遣会议，要求国民党中央执监委员、各集团军总司令、总指挥，一个都不能缺席。会前，蒋介石带领大家一起在中山先生遗像前庄严宣誓：

"敬以至诚，宣誓于总理灵前：委员等遵奉总理遗教，实行裁兵救国。对于本党之一切决议，竭诚奉行，不敢存丝毫偏私、假借、欺饰、中辍之弊，如有违犯，愿受本党最严厉之处罚。"

誓词焯焯，振慑人心，宣誓之后，蒋介石趁热打铁，很快让与会者通过《国军编遣委员会进行程序大纲》，会上随即成立"编遣委员会"，由蒋介石兼任委员长。

《国军编遣委员会进行程序大纲》规定：全国一切权力收归中央，正式取消国民革命军总司令部、各集团军司令部、海军司令部。各集团军无权自行调动与任免军官，驻扎原地，听候点编。

此举可谓出手凌厉，可惜只是一道醉风，一切都还只在纸上。与会者，尤其是那些集团军的司令官们一回领地，立刻幡然醒悟，立刻纷纷抵制编遣一事，准备着与蒋介石来一番最后的较量。

此时的蒋介石，招数已经使尽，再无耐心和平一统，把脸一抹，笑脸露出凶相。为独裁统治而战！他在心里喊着，高举军刀，命令他的那些黄埔同学会的将领们，带着训练有素的军队，扑向桂系、杀向冯系、打向阎系。

中国大地，空前规模的蒋桂战争、蒋冯战争、蒋阎战争由此此起彼伏。

这一连串的大战，无论是战争的规模和持续的时间，都大大超过北洋军阀时代的战争。仅在1929年3月至1930年11月不足两年的时间里，大小军阀混战十多次，其中全国性的就有5次。1930年4月至10月的中原大战，更是令人瞠目，蒋介石与阎、冯、桂三方，在东起山东，西迄襄樊，南至长沙，北到河北的数千里的战线上，双方各动用100多万军队。200多万军队相互展开生死厮杀，给人民的生命财产造成的损失，空前巨大。

由于得到江浙财团和英美的援助，加上利用手中中央政权的便利条件，蒋介石采取高官厚禄、分化瓦解等手段，最后终于把对手一个个击败。

在短短的5个月当中，冯玉祥的几十万部队几乎全部被歼，冯玉祥含泪退隐山西，再无颜见江东父老。而同样战败的阎锡山，则被迫取消陆、海、空军司令部，自己通电下野，然后也去山西做了缩头乌龟。李宗仁、白崇禧的桂系军队遭到重创后，只能退守广西，再无问鼎中原的实力。

大获全胜的蒋介石，由此在国民党中的党、政、军、财大权得到空前巩固，这以后，在中国境内，再没有一支军阀军队敢跳出来挑战蒋介石的领袖地位。

国共合作八年抗战

1931年2月28日夜晚，胡汉民应蒋介石的邀请前去赴宴，走进南京宾馆，却没见一个人，正疑虑时，两侧过来两位大汉，也不由分说，架起胡汉民就走。从后门出来后，这俩大汉把胡汉民送进小车，一左一右地拥着，一直把他送进南京郊外汤山的一间幽室里。

这是蒋介石接受了戴季陶建议对胡汉民采取的软禁行动。蒋介石之所以要如此，因为胡汉民阻挡他掌控党、政、军权。

胡汉民曾是中国同盟会书记部书记、《民报》编辑，孙中山最得力的助手之一。作为国民党的元老派代表，胡汉民身后还有广东财团及粤系军阀的支持。也正因为此，在1927年蒋介石"清党"以后成立的国民政府，胡汉民首任主席。

到 1930 年 11 月召开的国民党三届四中全会时,有了一个 1931 年 5 月 5 日举行国民会议的决议。蒋介石想通过这个会议,制定一部确立总统制的训政约法,名正言顺地掌控党、政、军权。

当上了国民政府主席的胡汉民,对此根本不予以配合,只是竭力地把党权抓在自己手中,想用"以党治国"的策略,来架空蒋介石。恼怒不已的蒋介石,派吴稚晖去劝胡汉民"休养",却被胡汉民破口大骂,斥之为无耻之徒。

本想一手遮天的蒋介石听到汇报后,骂过几句,让手下派人去软禁了胡汉民。笔杆子玩不过枪杆子,这是中国历朝历代的普遍现象。胡汉民被软禁了 3 天后,心有不甘地提出辞呈。

阻力排除后,5 月 5 日的国民会议如期举行,顺利通过《中华民国训政时期约法》。

这部约法规定:"选举、罢免、创制、复决四种政权之行使,由国民政府训导之";"行政、立法、司法、考试、监察这五种治权,由国民政府行使之"。不仅如此,五院院长及各部部长的人选,也只能让国民政府主席提请,然后由国民政府任免。

这样一来,五院分立制变成五权由国民政府主席蒋介石一人操纵制,他由此成了不是总统的实权派总统。

接下来,蒋介石再凭借手中的权力,特别是军权,一一击败了汪精卫、胡汉民、孙科等派系的对抗,使自己的独裁统治得到一定巩固。

然而,这时的中国,共产党的力量正在蒋介石的排挤、镇压中迅速成长。这在蒋介石看来,对他的独裁统治造成了极大的威胁。

1930 年 12 月至 1931 年 9 月,蒋介石调集大量军队,对江西、湘鄂西、鄂豫皖及其他革命根据地的工农红军连续发动了三次军事"围剿"。

第一次"围剿"是在 1930 年的岁尾,蒋介石调集约十万大军,以国民党第九路军总指挥鲁涤平为总司令官,第 18 师师长张辉瓒为前线总指挥,向共产党中央革命根据地发动进攻,结果却以"前头捉了张辉瓒"而告结束。

几个月后,蒋介石改派军政部长何应钦兼任南昌行营主任,率 20 万人的大军再次逼向中央苏区。在东西 800 里的弧形战线上,何应钦指挥着国民党的军队"稳扎稳打、步步为营",分兵四路向根据地推进。结果,被毛泽东、朱德以"红军从国民党主力之间的空隙中隐蔽西进,突然以两翼包抄的方式攻击敌人的后背"的战术所击败。

一个多月后,蒋介石亲任总司令,再率 30 万大军,进行第三次"围剿"。最后,却还是为毛泽东和朱德"避敌主力,打其虚弱"的打法所败。

接连三次反"围剿"胜利后,红军趁势转入进攻,在石城、长汀、雩都、会昌四县开展群众工作,使红军和根据地都得到了很大的发展,赣南、闽西两块根据地连成一片,成为一个完整的中央根据地,范围已达 21 个县境,面积有 5 万平方公里,人口差不多 250 万。

对此,蒋介石又惊又惧,决定全力剿灭红军。而就在这时候,第三次围剿结束的第 3 天,1931 年 9 月 18 日夜,日军以其制造的"柳条湖事件"为借口,大举进攻沈阳。蒋介石出于对共产党、红军的忌恨,置日本的侵略不顾,集中力量继续对解放区进行围剿。为此,他命令东北军,"绝对不抵抗",撤至山海关内。

日本侵略军乘虚而入,9 月 19 日占领沈阳,接着分兵侵占了吉林、黑龙江。到 1932 年 1 月,东北三省全部沦陷。东北 3000 多万同胞,惨遭涂炭,陷于水深火热之中。因为要先消灭共产党,蒋介石决定放后一步解决日本的侵略。

1932 年 12 月,蒋介石调集 40 万大军,开始第四次"围剿"。初时,因毛泽东被夺走了红军指挥权,蒋介石取得一些胜利;关键时刻,由于周恩来、朱德、任弼时的果断指挥,到 1933 年初粉碎了围剿,最后以蒋介石第 52 师师长李明、第 59 师师长陈时骥被俘而告结束。

四次对共产党根据地的围剿均遭惨败,蒋介石诚惶诚恐,咬牙切齿地致电陈诚:

"……此乃本军未有之惨事!"

伴随着蒋介石第四次反围剿的失败,是日军的大举侵华。这时候,蒋介石还是置民族危亡于不顾,仍然坚持着推行"攘外必先安内"的方针,执意要先消灭共产党及其领导的红军。

1933 年 5 月,就在日寇侵华的枪炮声中,蒋介石先后调集了 100 万兵力,在南昌设立全权处理赣、粤、闽、湘、鄂五省军政事宜的军事委员会委员长南昌行营,亲自组织和指挥对各苏区进行更大规模的第五次"围剿"。

战争历时一年之久,由于当时的中共中央实行错误的军事战略和作战原则,致使红军在作战从始至终都处于被动,主力部队遭到严重削弱,中央苏区也大部丧失,结果中共中央被迫率领红军进行长征。

对长征中的红军,蒋介石一路围追堵截,誓欲赶尽杀绝而后快。当红军战略转移到陕北后,蒋介石命令张学良围剿红军,务必将红军全部歼灭。张学良是蒋介石的把兄弟,作为东北军的统帅,东三省的丢失已经让他无颜再见东北父老,在日寇正疯狂侵华的时刻中国人还一直自相残杀,这使他和他的部下都感到痛心,便都不愿继续打内战。

张学良在对蒋介石数次商量劝说未果的情况下,于1936年12月12日,在蒋介石来西安督促他剿共时断然出手,扣押了蒋介石,然后逼迫蒋介石放弃反共政策,与共产党合作抗日。

迫于方方面面的压力,被软禁的蒋介石最终答应了张学良提出的条件,使西安事变得到和平解决。西安事变就这样从根本上改变了中国时局,开始了国共合作的新时期。从此以后,国民党军队主要在主战场,共产党军队主要在敌后,两党的军队相互配合,有力地打击了日本侵略者。

1937年7月7日,日本发动卢沟桥事变,这是日本帝国主义为实现它鲸吞中国的野心而蓄意制造出来的,是它全面侵华的开始,也是中国全面性抗战的开始。

日本一手导演了卢沟桥事变并且侵占平津后,1937年8月13日,又对上海发动大规模进攻,蒋介石指挥中国军队奋起抗击。这场战役是中国抗日战争中第一场重要战役,也是抗日战争中规模最大、战斗最惨烈的战役,后人称为淞沪会战。

这场会战历时有3个月,日军投入30余万人,死伤7万余人;中国军队投入60余万人,伤亡达15余万人。尽管上海最后还是沦陷了,却彻底粉碎了日本"三个月灭亡中国"的狂妄计划。

日本占领上海后,往西进攻南京。蒋介石任命唐生智为南京卫戍司令长官,指挥15万国军抵抗日军。由于指挥上出现重大错误,至使抵抗瓦解。12月13日,南京沦陷,近五万日军入城,对三十多万战俘和平民,开始了连续八个多月震惊世界的南京大屠杀。

随后,日本大本营为打通津浦铁路,使南北战场连成一片,先后调集8个师、5个旅约30万人,实行南北对进,实行首攻华东战略要地徐州,然后西取郑州,南夺武汉的战略计划。

对此,蒋介石针锋相对地进行了阻击,命第五战区司令长官李宗仁指挥,先后调集70个师约100万人,以主力集中于徐州以北地区,抗击北线日军南犯;又将另一部分兵力部署于津浦铁路南段,阻止南线日军北进,以确保徐州。这是一次以徐州为中心大规模的防御战役,从1938年1月至5月,历时5个月,打得非常惨烈。这次徐州会战,钳制和消耗了日军有生力量,迟滞了日军进攻速度,为部署武汉会战赢得了时间。

当时的日本大本营一致认为:"只要攻占汉口、广州,就能支配中国"。基于这样一个认识,日本御前会议决定发动武汉会战,迅速攻占武汉,以迫使中国政府屈服。为达此目的,日本大本营规定"集中国家力量,以在本年内达到战争目的……结束对中国的战争!"

为此,蒋介石领导和组织了武汉会战——一场抗日战争中超过一百万名国民革命军的大规模战役。这场战役,历时4个半月,是整个抗日战争中时间最长、规模最庞大和最出名的战役,最后以中国军队主动撤出武汉而宣告结束。

就战役而言,日军占领了武汉三镇,并控制了中国的腹心地区,取得了胜利。但就战略而言,占领了武汉的日本并未能实现其战略企图。

蒋介石在武汉失守后声明说:"一时之进退变化,绝不能动摇我国抗战之决心……任何城市之得失,绝不能影响于抗战之全局",他表示:将"更哀戚、更坚忍、更踏实、更刻苦、更猛勇奋进",戮力于全面、持久的抗战。

因为蒋介石的决心,中国政府既未因武汉、广州的失守而屈服,日本的侵华战争也未因日军占领武汉、广州而结束。

共产党人,则在日军已经占领的后方大展拳脚,发动人民战争,武装抗日,收复了大片的国土。因此:武汉会战不仅使日军遭到了一次战略性的失败,而且成为日本由战略进攻走向战略保守的转折点。武汉保卫战结束后,抗日战争由战略防御阶段转入战略相持阶段。

通过这一系列会战,全国军民奋勇杀敌,到1938年10月,已经使日军伤亡45万余人,彻底粉碎了日本帝国主义妄图速战速决、迅速灭亡中国的战略计划。在抗日的八年中,蒋介石在政治民主化方面作出一些许诺,释放政治犯,修改反动条例,召开国民参政会等,全国一时出现新气象。但是,由于蒋介石实行片面抗战路线和单纯军事防御的战略战术,又幻想并等待国际"调停"制止日本侵略,因而不能抵御占有很大优势的日本侵略军,华北、东南和华中大片国土相继沦陷。

尽管如此,蒋介石还是一直表示着继续抗战的决心。而汪精卫等人则对抗战的前途完全失望,投降了日本。1939年1月,蒋介石继汪精卫当选国民参政会议长。在2月在国防最高委员会成立时,蒋介石再任委员长,并规定:"委员长对于党政军一切事务得不依平时程序命令便宜之措施。"为他的独裁,取得了法律的允许。

这时候,蒋介石虽然实行溶共、防共、限共、反共的方针,但对中国共产党和人民武装力量在抗战中迅速发展壮大却忧心忡忡,一直不间断制造反共摩擦,以遏制中国共产党和人民武装力量的发展。

在整个的抗日战争中,蒋介石先后三次掀起反共高潮。特别是1941年的皖南事变,国共合作统一战线差不多破裂。只因共产党以大局为重而一再克制,国共合作才得以维系下来。

1941年12月,太平洋战争爆发,蒋介石积极开展外交活动,与美、英同盟,任中国战区最高统帅,得到了美国的物资和财政援助。他派中国远征军去缅甸,与英美联军联合作战,打通了中印公路。美、英为了联合中国共同抗击日本,许诺废除不平等条约所规定的在华特权,签订了中美、中英"新约"。

1943年11月,蒋介石出席开罗会议,与美国总统罗斯福、英国首相丘吉尔会谈对日联合作战方略及战后和平条件。1945年6月派宋子文等去苏联会谈,8月两国外长签署了《中苏友好同盟条约》及有关协定。

在中国人民英勇抵抗下,加上国际形势的好转,1945年8月15日,曾经不可一世的日本强盗只能宣布无条件投降。在全中国人民敲锣打鼓的喜庆声中,蒋介石也长长地舒了口气。

发动内战败退台湾

苦难的中国人民,好不容易盼来了抗日战争的胜利,他们迫切需要一种安宁和平的生活。可是,抗日战争胜利后的中国却已经有了两个强大的政治、军事势力。一个是代表劳苦大众利益的中国共产党及其军队,其代表人物是毛泽东;一个是代表大地主大资产阶级利益的国民党及其军队,其代表人物是蒋介石。

就赶走了日本强盗后究竟要建设一个怎样国家的问题,双方大相径庭、水火不容。国民党蒋介石要建立一个代表大地主大资产阶级独裁统治党国一体的国家，共产党毛泽东要建立一个人民民主专政的各民主党派组成的联合政府的国家。

不可调合的分歧，注定只能用武力来解决。

民意不可欺，蒋介石知道这一点。为欺骗全国舆论，在抗战胜利后，蒋介石在美国的支持下，一面派出军队抢占胜利果实，收缴大量军用物资、收编大量投降伪军，一面邀请中国共产党毛泽东来重庆会谈。为表诚意，蒋介石接着电邀毛泽东三次。

然而，谁都看得出来，蒋介石的邀请和会谈绝对都是没有诚意的。国共双方虽然签订了《会谈纪要》（《双十协定》），但当这份"协定"上的签字墨迹还没有干时，蒋介石早命令他的八十万大军向解放区发起猛烈的攻击。就是在谈判期间，蒋介石也曾指使阎锡山发动了上党和邯郸战役，结果被粉碎，这才有了《双十协定》。

一份"协定"对蒋介石独裁的野心当然起不了任何一点作用，对于1946年1月政治协商会议达成的各项决议，他视若废纸，拒不履行，非常顽固地坚持"军令政令统一"的独裁专政。

或许是抗战的胜利增加了他的自信，在"内战"开始时，蒋介石曾狂妄地有些像当初日本人那样高声喊："三至六个月内，消灭共产党和他的武装！"

1946年6月，蒋介石笑眯眯地对部下说："一切准备就绪，可以开始进攻！"

全面内战就此开始。蒋介石首先派出30万大军，对中国原解放区发动全面进攻。在进攻的过程中，1946年11月，蒋介石在南京召开"国民大会"，制订了一部"宪法"，宣称要"实施宪政……还政于民……改组政府"。这些都只是嘴上说说，实际上仍是以他为首的国民党统治集团独裁专政。

面对蒋介石的全面进攻，中国共产党制定的是以自卫战争粉碎国民党进攻的战略，在各战场上给蒋介石军队以痛击。

在屡遭失败后，到 1947 年 2 月，经过 8 个月的作战，蒋介石的军队被歼已达 71 万余人，丧失了全面进攻的能力。

因此，从 1947 年 2 月起，蒋介石被迫修改了全面进攻战略，从而转为重点进攻，把军队主要集中在陕甘宁和山东解放区。

"在陕甘宁，主要是打击中共中央的首脑机关；在山东，主要是打击华东野战军。只有这样，才是重点打击。"

蒋介石对将军们阐述了他对重点进攻的看法。然后肃然地命令胡宗南，率 20 余万大军，进攻延安。

敌人来势汹汹，大有踏平延安之势。毛泽东微笑着，率领中共中央和解放军总部，一边转战陕甘宁边区与蒋军周旋，一边指挥全国的解放战争。

3 月 19 日，胡宗南的 20 余万大军进入延安，在蒋介石为他庆功时，毛泽东也在为自己把敌人的 20 余万大军牵制在陕北战场而高兴。随着人民解放军的节节胜利，蒋介石对陕甘宁边区的重点进攻也被粉碎。

1947 年 4 月，蒋介石命令顾祝同，指挥 45 万军队，向山东解放区发动猛攻。

结果，到 5 月 16 日，蒋介石的王牌七十四师，在孟良崮战役中被华东野战军歼灭。蒋介石大为震惊，思之再三，7 月 11 日被迫放弃对山东解放区的重点进攻。

从 1947 年 3 月到 6 月，蒋介石共损失 40 余万军队，这使他的正规军由 430 余万人下降到 373 万人，正规野战军从 200 万人下降到 150 万人，机动兵力下降到 40 个旅。这样的损失之后，他的国民党军队不再具备组织大规模进攻作战的能力。

在这样的情况下，蒋介石被迫由战略进攻转为战略防御；最后蒋介石又被迫下令收缩防线，实行重点防御。而此刻的毛泽东，已经在做最积极的大反攻准备。

1947 年 6 月 30 日，刘伯承、邓小平遵照毛泽东的指示，率晋冀鲁豫野战军主力强渡黄河，挺进大别山。蒋介石了解情况后，立马判定刘邓大军南下是流窜逃命，下令追击堵塞，结果没有成功。8 月，陈赓、谢富治的太岳兵团,在豫陕地区战略展开。9月,陈毅、粟裕大军直扑豫皖苏平原,也完成战略展开。

这三路大军,在中原大地上呈"品"字形拉开。一时间,把一直都在解放区打来打去的内战第一次引向国统区。

与此同时,彭德怀率部在陕北、许世友率部在山东,同时向敌人发动猛攻,由此形成三军配合、两冀牵制的战略格局。蒋介石集团,顿时陷入了被动挨打的境地。为形势所迫,蒋介石只能进行分区防御。这样支持没多久,蒋介石的重点防御也被打破。

在军事斗争不那么顺利的情况下,蒋介石拾起政治游戏来玩了玩。1948年春,他搞了一次"行宪国大"的选举,结果一切顺利,当了好些年委员长的他,被"选"成了"总统",同时攫取了不受"宪法"限制的"紧急处置的权力"。尽管这样的权力蒋介石早已拥有并一直在行使,这样一来还是可以使他的独裁统治披上合法的外衣。

有了这件外衣,对于反内战、反饥饿、反迫害运动的爱国学生和工农群众,蒋介石堂而皇之地下令整饬,并派出特务宪警,进行凶残地镇压。

1948年8月,蒋介石颁布了《财政经济紧急处分令》,一方面发行金圆券代替法币,另方面限期收兑金银外币;同时强令限制物价,企图摆脱通货恶性膨胀、物价飞涨的困境。

结果,适得其反,加速了他财政经济的全面崩溃。一时间,民怨沸腾,社会骚乱,整个局势动荡不安。蒋介石的经济、军事、政治的处境,日益艰难危困。

1948年9月,毛泽东指挥人民解放军攻击敌人设防坚固的重镇济南,由此揭开了对蒋介石战略决战的序幕。济南城的失防,动摇了国民党蒋介石坚守大城市的信心,同时也摧毁了国统区各阶层对蒋介石政权统治的最后一点信心。就在济南被解放军攻破的当天,蒋介石宣布经济管制失败,从而陷入政治、经济、军事的全面崩溃。

1948年9月至1949年1月,中国人民解放军同国民党军队进行战略决,实施了彻底打败蒋介石的辽沈、淮海、平津三个战略性战役。

第一个辽沈战役，是从9月12日发起，东北野战军先后分路奔袭北宁路，到10月1日切断了北宁路后，一部分主力进抵锦州城下。华北国民党军组成的"东进兵团"，从10月10日开始，自锦西向通往锦州的要隘塔山发起猛攻。东北野战军预先设置在塔山的两个纵队顽强阻击，鏖战6昼夜，打垮国民党军的数十次冲击，成功地阻止了它的东进。国民党另一支"西进兵团"出动后，也遭到解放军3个纵队的阻击，兵至彰武、新立屯一带滞留。

在成功地阻击了出击的敌人之后，从10月9日开始，东北野战军发起对锦州的攻击。经过激战，15日攻克锦州，蒋介石的守军10万余人被全歼。随后，被长期围困在长春的国民党第六十军于10月17日起义，新编第七军也放下武器投诚。21日，长春宣告和平解放。

接下来的两天，10月26日至28日，东北野战军主力在新立屯、黑山地区又全歼廖耀湘兵团10万人。11月2日，东北野战军直下沈阳、营口，至此，人民解放军以伤亡6.9万人的代价歼灭国民党精锐部队47.2万余人，辽沈战役胜利结束。

第二个淮海战役，是在以徐州为中心，东起海州、西至商丘、北起临城（今薛城）、南达淮河的广大地区进行的，整个战役分三个阶段。

从11月6日到22日为战役第一阶段，其间华东野战军在碾庄地区歼灭黄百韬兵团10万人，中原野战军也完成对徐州的战略包围。

11月23日到12月15日为战役第二阶段，其间中原野战军及华东野战军一部，在宿县西南的双堆集地区包围并歼灭黄维兵团11万人；华东野战军主力在杜聿明指挥的徐州国民党军3个兵团25万人向西突围时，将这股敌人合围于永城东北的陈官庄地区，并歼灭其中的孙元良兵团约4万人。

12月15日到1949年1月10日为战役第三阶段，华东野战军发起对杜聿明部的总攻，全歼邱清泉、李弥两个兵团10个军约20万人。

在整个淮海战役中，人民解放军经过66天紧张艰苦的战斗，以伤亡11万余人的代价，歼灭国民党军55.5万人，使长江以北的华东、中原地区基本上获得解放。

最后一个平津战役在11月29日发起，从12月22日起，人民解放军按照中共中央军委先打两头、后取中间的原则,首先攻克西线的新保安、张家口,于 1949 年 1 月 15 日在东线全歼天津国民党守军 13 万余人,解放天津。经过耐心的工作,1 月 31 日,傅作义率部接受改编,和平解放北平,平津战役胜利结束。

平津战役历时 64 天,人民解放军以 3.9 万人的伤亡为代价,歼灭和改编国民党军队 52 万余人,使华北地区除太原、大同、新乡等少数据点及绥远西部一隅之地外,全部获得解放。

这一气呵成的辽沈、淮海、平津三大战役,历时共 142 天,其间争取起义、投诚、接受和平改编与歼灭国民党正规军 144 个师,非正规军 29 个师,合计共 154 万余人。至此,蒋介石国民党赖以维持统治的主要军事力量基本上被消灭,蒋介石政权的灭亡也指日可待。

1949 年 1 月,蒋介石发表元旦声明,建议和平谈判,却又提出了保存"宪法"、"法统"和军队等条件。中国共产党当然不予同意,对其还想维系统治的目的进行了批驳。

1 月 21 日,蒋介石被迫宣告"引退",由李宗仁代任总统,自己回到奉化,遥控操纵党政军大权。4 月 20 日,蒋介石拒绝在《国内和平协定》上签字,人民解放军开始渡江,向全国进军。4 月 23 日,人民解放军占领南京。

1949 年 10 月 1 日,中华人民共和国宣告成立,蒋介石在中国大陆的独裁统治至此终结,退守台湾,开始了台湾孤岛的生存的历程。

可以说是颇有军事天赋的蒋介石,在其一生的戎马生涯中,曾经是那样地一扫群雄、独领风骚,可当他在与比自己的人数、装备都要差很多的人民解放军作战时,却显得那么的无能、无奈和力不从心,从强到弱再到差不多打光血本,一败再败直到一败涂地,狼狈逃命。

这其间,原因很多。主要两条,一是立国方针得不到中国大多数人的拥护,二是腐败所至。关于后一点,蒋介石自己也感受颇深,早在 1936 年 9 月,他就说过:

"如果我们不清除当前机构的腐败、受贿、敷衍塞责和无知,而代之以建立廉洁、有效的行政,有朝一日革命会很快起来反对我们,像我们过去反对满清一样。"

蒋介石知道腐败对他的政权将会产生致命的危害，可他却不知道：他的独裁统治是最大的腐败，因为他用独裁带了腐败的头，他整个的国家机器中，各种各样的腐败便不可避免地不断潜滋暗长，只要独裁还在，就怎么也无法清除，而且越来越腐败的利害，直至他的末日。

能有个台湾苟延残喘，算是蒋介石的运气。

坚持一个中国

1949年12月7日，对蒋介石来说是个铭心刻骨的日子。就是在这一天，他无可奈何地将他的"政府"迁到了台北。这时候，他的430万大军，仅剩下60万人；追随他多年的党国要员，其中不乏他非常信任和倚重的，此刻也逃得无影无踪。

前任行政院长孙科逃往香港，临行前不忘带齐了妻子儿女，就是忘了告诉他这个党国主席。同样也做过行政院长的翁文灏，借了赴欧洲考察的机会，去了法国后就再也不肯归来。蒋介石的连襟孔祥熙，干脆连招呼也不打一个就去了美国。就连他的大舅子宋子文，去了美国也同样再无音讯。

一个人到了众叛亲离的境地，虽然可能会有许多原因，但无论怎么说，其中最根本的原因还是因为他自己。此时的蒋介石，已经开始意识到这一点。不过，此刻的他，已经没有更多的精力来考虑这件事情，因为在他面前，危险还在逼进。怎么样才能活下去，成了他迫切需要考虑的事情。

他现在虽然只有60万军队，可这并不是个小数目。当初红军长征被他一番围追堵截后，剩下的也就不到一万人。可那时的红军，是有人民拥护的星星之火；而现在的自己，却成了人民所唾弃的败军。

遭到人民唾弃是执政者的大忌，没顶之灾似乎随时都可能降临；而一支败军，常常会是没有一点勇气，这又是军队的大忌，没有勇气的军队常常只能走进俘虏营里。

更可怕的是，人民解放军在扫清大陆的国民党军队之后，正往福建沿海一带集结。一支支胜利之师，斗志昂扬，面对海峡，跃跃欲试，只要一声令下，就会横渡这台湾海峡，将他蒋介石及其军队全部歼灭干净。

从来是雄心勃勃的蒋介石，在一败再败，最后只能败退到台湾的这一过程中，心里一直痛得在滴血。"转败为胜，我一定要转败为胜！"他忍着痛在心里喊着，从南京、广州、重庆、成都一直喊到台湾、喊到台北的办公室里。这时，他换了另一种喊法："反攻大陆、光复国土！"

待他终于冷静下来时，由不得打了个寒颤。海峡对岸，一个崭新的中国，有六亿人口，三百多万军队在枕戈待旦……如何躲过眼前的灭顶之灾，成了蒋介石最为焦虑的难题。

"是的，当前最主要的任务，就是如何防止台湾陷落。"蒋介石对他的部下说："我们的兵力再不能分散，要集中起来。"

于是，蒋介石下令撤退海南和舟山等岛屿的兵力，集中起来保卫台湾。在这之前，他的60万败军分散在台湾、海南、金门、大陈、舟山诸海岛防守着。

军队都撤到了台湾，蒋介石仍然不可能放心，因为他自己的心里最清楚：目前这60万军队，来自不同派系，相互之间并不那么团结，有的还互相扯皮闹矛盾；军队内部，因战斗缺编的情况严重，军官们就趁机大吃"空额"。

面对这种状况，蒋介石决定整编军队。他命令他的儿子蒋经国与陈诚，共同来做好这件事情。

对于蒋介石来说，还有个致使的问题是士气不振。刚吃了那么多败仗不说，如今这么多的军官都龟缩到台湾这么个小岛上，哪来的发展空间？

为振奋士气，蒋介石非常认真地制定了"反攻大陆计划"，他的这个计划要分四步完成：首先是要集中一切兵力，其次是要巩固台湾及其卫星岛屿，第三是反攻大陆、拯救同胞，第四是复兴中华国民、建设三民主义独立，自由的新中国。

计划似乎非常完美，可是面对台湾海峡另一面大陆强大的军队，蒋介石自己心里也没有一点自信。他从情报中已经知道：毛泽东正在调兵遣将，计划在1950年将台湾拿下来。更令他沮丧的是，在这个关键时刻，一直支持他的美国，因为他被解放军打败，也改变了对他的政策，由原来的"扶蒋"改成了"弃蒋"。

没有了来自于美国的支持，孤岛上的蒋介石更加焦虑，整日里诚惶诚恐，担心就此葬身进攻台湾的枪炮声中。

中国人民解放军发起对台湾的进攻之日，必定就是蒋介石灭亡之时。这是当时许多人，包括蒋介石的军队，甚至他身边的一些高官，大家都这么想。从来不肯认输的蒋介石，此刻只能不断地祈求上帝保佑，出现一个奇迹，让他转危为安。

世事就是这么难以预料，没想到奇迹还真就出现了。

1950年6月25日，朝鲜半岛响起了枪声，南北朝鲜内战开始。战争开打到第三天，6月27日，美国总统杜鲁门发表了美国将武装干涉朝鲜的声明。同时，他还向台湾承诺：

"鉴于共产党军队之占领台湾，将直接威胁到太平洋区域的安全，并威胁到该区域的履行合法而必要活动的美国部队，因之，本人已命令美国第七舰队防止对台湾的任何攻击。"

一直处于焦虑和担忧的蒋介石听到了杜鲁门的承诺，大大地松了口气。美国再度"扶蒋"，蒋介石底气大增，开始考虑国民党的改造工作。

"国民党在大陆失败的主要原因是党的失败，要防止历史重演，就必须对国民党动大手术，来一番彻底的改造与重建。国民党退到台湾后，如今不仅组织涣散依旧，而且派系犹存，这次一定要借改造之机，消除异己。我得找一些替罪羊，来承担这次失败的责任，主管党务的一直是陈果夫和陈立夫，这回只能委屈他俩兄弟了。"

蒋介石这么想着，脸上竟露出笑来。

"中国人历来善于把坏事变成好事。这回虽说是失败了，可还留得青山在，反攻大陆是有希望的。更主要的是通过这次失败，可以清除党内的败类，改造好我们的党。"

其实，决定改造国民党，早在国民党与三青团合并时，蒋介石就有了这

个想法。当时他就认为：国民党派系林立，组织混乱，必须改革党务，才可以集中力量对付共产党。一晃十多年过去，现在蒋介石总算有精力和时间来做这件事了。

1950年8月5日，蒋介石正式成立了国民党中央改造委员会。在新的改造机构中，陈果夫和陈立夫兄弟被逐出决策圈，仅有一年党龄的蒋经国，成了圈内人物。蒋介石提出了具体的改造国民党的方针与纲领，强调要：

"排除派系观念"，"打倒地域关系"，"整肃党的纪律"；"铲除官僚"，"改变党的作风"，"革新党的组织"；"坚持反共抗俄战争，恢复我中华民国领土主权的完整"，"建设新国家"。

蒋介石把这次改造国民党的运动分为三个阶段，直到1952年10月才最后结束。

蒋介石在整顿了国民党各级组织机构时，给新党员规定4条标准："愿为反共抗俄而坚决奋斗者"；"有刻苦耐劳之生活习惯者"；"能深入社会为民众服务者"；"工作努力能起模范作用者"。

这一次运动，蒋介石的最初想法基本得到实现。通过整党，国民党各级组织完成了重建与上层权力的重新分配,他成功地将反对派统统挤出决策圈,使台湾各统治阶层,真正成为清一色的蒋家人,为蒋经国升迁铺平了道路,对稳定蒋家王朝的政局起到了一定的作用。

在整党的同时,蒋介石还对台湾的金融进行整顿,他依靠从大陆运到台湾的 80 万两黄金作为币制改革基金,命令陈诚进行了币制改革,使台湾的通货膨胀得到缓解。

随着币制改革的结束,蒋介石还在台湾岛上推行土地改革运动。

他开始以三七五减租的方法,在一定程度上减轻了佃农的地租负担,缓和了租佃矛盾,但也照顾了地主利益。然后又进行公地放领,使许多无地农民获得了土地,生产积极性大为提高。最后再落实耕者有其田的措施,使台湾绝大多数农民都有偿地得到了土地并成了自耕农,进一步刺激了农民的生产积极性。

蒋介石一方面因退台后的生计所迫,另一方面也是吸取在大陆失败的教训,他搞的土地改革,还存在很多问题。譬如说"耕者有其田"的政策,与当年孙中山的主张就有明显的差异,不仅对地主利益照顾太多,带有浓厚的温和主义色彩,其所谓的"平均地权",也仅在一定程度上分散了地权,远没有做到平均地权。

尽管如此,蒋介石的土地改革还是有不少积极的作用。主要是通过这一改革,基本消灭了台湾的封建主义势力,使农村生产迅速恢复战前水平,广大的台湾人民,从中得到了实惠。同时,蒋介石在农村建立了新的经济、政治机构,为台湾后来的经济进一步发展奠定了基础。

当然,就蒋介石个人来说,他之所以倾其全力建设台湾,全部的目的就是想"反共复国"。

历史自有历史的规律,九九归一,到了最后,一定就是得道者多助,失道者寡助。蒋介石退守台湾后的种种政治经济建设措施,固然为蒋家王朝在台湾的统治和台湾经济的发展起了很大的作用,但他所谓的"反共复国"基础,却始终没有建立起来,而且也根本不可能建立起来。

蒋介石 1949 年 1 月自己下野,把总统职位交给李宗仁代行。1950 年 3

月,他在台湾再复任"总统",此后连任四届,而且一直当选国民党总裁,直到 1975 年 4 月 5 日,蒋介石在他那鸟语花香、景色宜人的官邸去世,他一直都在以"三民主义建设台湾"、"反共复国"相号召,来维系他在台湾的统治。

到了台湾以后,面对日益强大的新中国,蒋介石更加地位依赖于美国,与美国签订《共同防御条约》把他蒋家王朝的生命安全,差不多全寄托在美国人身上。

尽管如此,蒋介石还是始终如一坚持一个中国的原则,一直义正辞严地,反对"台湾独立"、反对"国际托管"、反对"两个中国"。蒋介石在坚持一个中国的民族立场的同时,在关键时刻,还能够维护中国人的利益。

初到台湾时,台湾人心浮动,美国让台湾独立,他说:"谁要台独,我要谁脑袋!"

1974 年 1 月 18 日,越南政府不顾中国一再警告,派兵侵占中国西沙永乐群岛,并很快与守岛民兵发生武装冲突。

中国南沙海军火速支援,奈何越南舰队吨位和火力都占绝对优势,中国海军拼死奋战,还是无法取胜。眼见落下败风,中央调东海舰队前往支援。可赶往永乐群岛得通过蒋介石海军封锁的台湾海峡,如何安全通过,中国海军很是伤脑筋。

蒋介石很快知道这个情况,当海军将领向他请示如何对待想要过去的东海舰队时,蒋介石连想也没想反问道:"你不知道西沙吃紧吗?"

毕竟都是炎黄子孙,蒋介石始终还是没有忘祖,这一点还是应该称道的。反问过后他又指示:"你们要一路护航,保证舰队安然通过;还要准备补给船,给前线送给养。"

蒋介石 1975 年 4 月 5 日在台北病逝后,台湾当局将他一生极多的言论、文电,从报刊和内部档案中整理出来,编辑出版了蒋介石的"全集"、"思想言论总集"等书。

历史评说

在中国近代史上，蒋介石有着举足轻重的地位。30多年来，台湾政学两界的达官和学者们，对他先是"神化"，后来又是"丑化"。因为对他的评价，甚至掀起过一些政潮。大陆呢，对他的评价则是从开始的"漫画"走到现在的"写实"。

人无完人，也无绝对的坏人。客观地说，蒋介石坚忍不拔，在孙中山逝世后领导国民党战胜专制势力反扑，统一中国，捍卫了共和国统，重建了中华民国，这应该是他的功劳。

在八年的抗战中，蒋介石领导了抗日战争的主导力量民国国军与日寇浴血奋战，最终赢得了抗日战争胜利，这也是他的功劳。

蒋介石一生致力维护中华民国法统，特别是败退台湾后，不论开始的危机期或是后来的安定期，他都能坚决地反对台独和国际托管台湾，重视中华民国利益及台湾同胞意愿，坚持一个中国，应该说还是爱中国的。

然而，蒋介石对"总理（孙中山）遗志"的背叛，为巩固政权展开的恐怖统治，依赖军队和特务进行高压统治，造成许多无辜民众受害、对付异议者也过于残酷，对革命群众和共产党人更是血腥屠杀，这些无疑是对国家和人民的犯罪。

在抗日战争中，蒋介石采取一种"先安内后攘外"的政策，"积极反共、忽略抗日、枉顾民族利益"，是他一生中最大的败笔之一。

第二次世界大战结束后，蒋介石错误判断当时形势，秘密出卖外蒙给苏联，企图以此换取苏联不插手中国内战。这一方面说明他没有足够的政治智慧所致，另一方面也造成了中国丢失了内蒙。假如，蒋介石懂得政治妥协，完全可能避免当时中国的内战，既不用牺牲那么多中国人的性命，又可以保住内蒙。

在台湾，蒋介石放手让国民党制造对他的个人崇拜，使得中正路和介寿路等名称，成为台湾最常见的路名；蒋介石铜像，也大量出现在车站、各级学校及各公共机关。

第八章
"末代总统"李宗仁

　　他是个很有民族气节的军人。当日本人猖狂侵放下个人恩怨,一致对外,坚持抗战到底。特别是作为台儿庄痛击日军的指挥者,李宗仁为中国抗日战争写下光辉一页。

　　除了抗战,李宗仁还参加了平息军阀的北伐,与蒋介石的战争,早期围剿共产党军队,在这些战争中,他都表现了一方军事统帅特优的能力,特别是扩军建军方面,他有着比一般军阀高超的能耐。

　　在地方建设上,他的才能也表现的非常明显。在李宗仁治下的广西,曾经有过欣欣向荣、各方面得到改善的时候。

　　可是,李宗仁具有天然的反共意识,一直视"共产党为腹心大患",要蒋介石"以快刀斩乱麻的方式清党,把越轨的左倾幼稚分子镇压下去。"他亲历亲为地在上海具体组织执行了"四、一二"大屠杀，围剿过中央红军并使红军遭受惨重损失，在解放战争是蒋介石反共的主要帮手之一。

同时，李宗仁天生反骨，一心想统治他人。早年败退玉林，接受陈炯明收编时，就向陈炯明提出自己要保留"一独立单位"，"不愿直属于任何一省"。这种想法一直伴随着李宗仁一生。

正因为李宗仁有这种想法，他一生先是对抗蒋介石，两次与蒋开战，至使他统治的广西从始至终都半独立于蒋介石的政权之外。也正因为李宗仁有这种想法，导至他最终拒绝与共产党在《国内和平协定》上签字。

但最终，他还是回归祖国，决心为祖国统一大业做贡献。

小 档 案

姓名字号：原名李宗仁，字德邻
籍　　贯：广西临桂人
生卒年月：1891 年 8 月 13 日—1969 年 1 月 30 日
最高官职：中华民国代大总统
家　　族：父亲——李培英
　　　　　　母亲——刘肃端（1867 年—1942 年）
妻　　妾：夫人——李秀文
　　　　　　妻——郭德洁（1906 年—1966 年）
　　　　　　妻——胡友松（1940 年生）
儿　　女：有 2 子（1 子夭折）

简 历

1891年，生于广西临桂。

1908年，考入广西陆军小学第三期。

1910年10月，加入同盟会。

1912年，考入广西陆军速成学堂。

1913年秋，毕业后，到南宁将校讲习所任准尉见习官、少尉、中尉队附。

1916年5月，任滇军第四师第三十四团排长。后转入桂系陆荣廷部，任护国军第二军第五旅排、连、营长，参加护国战争、护法战争和粤桂战争。

1921年，任少营长的李宗仁争取十多个连队和他一起退到六万大山的玉林地区，整军经武，伺机而动。他先后将所部改称"粤桂边防军第三路"、"广西自治军第二军"，并自任司令，防区逐步扩大到七个县。

1923年，与广州孙中山大元帅府建立联系。10月，经李济深、陈铭枢介绍加入国民党。

1924年，联合黄绍竑、白崇禧等部，成立"定桂讨贼联军"，任总指挥。9月击败桂系军阀陆荣廷部。11月，被孙中山任命为广西省绥靖督办公署督办兼广西陆军第一军军长。

1925年7月，又击败沈鸿英，完成统一广西的任务，成为新的国民党桂系军阀首脑。统一广西后，任国民党广西省党务特派员和广西省第一届省党部监察委员。

1926年1月，在国民党第二次全国代表大会上，当选为中央监察委员会候补委员。3月，广西军队正式改编为国民革命第七军，任军长，黄绍竑任党代表。根据国民政府军事委员会的决定，负责筹办中央军事政治学校第一分校（即黄埔军校南宁分校）。5月，南宁分校正式成立，派所部第七军第二旅旅长俞作柏兼任校长。

1926年7月，（在途经长沙时与蒋结拜436）率第七军二万多人参加北伐战争，转战湘、鄂、赣、皖等省，立下战功。在北伐时期，还兼任过左翼军指挥官、江左军总指挥、国民党湖北省临时政治会议委员、安徽省政府主席、国民政府委员和国民政府军事委员会委员等职。

1927年4月，支持蒋介石发动"四·一二"政变，实行"反共清党"。5月被蒋介石任命为第三路军总指挥，统辖五个军又一个独立师。8月，和白崇禧、何应钦等实力派逼迫蒋介石通电下野，并由他们三人担任国民政府军事委员会党务委员。接着，指挥龙潭战役，消灭北洋军阀孙传芳主力部队。10月，任西征军总指挥兼第三路军总指挥，率部西征武汉，击败唐生智。

1928年1月，蒋介石重新上台后，被任命为中央陆军军官学校校务委员会委员、国民党中央政治会议武汉分会主席和第四集团军总司令，参加蒋介石举行的第二期北伐。

1929年3月，以李宗仁、白崇禧为首的桂系军阀与蒋介石之间爆发蒋桂战争。结果桂系战败，逃回广西。蒋介石以"叛乱党国"的罪名，开除李宗仁党籍，免除本兼各职。

1929年秋，李宗仁返回广西南宁，组建护党救国军，自任总司令，白崇禧为前敌总指挥，下辖第三、八两路军，此后，长期盘踞广西，与蒋介石对抗。

1930年4月，参加冯玉祥、阎锡山反蒋，被推为中华民国陆军副总司令（总司令阎锡山）兼第一方面军总司令，由广西进军湖南，支援阎锡山、冯玉祥在中原同蒋介石作战。7月，被蒋军击败，退回广西。

1931年5月，李宗仁又联合粤系军阀陈济棠反蒋，任第四集团军总司令。"九·一八"事变后，宁、粤合流。在1931年11月召开的国民党第四次全国代表大会，当选为中央监察委员会委员。

1932年4月,李宗仁任广西绥靖主任,推行"自治、自卫、自给"的三自政策,维持广西的半独立局面。

1935年4月,被国民政府授予陆军一级上将军衔。11月,继续当选为国民党五届中央监察委员会委员。

1936年6月,李宗仁、陈济棠发动反蒋事变,成立抗日救国军第一军团,任副总司令(总司令陈济棠),出兵湖南,要求北上抗日。7月,桂系军队被蒋介石改编为第五路军,李宗仁被任命为总指挥。

1937年7月,抗日战争爆发。10月,被任命为第五战区司令长官,驻节徐州。

1938年2月至5月,指挥徐海会战。其中3月至4月的台儿庄战役,取得歼灭日军二万余人的重大胜利。1938年2月,兼任安徽省政府主席。5月,徐州失守后,率部入鄂,在桐柏山、大洪山创立游击基地,坚持抗战。6月10月,率部参加武汉会战。

1939年4月至5月,参加随枣会战。

1941年1月至2月,参加豫南会战。

1943年9月,调离第五战区,升任国民政府军事委员会委员长(蒋介石)汉中行营主任,负责指挥第一、第五、第十等三个战区。

1945年5月,在国民党第六次全国代表大会上,继续当选为中央监察委员会委员。抗日战争胜利后,李宗仁担任国民政府军事委员会北平行营主任(后改称国民政府主席北平行辕主任),支持蒋介石发动全国规模的反共反人民内战,参与对解放区的军事进攻。

1948年4月,李宗仁当选为中华民国副总统(总统蒋介石)。辽沈、淮海、平津三大战役之后,国民党精锐主力部队大部被歼,国民党统治面临覆灭命运。

1949年1月21日,宣布下野。

1949年1月22日,就任中华民国代总统。幻想通过"和谈",阻止人民解放军渡过长江,派代表团到北平谈判,但最后又拒绝在中国共产党提出的和平条件《国内和平协定》上签字。4月21日,毛泽东、朱德下达全国进军的命令，人民解放军百万大军横渡长江。4月23日，人民解放军攻占南京，国民党反动统治被推翻。此后，先后退到桂林、广州，继续组织国民党军队进行顽抗。11月，白崇禧指挥的桂系部队大部被歼，李在政治上赖以生存的条件被摧毁。11月20日，以就医为名，从南宁乘专机飞往香港。12月，飞往美国。此后，在美国度过了十六年流亡生涯。

1950年3月，蒋介石在台湾恢复"总统"职务。

1954年3月，蒋介石正式罢免李宗仁"副总统"职务。

1956年4月到1965年6月十年间，先后五次派程思远到北京，晋谒周恩来总理，为回归祖国大陆作准备。

1965年7月，冲破重重险阻，偕妻回到祖国大陆。回国后，受到毛泽东、刘少奇、周恩来、朱德等党和国家领导人接见。

1968年8月初，李宗仁身体状况每况愈下，诊断出患了直肠癌。

1969年1月30日，李宗仁病情恶化，于午夜12时去世，享年78岁。

与蒋介石成把兄弟

1908年11月14日,17岁的李宗仁被关了禁闭。他一个人呆在幽暗的禁闭室里,脸上除了愤怒就是嘲讽。

光绪皇帝死了,清廷下哀诏要全国臣民戴孝百天,广西陆军小学堂也设了光绪帝的灵位。全体师生,都得按上面的要求:致祭、举哀,然后是放声大哭。

许多学生,按照校长和老师的嘱咐,不哭也都装成很悲哀的样子,李宗仁看了由不得笑起来。"难道他是你爹,或者是你爷爷?"他放肆的笑问,影响实在不好,学校决定让他在黑屋子里呆几天,好好反省反省。

民国史上的八位总统,一个个都与军校有缘,作为这八大总统中最后、也是在位时间最短的一位,李宗仁也是军校出身的。

1900年,义和团事变,八国联军进攻北京,清廷在签订了丧权辱国的庚子和约后,立马坚定了开办军校、改良军备的决心。由此,各省的陆军小学堂、陆军速成学堂、讲武堂一所所地办了起来。按清廷规定,各省的陆军小学堂,都在1906年春招生入学,广西因孙中山的镇南关起义,陆军小学堂推迟至1906年冬才招生。

李宗仁父亲李培英是个乡下私塾先生,开始并不同意儿子去读军校,李宗仁错过了第一期。后来,因为一个朋友的一再劝说,这才让李宗仁参加第二年的考试。这年陆小只招130个新生,报名的却有1000多人。李宗仁赶去桂林府以前的旧考棚里考试结束,一个人肩着行李回到家里,父亲问他:"怎么样?"

"还可以。"

听他这么回答,李培英的心放下来,满怀希望地等待录取通知书。

转眼春节过去,果然有从城里回来的人告诉李家:陆军小学公布的成绩榜上，有李宗仁的名字。李宗仁问清了入校时间，与父母亲友告别，就要去军校读书。

这年，李宗仁虽然只有16岁，却已经长得同父亲一般高了。李培英打量着他：单单瘦瘦的，一双赤脚，一身短打衣衫。"这样不行！"父亲摇摇头，让他的母亲刘肃端替他找来鞋袜，还有长衫，折腾了一天，再去找来个挑夫帮他挑行李，李宗仁平这才甩手甩脚地走进了桂林城。

没想到，报名的时间过了，过了整整半个小时。陆小的老师大多来自日本的留学生，一个个时间观念很强，根本不能容忍新生迟到。

就这样，李宗仁因为拉了这半个小时，结果多等了一年。1908年再考，这已经是军校第三年招生，考生猛增到3000多，录取的仍然是100多人，李宗仁结果还是考上了。

陆军小学学生待遇很不错，吃、穿、用都由公费供给。夏天发两套黄斜文布衣，冬天有一套黑洋羽绫袄，另外还有白布汗衣、白布袜子、皮鞋、布鞋、蚊帐等，吃的比一般普通家庭要好一些，除此每月还有津贴补助，成绩好的可得银一两二钱。

在优厚待遇的同时，学校的处罚当然也很严厉，李宗仁就因为在致祭时放肆的笑问，被学校在小黑屋里一关就是七天。这屋子不到6平米，四周严实的墙壁，就房门上开一个比巴掌大不了多少的小窗，每餐除了白饭就是青菜和盐巴。

由于李宗仁生性叛逆又大胆，像这样的禁闭，他在军校读书生崖中被关了好几次。只是他又特别的聪明、善于自保，为人做事有一个底线，总不让自己受到致命的伤害。譬如让他去做一件学校可能开除的事情，他是不会去干的。

1911年，辛亥革命爆发，桂林城里发生兵变，陆军小学无法再办下去。这时候，第一、二期的学生已经升往湖北武昌陆军中学。第三、第四期学生这时还没有毕业，当时的校队长梁史就把他们组织成学生军，去参加北伐。

当时大部分学生都走了，李宗仁没有走。这年，他刚刚20岁，通过3年的军校学习，对军事学已经产生了浓厚的兴趣，十分舍不得放弃自己的学业。因为听说待桂林城里的动乱平息后，学校还会办下去，李宗仁就留在学校期盼着。

两个月之后，学校还没有马上恢复的迹象，李宗仁决定先回家去看看，住些天再回来。

这天早上，他扛起一杆步枪，徒步往家里赶。

他的家在桂林城西郊的临桂乡下，不过就一天的路程。走出郊外后，有一个较大的村庄。李宗仁感到有些饿，便走进路边的一家铺子想买些吃的。

铺子里有个高大的男子，贼眉鼠眼的。李宗仁要了几个熟鸡蛋，给钱时，看见这男子正贼眼馋馋地盯着自己顺手放在柜台边的枪，不由冷冷一笑，一把抓过枪来扛在肩上，大步流星地往前走。一直走出村庄，这才伸手去衣袋里取鸡蛋，可就在这时候，他听到身后传来一阵脚步声。扭回头去一看，有七八个壮小伙子正朝他赶来，为首的正是铺子里那个高大的男子。

李宗仁回过身来，望着他们压低声音问道："你们想干什么？"

"没什么，就想借你的枪用用。"

"这不可能。"李宗仁淡定地摇摇头。

几个壮小伙再不言语，相互看一眼，分散开朝李宗仁逼近。李宗仁把刚掏出来的鸡蛋重新塞回衣袋，倏地从肩上放下枪来，子弹很快上膛，大声喝道："都给我站住了，谁再动，我就打烂谁的脑袋。"

壮小伙们一个个面面相觑，再没人敢动。

"向后转，给我滚！"

在李宗仁厉声的喝斥下，几个壮小伙像遇到了恶魔一般，扭头便跑。

三个月后，在原来停办的陆军小学校址上办了所陆军速成学校，李宗仁进了这所学校继续学习军事。学校里养有一些马匹，专为训练学生的马术用。其中一匹枣红马，性子刚烈，没人能驾驭它。

李宗仁不信这邪，执意去试。先由饲养员给牵住，李宗仁接过缰绳就跃上马背，他还没来得及坐正，枣红马长嘶一声，昂首扬蹄，疾风般地向前驶去，李宗仁用尽力气，怎么也勒它不住。枣红马跃上操场边的走廊，马蹄踏翻走廊边的石块，马也随之倒下。眼看李宗仁就要被压在下面，他情急中竟然猛地把右腿提上马背，整个身子在枣红马背上倒下。众人围过来，李宗仁竟然只受一点皮外伤。

李宗仁在广西陆军速成学堂学习了一年，1913年秋天毕业，分配到南宁将校讲习所任准尉见习，不久升为少尉、再升中尉。

1915年春，桂林省模范小学招聘高级班军训教官，李宗仁应聘前往任职，做到年底，感觉教书终不是自己所好，便毅然离校，加入了林虎为总司令的护国军第六军，担任排长，参加护国讨伐袁世凯的战争。

此后，又转入桂系的陆荣廷部队，跟随陆荣廷参加了护法、粤桂等战争。到1921年，李宗仁已经由排长、连长，当上了少校营长。这年11月底，孙中山重组政府。10年6月下旬，粤桂战争爆发，旧桂系各部相继溃败，陆荣廷也退据龙州，通电下野，寓居上海。

乱世出英雄，野心勃勃的李宗仁，乘乱争取到十多个连队，与他一起退到玉林地区。他运用在军校里学到的理论知识，结合自己的作战经验，在玉林整军经武，等待时机。

陆荣廷重回广西，就任北洋政府委任的广西边防军务督办。李宗仁则将他在玉林地区整训的部队改为"粤桂边防第三路军，自任司令；第二年，李宗仁又自任广西自治军第二路总司令。

李宗仁的实力越来越大，引起了北京政府的重视。1923年春，北京政府任命他为广西陆军第五独立旅旅长；5月，又任命他为桂林镇守使，10月，李宗仁主动与广州孙中山大元帅府建立联系，经李济深、陈铭枢介绍加入国民党。几年前，李宗仁就读的广西陆军小学原校长是蔡锷，在李宗仁进校时他虽然刚走，但由于他的影响，学校里有许多同盟会的成员，早1910年时，李宗仁便加入了同盟会。

这年12月8日，孙中山在大元帅府召开会议，决定积极筹备北伐，李宗仁立即热烈响应。他与广西陆军小学第四期的同学黄绍竑等讨贼军联合起来，牵头先讨伐了广西其它各部。到1924年夏天，一举击败两广最大的军阀陆荣廷，7月任定桂讨贼联军总指挥，11月任广西绥靖处督办兼广西陆军第一军军长。

第二年,李宗仁先将沈鸿英逐出广西,然后再将唐继尧赶回云南,凭借武力,一气呵成统一了广西。到9月21日,被选为广州国民政府委员会委员。1926年1月,又当选中国国民党第二届中央候补监察委员;3月24日,出任国民革命军第七军军长。

5月的时候,李宗仁以第七军军长的身份,到广州策动北伐,并拜会了蒋介石。对于这位已经掌控桂系军队的统帅,蒋介石特别热情,特邀请他参观了黄埔军校。李宗仁后来对此回忆说:

"以前白崇禧对蒋校长和黄埔军校的革命作风多有好许,增加了我对他的钦佩。这次广州一见,他给我的第一印象是'精气内敛'、'严肃',还有'狠'。"

从广州回到桂林两月,李宗仁率第七军2万多人参加北伐。先任中央军右纵队指挥官,后任汨罗江及武汉战役攻城军司令官。到长沙时,再遇上蒋介石。

北伐军 7 月 10 日攻克长沙，蒋介石的司令部也随即迁入。初战胜利，蒋介石与李宗仁都皆大欢喜，俩人相谈几次后，彼此都感到很是投机。一次，李宗仁刚走进司令部，蒋介石对他微微一笑招呼过后，就去打开抽屉，取出一份红纸与的兰谱递给李宗仁，问："你愿意收下吗？"

李宗仁顿时一愣，蒋介石此举，是要与他换兰拜贴结为异姓兄弟。他很快回过神来，有些结巴地说："我，当然愿意。只是有些惭愧，不敢当，实在不敢当。"

"你不要客气，我已经把你当成兄弟，你一定不要客气。"蒋介石大声地说。

他比李宗仁大 4 岁，经多识广，阅历深厚，最懂得驭人之道。看着李宗仁从一个小兵，只十来年功夫就成了中国最大几个军阀之一的首领，知道他必定是个非等闲之辈；经过几天的交谈，蒋介石认定李宗仁是个胆大妄为、颇有野心的人。作为一心想成为军界领袖人物的蒋介石，他认为这种人很可能是他今后的一个对手，必须趁早把他抓在自己手上，让他为己所用。

李宗仁此刻顾不上琢磨蒋介石在想什么，听了蒋介石的话，忙接过蒋介石手中的兰谱，打开一看，见上面除了蒋介石的生辰八字外，还有蒋介石撰写的四句誓词：

"谊属同志，情比同胞，同心一德，生死系之。"

这时的蒋介石，身份已然非常显赫，既是黄埔军校校长，又是军事委员会主席。李宗仁看着誓词，心里还真有几分激动。回到家里，他立即取出文房四宝，认认真真地将四言誓词抄写下来，在下面写好自己的生辰八字。

当他将写好的贴子恭恭敬敬地回送给蒋介石时，蒋介石看着贴子十分高兴地说：

"从今往后，我们俩人除了同志关系，又更加了一层情同手足的关系。我誓与你同生共死，为完成国民革命而奋斗。"

"我一样，我今后一定也对校长忠心不二，与校同生共死！"

就这样，李宗仁与蒋介石结拜成了把兄弟。

被蒋介石开除免职

北伐时期，李宗仁转战湘、鄂、赣、皖等省，立下战功。期间除了兼任过左翼军指挥官、江左军总指挥，还当上了国民党湖北省临时政治会议委员、安徽省政府主席、国民政府委员和国民政府军事委员会委员等职。

随着北伐的节节胜利，李宗仁官运亨通，节节彪升。他正踌躇满志时，1927年4月，蒋介石不愿看到共产党势力日益壮大，掉转枪口，对准了曾经大力支持他北伐的共产党人和革命群众，发动"四一二政变"。作为刚与蒋介石换过帖子的把兄弟李宗仁，此时自然是当仁不让。蒋介石与李宗仁商量好之后，便急急忙忙去了南京，剩下屠杀共产党人和工农群众的事，都由李宗仁来一手操办。于是，李宗仁在蒋介石走后，向共产党人和革命群众举起了屠刀，疯狂地进行"反共清党"。

因为反共有功，5月，李宗仁被蒋介石任命为第三路军总指挥，统辖五个军加上一个独立师。

可是到8月份的时候，北伐战事受阻，北伐连遭军事挫折。7月25日，张作霖手下的混世魔王张宗昌夺回了徐州，孙传芳则乘势向长江三角洲老根据地挺进；而在南京集团内部，李宗仁的桂系与蒋介石的黄埔学生之间矛盾重重，甚至连何应钦对蒋介石也采取敷衍的态度。

有鉴于此，在8月12日的一次军事会议上，蒋介石由于气愤，说出了要辞去总司令之职，把首都防务交给其他将领的话。完了之后，他把审视的目光对着他的将军们。

本来，蒋介石是想听到有人反省、有人劝说、有人安慰这样的一些话来。谁知道，结果他什么也没有听到，就连他刚结拜不久的把兄弟李宗仁，在那样的情况下也懒得说一句话。

蒋介石环视众将军良久，终于忍耐不住，怒发冲冠了。他认为这是不可容忍的侮辱,站起来气冲冲地离开会议室。

蒋介石一离开,李宗仁开口了,与其他将领一道,叽叽喳喳地议论起来。

早在去年,也就是1926年11月,李宗仁率军在江西奋战时,寒冬无情,凛冽冻骨,可他的第七军大部都还只靠单衣御寒。好不容易盼到后方运到军毯,蒋介石却明令兵站总监俞飞鹏:"优先发给第一军伤兵医院。"

俞飞鹏问蒋介石:"医院中各军的伤兵都有,该如何安排?"

蒋介石回答:"不管这些,各军自有他们自己的军长。"

李宗仁听到这事,对蒋介石这位大哥一下子变得十分不满,这时想起,不由愤愤地说:

"校长做事偏私狭隘又猜忌嫉妒,他不来做北伐的头,我们自己也可以做。"

白崇禧、何应钦听了,都一致赞同,他们又议论了一会,就一起去见蒋介石说:"校长如果真想辞去总司令一职,可由我们三人共同主持大局。"

蒋介石听了,虽恨得心里滴血,却强打起笑脸点了点头。第二天,蒋介石离开南京前往上海;第三天,8月13日,蒋介石发表引退声明。

接着,由李宗仁牵头成立了"中央特别委员会"。

第一次执掌中枢大权,李宗仁心里非常得意。他全力以赴,亲自指挥龙潭战役,消灭北洋军阀之一的孙传芳主力部队;10月,李宗仁任西征军总指挥兼第三路军总指挥,再次亲自率部西征武汉,击败唐生智。

而蒋介石呢,虽然下野,局势却在向着有利于他的方向发展。

蒋介石8月12日跑到上海,抓紧完成了从1922年就开始,对宋美龄的爱情攻势。到上海近4个月,12月1日,蒋介石和宋美龄该做的事都做得很圆满了,这一对经历了长达5年恋爱的男女,终于在上海西摩路(今陕西北路)369号的宋家和静安寺路(今南京西路)的大华饭店,举行结婚仪式。

此一结合,后来被一语双关的称为"(蒋)中(正)(宋)美(龄)合作"。这既是一句俏皮话,却又是事实。宋美龄凭借家族的财力支援与美国留学的背景,从此活跃在蒋介石的政治、外交等领域,对蒋介石的事业产生了深远的影响。蒋介石因为与宋美龄结婚，使自己的政治、经济和影响力等方面都得到进一步加强，并且得到美国的支持，竞争实力大大增强。

在1927年年底，蒋介石在国民党内的最大对立面和竞争对手汪精卫不得不再次出国；曾经通电逼迫蒋介石下野的冯玉祥，此时也只得改变态度，主动联合阎锡山，再次通电吁请蒋介石出山。

而李宗仁，执掌中枢大权还刚刚3个月，便已经明显感到自己根本没有力量和智慧来驾驭当前纷繁复杂的政治局势。真正是看戏的好闲说他人，演戏的才感受到其中的难处。李宗仁演不了全国性的领袖人物，他支撑不下去了，也只得打出拥护蒋介石的旗号，通电请求蒋介石复位。

1月4日，刚在莫干山度过蜜月的蒋介石和宋美龄回到南京；5日，蒋介石宣布复职，担任国民党中央政治会议主席、军事委员会主席兼国民革命军总司令。2月28日，蒋介石新成立的中央军事委员会。

为了提高身份，巩固自己在国民党内的统治地位，蒋介石举起了"继续北伐"的旗帜。所谓"继续北伐"，指的是是继1926年的北伐，蒋介石这么一说，自己便成了孙中山未竟事业的首领，更方便"理直气壮"地号令天下。

而此时的冯玉祥、阎锡山、李宗仁等各实力派，为扩充自己的实力，也都乐意"北伐"。特别是李宗仁，他自己总结了在中枢的位置上为何支持不下去的原因。

"原本还以为自己实力足够强大了，当你做了领袖才知道，自己的这点实力真是太小了。"有了这样的认识，李宗仁决定借北伐之机，大肆扩充自己的实力。

1928年2月，国民党二届四中全会通过进行"北伐"的决议。蒋介石即以"北伐"之名，对军队重新进行改编，把北伐各军编为四个集团军，自任全军总司令、兼第一集团军总司令，以冯玉祥、阎锡山、李宗仁分别担任第二、三、四集团军总司令。

1928年4月7日，蒋介石下达总攻命令，各路人马共40多个军，约70余万人，同时发动战事：蒋介石亲率第一集团军沿津浦线北进；冯玉祥的第二集团军由津浦、京汉两线间的鲁西和直南向北推进；阎锡山的第三集团军由京绥、正太两线向东攻占石家庄，再转京汉线北进；李宗仁的第四集团军沿京汉线北上，然后四路会攻京津。

当时，张作霖的"安国军"，参战兵力只有不到40万人，明显处于劣势。

开战之后，李宗仁率部一路攻城略地，年底兵临山海关，致使天津《大公报》惊呼："广西军队打到北京，真是中国历史上破天荒的事情。"张作霖在丢弃了绥远、大同、张家口、保定、沧州等地之后，自知大势已去，便于6月3日退出北京。6月4日，张作霖在退往沈阳的途中，经皇姑屯车站时被日本人炸死。6月8日，阎锡山部进入北京，12日接收天津。

6月15日，南京政府宣布"统一告成"，蒋、冯、阎、桂联合的"二次北伐"，到此胜利结束。

这实际上是一次国民党新军阀与北洋旧军阀之间的战争，目的在于争夺北中国的统治权，结果虽然结束了北洋军阀在中国的统治，但又很快引发国民党新军阀间的矛盾和斗争。

在二次北伐战争中，国民革命军的4个集团军都得到不同程度的扩充。李宗仁的桂系势力，兵力一直都在迅速膨胀，参加北伐后，更有一日千里之势。桂系在不到3年的时间里，兵力增加十几倍，到北伐时已发展到21个团。李宗仁亲率其中8个团参加北伐，待张作霖退出北京，北伐宣告胜利时，李宗仁的这8个团已经扩展到12个军、62个师。

到1928年底，全国军队总数已达250万人。国民党各派系新军阀的迅猛发展，蒋介石感到如芒在背，严重威胁了他的军事独裁。再加上庞大的军队需要庞大的军费开销，使蒋介石下定了裁减军队的决心。1928年12月初，蒋介石以北伐已经结束，需要裁减军队，减轻财政负担为由，在南京召开编遣会议预备会议，邀请各集团军总司令出席，冯玉祥、李宗仁先后到了南京，阎锡山托病没有到京。

在正式开会之前，蒋介石提出全国共编50个师的指标（东北除外），遭到冯玉祥和李宗仁的反对，当李宗仁、冯玉祥提出自己的编遣准则和方案后，也遭到蒋介石和何应钦等人的反对。双方意见分歧很大，没开会就弄成僵局。

蒋介石见情况如此，急电催阎锡山迅来。到12月10日，阎锡山抵达南

京，蒋介石立刻召开并当面劝说。阎锡山最后接受了蒋介石的主张并提出一个有利于蒋介石的编遣方案。在正式会议上，得到了多数人的通过。

李宗仁和冯玉祥不甘心，俩人以游中山陵园为名，进行密谈。

"蒋介石排除异己、实行独裁的野心日益暴露，对于二、四两集团军更不怀好意，我们一定要反对他。"李宗仁首先表示。

冯玉祥点点头，说："对蒋介石的削弱和消灭异己军队，把持中央政权，干涉地方行政，我是坚决反对的。"

经过几次密谈，冯玉祥与李宗仁商定了对付蒋介石的办法：

"我们俩坚决不执行编遣会议的决议，蒋若使用武力来压迫，则抵抗到底，互相支援，决不屈服。"

议妥当后，李宗仁匆匆离开南京，返回武汉。他知道，自己不执行编遣会议的决议必然会遭到蒋介石的打击，于是赶紧开始有关方面的军事部署，并急电驻在唐山的白崇禧把驻在北平的李品仙军和驻在唐山附近的叶琪军迅速开回武汉。

蒋介石知道李宗仁拒不执行编遣会议的决议后，积极地准备讨伐事宜，他一方面派人游说湖南省主席何键及桂系有关将领，一面在皖鄂边境集结海陆军大量兵力。

1929年3月27日，蒋介石一切准备就绪时，下令讨伐李宗仁部，向武汉进攻，蒋桂战争爆发。4月1日，何键通电全国，公开拥护蒋介石，脱离桂系。2日，桂系李明瑞、李腾辉俩将军于前线倒戈，掉转枪口帮助蒋介石打李宗仁。桂军抵挡不住，于3日晚放弃武汉，败逃鄂西。

5日，蒋介石命张发奎、朱绍良、夏斗寅率部对桂军穷追不舍，同时又派人招抚桂军主力将领胡宗铎、陶钧、夏威等。21日，胡宗铎、陶钧、夏威见李宗仁大势已去，接受蒋介石的招抚，自己通电下野，部队听候蒋介石改编。至此，桂系在冀东的4个军反水，桂系大败，桂系主力全部瓦解。

主力虽然瓦解，李宗仁仍不甘心，5月5日，在梧州通电组织"护党救国军"，声讨蒋介石。5月15日，反戈的何键湘军攻克桂林后，协同粤军夹击梧州。6月2日，粤、湘两军联合攻陷梧州。12日，蒋介石命李明瑞、杨腾辉两师南下援粤围攻桂军。

1929年6月，李宗仁通电下野，逃往香港。蒋桂战争，宣告结束。蒋介石以"叛乱党国"的罪名，开除了李宗仁党籍，免除他所担任的各种职务。

与陈济棠联合反蒋

李宗仁逃到香港后，在半山中的罗便臣道92号住下，密切注视大陆蒋介石的动向，以图东山再起。

这时，蒋介石认为，第四集团军李宗仁已经解决，该是着手解决第二集团军冯玉祥的时候了。只是又担心，躲在香港的李宗仁，有可能会与冯玉祥暗通曲款。如果李宗仁趁机策动旧部粤桂起义，声援冯玉祥，事情就很糟糕。蒋介石想到这些，干脆一不做二不休，派人去与香港总督交涉，逼迫李宗仁离港。

万般无奈之下，1929年10，李宗仁在香港上船，驶过海南岛，前去西贡避难。谁知刚到没多久，就被蒋介石的人发现。在西贡住了仅20多天，李宗仁便折返越北的海防居住。

这时候，大陆北方的冯玉祥和阎锡山为避免被蒋介石各个击破，暂时联合在一起，正在积极备战；国民党中汪兆铭等，也因蒋介石包办国民党"三全大会"而联合反蒋；新四军也高举义旗，反对蒋介石，还特派人来与李宗仁联系，商议共同出兵入粤，重奠中央事宜。

李宗仁见情况如此，精神大振，立即回到南宁，成立了"护党救国军"。李宗仁自任总司令，让黄绍竑任副总司令兼广西省主席，白崇禧任前敌总指挥。李宗仁这个总司令旗下，直辖第三、第八两路军，盘踞广西，与蒋介石对抗。

1930年3月中旬，以冯玉祥、阎锡山为首反蒋人士在北平发起"扩大会议"，组织新的党中央与政府，推荐阎锡山为全国海陆空军总司令，李宗仁、冯玉祥、张学良为副司令。4月1日，李宗仁通电就职，将其原在广西的第三、第八两路军改编为"中华民国陆军第一方面军"，自己兼任总司令。

为尽快进军湖南，5月22日，李宗仁不与粤军纠缠，大胆放弃广西根据地，兵分三路入湘。关于这段战事，著名史学家唐德刚在他的《李宗仁回忆录》中写道，开始时：

"大军北进，所至如入无人之境，湘军何健等部都望风披靡。5月27日，湘军唐生明率部向我输诚。我军旋即占领衡阳，继续北进，于6月3日占领长沙……预计15日可攻占武汉，与友军冯、阎部等会师。"

"孰知6月10日，我后方交通重心的衡阳突为粤军蒋光鼐所占，我军顿被迫腰折，首尾不能相顾……"

"6月18日，我军全线自长沙南撤，围攻蒋光鼐于衡阳。不意是年湖南大旱，赤地数百里，购粮无处。我军给养中断，军心涣散，加以缺乏重武器，屯兵于坚壁之下，无能为力。衡阳久攻不下，而敌人援军云集。6月底，敌我复在湘南展开激战。我方官兵至此已疲惫不堪，我虽亲赴前线督战，终以全军缺粮，无法维护。不得已，再向广西撤退，情形狼狈不堪……"

轰轰烈烈的，由中国国民党内北伐后失势的国民党左派领导人汪精卫，联合反共右倾西山会议派和亲国民党军人阎锡山、冯玉祥、李宗仁、张发奎发起的，挑战蒋介石中央政府及国民党中央会议的夺权内战，就这么结束了。

二、三、四共三个集团军的联合反蒋，之所以失败，与蒋介石许以高官重利，说服了张学良入关勤王之计分不开。本来，张学良是与李宗仁、冯玉祥、阎锡山一道要反蒋的。只是，三人派人游说张学良时，仅许张学良"全国海陆空军副总司令"的虚衔，以此想让他保持中立。而蒋介石，除了答应给张学良"海陆军军副总司令"的头衔外，又加了河北、山西等地盘、连同600万元大洋。这样一来，张学良就转过身来帮助蒋介石了。

经此一战，冯玉祥惨淡经营了二十余年的西北军全部瓦解，只好与阎锡山双双下野。李宗仁带着残兵败将退回广西后，环境仍然非常险恶，单是敌对力量，主要就有四个方面：

一是湘军，二是粤军，三是滇军，四是共产党的军队。

李宗仁不愧是个颇有谋略、能独挡一面的帅才。他采取守势，以待湘、粤；采取攻势，以对滇军和共产党军队。不久，便将滇军全部赶出广西境外，确保了西线的安全；接着集中力量，趁势对右江一带的共产党军队发起进攻。由于李宗仁人多枪好，右江的共产党军队只好撤往湖南。

进攻的对象被打败以后，李宗仁迅速调整战略，对原本防守的对象——粤军，列入袭击对象。他正在制定侵入广西方案时，突然情况有了变化。

因为粤藉国民党元老胡汉民被蒋介石囚禁，国民党的粤籍中委及粤军群情激愤，团结一致，公开反对蒋介石。

世上没有永远的敌人，反蒋的粤军由于利益的需要，主动派人与一直与蒋介石对抗的李宗仁联络。目标一致，双方一拍即合，一直是冤家对头的粤、桂两军，两个月前尚在西江对垒，如今冰释前嫌，共同讨蒋。

1931年5月下旬，中国国民党中央执监委员非常会议在广州召开，反蒋的中委们都赶来参加。会议后不久，5月28日，新国民政府成立，李宗仁被推选为政府委员。会议发出通电，要求蒋介石下野。12月15日，蒋介石第二次通电下野，广州会议成立的新国民政府撤销。

第二年4月，李宗仁被任命为广西绥靖主任，并担任第四集团军总司令。广西得以暂时的平静，李宗仁提出"建设广西、复兴中国"的口号，积极地埋头于广西的建设。他后来在回忆这段往事时曾颇有成就感地说：

"1934年本省召集'扩大党政军联席会议'，会中通过'广西建设纲领'，具体地确定了广西省内建设的方针。这一纲领当时便成为广西的'根本大法'。大致说来，这一纲领系根据'三民主义'的原则而拟定的。"

"同时，我们的教育和经济建设也齐头并进……不数年间，全省文盲大减。"

"当时我们决定，由省府下令，除通省外的税局外，其余一律裁撤……因自内地各处税局裁撤后，商旅称便，货畅其流，省内的生产和消费，以及对外省的出入口贸易，都大为增加，市场繁荣，税收也就增加了。"

除此之外，李宗仁还主动地裁兵以减轻地方财政负担。1932年以后，李宗仁的军队由原来的40个团，一气裁至14个团。其中两个团且用作兵工，调至贺县的八步开采锡矿。

当然，作为动乱时代久经沙场的军人，李宗仁是深知军队对于自己的权势乃至身家性命万分的重要性，他的裁军，其实是寓兵于民，一旦有事，只要政府一道命令，立刻又可以汇集千军万马。

并且，他在裁减陆军的同时，还积极建设空军，设立航空军事学校。到抗战前夕，李宗仁的广西空军已经拥有各式飞机五六十架，英、美、日式样俱备。与此同时，还设有规模宏大的飞机配制厂。

1933年9月25日至10月间，蒋介石调集约100万兵力，采取"堡垒主义"新战略，对共产党中央革命根据地进行大规模"围剿"。因王明用所谓"正规"战争对待围剿，使红军完全陷于被动地位。经过一年苦战，中央领导机关和红军主力，于1934年10月仓促命令退出根据地。

1934年9月至10月间，红军先遣部队万余人在肖克将军的带领下，到达湘桂边境，另十余万人随后跟进。李宗仁得知这一情报，判定红军要入广西。于是，他下令桂东北各县坚壁清野，以防红军入境，同时将14个团的常备军全部调往湘桂边境，堵截红军。

不久，红军来到桂北边境的全州、灌阳、资源等处，均受到李宗仁部队的阻击。关于这场战斗，李宗仁后来自豪地说道：

"我军以寡敌众，共军无法逞其志。经旬余的战斗，共军攻势已有再衰三竭之势，我军乃全面出击，共军仓皇撤退，伏尸遍野，死伤万余人，被俘七千余人，造成抗战前巢共战役中罕有的大捷。"

从 1932 年以来，广东广西地方实力派拥立胡汉民，与南京政府对峙，一直处于半独立状态，这对蒋介石来说，始终是一个很大的心病。到 1936 年 5 月，胡汉民病逝，两广都有忽失重心人物的感觉，双方关系也开始上疏远。蒋介石见此，认定解决两广问题的机会到来，便以"全国统一"、加强"精诚团结"为名，要求两广取消设于广州的国民党中央西南执行部和国民政府西南政务委员会，结束与南京的半独立状态。

粤系军阀代表陈济棠，长时间主政广东，在政治上与南京中央政府分庭抗礼，在地方经济、文化和市政建设方面则颇多有建树，向有南天王之称。而桂系军阀代表李宗仁，虽然在政治手段与认识上有些欠缺，但颇能带兵打仗，地方诸侯思想很重，权利欲又极强，一直以来都是高举反蒋大旗，与中央强硬对抗。

这样的两个人，当然不可能为了蒋介石的什么"全国统一"，而完全受制于蒋介石。由于胡汉民的死，本来开始生分的两大军阀很快凑到一起，商量对付蒋介石的办法。

"如今日本占领我东三省，全国抗日战争呼声四起，我们应在民众抗日高潮之下，要求中央立刻抗日，不可以像现在这样畏尾。"陈济棠首先有了主意。

李宗仁开始并不怎么明白其中深意，问道："伯南（陈济棠字）何以一时心血来潮，急于发动抗日呢？如此鲁莽从事，万一与中央部队发生冲突，岂不未抗日而先内战了吗？"

"我不是想内战。我只是想，只要我们西南作出抗日的姿态，登高一呼，全国必定响应。到时候，蒋先生如不顺从民意，则必然垮台无疑。"

李宗仁终于明白了，微笑着频频点头："这么一来，谁还顾得上取消我们西南执行部和西南政务委员会!"

李宗仁这么想妥了之后,与陈济棠商量了许多细节,到6月1日这一天,他们以西南两部会的名义通电全国,敦请国民党中央和国民政府立即对日抗战,并吁请全国党政军民一致督促中枢抗日。5日,两广组成抗日救国军西南联军,做出准备北上抗日的势态。

第二天,南京国民党中央党部、国民政府饬令两广,不得自由行动,破坏抗日政令军令的统一。对于蒋介石的饬令,李宗仁与陈济棠视若无物,根本不予理睬。9日,两方面同时下达动员令,出兵湖南。

蒋介石见此,急调两个军控制衡阳,阻挡粤、桂军北上,随即再调几十万大军,从广东、湖南、贵州三面,进逼广西。

李宗仁也不含糊,运用他善于扩军的特长,迅速将桂军由原来的14个团扩编为44个团,严阵以待,随时准备战斗。他与陈济棠的什么"抗日救国",眼看就要演变为一场继"中原大战"后的又场大规模内战。

任蒋介石汉中行营主任

就在李宗仁、陈济棠又要与蒋介石大战时,已经占领东三省的日本强盗大举增兵华北,企图全面侵略中国。一时间,"停止内战,一致对外"的呼声响彻中华大地。举国上下、全国各界普遍要求,南京和两广双方,和平解决争端,联手抗击日寇。

加之当时西北的张学良、杨虎城,使蒋介石感觉不稳,这也迫使他赶紧解决好西南的问题。

情急之下,蒋介石故伎重演,派出人手,首先策反广东粤系将领。1936年7月,陈济棠众叛亲离,很快垮台。陈济棠未战即败,李宗仁失去盟友,势单力薄,加上突然扩军几倍,军费难以为继。

在此之前,深谙军事的李宗仁已经预料到,此次若真与蒋介石重开战,一定是会寡不敌众。反复思考之后，李宗仁派出亲信刘仲容，前往中共中央北方局联系，寻求共产党人的支持。

中国共产党并不赞成两广与蒋介石的冲突诉诸武力，而是主张双方在团结抗日的基础上，和平解决争端。

在这样的一个背景下，蒋介石与李宗仁，双方虽然都在调兵遣将，同时也都在寻求和解办法。特别是陈济棠垮台之后，双方的代表开始频繁来往于广州、香港、南宁之间。经过接触和磋商，彼此讨价还价，最后双方初步达成了和解方案。

李宗仁首先提出：（1）南京方面积极准备抗战，一旦实行全面抗战，广西保证出兵参战；（2）蒋介石收回调李（宗仁）、白（崇禧）离开广西的成命，李、白通电服从中央；（3）中央补助广西自事变以来的财政开支及部队复员费。

蒋介石对李宗仁"和平条款"的这些内容并不完全同意，又经几番讨价还价，蒋介石同意广西维持现状，李、白向全国发表通电，称：

"今后一切救国工作，自当在中央整个策略领导之下"。

至此，双方终于达成妥协，罢兵息战。桂系军队被蒋介石改编为第五路军，李宗仁被任命为总指挥。

1936年9月17日，李宗仁偕程潜、黄绍竑、黄旭初、刘斐等赴广州；18日这一天上午9时，蒋介石与李宗仁在广州继园会晤。这是自1929年蒋桂战争以来，俩人的首次会晤。

自此，蒋桂对峙局面结束，"六一事变"终告和平解决。

1937年7月7日，在中国北平的卢沟桥发生了由日本人故意制造的中日军事冲突，日本就此全面进攻中国。蒋介石提出了"不屈服，不扩大"和"不求战，必抗战"的方针，致电宋哲元、秦德纯（第29军副军长兼北平市市长）等人"宛平城应固守勿退"，"卢沟桥、长辛店万不可失守"。尽管如此，到29日时，北平还是沦陷；30日，天津又失守。

日本帝国主义对中国的加紧侵略，不仅威胁到人民大众的生存，而且直接威胁到中华民族的生死存亡。至此，国民政府对日本残存的一点和平幻想彻底破灭，蒋介石对中国共产党提出的建立抗日民族统一战线的主张作出了积极反应。前所未有的抗日民族统一战线形成，全民族的抗日救亡运动迅速掀起。

1937年10月，李宗仁被任命为第五战区司令长官，驻节徐州。

1938年初，日本大本营为打通津浦铁路，使南北战场联成一片，先后调集8个师另3个旅、2个支队（相当于旅）约24万人，分别由畑俊六和寺内寿一指挥，实行南北对进，首先攻占华东战略要地徐州，然后沿陇海铁路西取郑州，再沿平汉铁路南夺武汉。

第五战区司令长官李宗仁，先后调集64个师另3个旅约60万人，以主力集中于徐州以北地区，抗击北线日军南犯，一部兵力部署于津浦铁路南段，阻止南线日军北进，以确保徐州。

中日军队接触之后，经过激战，日军虽有小的突破，前进异常艰难，进攻处处受阻。3月20日，日军第10师濑谷支队南进连陷临城、枣庄、韩庄后，不顾第5师和第10师长濑支队在其两侧进攻受阻，孤军深入，向台儿庄突进，企图一举攻占徐州，独建功勋。

李宗仁见此，特别兴奋，立即召开军事首脑会议，进行安排部署。

"我命令：第2集团军总司令孙连仲率部固守台儿庄，第20军团军团长汤恩伯率部让开津浦铁路正面，转入兰陵及其西北云谷山区。"

下达命令之后，李宗仁对汤恩伯说："军团长的任务，就是诱敌深入，伺机破敌。"

3月23日，日军由枣庄南下，在台儿庄北侧的康庄、泥沟地区与孙连仲守军的警戒部队接战。从24日起，骄横的日军第10师向台儿庄不断发起猛烈的攻击，并且多次得呈，攻占了台儿庄。但每次刚刚占领又第2集团军重新夺回。

就在孙连仲职的第2集团军与日军展开激烈的争夺战时，李宗仁命令汤恩伯第20军团主力向台儿庄迅速运动，拊敌侧背，与第2集团军一道对日军第10师形成内外夹击之势。同时，李宗仁还命令第3集团军进至临城、枣庄以北，切断敌人的后路。

日军第10师，已然成为瓮中之鳖。日本大本营这才着急起来，为解日军第10师之危，速以第5师坂本支队（相当于团）从临沂驰援。可是，日5师刚开进兰陵北面的秋湖地区，就被第20军团第52军包围。

4月3日，李宗仁发起全线反攻。激战四天，日军濑谷支队大部、坂本支队一部共11984人被歼。其余日军残部，被迫向峄城、枣庄撤退。

李宗仁首战告捷，心中大喜，命令第五战区各军团，集中兵力于徐州附近，准备再次聚歼日军。

日军在台儿庄失利之后，立刻改变战术，以小部兵力在正面牵制李宗仁的部队，主力却向西迂回，企图从侧后包围徐州，歼灭李宗仁的主力。

4月18日，日军的第10、第5师分别从山东峄城和临沂西北的义堂地区南进，对第2集团军和第20、第3军团及第27军团第59军实施牵制性进攻。

李宗仁坐镇徐州，指挥各军团顽强抗击，激战20余天，至4月底，将日军阻止在韩庄、邳县和郯城一线。可是，从5月5日开始，日军从南北两个方面向徐州西侧迂回包围。到5月中旬，战争越打越惨烈，李宗仁一面如实向蒋介石如实汇报战况，一面命令各军团继续抗击。

此时蒋介石正在武昌督战，看过前方频频传来的战报，突然感到情况不对：徐州面临严重危机，日军想要围歼徐州中国军队主力！这一念头在蒋介石的脑海里闪过，他那因台儿庄的胜利冲得有点晕乎乎的大脑一下冷静下来。

"假若日本的野心真能得逞，我徐州50个精锐之师全被日军吃掉，我还拿什么来抗战？"

蒋介石在心里回自己，然后被自己的一问吓出了一身冷汗。他让人立即召来何应钦、白崇禧、陈诚等人，一块研究解决他刚刚意识到的这个问题。

最后大家一致认为：日军的企图就是这么可怕，再死守徐州已不现实。当前之计，首应保存实力，为此只能迅速放弃徐州、赶紧突围。蒋介石采纳了大家的意见，口授十万火急电令给第5战区司令长官李宗仁：

军委会着令你部力避决战，撤离徐州，火速突围。

一、顾祝同第24集团军在苏北，第69军及海军陆战队在鲁中南原地坚持抗战。

二、刘汝明第68军为全军后卫，掩护主力转移。

三、第5战区其余各部，立即向豫皖边区突围……

5月16日，李宗仁命令各军团：分别向豫、皖边界山区突围。

各军团接到命令，保持阵形，且战且退，有条不紊地向西、向南撤退。日军发现李宗仁部后撤，四处阻击。每阻一处，中国军队冲开一处，日军合围未完成，根本阻挡不住。

为避免与优势之敌作消耗战，当各路敌军向徐州步步合围时，李宗仁命令所部各路守军，先作一些抵抗，然后伺机撤向山区、湖沼地区，进行"化整为零"的游击战。这样与日军纠缠了月余，第五战区各部都相继冲出重围，顺利向河南南部及湖北北部集结。

5月18日黄昏，李宗仁与长官部官兵一应人员700余人，乘夜色经宿县、蒙城，越过敌之包围圈，移驻到潢川。这时侯，留守徐州城的刘汝明部在萧县一带伏击日军第9师团，对日军造成重大伤亡。

日军恼羞成怒，企图在徐州城围歼刘汝明部。刘汝明根据李宗仁的命令，先佯作死守徐州的样子，等到各路大军撤尽时，放弃徐州城，巧妙地跳出日军数十万大军的重围，安全转移。

日军的华北方面军气势汹汹地一路杀来，结果不但没有能消灭李宗仁第五战区的部队，甚至连一个上尉也没有捉到，以伤亡了万余人的代价，仅得到徐州一座空城。

5月下旬，徐州50个精锐之师按命令的路线，全部安全撤抵皖西、豫南地区。日军沿陇海铁路西进，于6月6日占领开封。为阻止日军前进，蒋介石9日下令在郑州东北花园口附近炸开黄河大堤，河水经中牟、尉氏沿贾鲁河南泛，日军被迫向黄泛区以东地区撤退。

至此，徐州会战结束。

徐州会战虽然最终还是败了，以丢失徐州而告结束。可是，这次会战钳制和消耗了日军有生力量，迟滞了日军进攻速度，为部署紧接着的武汉会战，赢得了时间。

徐州失守后，李宗仁率领他的桂系军队进部入湖北，在桐柏山、大洪山创立了游击基地，继续坚持抗战。先后还率部参加了1938年6月至10月的武汉会战、1939年4月至5月的随枣会战、1941年1月至2月的豫南会战。

1943年9月，李宗仁调离第五战区，升任蒋介石的北平行营主任，负责指挥第一、第五、第十，共三个战区的作战。

1945年5月，在国民党第六次全国代表大会上，李宗仁继续当选为中央监察委员会委员。

当选副总统

李宗仁一生，虽然在30岁时就做了"粤桂边防军第三路"、"广西自治军第二军"司令，以后更是成为桂系军阀的首领，一方诸侯，在中央，他也做过这样那样的委员。可是，实事求是地说，他从没正儿八经地在中央担任过什么实职。直到1948年，李宗仁入中央担任实职的机会来了。

早在1946年，国民政府的首都从重庆迁回南京，作为国民政府领袖的蒋介石，声望和地位指数空前提高。这时候，蒋介石想痛痛快快地当一回的中华民国政府总统。一方面，是为了扫尽八年抗战所沉积在胸间的郁闷；另一方面，是为了能名正言顺地做一回国民政府的领导人。

蒋介石的一生，从1926年任国民政府军事委员会主席开始，做过国民党中央执行委员会常务委员会主席、国民革命军总司令、南京国民政府主席、军事委员会委员长、中国国民党总裁、国防最高委员会主席、同盟国中国战区最高统帅。

总之，党政军各种一把手，蒋介石都做过，实际上他也一直行使着比之以前总统更实在的军政大权；但是，蒋介石却从没有名正言顺地得到过总统的头衔。于是，这一次他要采取召开"行宪国大"的方式，通过西方式的民主选举使自己当选为总统。

蒋介石十分清楚，采用召开"行宪国大"的方式推选总统，在当时的国内，还没人能与之争锋。只是他没有想到：这样一来，李宗仁入中央担任实职的机会也来了。因为既然要选举总统，当然也要选举副总统。

总统人选就蒋介石一人，而副总统的人选可就多了去。最初，蒋介石曾有意让胡适之先生来当这个副总统，但立即有学问人指出："蒋中正"和"胡适之"，这两个名字排放在一起，连着一读，很不好，让人感到在咒蒋介石。于是，国民党元老、时任国民政府司法院院长的居正，便成了最佳人选。"蒋中正"和"居正"，这两个名字排在一起，当然是在赞扬蒋介石了，蒋介石周围的高人一起附和。

关于这段往事，有居正在他选举期间的日记载："早起，见报公告候选总统人名单，余以109人（刚是法定人数）之提名，与2400余人的蒋公并列，摆布得太不相称。有人嗤为傧相，有人笑为陪席，总之可谓找不着第二人，亦可哂也。"

当时竞选副总统的人，除了胡适之和居正，更有国民政府副主席孙科、

北平行辕主任李宗仁、武汉行辕主任程潜、监察院院长于右任，此外还有社会贤达莫德惠和民社党的徐傅霖等。

胡适之于蒋介石，名排在一起不好看；居正好看，得票又少。至于其他人，作为自己身边的副总统，蒋介石当然要权衡其中的利害得失。在蒋介石看来：于右任，一介文人，翻不起大浪；孙科，虽然也反对过自己，俩人间也心存芥蒂，但孙科毕竟只是一介文人，同样没什么威协。

唯有李宗仁，不仅是军人，背后还有着桂系军力撑腰。更主要的是，李宗仁天生叛逆，随时都在渴望自己做领袖。几十年来，与蒋介石多次兵戎相见，从没有甘愿做臣子的时候。抗战前蒋介石两次下野，都与他李宗仁在关键时刻的出手相逼有极大关系。甚至可以说，李宗仁的桂系之于蒋介石，是仅次于共产党之于蒋介石的心腹之患。

有了这样的认识，在副总统人选的所有人中，蒋介石最反感的就是李宗仁。关于这一点，李宗仁自己最清楚，他曾对朋友说："蒋先生就是这么个偏狭的人，断不能看见一位他不喜欢的人当副总统。对党国立有功勋，或作风开明在全国负有清望的人，他尤其讨厌……所以，此次副总统选举，蒋先生在意气上非把我压下去不可。"

桂系的人也清楚这一点，李宗仁的老搭挡白崇禧、黄绍竑等人，都认为李宗仁竞争参选徒有虚名的"副总统"，不仅没有任何意义，而且还会激化与蒋介石的矛盾，对于桂系的生存发展也将极为不利，纷纷劝说他不要参加。

可是，在竞选副总统这件事情上，李宗仁却表现了最大的热情，他不顾任何人反对，一意孤行地来争做这个副总统。

国民大会召开后，蒋介石不断地做李宗仁工作，亲自找到李宗仁，直截了当地要求他放弃竞选副总统。李宗仁却说："如今我已粉墨登场，打锣鼓的、拉弦子的都已丁丁咚咚地打了起来，你叫我如何能在锣鼓热闹声中忽而掉头转向后台呢？"

蒋介石听了，威协地说："我是不支持你的。我不支持你，你还选得到？"

"凭我战时的功勋和战后的威望，纵使委员长不支持，我李某还是有希望当选的！"

听到李宗仁摆自己的功劳，蒋介石怒不可遏地说："你一定选不到，一定选不到！"

李宗仁也不示弱，同样大声地说："委员长，我一定选得到！"

结果，俩人不欢而散。

李宗仁之所以一心想当副总统，主要有这么几个方面的原因。

首先，没有实权的官，李宗仁是不愿干的。他是想当了副总统之后，可以自动解除北平行辕主任的职务，远离北平这块是非之地。自从当上了这个主任之后，表面看着非常风光，为华北地区军政最高长官，管辖第十一、第十二两个战区，包括五省、三市，但实际上北平"主官无权、政出多门"，他这个"主任"根本不能自主，更谈不上主宰辖区的党政军。

在北平行辕主任这个位置上，李宗仁唯一能做的，就是大力支持蒋介石发动全国规模的反共反人民内战，参与对解放区的军事进攻。

其次，李宗仁把竞选副总统，看做是实现自己政治抱负的唯一途径。李宗仁早年加入国民党，后来虽一直在反对蒋介石，却从没有反对国民党，非但没有反对国民党，他与国民党有还着血肉不分的联系，看着国民党在失败，共产党在兴起，李宗仁决心"不顾艰难，以天下为己任，挺身而出，加入中央政府，对彻底腐化了的国民党政权作起死回生的民主改革"。

至于这民主改革的具体内容，李宗仁也已经想好。他提出：应自力更生，外交上亲美而不反苏，经济上反对官僚资本恶性膨胀，主张"节制资本，取豪门之财富，充实国库，课资产以重税，平衡收支"，"平均地权，分地主过量之土地，归诸佃户，纳于公仓"。

再次，李宗仁渴望实现自己政治抱负的事情，得到了美国人的支持，这使他增加了当选副总统的信心。自蒋介石与共产党开打内战以来，美国政府给他巨额的援助。可是，拿着美式武器的国民党军队却在各大战场连连失利。

杜鲁门开始失望了，1947年8月，派出魏德迈来华调查国民党失败的原因。一个月的调查之后，魏德迈在离华前宣读了他的调查结果，其中指出：国民党政府"贪污无能"、"麻木不仁"，是失败的最大原因。宣称，"中国的复兴，有待于富有感召力的领袖"。

与此同时，美国驻华大使司徒雷登在给美国政府的报告中谈到这样的话："象征国民党统治的蒋介石，其资望已日趋衰微，甚至视之为过去人物"，而"李宗仁将军资望日高，说他对国民政府没有好感的谣传，不足置信。"。

此时的司徒雷登，已经向美国政府当局举荐了李宗仁，试图用李宗仁来取代蒋介石。就此，司徒雷登向李宗仁明确表示：他业已通过美国军方的渠道，为其参选副总统提供更大空间的协助和支持。

李宗仁本身就强烈地渴望做国家领导人，现在又有美国人撑腰，竞选副总统一事，自然就奋勇向前、志在必得了。

对于这些情况，蒋介石自然有所耳闻，所以竭尽全力来阻挠李宗仁的副总统竞选。然而，李宗仁非等闲之辈，加上还有美国支持，为了当上副总统，他不惜花去了1000多根金条，并采取与程潜、于右任等候选人协商建立同盟的方式，击败孙科当选副总统。

经过"行宪国大"的四轮投票，李宗仁最终以1438票比1295票击败了竞选对手孙科，成功当选上副总统。

国民政府一些高层人士后来分析称，李宗仁之所以最终竞选成功，根本原因在于当时国民党和国民政府高层人士内部的分裂，其中许多人开始对蒋介石不满。

李宗仁跟蒋介石，俩人为竞选副总统发生的争执，成为当时的重大新闻，为众人所知。而蒋介石对李宗仁的强势打压，反而让李宗仁得到不少的同情。

那些"国大"代表们，原本跟孙科与李宗仁都没多大关系，看在孙中山的份上，是要支持孙科当选副总统的。可是，由于蒋介石一力打压李宗仁而推孙科，而他们对蒋介石又有些不满，结果选择了故意不支持孙科当选的做法，在客观上支持了李宗仁的副总统竞选。

正如一些代表们所说："蒋介石不希望李宗仁被选出来，大家偏要把李宗仁给选出来。正由于蒋介石的一力反对，结果成了李宗仁竞选获胜的最直接原因。"

选举结束后，无可奈何的蒋介石只好接受李宗仁来做他的副总统这个现实。由于心中实在憋屈，蒋介石还是羞辱了李宗仁一回。

1948年5月20日，是新当选民国大总统蒋介石与李宗仁就职典礼的日子。此前一天，李宗仁特别恭敬地询问蒋介石："蒋总统，明天的典礼我们穿什么样式的服装？"

"军装。"

在一礼炮鼓乐声中，李宗仁稍早一点来到国民政府大礼堂的台上。只见他一身戎装，满脸喜悦。蒋介石来了，却并没有戎装。李宗仁正纳闷，许多记者早围过来要给新任的正副总统合影。李宗仁赶忙站在蒋介石身边。

第二天，各大报纸都刊出了他俩的合影。李宗仁左看右看，心里越来越不是滋味。蒋介石长袍马褂，笑容可掬地站着；李宗仁一身戎装，肃然地立在他身旁，让人怎么看都像是一要人的侍卫。

蒋介石虽然小耍了李宗仁一回，可李宗仁却把他与蒋介石之间的派系争斗闹剧，在以后的一段时间里演得激烈悲壮、有声有色。

代理总统前后事

1948年4月，李宗仁当选为中华民国副总统，本想大干一场，可是共产党领导的人民军队，已经在八年抗战中发展壮大，对国民党的战争，开始由战略防御转为战略进攻。

李宗仁在副总统的位置上坐了还不到半年，1948年9月12日，辽沈战役开始，这场东北野战军70万人围歼国民党军55万人的战斗，打了一个多月，至 11 月 2 日，以国民党军伤亡 47 万人结束。

随着国民党军队的大惨败，1948 年 11 月 6 日，共产党又以 60 万解放军发起了对国民党军 80 万守军的淮海战役。这场战役打了二个多月，到 1949 年 1 月 10 日，以国民党军队伤亡、被俘 55 万结束。再接下来是 1948 年 11 月 29 日至 1949 年 1 月 31 日的平津战役，国民党军队损失 52 万人。

仅此三大战役，国民党军队损失过半，精锐主力大部被歼，在军事上大力支持蒋介石的美国人，对此十分不满。

1948 年 10 月 23 日，司徒雷登向美国政府提出："是否建议委员长退休，让位与李宗仁。"

为了达到此种目的，1949 年 1 月 17 日夜，司徒雷登秘密来到李宗仁官邸傅厚岗，对李宗仁说："现在，你要行动。假如在一周之内，蒋介石还不肯下台，那么，你就马上去武汉，在那里发表主张和平的声明，我们美国政府会立即表示支持。"

在美国政府与李宗仁的逼迫下，1949 年 1 月 21 日，蒋介石宣布"引退"；24 日，李宗仁宣誓就任代行总统职权。

从来是野心勃勃的李宗仁，终于如愿以偿，1949 年 1 月 22 日，在他 58 岁生日后，终于当上了中华民国代总统。遗憾的是，留给他统治的民国，大势已去、风雨飘摇，面临覆灭的命运。

可李宗仁并不甘心，他从来是大难不死，一生几乎都在挑战困境，更何况这一次还有美国人的支持。对这次如何面对困境、化险为夷，李宗仁早在逼迫蒋介石下台时就有所考虑，此刻更是有了自己的打算。

1949 年 1 月 24 日，刚登上代总统宝座的李宗仁宣布："为着结束内战，我不得不诚心同共产党人举行和平谈判，以求和解。"

当然，李宗仁的"诚心和谈"，其实只是嘴上说说。他的骨子里，不过是想通过"和谈"争取时间，编练军队，等到长江涨水，造成军事上的优势，阻止人民解放军过江，实现"划江而治"即"两政府并存"的目的。

1949 年 2 月 25 日，李宗仁从广州回到南京，亲自主持召开了国民党高级干部会议，安排"和谈"事宜。

"我们绝对不能让共产党以胜利者自居,强迫我们接受不体面的条件……我们不能同意建立以共产党为统治党的联合政府……我们不能全部接受所谓八条。而只同意在两政府共存的条件下讨论八条。"

李宗仁一面让他的代表提出,"和谈时期停止一切军事行动";一面信心十足地对自己说,只要共军暂时停止军事行动,让我腾出手来,用3~6个月时间,就可以编练出150~200万新兵,造成军事上的优势,到时一定可以阻止共军过江。

说这话时,李宗仁已经派人在南京、浙江、江西、湖南、四川、台湾等地设立七个编练司令部,加速训练新兵。李宗仁认为,三大战役之后,解放军虽然已增至200万人马,但国民党军队经过调整补充,兵力仍可达350万人,况且其中还有10个师的美式装备,加上几十艘炮舰在长江上巡逻,足够阻止共军渡江。

1949年4月13日,国共两党代表在中南海举行正式会谈,共同磋商《国内和平协定》。

李宗仁基于自己的考虑,他反对解放军渡江,拒绝在"协定"上签字,和平谈判宣告彻底破裂。

4月21日,毛泽东、朱德下达全国进军的命令,百万解放军,横渡长江。

4月22日,南京总统府里的李宗仁站在窗前,皱紧眉头听着南京城里不时传来几声枪响,看着有人拖家带口地走在人行道上,他长长地叹了口气,自言自语地说:"兵败如山、人心惶惶,大家都要走了!"

第二天一大早,李宗仁坐上"追云"号飞机,向广州飞去。没多久,他突然下达命令,让飞机去桂林。就在当天晚上,人民解放军攻占了南京。

桂林的漓江之滨,叠彩山麓中,有一个青灰色墙体圈围着的院落,旧式的两层楼房,青砖青瓦、古色古香的。庭院里,花木扶疏,洁净清雅。里面,住着李宗仁的原配夫人李秀文。

李秀文和李宗仁是同乡,比李宗仁大半岁,俩人1910件结婚。14年后,李宗仁再娶郭德洁。当时,广西允许一夫二妻,不分大小,平等相待的"平妻制",李秀文曾与郭德洁一起在南宁相伴李宗仁。到后来,李宗仁转战南北，身边就只带了郭德洁。不喜官场酬酢的李秀文，只身寓居在这里。这一晃，竟又是20多年过去了。

李宗仁走进院落，见过老妻，一时百感交集。人生，真是一场梦啊！这么多年过去了，结发的妻子老了，自己也累了。他本想在这安静而美丽的院落里多呆些天。可是，作为代总统，外面的世界需要他，他要去继续组织国民党军队，进行最后的顽抗，看能否争取到一线生机。

可是，世事往往不由人。11月中旬，他大半辈子的老搭挡白崇禧，指挥的桂系部队大部被歼。李宗仁只好赶往重庆，可还没来得及喘口气，重庆又丢了，他又把政府迁往成都。眼见着解放军摧枯拉朽，势如破竹，李宗仁知道是不可能争取到生机了。

1949年11月20日，李宗仁以治病为名，从广西南宁飞到香港，随即又以向美国求援为名飞到了美国。

这一次，作为一个国家的代总统，李宗仁临走之前，仅给阎锡山一份电文："仁以胃疾剧重，亟待割治，不得已赴美就医，以一个月为期，即当遄返，在仁出国之短暂时期，请兄把中枢军政仍照常进行，至于重大决策，尽可随时与仁电商。来电所云，似未明了仁之本意，特再电达，希仍就兄职权范围内处理一切。"

蒋介石知道这事后，大发雷霆，在21日的日记中写道："德邻出国，既不辞职，亦不表示退意，仍以代总统而向美求援，如求援不遂，即留居国外不返，而置党国存亡于不顾。此纯为其个人利害打算，其所作所为，实卑劣无耻极矣！"

李宗仁携妻将雏到了美国后，在哥伦比亚大学长老会医院很快治愈他的十二指肠炎，在美国各处转悠，想找一个宜居的地方。

这时候，12月9日，由于卢汉、刘文辉、邓锡侯的起义，大西南几天内解放。"大势已去，无法挽回啊！"蒋介石感叹着，沉沉地下达命令：将"中央机构"迁往台北！

1949年12月10日，蒋介石父子，一边唱着"国歌"、一边走出成都中央军校大门。他俩眼含悲怆的泪水，来到凤凰山机场，由此飞往台湾。

后来蒋经国在回忆当时的情景时说:"飞机到了天空,俯视眼底大陆河山,心中怆然。"

到了台湾后,蒋介石企图继续经营他的王朝,可总统之位已给李宗仁"代"去。为有一个名符其实的名号,1950年1月20日,蒋介石让台湾"监察院"致电李宗仁,促其返台。言语之中,多指责。

"病体尚需休养,未能即返。"李宗仁复电,俨然"代总统"身份。完了再复电说:"赴美就医未废政务,接洽美援,仍可遥领国事。"

好一个"可遥领国事",更是名副其实的代总统气派,似乎"国事"非他莫属。蒋介石看了,气得大声骂娘;赴台随员官兵,也愤愤不平;台北舆论,顿时大哗。

2月4日,《中央日报》、《中华日报》、《扫荡报》同时发表社论,纷纷抨击李宗仁,要求蒋"总裁"复出,"绾领国事,统率三军"。

对此,遥居美国的李宗仁给了居正一封信,说:"我并无恋栈之意,因为在代总统任内,名为元首,实等傀儡,尸位素餐,如坐针毡,早拟引退以谢国人。又何以迟迟不退呢?因为考虑再三,我若下野,依法由行政院代行职权,为时仅限三月。今既无法召开国大选举总统,则代理如逾三月法定期限,即为违宪。同时,我现正与美国接洽反共复国计划,美国虽对我政府现状、措施表示不满,然在其反苏政策下,并未放弃中国。我们宜以群策群力以图之,国家前途,尚大有可为。"

李宗仁自己躲在美国,却还不愿引退,又不愿让蒋介石上台;加上共产党的一路追打,如今正在调兵遣将欲攻台湾;而对蒋介石失望的美国人,此时又袖手旁观地等待他死去。

蒋介石若要硬做总统,就是违宪,这是他此时最不愿做的事情。因为李宗仁不愿放弃国家元首的宝器,蒋介石遇到了他有生以来最难堪的处境。正在这时,蒋介石接到驻美"大使"顾维钧的报告:

"李宗仁通过甘介侯与艾奇孙接洽,安排杜鲁门与李宗仁于2月21日晤面。李宗仁想游说杜鲁门,让他拿出政治家的眼光来,在经济方面全力支持李,让其团结海内外民主人士,回台着手改革,使蒋先生投鼠忌器,不敢过分阻挠。因李宗仁欲以元首身份见杜鲁门，依国际惯例，须预先通过使馆安排，顾大使请示办法。"

蒋介石听后，大吃一惊，一边指示大使馆应设法推迟李、杜之晤面，一边授命"监察院"再电李宗仁。指责他滞留美国，遥领国事，为此向"国大"提出弹劾。2月14日，国民党非常委员会委员联名致电李宗仁：

"同人等佥认为总统的统帅职权不可再虚悬，政府更不能处于危疑莫定之境。如我公能于立法院开会以前命驾返台，主持国政，实为衷心所祷。倘公届时实在不能返国，则同人等怵于时局艰危，群情殷切，惟有吁请总裁依照中常会三十八年十一月二十七日临时会议决议，继续行使总统职权。"

对李宗仁接到这最后通牒，躺在床上想了一天："台湾现在已是蒋先生清一色的天下，他掌握了生杀予夺的绝对权力……在这局面下，我如贸然回台，则无异自投罗网，任其摆布。蒋的第一招必然是迫我'劝进'，等他复正大位后，我将来的命运如何，就很难预料了。以蒋先生过去对我衔恨之深，我一旦失去自由，恐欲求为张汉卿第二也不可得了。"

这么想过之后，李宗仁28日复电说："余出院后，即准备返国，嗣据医嘱，身体尚未完全复原，不能于此时遽作长途旅行。"

理由太无道理，情况如此，蒋介石哭丧着脸说："倘若我去年初不下野，无论如何想象不到大陆各省会在一年之内断送干净。我下野的后果，终竟如此，殊为痛心……现在国家情势危急非常，如果我再不负起政治军事的责任，在三个月之内，台湾一定完结。我出来之后，台湾可望确保。"

蒋介石决定不去管李宗仁，3月1日，在台北"总统府"宣布复行视事，并发表复职文告。

当天下午，美国白宫发表声明：国务院收到了蒋复职的正式通知，美国承认蒋介石为中国国家元首。

李宗仁没有正式辞职，也再没有辞职的机会，蒋介石把他的各种权力给剥得一干二净。李宗仁再无职权，只好退出政治舞台，在美国过了十六年的流亡生涯,过着孤寂封闭的日子。

  1950年3月,蒋介石在台湾恢复"总统"职务。1954年3月,蒋介石正式罢免李宗仁"副总统"职务。

  1965年7月,李宗仁耐不住孤寂封闭的日子,终于冲破重重险阻,7月20日,偕妻从美国回到北京。在机场上,李宗仁发表声明:

  决定为完成国家最后统一做出贡献!

  1969年1月30日,李宗仁肺炎在北京逝世。

历史评说

　　李宗仁是个权利欲很强的人，也很有军事统帅方面的能力，但就其政治手段与全局认识来说，还是非常欠缺。权利欲导致了李宗仁非常严重的地方诸侯思想，一心想在万人之上，世人没有一个能让他服从。李宗仁两次高举反蒋大旗与中央对抗，造成了蒋桂战争与中原大战的爆发，令本已病入膏荒的中国更是奄奄一息，导致中国错过了很好的发展机会。在他当了代总统后与共产党的谈判中，他最终拒绝与共产党在《国内和平协定》上签字，使本来可以的和平遭到破坏。

　　他天然的反共意识，双手沾满了共产党人的鲜血。李宗仁一直视"共产党为腹心大患"，要蒋介石"以快刀斩乱麻的方式清党，把越轨的左倾幼稚分子镇压下去。"他亲历亲为地在上海具体组织执行了"四、一二"大屠杀，围剿过中央红军并使红军遭受惨重损失，在解放战争是蒋介石反共的主要帮手之一。

　　不过，李宗仁的他民族气节和较高的军事指挥才能，是值得肯定的。在日本人猖狂侵我中华时，他放下了个人恩怨，一致对外，坚持抗战到底。作为台儿庄痛击日军的指挥者，李宗仁为中国抗日战争写下光辉一页。在徐州会战结束后，他成功地转移出70万大军，为日后抗战保留了有生力量。除此之外，在他前半生的军事生涯中，无论是平息军阀的北伐，与蒋介石的战争，还是早期围剿共产党军队，在这些战争中都充分表现了他具有较高的军事指挥才能。

　　总体来说，李宗仁是一个不值得称道的人。

民国总统 档案

参考文献

(1) 《民国史》 张宪文

(2) 《辛亥革命资料类编》 廖少游

(3) 《惜阴堂辛亥革命记》 《近代史资料》 赵尊岳

(4) 《中国近百年政治史》 李剑农

(5) 《孙中山》 新华网

(6) 《江门日报》 2011年2月7日 A2 五邑华侨与辛亥革命版

(7) 《文汇报》2009年5月29日第六版

(8) 《孙中山选集》 人民出版社 1981年10月第二版

(9) 《中山日报》 2006年11月12、13、14

(10) 《放眼世界的孙中山》 段云章

(11) 《黎副总统历史》 《宪法新闻》 1913年第10期

(12) 《袁世凯天津档案史料选编》 天津市档案馆编辑 天津古籍出版社 1990年

(13) 《袁氏当国》 唐德刚

(14) 《袁世凯评传》 刘忆江

(15) 《近代稗海》 白蕉

(16) 《共和关键录》 伍迁芳

(17)《袁世凯与中华民国》 白蕉

(18)《辛亥革命史料》 张国淦

(19)《胡汉民自传》 胡汉民 台湾传记文学出版社 1981年版

(20)《中国国民党史稿》 邹鲁 上海民智书历 1929年版

(21)《段祺瑞年谱》 胡晓编著 安徽大学出版社 2007年

(22)《中华民国史事纪要》 中华民国史事纪要编委会 中华民国史料研究中心 1983年

(23)《安徽文史资料》 安徽省政协文史资料研究委员会组编 安徽人民出版社 1985年

(24)《中华民国史资料丛编》 中国科学院近代史研究所中华民国史组编 中华书局 1973年

(25)《中国近代史料丛刊段祺瑞》 费敬仲著 文海出版社

(26)《冯国璋年谱》 公孙訇编著 河北人民出版社 1989年

(27)《冯国璋家史》 河间县档案局

(28)《北洋军阀史料选辑》 杜春和等编 中国社会出版社 1981年

(29)《辛亥武昌首义亲历记》 熊秉坤著《百年春秋二十世纪大事名人自述》 经济日报出版社 1997年

(30)《冯国璋真传》 张立真著 辽宁古籍出版社 1997年

(31)《北洋军阀史稿》 来新夏主编 湖北人民出版社 1983年

(32)《冯国璋全传》 田胜武 田艳华编著 中州古籍出版社 1993年

(33)《冯国璋家庭》 潘荣等著 金城出版社 2000年

(34)《东三省政略》 徐世昌

(35)《欧战后之中国》（巴黎大学荣誉博士论文）徐世昌

(36)《甲子内乱始末纪实》 古蓿孙撰 中华书局 2007年

(37)《近代稗海》第4辑、第5辑 荣孟源、章伯锋主编 四川人民出版社 1985年

(38)《民国军事近纪》 丁文江编 文海出版社 1971年

(39)《曹锟家族》岳谦厚等著 金城出版社 2000年

(40)《曹锟全传》周玉如、高乐才著 黑龙江人民出版社 2001年

(41)《中国民主革命时期的资产阶级》何干之 上海人民出版社 1981年

(42)《从大历史的角度读蒋介石日记》黄仁宇 九州出版社 2008年01月

(43)《蒋介石日记解读》（上下册）山西人民出版社 2008年05月

(44)《蒋介石评传》（上下册）李敖 中国友谊出版公司 2004年08月

(45)《中国新民主主义革命时期通史》李新等主编 人民出版社 1961年

(46)《蒋介石传》克罗泽 国际文化出版公司 2010年01月

(47)《中国国民党历次代表大会及中央全会资料》荣孟源主编 光明日报出版社 1985年

(48)《李宗仁回忆录》唐德刚 广西师范大学出版社 2005年12月1日

(49)《徐州会战》孙连仲 中国文史出版社 2010年9月1日

(50)《李宗仁拒绝"国内和平协定"原因探析》广西师范大学学报哲社版 1992年01期

(51)《李宗仁回忆录》（下）广西人民出版社 1980年版

(52)《剑桥中华民国史》中国社会科学出版社 2007年12月

民国总统档案